数字资产

企业数字化转型之道

陈璐璐 郭震淳 著

U0449376

电子工业出版社
Publishing House of Electronics Industry
北京·BEIJING

内容简介

本书全面介绍了如何对企业生产经营管理所拥有及需要的资产进行分析、整理，形成企业数字资产。企业数字资产必须独立于企业的生产经营管理流程才能更好地实现共享与复用，同时也必须与相关流程紧密结合才能实现持续的价值创造。为实现这看似矛盾的目标，本书通过案例详细阐述了企业数字资产规划和建设的一系列方法和工具，以及所有工作的具体步骤、注意事项等，指导读者对企业数字资产进行综合利用，确保企业数字资产持续地为企业创造价值提供支持。

本书适合计划开展数字化转型的企业的架构师、业务规划人员和开发人员阅读。

未经许可，不得以任何方式复制或抄袭本书之部分或全部内容。
版权所有，侵权必究。

图书在版编目（CIP）数据

数字资产：企业数字化转型之道 / 陈璐璐，郭震淳著. —北京：电子工业出版社，2023.6
ISBN 978-7-121-45778-4

Ⅰ．①数… Ⅱ．①陈… ②郭… Ⅲ．①企业管理－数字化－研究 Ⅳ．①F272.7

中国国家版本馆 CIP 数据核字（2023）第 107173 号

责任编辑：李秀梅　　　　　特约编辑：田学清
印　　刷：三河市龙林印务有限公司
装　　订：三河市龙林印务有限公司
出版发行：电子工业出版社
　　　　　北京市海淀区万寿路 173 信箱　　邮编：100036
开　　本：720×1000　1/16　印张：24.25　字数：503 千字
版　　次：2023 年 6 月第 1 版
印　　次：2023 年 6 月第 1 次印刷
定　　价：109.00 元

凡所购买电子工业出版社图书有缺损问题，请向购买书店调换。若书店售缺，请与本社发行部联系，联系及邮购电话：(010) 88254888，88258888。
质量投诉请发邮件至 zlts@phei.com.cn，盗版侵权举报请发邮件至 dbqq@phei.com.cn。
本书咨询联系方式：faq@phei.com.cn。

推荐语

（排名不分先后，以姓氏拼音为序）

《数字资产：企业数字化转型之道》一书翔实介绍了企业数字资产规划和建设的工具、方法和步骤等，其结构布局清晰、文字描述精炼，是一本具有实践指导价值的好书，既有理论价值也有实践意义，值得一读。

——蔡春久 中国电子工业标准化技术协会数据管理应用推进分会副会长，数治云创始人

数字资产是数字时代最重要的生产要素，因为数字资产不仅本身是一种生产要素，更是其他生产要素的数字形态，数字化了所有生产要素。数字资产作为生产要素、企业资产，需要被所有生产者理解而不仅仅是被技术人员理解，更不能仅被技术人员中的数据设计人员理解，而且需要整个企业的人员都理解数字资产是什么，数字资产如何定义、如何使用、如何治理。没有数字资产的企业，未来可能不会是知识化的企业，而且很难获得"数字智能"的加持。即便有了数字资产，没有全体人员的充分理解，没有对数字资产质量的良好管理，也不会得到好的智能化应用，面对的可能是"数据垃圾场"，这时数字资产不但不能为生产助力，还会成为智能化的阻力。陈老师以其20余年的深厚数据功力，结合大型企业实操工作经验，编写了这本书。这本书是数据领域学习者、从业者的重大"福利"，也是开展数据治理工作的企业应该组织全体人员学习的图书。以前本人在出版业务架构相关专著时，曾经非常希望能有一本同样基于企业架构理念的数字资产建模或数据架构图书出现，如今终于见到了，业务架构和数据架构的书终于都有了！本人始终认为，业务架构和数据架构的关系极为紧密，在聚合架构中，本人甚至提出将两个架构合二为一，流程模型和数据模型本就该进行一体化分析，但是受工作经验限制，本人出版的书中对数据部分的介绍难以充分展开，陈老师的这本书完美地解决了这个问题，希望读者能够通过本书全面学习数字资产建模、数据架构设计、数据资产治

理的方法，深刻体会逻辑模型的价值，希望所有业务侧、技术侧人员都能从此走上轻松学习数据的坦途，数据的力量必将成为你自己的力量！

——付晓岩 北京天润聚粮咨询服务有限公司执行董事总经理，中国计算机学会软件工程专委会委员，《企业级业务架构设计：方法论与实践》《银行数字化转型》《聚合架构：面向数字生态的构件化企业架构》作者

在众多专注于从技术角度探讨数字化转型和数字资产建设策略的图书中，这本书独树一帜，从业务视角出发，深度分析了企业在数字化转型过程中所面临的常见困难与挑战，并结合作者多年的经验提出了解决方案。这不仅是一本书，更是一本实战手册、一套解决方案，它对一个更加复杂而核心的问题"数字资产与业务的关系是什么"给出了答案，以及解答了如何从业务发展规划的视角来构建企业的数字资产。

作者巧妙地将企业架构和项目管理的方法、工具融入进去，使读者能够从一个全新的视角理解并应用这些工具，进行企业数字化转型的规划。无论是希望通过数字化转型推动智能化应用的企业的业务架构师、IT架构师、业务规划师，还是为企业提供相关专业服务的咨询公司，都将在这本书中得到宝贵的启发。

这本书是一份宝贵的资源，能为读者的数字化转型之路提供有力的支撑与引领。另外，这本书的独特之处在于，它不仅解答了"怎么做"，更从"为什么要这么做"的角度进行了深入解析，帮助读者理解背后原理的同时，更好地把握数字资产和业务的关系，从而在数字化转型的道路上取得成功。

——黄雷 北京紫电安信跨境数据科技有限公司董事长

"数字是一种资产"是一个非常普遍的说法，也是组织内部发布的最普遍的信息原则之一。在企业架构相关工作中，与数字相关的信息和数据也是业务架构和IT架构衔接的关键点。然而我发现很多企业仍然对这个"宝藏"管理不善，并没有部署用于创建、使用和处置所有数字的正式体系、标准和策略。这本书从架构角度讲解了如何构建数字资产体系的基本概念及具体方法和应用，给数字资产体系建设者带来了务实的实践指导，使企业数字资产管理不再那么抽象。

——周金根 北京捷创成咨询总经理，中国企业架构大会组织者和推动者

推荐序

作为数字化转型基础，资产的数字化建设是企业数字化转型的关键，即数字资产基建将直接影响企业数字化转型的效果。如何高质量地规划、建设数字资产，如何用好、管好数字资产，是每个企业都需要思考的问题，本书为企业实现这些目标提供了一整套解决方案。

我非常高兴地为各位读者推荐《数字资产：企业数字化转型之道》这本书。本书源于实践又高于实践。书中讲述的方法是作者基于中国工商银行企业架构方法论中业务对象建模的思路，结合中国工商银行业务研发中心应用过程中的实践经验，同时融入数字资产智能化应用研究的感悟，不断完善后形成的构建数字资产体系的方法。

书中应用了许多示例、图表、工具，有助于读者理解如何从战略目标及问题出发，围绕企业价值链收集资料，实现数字资产的规划及整理。企业的数字资产体量庞大，数字资产体系的建设不是一蹴而就的，因此，这本书专门介绍了如何分步骤、分批次地推进规划成果实施。

这本书先论述了什么是数字资产，再对标企业数字化转型对数字资产的要求来确定构建数字资产的目标，进而明确在将构建企业架构作为企业数字化转型的最佳路径里，数字资产这一特殊生产要素与企业架构中的业务架构、IT架构的关联关系。作者在第4章对这套方法进行了总体介绍，明确提出数字资产应由业务人员主导，并通过后续章节讲述了业务人员主导数字资产规划的重要意义。

之后，这本书介绍了如何构建企业的数字资产标准，分章节详细讲述了如何从企业战略入手，根据企业的数字资产标准开展数字资产的高阶业务规划及详细业务设计，如何以业务规划和设计成果为指导，根据企业的数字资产标准进行数字资产IT设计和规划实施。在IT设计章节，对数据仓库和数据湖的异同进行了对比分析，企业可

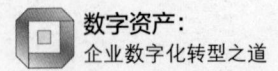

以根据具体的目的选择使用。

对于数字资产落地的实施方法，这本书使用了业界成熟的从现状企业架构到目标企业架构的通用规划方法，并通过项目方式推动落地。对于项目实施过程，这本书依据项目管理的相关方法，给出了实施注意事项。

数字资产建成后并不是万事大吉，还需要随着企业生产经营的不断变化及时开展数据治理活动，以确保数字资产能准确体现企业最真实的情况，满足企业生产经营对数字资产的准确性需求。作者提出了将数据治理活动与企业的生产经营相融合的理念，这样做可以大幅提升数字资产治理的效率，同时降低数字资产治理所需的资源投入。

这本书不仅对数字资产体系建设进行了翔实的理论介绍，还对具体实践进行了有益的指导，相信可以帮助大家了解数字资产建设过程涉及的理论、方法、工具、环节，确保大家心中有数，这样在实际开展工作的过程中就能显著地提升工作效率。当大家沿着作者指引的道路探索时，相信大家能学有所获。

任长清

中国工商银行业务研发中心架构专家

前 言

在全球数字化转型的浪潮中,世界各国纷纷探索企业数字化转型的途径和方法。中国信息通信研究院发布的《中国数字经济发展报告(2022年)》指出,2021年,我国数字经济发展取得新突破,数字经济规模达到45.5万亿元,同比名义增长16.2%,高于同期GDP名义增速3.4个百分点,占GDP比重达到39.8%,数字经济在国民经济中的地位更加稳固、支撑作用更加明显。

2021年3月12日,我国正式发布的《中华人民共和国国民经济和社会发展第十四个五年规划和2035年远景目标纲要》中的篇章——"加快数字化发展 建设数字中国"对数字化转型做出了规划,并指出加快数字化发展的关键是激活数据要素潜能,明确了数据要素的基础性位置。2020年,《中共中央 国务院关于构建更加完善的要素市场化配置体制机制的意见》中,将数据与土地、劳动力、资本、技术等传统要素并列为五大生产要素。

要激活数据要素潜能,就要充分发挥出数据的特性,提升数据价值创造能力、提升用户体验来满足客户需求、提升数据要素自身的价值、增强数据对企业经营发展决策的引导性。这些与企业数字化转型的目标高度一致。

那么,我们怎样才能使企业的数据要素实现这一目标呢?要实现这一目标需要做好两个方面的基础性工作。一是构建起符合企业生产经营需求的数字资产体系。这个体系应能指导数据要素的建设、使用、积累、流动与共享。二是培训和储备数字技术人才。数字资产需要被人使用才能实现价值。使用就需要有适当的数字技术将数字资产与业务场景高效结合,通过用好数字资产来实现创造价值和增值的目标。

要构建企业的数字资产体系,很多人认为这是技术人员要做的事情。这样的观点很难为企业数字化转型提供助力。数据作为五大生产要素之一,不能隶属于技术范畴,虽然数字资产的实施最终需要技术的支持,但是与技术存在着本质的区别。企业需要从业务发展的视角进行审视，让数字资产成为业务使用的原材料、机具等，以满足业务的特定需要。数字资产需要能够全面满足业务需求、体现业务关注点，应当从业务的视角进行规划和构建，确保业务能被全面了解、掌握、随心使用。数字资产作为企业数字化转型不可或缺的重要基石，为企业业务数字化和数字业务化提供了保障，如果没有数字资产的支撑，那么企业数字化转型将寸步难行。

与目前业界将数字资产作为 IT 架构的组成部分的普遍观点不同，本书认为数字资产是业务架构中不可或缺的部分，是业务创造价值活动的两个基础性要素，即数字资产与业务流程紧密协作，共同完成业务的价值创造。如同企业生产过程中使用的原材料一定是业务关注的一样，数字资产只是现实世界中的原材料在数字世界中的体现，所以是业务必须要关注的。

本书将从业务的视角进行分析，用业务人员能明白的方法和思路来审视、规划、构建企业的数字资产体系；对从业务视角完成的数字资产体系规划成果和技术的承接技能做了简要说明。对于业务人员而言，更重要的是掌握如何使用模型这种结构化、标准化的语言来描述事物的方法，并对企业正在使用或将要使用的资产进行描述。这些资产可能是肉眼可见的实物，也可能是以报告或表格方式展现的信息，只要是能在企业生产经营管理过程中发挥作用、参与价值创造的，都应当作为企业的数字资产。业务人员需要什么、怎样使用数字资产、需要遵循什么样的业务规则，这些内容都是技术人员难以掌握的。

在构建起数字资产体系后，对于业务人员而言，还需要了解业务规划出来的模型将如何成为 IT 系统里的具体事物。虽然业务人员并不用参与从业务到 IT 实现的设计过程，但是了解它们之间的衔接原则及关系，可以帮助业务人员成为数字资产的主人，从而能真正有效地使用数字资产。

对于技术人员而言，有了业务规划设计成果，只需要按业务规划设计成果和具体的技术规划进行设计和实施，避免了因为对业务了解不深入、对市场认知不深入、对客户分析不深入而面临难以及时满足业务需求的尴尬局面。通过业务的全面性、规划与设计的灵活性来指导 IT 实施，也加大了技术对业务的灵活性、敏捷性的支持力度。

本书围绕构建符合企业生产经营需求的数字资产体系目标，分为三部分进行说明。第一部分（第 1 章、第 2 章），以数字化转型所需要的数字资产为目标来探讨数字资产的含义和要求；第二部分（第 3 章、第 4 章），主要介绍建设数字资产的方法；第三部分（第 5 章~第 10 章），主要介绍建设数字资产方法的具体应用。为了便于大家理解和应用，本书将用示例对一些抽象的概念进行说明，并在每章结束时提供相应的思考题。相信通过完整的学习和练习，大家就能掌握企业数字资产整体规划方法。

前言

本书自始至终都在使用架构的思维方式去分析问题、解决问题，让解决方案更为全面、有条理。如果将这套方法应用于日常工作和生活中，相信大家也会有非常大的收益。

本书是我对工作的理论研究和实践操作的思考与总结。衷心感谢中国工商银行业务研发中心毛卫东、郝毅、任长清等领导对我的信任，为我开展研究工作提供了良好的研究环境和实施条件，让我可以按自己的思路开展研究工作，对我给予充分的指导，并在我遇到困难时给予帮助和支持！

感谢中国工商银行金融科技部秦国、解利忠、冯博、计大鹏、赵开山、赵小建等领导对我在理论学习过程中给予指导，为我打开了用业务视角来观察、分析数据的窗户，让我更好地了解到架构世界里的种种元素，对我遇到的各种技术实现的困惑都形象而耐心地予以解答。

感谢霍嘉、原普雨、李森鹤、苏彧、毛汉哲、余诗意、达之玢、秦瑶、叶齐娇、魏世嘉、万里鹏、郑美婷、杨婕、阮姗、林锡、金石乔等同事。在我开展课题研究的过程中，你们任劳任怨地帮助我开展各种尝试，提出大量宝贵建议，支持我不断调整改进，直至取得满意的成果！

感谢Ilman、苗小襄两位老师，一直引导我用架构思维来分析问题、解决问题，培养我从不同视角思考问题的能力。

在本书撰写过程中，郭震淳以读者的视角对行文方式、章节规划、案例说明、图表表现等方面提出了许多建设性的意见，极大地改善了本书的行文风格，让本书读起来更为轻松。震淳还协助完成了大量图表的制作，使我能顺利完成书稿的撰写。

本书的出版离不开家人给予的支持和鼓励。正是他们的默默付出，让我能专心完成研究任务、顺利完成本书的创作。在此深表谢意！

谨以此书献给各位，以及读者！

读者服务

微信扫码回复：45778

- 加入本书读者交流群，与作者互动
- 获取【百场业界大咖直播合集】(持续更新)，仅需1元

目 录

第1章 数字资产 ... 1

1.1 数字资产概述 ... 1
- 1.1.1 资产：经济学的概念 ... 2
- 1.1.2 数据资产：中国信息通信研究院发布的概念 ... 3
- 1.1.3 数字资产：数字世界的资产 ... 3

1.2 资产在不同管理模式下的演进 ... 5
- 1.2.1 手工 ... 6
- 1.2.2 电子化 ... 7
- 1.2.3 信息化 ... 8
- 1.2.4 数字化 ... 9

1.3 数字世界里数字资产、信息与数据的区别 ... 11

1.4 数字资产的特征 ... 12
- 1.4.1 数字资产的规划与建设 ... 12
- 1.4.2 数字资产的质量管理 ... 14
- 1.4.3 数字资产的价值衡量 ... 16
- 1.4.4 数字资产的生命周期 ... 17
- 1.4.5 数字资产的安全性管理 ... 18

思考题 ... 19

第2章 数字资产与数字化转型 ... 20

2.1 数字化转型 ... 20
- 2.1.1 业界观点 ... 21

2.1.2　数字化转型的特征 24
　2.2　数字化转型对数字资产的基本要求 25
　　　2.2.1　遵从企业的战略目标 25
　　　2.2.2　打造共赢生态圈 26
　　　2.2.3　全流程信息透明 27
　　　2.2.4　支持敏捷创新能力 28
　　　2.2.5　提升客户体验 29
　　　2.2.6　决策支持 31
　思考题 32

第3章　数字资产与企业架构 33

　3.1　架构概述 33
　3.2　企业架构概述 36
　　　3.2.1　起源 37
　　　3.2.2　几个典型的企业架构理论 37
　3.3　企业架构的组成及其作用 43
　　　3.3.1　企业战略 43
　　　3.3.2　业务架构 44
　　　3.3.3　IT 架构 55
　3.4　企业架构方法论对数字化转型的作用 58
　　　3.4.1　企业架构方法论帮助企业实现数字化转型目标 58
　　　3.4.2　企业架构方法论提供数字化转型方法 59
　　　3.4.3　企业架构方法论为企业持续推进数字化转型提供保障 60
　3.5　数字资产与企业架构 61
　　　3.5.1　企业架构中的数字资产 61
　　　3.5.2　数据架构中的数字资产 62
　思考题 63

第4章　数字资产建设方法 64

　4.1　数字资产的规划方法 64
　　　4.1.1　MECE 原则 65
　　　4.1.2　自顶向下的结构化统筹规划方法 66
　　　4.1.3　自下而上的专业化归纳抽象方法 68

4.2 数字资产建模方法 70
4.2.1 数字资产模型 70
4.2.2 数字资产模型的业务描述 72
4.2.3 数字资产模型的IT描述 83
4.3 数字资产落地方法 86
4.3.1 "T"字工作法 86
4.3.2 防腐层 89
4.4 数字资产标准 91
4.4.1 制定企业数字资产标准 91
4.4.2 企业数字资产标准管控 93
4.4.3 贯彻企业数字资产标准 94
思考题 96

第5章 数字资产标准建设 97
5.1 数字资产标准体系建设 97
5.1.1 明确数字资产标准管理的组织架构 97
5.1.2 建立企业级数字资产标准管理制度体系 101
5.1.3 培养专业人才队伍 102
5.2 搭建数字资产标准体系框架 104
5.2.1 数字资产标准体系规划 104
5.2.2 数字资产设计标准 108
5.2.3 数字资产安全标准 113
5.2.4 数字资产实施设计标准 114
5.3 数字资产标准实施 118
5.3.1 形成数字资产标准文化 118
5.3.2 数字资产及其标准维护及发布 119
5.3.3 确定优先级原则 121
5.3.4 源头管控 121
5.3.5 过程管控 125
5.3.6 实施情况分析 126
思考题 127

第6章 高阶数字资产业务规划 128
6.1 与数字资产规划相关的要素 128
6.1.1 企业生产经营环境 128

	6.1.2	企业内部分析	130
6.2	数字战略		130
6.3	收集高阶数字资产需求		133
	6.3.1	从企业生态环境中收集高阶数字资产需求	134
	6.3.2	从企业价值链中收集高阶数字资产需求	138
	6.3.3	收集利益相关者的数字资产需求	139
	6.3.4	收集企业内部资料	148
	6.3.5	数字资产全面性分析方法	149
6.4	构建概念模型		153
	6.4.1	构建概念模型的注意事项	153
	6.4.2	静态视角：按资产类别构建概念模型	154
	6.4.3	动态视角：按企业价值链构建概念模型	156
	6.4.4	定义数字资产	160
6.5	绘制数字元模型		161
	6.5.1	用预设业务对象作为数字元模型的基本要素	162
	6.5.2	用业务逻辑分析预设业务对象间的主要业务逻辑关系	162
	6.5.3	按业务规则确定业务对象间的基数关系	165
	6.5.4	数字元模型绘制	169
6.6	构建预设业务对象模型		171
	6.6.1	业务对象的作用	171
	6.6.2	分析业务对象模型	176
	6.6.3	绘制预设业务对象模型	182
6.7	对高阶数字资产达成共识		183
	6.7.1	做好数字资产版本管理	183
	6.7.2	概念模型成果审核注意事项	185
	6.7.3	数字元模型成果审核注意事项	186
	6.7.4	预设业务对象建模成果审核注意事项	187
思考题			190

第7章 详细数字资产业务设计 ... 192

7.1	业务对象的设计步骤		192
	7.1.1	自下而上地收集并抽象数字资产	192
	7.1.2	候选资产完整性的初步验证	193
	7.1.3	候选与预设的对接整理	193

7.2 收集详细数字资产需求.. 194
7.2.1 从企业生态环境中收集详细数字资产需求 195
7.2.2 从生产经营中收集详细数字资产需求 196
7.2.3 从战略规划中收集详细数字资产需求 202
7.3 候选资产完整性的初步验证 203
7.4 候选资产与预设资产的对接整理 203
7.4.1 整合业务对象 204
7.4.2 整合业务实体 205
7.4.3 整合业务属性 210
7.4.4 调整业务实体 219
7.4.5 调整业务对象 226
7.4.6 调整高阶模型 228
7.5 迭代完善数字资产业务规划 229
7.5.1 数字资产业务规划成果迭代完善 229
7.5.2 结合新情况提升数字资产业务规划的成果 234
思考题 235

第 8 章 数字资产 IT 设计 237
8.1 数据架构设计 237
8.1.1 数字资产分布设计 238
8.1.2 数字资产的负责部分与应用 247
8.1.3 数字资产集成设计 248
8.2 逻辑数据模型设计 250
8.2.1 为什么要设计逻辑数据模型 251
8.2.2 逻辑数据模型 252
8.2.3 设计逻辑数据模型应遵循的原则 255
8.2.4 设计逻辑数据模型 256
8.3 物理数据模型设计 264
8.4 数据湖 268
8.4.1 数据湖的概念 268
8.4.2 数据湖与数据仓库的异同 269
8.4.3 数据湖的存储设计思路 271
8.5 业务对象服务 275
8.5.1 业务对象服务及其归属 275

目录

　　　　8.5.2　业务对象服务设计 279
　　　　8.5.3　业务对象服务防腐层设计 282
　思考题 289

第9章　数字资产规划实施 290
　9.1　差距分析 290
　　　　9.1.1　差距分析与差距分析矩阵 291
　　　　9.1.2　如何使用差距分析矩阵 292
　9.2　制定候选路线图 296
　　　　9.2.1　分析差距解决方案依赖关系 296
　　　　9.2.2　评估数字资产价值贡献度 298
　　　　9.2.3　形成数字资产实施候选路线图 301
　9.3　制定落地实施路线 303
　　　　9.3.1　整合解决方案依赖优先级矩阵 303
　　　　9.3.2　规划项目 305
　　　　9.3.3　制定项目实施优先级顺序 308
　　　　9.3.4　确定项目实施路线图 311
　9.4　项目实施 311
　　　　9.4.1　业务需求分析 311
　　　　9.4.2　撰写业务需求说明书 314
　　　　9.4.3　项目风险应对措施 324
　9.5　数字资产的 IT 设计 325
　　　　9.5.1　完善业务实体的属性 325
　　　　9.5.2　业务智能化应用设计 327
　　　　9.5.3　识别业务对象服务 327
　　　　9.5.4　设计业务对象服务 329
　思考题 332

第10章　数据治理 333
　10.1　数据治理概述 333
　　　　10.1.1　企业为什么需要数据治理 334
　　　　10.1.2　数据治理的概念 335
　10.2　经典的数据治理框架 337
　　　　10.2.1　DGI 的数据治理框架 337

- 10.2.2 DAMA 的数据管理框架 339
- 10.2.3 IBM 的数据治理统一流程 340
- 10.2.4 Gartner 数据治理的关键基础 341
- 10.2.5 数据管理能力成熟度评估模型 343
- 10.3 本书提出的数据治理模型 344
- 10.4 数字资产战略 345
- 10.5 建立数据治理组织架构 347
  - 10.5.1 数据治理的牵头部门 347
  - 10.5.2 数据治理的组织架构 347
- 10.6 数据治理的日常工作 349
  - 10.6.1 建设数字文化 349
  - 10.6.2 建设数字资产标准 353
  - 10.6.3 建设数字资产模型 356
  - 10.6.4 建设数据治理 360
  - 10.6.5 建设数字能力 364
- 10.7 专项数据治理流程 368
- 思考题 372

第 1 章

数字资产

国务院发布的"十四五"规划中强调了数据要素是数字化经济发展的基础。数据要素也就是数据这个生产要素。数据作为一种生产要素，我们称其为数字资产，其必然能在企业的生产经营过程中创造价值，数字资产在数字经济活动中的重要性十分突出。在讨论怎样建设数字资产前，我们需要先厘清什么是数字资产，了解资产运用和管理方式的变更会对企业的经营管理产生什么样的影响，这样才能在规划、建设数字资产过程中做到有的放矢。

厘清问题的最简单方式就是对问题进行定义，明确范围。这样在解决问题时会更有利于聚焦，更有助于找到最合适的解决方案。

本章主要介绍的内容有以下两个方面。

第一，讨论数字资产的定义。

第二，通过分析资产要素及其管理方式对企业生产经营的影响，了解数字资产的作用。

1.1 数字资产概述

"数字资产"一词从语法的结构来分析，资产是核心词，数字是限定词。可以理解为数字形态的资产，也可以理解为数字类的资产。要理解其具体的内涵，需要结合资产的本质特征，以及使用数字资产的目标进行解读。

本书要建设的"数字资产"是为企业数字经济服务的。作为生产要素，数字资产需要同时体现其经济学和数字化的特性。所以，我们以经济学的资产概念为基础，结

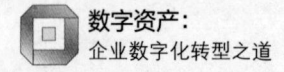

合数字化应用的特征来解释什么是数字资产。

在解释数字资产的过程中，我们需要关注国家或行业给出的相关定义，通过对比分析后，给出数字资产的定义和范围。

1.1.1 资产：经济学的概念

经济学对资产的定义为：资产是指由企业过去的交易或事项形成的、由企业拥有或控制的、预期会给企业带来经济利益的资源。不能带来经济利益的资源不能作为资产，是企业的权利。

从定义中可以提炼出资产应具有如下特征。

第一，资产预期会给企业带来经济利益（有价值），是指具有直接或间接导致现金或现金等价物流入企业的潜力。

第二，资产应为企业拥有（有所有权）或控制（没有所有权）的资源，是指企业享有某项资产的所有权，或者虽然不享有某项资产的所有权，但是该资产能被企业所控制。

第三，资产是由企业过去的交易或事项（取得方式）形成的资源，是指企业取得该项资产的方式。

【示例 1-1】轮胎厂购入橡胶，加工成轮胎出售。

对于企业而言，橡胶作为生产轮胎的原材料，经过加工后会形成价值增值，会给企业带来经济利益，是有价值的。橡胶是企业购入的，企业拥有所有权。购入的橡胶满足资产的三个特征，所以是企业的资产。对于企业还没有购入的橡胶，因为企业没有所有权或控制权，就不能认定为企业的资产。

轮胎是加工好的产品。当轮胎还没有售出时，所有权归企业所有，预期能售出，是企业生产形成的资源，满足资产的三个特征，是企业的资产。当轮胎已经销售，但是购买方还没有来提货时，轮胎仍然按约定保存在企业的仓库里。这时，企业已经没有轮胎的所有权，轮胎不能再作为企业的资产。如果购买方逾期未提货，按合同约定可以由企业处置时，企业拥有轮胎的实际控制权，该轮胎可以作为企业的资产。

企业的加工厂合法占用的土地，按照我国的相关法律法规来说，企业虽然没有所有权但是有使用权，因此，也是企业的资产。

1.1.2 数据资产：中国信息通信研究院发布的概念

2021年12月，中国信息通信研究院联合多家企业发布的《数字资产管理实践白皮书5.0》中将数据资产定义为：**数据资产（Data Asset）**是指由组织（政府机构、企事业单位等）合法拥有或控制的数据资源，以电子或其他方式记录，例如，文本、图像、语音、视频、网页、数据库、传感信号等结构化或非结构化数据，可进行计量或交易，能直接或间接带来经济效益和社会效益。

从该定义中可以提炼出数据资产的如下特征。

第一，资产为企业合法拥有（所有权）或控制（没有所有权）的数据资源。

第二，资产能直接或间接带来经济效益和社会效益（有价值）。

第三，资产为数据资源（表现形式）。

对比经济学里资产的定义与中国信息通信研究院等提出的数据资产的定义，可以比较出它们的主要区别，如表1-1所示。

表1-1 资产与数据资产定义的主要区别

特征	资产	数据资产
资产形态	没有限定资产形态	数据资源
效益范围	经济利益	经济效益和社会效益
取得方式	过去的交易或事项形成	无

1.1.3 数字资产：数字世界的资产

本书将要建设的数字资产是为数字经济服务的，是为企业数字经济活动提供支持的。所以本书基于经济学的资产概念，结合数字化来分析什么是数字资产。

数字化就是将复杂多变的信息转变为二进制代码（0和1），存入计算机并进行处理的基本过程。可见数字化并非新事物，而是随着第一台数字计算机的出现而出现的。

当数字计算机在企业和商业中开始应用时，数字世界开始出现。与计算机的处理能力和存储能力相伴而生的是丰富的资产。随着云计算、大数据、人工智能、物联网、区块链等新技术的广泛应用，进入数字世界的信息呈指数级增长。同时，这些数字也越来越全面地描述着真实的世界。从这一视角来看，数字化是指在数字世界里全面体现现实世界（包括那些隐藏在日常行为下的、表象之下的部分）的过程。因此，数字化不仅是单纯地将现实世界"搬到"数字世界，还包括在数字世界里将隐藏的信息显性化，从而描绘出更全面、深刻、关联复杂的新世界。我们将数字世界里的这些信息称为数字资产，该过程又称数字孪生。

数字资产能帮助企业更全面地分析新商业环境下的需求、趋势，支持新业务模式的快速创新与投产。这些数字资产在被使用过程中不仅不会损耗，反而会因此增值。具体来说，就是在生产新产品或提供服务的过程中，数字资产以生产要素的形式参与生产环节，完成价值增值，但是本身价值并不会因此而降低，反而是被使用的次数越多，价值越大。同时，与新产品或服务相关的信息被记录下来，形成新的数字资产。新的数字资产成为新一轮产品生产或服务的生产要素。周而复始，数字资产实现了在企业价值创造过程中的不断增值。

【示例 1-2】张三在某电商平台上购买了一部手机。电商平台上记录的这部手机的信息作为生产要素参与了销售的过程并产生了价值。但是在这一过程中，这部手机的信息仍存在，并不会因为发生了销售行为而减少。

张三购买这部手机的活动作为数字资产被记录下来。当有与张三相同爱好的用户选择手机时，平台可以为其推荐。这时，张三的购买记录就产生了新的价值。用张三的购买记录向有相同爱好的用户推荐手机时，信息本身并没有发生损耗。

当平台分析是否要再进购这款手机时，张三的购买记录也成为企业进行决策的影响因素之一，对企业或对企业销售手机产生新的价值。

这就是数字资产在被使用过程中不仅不会损耗，反而会因此增值的原因。

为便于读者理解本书所讨论的内容，我们综合资产的经济学含义和数字化特征，将**数字资产**定义为：企业过去交易或事项形成的、由企业拥有或控制的、预期会给企业带来经济利益的、以数字形态存在或表示的资源。

从该定义中可提炼出数字资产具备如下特征。

第一，数字资产预期会给企业带来经济利益（有价值）。只要是使用了计算机的企业，就会积累大量的数据，但是不是所有的数据都能为企业带来经济利益。很多企业在生产经营活动中产生了大量的数据，但是数据的质量不高，不能应用于新的生产经营活动中，或者没有相应的技术让积累起来的数据为企业带来新的经济利益，那么，这样的数据再多也不能成为数字资产。

第二，数字资产是企业拥有（有所有权）或控制（没有所有权）的资源。随着隐私保护等与数据权属相关的法律法规的出台，数据的权属开始成为关注点。与有形资产或无形资产的权属鉴定不同，数据是企业与用户、合作方等共同生产的。虽然目前还没有完整的法律体系来对这部分资产的权属进行全面界定，但是相关部门正陆续出台收集和使用数据的相关规章，以规范、指导企业谨慎、合规地收集和使用数据，用户拥有知情权和否决权。因此，企业对部分数据只能算是拥有控制权而不是所有权。

第三，数字资产是由企业过去的交易或事项（取得方式）形成的。 企业目前拥有的或控制的数字资产大部分是企业在生产经营过程中产生的，也就是由生产经营活动的交易或事项形成的。在数据市场日益活跃的趋势中，企业也可以从数据市场购买相应的数据及其服务，即通过数据市场交易的方式取得数字资产。对于一些公开的信息，如国家的法律法规及监管要求等，企业可以通过相应的渠道和方式，以事项的方式获取。

第四，数字资产以数字形态（表现形式）存在。 无论是有形资产还是无形资产，都有其相应的表现形式，数字资产也不例外。但是与有形资产和无形资产不同的是，数字资产是以数字形式存储在计算机中的。数字资产产生于有形资产与无形资产，又超越有形资产与无形资产，不仅是现实世界的虚拟化，还是隐含情绪的显性化。

对比经济学里资产的定义、数据资产的定义与数字资产的定义，可以比较出它们的主要区别，如表1-2所示。

表1-2 资产、数据资产与数字资产定义的主要区别

特征	资产 （经济学）	数据资产 （中国信息通信研究院）	数字资产 （本书）
资产形态	没有限定资产形态	数据资源	数字形态
效益范围	经济效益	经济效益和社会效益	经济效益
取得方式	过去的交易或事项形成	无	过去的交易或事项形成

说明： 数字资产（本书）强调资产的数字形态，主要是因为本书讨论的数字资产是指现实世界资产在数字世界中的映射。

数据资产（中国信息通信研究院）不讨论取得方式，是由于其认为取得方式是实物资产特有的。而数字资产（本书）强调取得方式，一方面考虑到国际、国内对于数字企业获取信息的要求越来越严格，这对数字资产本身会产生影响；另一方面则因为数字资产需要通过某种交易或方式获取，不存在自然出现的情况。

1.2 资产在不同管理模式下的演进

明确了数字资产的定义，接下来我们需要了解资产运用和管理方式的变更会对企

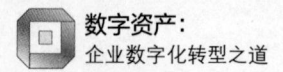

业的经营管理产生什么样的影响。了解了这部分内容，我们才能更好地规划、设计、建设数字资产。

随着科学技术的进步，资产的内涵也在不断发生着变化。结合资产及其管理手段的特性，我们可以将其划分为四类。需要说明的是，四类资产可以在同一时空里并存。应该根据企业自身的情况及目标去选择适当的资产管理方式。

1.2.1 手工

手工管理资产是传统的资产管理方式。管理的工具主要是各种纸质登记簿。当企业发生经济活动时，通过纸质的票据来记录与经济活动相关的信息，负责管理资产的人员按既定的规则登记到相应的账簿中。当企业所拥有的资产种类较多时，很难用一个账簿完成所有信息的登记，需要分门别类地记录。为了方便管理，设置明细账簿记录每次经济活动的详细信息，设置汇总账簿记录每个明细账簿每日发生的变动情况，最后用各种账务报表展示各个汇总账簿的总体变动情况。

资产范围：主要以实物形态存在的有形资产，以及商誉、知识产权等无形资产（后续简称传统资产）。

管理方式：以手工方式对纸质登记簿进行记录、整理和管理。其可以记录资产的主要特征，信息量相对较小。管理投入的资源（人力、时间）较多、管理效率低下。

特征：计算机未能在商业中得到有效应用；以生产要素形式存在的资产在生产过程中产生消耗；以手工方式记录、以纸质方式存储；资产管理信息是生产流程的体现。

【示例 1-3】几类有形资产的管理。

企业的有形资产分别由不同的管理部门管理。例如，由财务部门用固定资产登记簿来记录企业拥有的房产、机械设备、车船等资产及其使用情况；由仓储部门用仓库物资登记簿来记录仓库的入库和出库商品信息；由各生产经营单位来登记领用和使用材料、产出及交付产品等信息；由采购部门来记录物资采购情况；由销售部门来记录产品销售情况。

为了确保记录的准确性，需要核对账簿记录的一致性，即按各种账簿记录的信息的关联性，通过查找相关账簿对某项资产记录的一致性进行核对，这称为账账核对（账簿与账簿核对）。账账核对一般定期或不定期进行，定期核对是指按一定的时间，如按月、按季、按年进行核对；不定期核对是指按临时要求进行核对。

在进行账账核对时，需要由相关账簿的负责人将账簿放在一起，逐笔查找关联账簿记录的一致性。

除此之外，企业还要核对账簿记录与实物是否一致，即账实核对（账簿与实物核对）。在进行账实核对时，由核对人员带着账簿到实物所在的地方逐一清点实物，核对账簿记录的信息与实物的情况是否一致。账实核对也要定期和不定期进行。大型企业在账实核对时需要投入大量的人力，花费较长的时间。

在这种资产管理方式之下，所有的登记簿均为纸质，保管成本高，信息查询难度大。

【示例1-4】客户管理。

企业用纸质登记簿记录客户的名称、账号、联系地址、联系电话等信息，或者通过客户名片夹进行客户管理。登记簿或名片夹的信息量极小、安全性较低，且不易保管、查找信息麻烦、变更信息操作复杂。总之，管理工作量极大、工作效率低。

大型企业的客户信息分散在各业务部门中，甚至个人手中。企业对大客户的服务主要通过特定的客户经理提供。该客户经理通过频繁地与客户的沟通、交流，建立起较好的人际关系后，才会对该客户有较全面的了解。可见，这样的管理方式投入成本（时间、资源）较高，客户经理能服务的客户的数量有限。往往存在客户经理离开后客户很难再得到优质的服务的情况，客户因此离开的现象屡见不鲜。

1.2.2 电子化

当计算机的成本大幅降低后，尤其是使用计算机的成本远远低于人工成本时，计算机在商业中得到广泛应用。熟练掌握计算机技术的人员研发出相应的工具，将企业资产用电子文件的形式进行记录、存储、管理的过程就是电子化。

企业为了更好地开展生产经营活动，将相关的政策、法规、规章制度、合同、技术方案、经验教训等以电子文件的方式保存、管理、共享、备查。这些电子文件能为企业创造价值提供支持，也称为企业资产。

资产范围：传统资产、电子文件。

管理方式：借助计算机办公软件进行记录、整理和管理。记录资产的重要特征，信息量较手工管理方式有所增加。信息管理变得容易，管理投入的资源（人力、时间）有所减少、管理效率有所提升。

特征：计算机在商业中得到了广泛应用；信息基本以手工方式录入，部分信息通过专用设备扫描获取；以电子文件的方式存储；资产管理信息仍是生产流程的体现，但是能为企业经营提供一定的便利。

【示例1-5】有形资产的管理将发生如下变化。

电子化基于传统的资产管理方式，用电子文件替代纸质登记簿。企业发生经济活

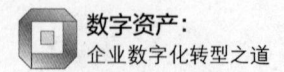

动时仍用纸质的票据来记录与活动相关的信息，负责管理资产的人员按既定的规则录入电子文件完成明细信息的登记。

由于电子文件能承载的信息量较大，可以取代大量的纸质账簿。从明细账簿到汇总账簿的过程不再需要人工参与，计算机可以自动完成。从汇总账簿到制作报表的过程完全交给计算机处理。

在进行账实核对时，仍然需要安排核对人员按电子账簿（或打印清单）与实物进行核对。账实核对仍然需要投入大量的人力，花费较长的时间。

【示例 1-6】客户管理将发生如下变化。

可根据需要增加客户信息，信息更丰富。相关信息存储在计算机中，管理难度降低、安全性得到提升。客户信息电子化为信息共享创造了条件，信息的查询、使用效率有较大提升。

客户信息电子化后，不会影响企业对大客户的服务模式，虽然仍严重依赖客户经理，但是可以降低对客户经理的记忆要求，如可以借助电子信息保留客户的生日等重要日期并在适当时给客户经理以提示，以便客户经理能及时采取行动进行响应。

1.2.3　信息化

当计算机的数据库技术、通信技术、网络技术等成熟且成本大幅降低后，企业通过建设信息系统，将其应用于生产经营与管理中，以实现生产和管理效率的大幅提升。相关信息均存储在数据库中，为企业使用信息提供了极大便利。

与企业相关的政策、法规、规章制度、合同、技术方案、经验教训等存储在数据库中的信息也称为企业资产。

资产范围：传统资产、信息化数据。

管理方式：由信息系统进行记录、管理，用数据库进行存储。信息更丰富，体现出资产的主要特征。管理投入的资源（人力、时间）进一步减少、管理效率全面提升。

特征：计算机具备复杂的逻辑处理能力、大数据处理能力、数据传输能力，且在商业中得到广泛应用；信息资产获取渠道增多，如手工录入、技术识别、网络传入；由专门的信息系统支持，用数据库存储；信息资产已融入生产经营流程中，直接提供信息支持。

【示例 1-7】有形资产的管理将发生如下变化。

企业负责记录账簿的人员虽然分散在不同的物理位置上，但是可以同时登录信息系统录入、查看、使用信息，与账务、账簿、报表相关的事宜均由信息系统自动完成，并可供用户随时查看。除了常规的数据展示，还能用图形的方式展示企业信息化资产的情况。

纸质票据不再是必需的，可由交易信息替代。由计算机技术对交易信息的真实性进行加密、识别并通过网络传输成为新的信息获取渠道。

账实核对没有实质性变化，需要安排核对人员按查询展示的账簿（或打印清单）与实物进行核对。账实核对仍然需要投入大量的人力，花费较长的时间。账实核对没有明显改进。

【示例 1-8】客户管理将发生如下变化。

有专门的信息系统负责管理客户信息，客户的个性化信息进一步丰富，变更、查找的工作效率全面提升。可以对客户进行分级、分类管理，并实现了信息共享，所有的客户经理都能查询、使用信息。客户信息能直接应用于企业的其他信息系统。

客户经理可服务的客户的数量大幅增加，信息系统已经能按既定内容和格式自动生成客户服务方案。

1.2.4　数字化

计算机硬件技术极大进步，大数据、云计算、物联网、区块链、人工智能、5G 等新技术进一步成熟并在商业中得到广泛应用，存储设备成本极大降低，为数字孪生创造了条件。企业通过 IT 系统建设，应用新技术推进数字孪生，为企业开展数字经济业务提供支持。信息采集的方式更加多样化，用户既是消费方，也是信息的录入者和提供方。

数字化是将现实世界完整地"放入"数字世界中，是对现实世界的完全虚拟化，数字化并不"去除噪声"，所以，数字化也称为数字孪生，也就是说，数字世界与现实世界几乎没有差别。在数字化后形成的数字世界里，人类可以不受时空的限制而开展各种活动，可以在更大程度上释放人的潜力和创造力。

数字化是以信息化为基础的跃升，与信息化最大的不同是，信息化追求的是现实世界的部分特征的体现，信息化是"去除噪声"的，而数字化追求的是现实世界的全面特性，甚至可能是一些潜在的意识而不只是表象，是行为而不只是结果。如果说信息化关注的是所见所闻，数字化则更关注所思所想。甚至会出现在数字世界里的你所展示出来的信息远远超过你对自己的认知和了解的情况。

数字资产：
企业数字化转型之道

因此，数字化资产除了包括与企业相关的政策、法规、规章制度、合同、技术方案、经验教训等存储在数据库中的信息，还包括用户的行为、爱好等个性化、私密性的信息。

资产范围：传统资产、数字资产。

管理方式：由 IT 系统进行收集、管理，用数据库存储；信息极其丰富，与现实世界更接近；用数字技术对资产进行处理，管理效率极大提升。

特征：计算机技术迅猛发展，大数据、云计算、物联网、区块链、人工智能、5G 等新技术成熟并得到广泛应用，人类生产生活的模式发生了极大变革，产生了新业态；资产的内涵和外延不断扩大，如用户的行为、习惯、偏好也成为可以为企业创造价值的资产；资产获取的方式更加多样化，应用技术手段从用户使用产品或服务的过程中自动采集成为主流；用户不仅是资产的消费者，还是创造者；由于数据的丰富程度和复杂度大幅提升，以及相关技术对数据进行处理的要求，因此在进行数据库存储时，不但需要体现数据本身，而且更需要体现数据间的逻辑关联关系；数字资产作为重要的生产要素，不但参与生产经营，对经营决策提供重要支持，而且会影响企业生产经营的方式，以及决策的模式。

【示例 1-9】有形资产的管理将发生如下变化。

将新技术应用于企业生产经营系统，根据业务需要自动采集、存储数字资产，资产的业务属性变得更丰富。与企业经济活动相关的账务处理自动完成，效率更高，尤其是区块链技术的应用，提升了信息的透明度和安全性。

账实核对工作因人工智能、物联网、5G 等新技术的应用而变得简单，可全面交由计算机系统进行实时监测。资产管理更简便、高效、全面。

【示例 1-10】客户管理将发生如下变化。

客户信息的获取方式也发生了变化，通过技术手段有意识地在用户使用企业产品或享受服务的过程中自动采集所需要的信息。得益于极其丰富的信息，客户的个性得以充分体现。

应用数字资产对客户进行一人千面的分析，从而可以由 IT 系统提供个性化、高质量、低成本的服务。客户经理可服务的客户的数量大幅增加，在某些场景下可以用计算机代替人提供个性化服务。得益于计算机提供的个性化服务，个性化服务的成本大幅降低，为长尾客户提供个性化服务的投入产出比不断提升，普惠服务得以迅速发展。

1.3 数字世界里数字资产、信息与数据的区别

在了解了数字资产的概念及资产的演进后，你或许会认为数字资产不就是存储在计算机里的数据吗？那些数据不就是我们常说的信息吗？为什么要为计算机里存储的"数据"起两个名称呢？

要搞清楚上述问题的实质，就要厘清这三个词的区别：数字资产、信息、数据。

在讨论它们的区别之前，我们先来看一下这三个词在概念层面的含义。

数字资产：包含了具体的场景，且能为企业带来价值的具体值。

信息：包含了具体场景的具体值。

数据：存储在数字世界里的具体值。

为了让大家对这三个词的概念有更深刻的理解，我们用一个示例来说明。

【示例 1-11】我们有一张与人相关的表，这张表的表头被隐藏了。在这张表中，某行某列里有一个值"22"。我们不知道这个数据有什么样的含义，可能是指 22 个人中的某个人，可能是指第 22 号，也可能是指 22 岁。数据只是一个具体的值，没有特别的含义。

如果我们找到了表头，能看到"22"对应的列为"专著数量"，那么这时我们知道了"22"的含义是指某个人已经发布了 22 项专著。这里面的"22 项专著"就是信息，它包含了一个具体的场景。

如果企业在整个生产经营管理过程中都不会用到"专著数量"这个信息，而且这个信息不能用于出售而获取价值，那么这个信息就不会为企业带来价值，不满足数字资产能为企业创造价值的基本属性，就不能成为该企业的数字资产。反之，如果这个"专著数量"能成为企业的一种竞争软实力的体现，比如去参加一些竞标活动时会因此让企业得到加分或相应的资格时，这个信息就为企业创造了价值，就会成为企业的数字资产之一。

【示例 1-12】我们从【示例 1-11】中已经了解到，从计算机系统中取出的一个数据，如果没有相应的场景，就没有太多的含义。在这个示例中我们主要讨论信息与数字资产的区别。

某投资咨询公司在初创时就意识到大量的信息能为公司进行行业分析、投产决策

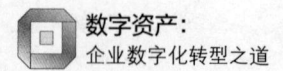

做出巨大的贡献，于是从公司成立时就着手收集各种信息，并将收集到的各种信息存储在计算机中。由于各种原因，公司没有对大量信息进行处理的能力，这就导致大量的信息沉寂在计算机系统中，没有体现出相应的价值。这些信息也只能是信息。

公司构建起自己的应用系统后，对多年收集的信息进行了全面的整理、分析，从中发现了一些隐藏的趋势，并根据这些信息进行相关的投产决策或为客户提供咨询服务。这时，企业原来的信息开始为企业的价值创造做出贡献，信息就转换为数字资产了。

小结：数据是指存储在计算机里的一个个的值，但是这些值单独提取出来没有任何意义，需要与具体的场景相结合。当数据与具体的场景结合起来后，有了明确的含义，就成为信息。信息在加入企业的生产经营过程并为企业创造价值后，就成为企业的数字资产。

1.4　数字资产的特征

数字资产是现实世界在数字世界的数字孪生。数字孪生需要对现实世界进行全面、细致的表达。数字资产的这个特征决定了它一定是极其丰富的，数字资产之间必然存在着极其复杂的关系。为了使数字资产为企业带来实实在在的经济收益，就要把数字资产用起来。要用好数字资产就离不开管理。可是，数字资产的特征表明了对其管理的方式和手段必然与对现实世界中的资产管理不同。接下来，我们来看看在进行数字资产管理时需要特别关注哪些方面。

1.4.1　数字资产的规划与建设

通过资产的演进过程我们可以看到，数字资产与实体资产在形态和管理等方面均存在较大的差异，所以，对于新形态的数字资产，我们需要用新的思想、新的方式进行规划。

日本的企业在 20 世纪推行的零库存的精益管理方式使企业的资金周转效率得到全面提升，企业的整体赢利能力大幅提升。这与企业对其所需要的资产进行的精细规划紧密相关。与对实体资产的规划相同的是，数字资产也需要有相应的规划，以明确企业究竟需要什么样的数字资产，以及如何获取或创造数字资产。与精益管理对资产零库存的要求不同，数字资产需要足够丰富才能更好地发挥效用。

第1章 数字资产

一个企业想要产生价值就离不开资源,而数字资产作为这些资源的数字孪生可能在不同的价值创造环节里被创造、被移动、被使用。试想一下,如果企业对所需要的资产没有整体的规划,它将可能不知道在什么环节会用到什么资产,不知道这些资产的变化或缺失会产生什么样的影响,也不知道企业会面临什么样的状况。例如,你正准备装修房子。在开始装修前,要先了解满足你目标的房子应该具备什么样的功能或设备,以及为了实现这些功能或设备你需要什么样的材料及标准等。将这些材料整理出来进行综合考虑的过程就是规划。而这个规划的结果必然会对装修的效果起决定性的作用,也决定了你的资金投入。

在规划数字资产前需要先有数字资产是企业的一项独立资源的概念,甚至应将数字资产视为一种独特的产品。在规划数字资产时需要注意以下几点。

第一,**数字资产是独立存在的,不是依附于流程而存在的**。这一点非常重要,体现出企业数字资产的概念,是数字化经济中数字资产发挥作用的前提。

第二,**数字资产一定与企业的价值创造流程相关**。数字资产作为一种资产一定能为企业创造价值,不可能存在与企业所有流程无关的数字资产。

第三,**某种数字资产一开始可能是不完整的,需要不断补充、完善**。数字资产作为现实世界数字孪生的一种表现形式,必然会随着企业对现实世界认知的深入而变得丰富。

第四,**数字资产需要技术支持,技术是为数字资产提供服务的**。技术是基石,但是技术一定是为企业的生产经营服务的,而不应当本末倒置,不能为了满足技术的特征而改变数字资产,数字资产应当体现其描述的现实世界的本质。

第五,**数字资产与企业的战略相关,使用数字资产的方式受企业战略目标制约**。企业战略目标是企业开展所有工作的目标,不应发生脱离企业战略目标或不遵从企业战略目标而构建或使用数字资产的情况。

第六,**数字资产的使用效果取决于数字资产的质量、数量和使用方式**。数字资产的目标是在企业的生产经营过程中创造更多的价值,而这样的价值贡献度对数字资产的质量有相应的要求。低质量的数字资产可能产生负面的影响。高质量的数字资产越多,能应用的场景就越多,其价值贡献度就越高。数字资产除了作为生产要素参与生产经营,还参与趋势分析、特征分析,为企业决策提供支持,产生更大的效用。

第七,**数字资产的使用效率与应用系统的设计紧密相关**。应用系统是用户与计算机直接交互的接触点,数字资产是通过应用系统展现在用户眼前的。因此,数字资产的使用效率并不完全由自身决定,而是与使用数字资产服务的应用程序紧密相关。即使企业的生产流程仍以手工方式处理,而用专门的系统对数字资产进行加工和处理,

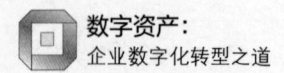

这种专门的系统也是应用系统。数字资产是隐藏在应用系统后面的"无名英雄"。

第八，数字资产之间有复杂的关联关系，很多时候将多种数字资产整合应用后的效益将远远大于分别使用的效益。正如在现实世界中，若干单个资产的使用效益之和往往不如将它们整合起来应用产生的效益高，当数字世界中的多种有关联关系的数字资产被整合应用时，数字资产将不再是某个事物，而是有关系的事物的组合，这些数字资产形成了链条，甚至形成了类似于生态圈的网，其产生的收益将远远大于其中的每个点上的数字资产产生的效益之和。

第九，数字资产虽然在流程中不会发生损耗，但是并不说明数字资产可以无限期存在、被使用，其本身有生命周期。数字资产与所有资产一样也有生命周期，当某种数字资产不能参与企业的生产经营的价值创造环节时，就不会为企业带来利润，就不再是企业资产了，企业需要将其从数字资产中移除。将其移除后，该数字资产的生命周期就结束了。

1.4.2 数字资产的质量管理

正是由于数字资产有其独特性，对其进行管理时将面临很多挑战。实物资产有一定的形状，看得见、摸得着，可以实施有针对性的管理，管理的效果肉眼可见。数字资产一方面没有可以看见或可以触摸的形状，往往会随着时间的变化而发生变化，还会在没有损耗的情况下被盗，同时被不同的人在不同的地方、不同的场景使用，在被使用的过程中不但不会被消耗还会产生新数据等，这些特性都意味着传统的资产管理方式和手段已不再适用。但是数字资产对企业的重要性不仅体现在其是企业自身生存发展的需要，还体现在其是企业与外部世界交互的重要载体，比如企业通过与其他企业间的信息交互来提供产品或服务等。鉴于数字资产对企业如此重要，因此，企业需要提前思考、规划如何对数字资产进行管理。

企业在对数字资产进行管理规划时，应至少考虑以下几个方面的内容。

1. 数字资产质量管理

数字资产的质量决定了数字资产的价值，数字资产质量管理是数字资产管理的核心。如果数字资产的质量不高，收集、使用数字资产不但不能产生正面效益，而且会造成损失，形成多重浪费。这体现出数字资产质量的成本是隐性的、间接的，难以直接预测。

Collibra作为一家专门提供客户查询、管理、储存和分析数据工具的公司，与全球

500多家企业和其他大型组织合作，对数字资产质量的特征有更深入的了解。在其公司网站上，以巨大的标题来提示数字资产质量的重要性。从其公布的如下一组数据可以看出企业数字资产质量不高的情况并非个案。

25%：由于数据不良而给企业造成损失的收入百分比。

47%：在最近创建的数据记录中至少有一个严重错误的百分比。

可见，数字资产的质量是企业数字战略的核心，数字资产质量管理是数字资产管理首先要考虑的事项。

（1）数字资产需要有企业级的统一标准，并在企业内部全面推广，才能保证企业在进行数字资产全生命周期的质量管理时有可遵从的标准。

（2）数字资产质量管理可以从问题出发，分析解决数字资产在获取、生产、传输、存储、使用、维护等方面的问题，并形成相应的管理办法和机制，促进数字资产质量的提高。

（3）对数字资产与企业流程衔接的每个触点进行监控，确保数字资产的质量不发生变形，且能满足流程对数字资产的需要。

（4）当数字资产发生迁移或对其进行异地存储时，应建立起相应的具有安全性、数据一致性的规范和机制，确保数字资产的质量不受影响。

（5）企业拥有的数字资产的质量很难按统一的标准来衡量。例如，由于来源不同，数字资产可以分为企业自有的数字资产和外购的数字资产。企业自有的数字资产可能因为自身的高标准、严要求而达到一个比较高的水平，但是企业几乎不可能用同样的标准去要求其他提供数字资产的企业按同样的标准实施，当然有国际标准、国家标准、行业标准等进行规范的数字资产除外。

2. 通过数字资产价值来推进质量管理

建立账务价值与数字资产价值的关联关系，将数字资产的隐性价值显性化，推动企业对数字资产质量的重视，从而推进相关管理措施的实施。

通过对数字资产进行价值评估，在企业内部推动对数字资产的理解，可以推进企业了解数字资产，高质量地生产数字资产。

如同实体资产可以分为不同的类别一样，数字资产也可以分为不同的种类。不同种类的数字资产对企业的价值贡献必然存在差异，因此，对数字资产价值的评估需要区别对待，不能用一个标准对所有的数字资产进行评估和评价。

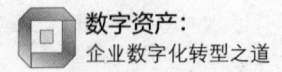

3. 明确数字资产的管理职责来实施质量管理

数字资产质量管理是数字化转型的关键，是数字资产管理的核心。我们都知道一个和尚挑水吃，两个和尚抬水吃，三个和尚没水吃的故事。每一件事如果都有一个且只有一个管理者时，职责非常明确，这些事基本就能被管理好。当负责管理的人多了，在职责上就需要共同承担。当某种数字资产由几个部门共同管理时，其质量难以保证。因此，需要为数字资产分配唯一的管理部门来确保其质量的可靠性。

1.4.3 数字资产的价值衡量

实物资产的价值是用出售的收益与其成本之间的差额来体现的。对于数字资产而言，一是目前业界还没有确定某项数字资产的成本或收益的计算标准；二是与实物资产价值衡量的标准化、可参照性不同，企业每项数字资产都具有独特性和唯一性，难以借鉴和参考定价；三是数字资产的价值贡献与使用的流程相关，也与使用的频次相关，很多情况并不是其价值不足而是其应用不足；四是数字资产的价值贡献与数字资产的质量和数量呈现正相关关系，是指数关系。因此，数字资产的价值衡量存在一定的复杂性。

每个企业生产经营的产品不同、流程不同，所需要的数字资产也不同。对某个企业来说非常重要的数字资产，另一个企业可能根本用不上；对某企业来说当下用不上的数字资产，却可能在将来产生巨大的价值；有些数字资产存在着一些基础性的信息，即使跨行业也能发挥作用。例如，2016 年 6 月 13 日，微软以溢价 49.5% 的 262 亿美元全现金收购领英（LinkedIn），只因看中领英这个职业社交平台超过 3 亿会员用户的数据可能带来的潜在价值。微软 CEO 萨提亚·纳德拉指出，领英的"人才解决方案"业务对微软的 Office 产品是一个有益的补充，这笔收购可以促进领英、微软 Office 365 和 Dynamics 服务的增长。

企业在对数字资产的价值进行衡量或评估时，可以从以下几方面进行思考。

1. 获取数字资产的成本

（1）在当下数据已经可以作为商品进行交换时，企业可以将从数据交易中的获取数字资产的成本作为重要依据。

（2）企业为获取相关的数字资产而进行创建、收集、加工等的成本。

（3）数字资产丢失后，企业再获取数字资产时所需要付出的成本。

（4）为实现数字资产质量目标而进行治理所需要付出的成本。

2. 存储及使用数字资产的成本

（1）大量的数字资产是需要有效地存储才能够被正常使用的，存储也是需要被考虑的成本。

（2）存储和使用数字资产时还需要考虑其安全性，考虑提供相关安全措施的成本，包括安全性检查，权限管理设备及机制，存储备份，数字资产的传输、加密等的成本。

（3）企业可能在不同的地方、不同的场景使用数字资产，因此还要考虑数字资产的一致性和标准化成本。

3. 数字资产损失对企业的影响

（1）数字资产被损毁给企业带来的损失或风险。

（2）数字资产丢失给企业带来的损失或风险。

（3）数字资产被泄露给企业带来的损失或风险，包括商誉的损失及挽回商誉损失而付出的成本。

4. 数字资产可能带来的收益

（1）高质量、大量的数字资产能给企业生产经营带来收益或使生产经营成本降低。

（2）高质量、大量的数字资产会给企业生产经营决策带来收益。

（3）基于数字资产改善用户体验所能创造的收益。

（4）基于数字资产的创新性应用预期可获得的收益。

（5）企业的数字资产在数据交易所交易时所能获得的收益。

1.4.4　数字资产的生命周期

数字资产虽然不会在使用中发生损耗，但是它与其他资产一样也有生命周期。数字资产的生命周期起始于数字资产初次被创建及存储时，数字资产可能在被使用的过程中逐步完善，也可能在一开始被创建时就已经是完整的、准确的。当数字资产不能再参与企业的生产经营管理流程，不能再为企业创造价值时，应该退出。此时，该数字资产的生命周期结束。

我们还应看到，数字资产在其生命周期内还会因参与企业的生产经营管理过程而

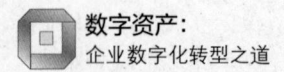

创造出新的数字资产,这就使得数字资产的生命周期非常复杂。

在对数字资产进行全生命周期的管理前,需要明确一点,就是数字资产的生命周期与应用系统的生命周期没有关系。数字资产虽然存储在企业的应用系统之中,或者通过应用系统使用或展现,但是数字资产的生命周期与应用系统的生命周期并没有关系,并不会因应用系统的生命周期结束而结束。例如,企业的应用系统升级或退出后,由该应用系统生产或管理的数字资产仍有可能继续参与企业的价值创造过程,只是迁移到另一个应用系统中了。类似地,数字资产的生命周期结束并不意味着对其进行管理、生产、使用的应用系统的生命周期结束。

那么数字资产的生命周期与什么相关呢?在回答这个问题前我们需要回到业务的本质来分析数字资产为什么存在、以什么样的形式参与企业的价值创造过程。如果从数字化的角度去思考,则感觉比较抽象,可以先将其还原到现实世界来进行分析,找到数字资产出现的原因、自身的特点,以及它在企业的价值创造过程中产生的作用来分析其本质特征,再回到数字世界,将数字资产的特征结合起来分析就能得到较为合理的结论。

在对数字资产进行全生命周期管理时,可以通过分析数字资产的几个关键节点来开展。

(1)获取和存储数字资产。创建或获取数字资产是其出现的开始,是源头。创建或获取的数字资产在被企业存储后,企业才能算是拥有了该数字资产。只有拥有了数字资产,才可能使用它,它才能参与价值创造,才能生产出价值,这是其全生命周期的起点。

(2)使用和维护数字资产。只有可以为企业带来经济利益的信息才能成为数字资产,因此,数字资产一定要参与企业的生产经营活动,被流程所使用或推动流程更高效地运行。数字资产可能在被使用的过程中得到维护与完善,也因不断得到完善而实现自身的价值增值。

(3)数字资产退出。当数字资产不再被企业生产经营活动需要时,应考虑结束其生命周期,退出数字资产管控的范畴,降低数字资产的管理成本(为巨大的数字资产提供存储、管理和有效使用的成本),提升数字资产的应用效率。

1.4.5 数字资产的安全性管理

数字资产的安全性管理涉及数字资产的方方面面,需要关注的点非常多。我们从数字资产的全生命周期来分析数字资产的安全性管理。

数字资产的安全性体现在其获取的安全性、存储的安全性、使用的安全性、传输的安全性等方面。在对数字资产的安全性进行管理时，要特别关注其呈现"数字"形式而可能存在的安全隐患。

（1）数字资产的获取安全主要是指获取数字资产的合法性与合规性。不同的国家和地区针对数据获取的法规存在着差异，这就需要企业根据自身的业务范围、目标进行分析，确保安全性。

（2）数字资产的存储安全包括两个方面的内容：一是数字资产源头的国家或地区在数据存储方面的法律法规规定，尤其是对敏感数据的存储等方面有不同的要求，需要遵守相关的法律法规确保数字资产的安全性；二是存储的数字资产自身的安全性，即数字资产不会被盗窃、被破坏、被篡改、被损毁、被泄密等。

（3）数字资产的使用安全需要从四个方面进行考虑：一是企业正常目标使用数字资产的正确性、安全性、便利性，也就是保证数字资产高效支持目标的实现；二是防止贪图数字资产的使用便利性而牺牲其合法性、合规性、安全性等，尤其是在展示敏感数据时，需要进行脱敏处理以做好隐私保护；三是对使用者进行合理授权，防止资源被滥用；四是防止非企业正常目标使用数字资产，让不良目标难以实现。

（4）数字资产的传输安全包括两个方面的内容：一是在企业正常采集或使用数字资产的过程中保证数字资产的安全性，防止数据被篡改、敏感数据被盗取等来自外部的威胁；二是保证企业的数据迁移或流转过程的安全性，防止由企业员工和流程产生的内部威胁。

思考题

1. 相信你有很多自己收藏的信息，你能对它们进行区分吗？哪些是信息？哪些是数字资产？

2. 你对本公司的资产管理方式进行分析，你公司的资产属于哪种形态的资产？如果公司要做数字化转型，你们更倾向于哪种形态的资产？为什么？

3. 如果你公司已经在建设数字资产了，那么你认为公司在数字资产的管理方面与本书提出的需要重点关注的内容有什么不同？是什么原因导致了这些不同？以及这些差异可能产生什么样的影响？

第 2 章

数字资产与数字化转型

要实现数字化经济,就需要以数字化的形式进行生产经营。对于非数字化的企业而言,不得不通过数字化转型进入数字经济领域。在进行数字化转型的数字资产建设前,我们需要了解什么是数字化转型及企业数字化转型的目标,才能厘清企业在数字化转型过程中需要什么样的数字资产、需要数字资产提供什么样的支持。只有明确了目标,我们才能更好地决定怎样建设数字资产。

本章的主要内容有以下两个方面。

第一,通过几个著名咨询公司的观点形成对数字化转型的初步认识。

第二,数字化转型对数字资产的要求。

2.1 数字化转型

"数字化转型"的概念虽然早在 21 世纪初就被提出来了,但是至今仍没有形成统一的概念,全球仍然还在对什么是数字化转型、怎样转型等进行讨论和探索。尤其是随着新技术的不断成熟与应用,数字化转型的内涵正在发生着变化。

埃森哲与国家工业信息安全发展研究中心发布的《可持续发展进行时 跨越数字化分水岭》显示,2021 年我国数字化转型效果显著(在持续深耕传统业务的同时,不断打造新的增长引擎,在过去 3 年中开展的新业务带来的营收在企业总营收中占比超过 50%)的企业达 16%,这个比例虽然仍然偏低,但是与 2018 年的 7% 相比,已经有了非常大的进步。可见数字化转型没有"定式",否则企业可以通过"学习取经"的方式来快速提升转型的成功率;数字化转型一定极其困难,否则在国际、国内如此推崇的环境下,转型效果显著的企业不应该这么少。

第 2 章
数字资产与数字化转型

数字化转型处于箭在弦上不得不发的状态。中国信息通信研究院 2021 年 4 月发布的《中国数字经济发展白皮书》（2021 年）中指出，2020 年我国数字经济在逆势中加速发展，2020 年我国数字经济规模达到 39.2 万亿元，占 GDP 比重为 38.6%，其中产业数字化规模达 31.7 万亿元，占数字经济比重从 2005 年的 49.1%上升至 80.9%，占 GDP 比重为 31.2%，产业数字化在成为数字经济发展强大引擎的同时，缓解了新冠肺炎疫情对我国实体经济的负面冲击。数字经济保持 9.7%的高位增长，是同期 GDP 名义增速的 3.2 倍多，成为稳定经济增长的关键动力。《可持续发展进行时 跨越数字化分水岭》指出，数字转型效果显著的企业凭借更完善的数字化能力全面再塑核心竞争力，其他企业与这些企业的差距从新冠肺炎疫情前的 1.4 倍扩大到疫情后的 3.7 倍。

可见，数字化转型的成功经验难以复制，但它又是企业生存发展要做的必答题。那么，是不是数字化转型真的无迹可寻呢？

虽然成功的经验不能复制，但是我们可以从成功者所开展的共性工作中找到可以借鉴的地方。虽然数字化转型没有标准解法，但是数字化转型的基础却存在共性。我们可以先通过几个著名咨询公司发布的综合性数字化转型报告来窥探数字化转型的基础性特征，厘清数字资产与数字化转型的关系，再来思考如何开展数字资产的建设工作。

2.1.1 业界观点

数字化转型作为一种前无古人的变革，受政治、经济、文化、市场、环境、技术等诸多因素影响，其内涵一直在发生变化。我国得益于丰富的数据基础、政府的大力支持、互联网公司的积极探索，数字经济发展迅猛。考虑到国内、国外存在诸多差异，本书选取几家有代表性的国际著名公司对中国数字化转型分析的整体报告（不选取行业报告，以规避行业因素的影响）进行介绍，帮助大家对数字化转型有比较全面的了解，以更好地探讨如何构建数字资产体系。如果需要更深入地探讨数字化转型，请关注数字化转型的专题书籍或研究报告。

2.1.1.1 埃森哲观点

埃森哲是上市咨询公司，主要为客户提供战略、咨询、数字、技术和运营服务及解决方案。埃森哲认为：数字化转型最显著的特征是通过数字化应用来提升企业的运营效率。数字化转型没有固定的形态和路径，数字化转型的目标会随着企业的实际情况的不同而千差万别。

埃森哲从 2018 年开始与国家工业信息安全发展研究中心联合进行中国企业数字化转型指数调研，每年发布一期有关中国企业数字化转型指数的研究报告。从每年的研究报告中可以看出数字化转型的关注点一直在变化。《可持续发展进行时 跨越数字化分水岭》指出，企业在选择数字化转型的策略时要将技术与业务全面融合，找到敏捷创新的合作生态。数字化转型既是企业管理的艺术，也是问题导向的科学。现在我们看一下历年报告的核心观点。

2018 年的报告指出，企业数字化转型不可能仅靠某个职能部门、业务部门或技术部门的主管完成，而应当是企业的"一把手工程"。

2019 年的报告倡导，企业把数字化转型作为企业长期价值创造的"新枢纽"——将智能运营、主营增长、商业创新三大价值维度统一起来，在整个企业层面形成协同效应，从而提升长期竞争力。企业需要摒弃短期思维，以长期增长为目标。

2020 年的报告提出，韧性和创新是两大关键的数字能力，韧性是企业生存的基础，创新为企业提供业务增长的新动力。提出了数字化转型的六大要务：提升全业务全流程数据透明度，营销与销售全渠道数字化，巩固和提升企业供应链韧性，打造"未来"系统更新 IT 适应性，充分发挥企业数字化人才能力，培育务实创新、敏捷创新能力。

2021 年的报告提出，数字化转型目标需要以企业的目标为核心开展。提出跨越分水岭的数字化转型的七大行动建议：战略为先，紧握业务；云筑底座，加速创新；数据重构，洞见赋能；体验至上，全链驱动；智能运营，规模发展；生态共进，突破"不可能"；多重价值，多维发展。总结了企业在数字化转型过程中面临的以下三大挑战。

第一，战略缺位，转型缺乏方向。数字化转型本质在于"转型"，转型应与业务发展目标一致，避免数字化转型与业务发展"两条线，两层皮"，强化企业发展战略对数字化部署的指导性。

第二，能力难建，转型难以深入。数字化能力要求信息化更高，要能够全面支持企业敏捷应对、高效运营与持续创新。除了对系统、制度与流程的再塑，还需要兼具业务能力、全局观、数字化理念和技能的全能型人才。

第三，价值难现，投入无法持续。数字化转型不是单纯的信息化或 IT 转型，而是涉及企业全业务、跨职能的系统性改革工程。因为数字化转型的系统性使数字化投资见效慢、周期长，数字化价值常常受到管理层的质疑，数字化投资持续性弱，容易形成恶性循环。

2.1.1.2 IBM 观点

国际商业机器公司（International Business Machines Corporation，IBM），是知名的信息技术和业务解决方案公司。IBM 在 2018 年发布的《数字化转型的深层实质》报告中指出，数字化转型应以客户为导向。企业通过应用数字化技术改变市场动态，客户期望得以有效满足，从而实现卓越的用户体验。数字化转型是满足这些快速发展的客户期望的关键。数字化企业应利用相关的技术，通过改善体验、改进产品及提高运营敏捷性来赢得客户、服务客户、留住客户。数字化转型的成功取决于核心系统是否能提供相应的敏捷性、可扩展性和可靠性。

真正的数字化转型需要整个企业进行彻底变革，包括企业结构、战略、文化、技术和业务模式。针对数字化转型，IBM 有以下重要建议。

第一，优先进行记录系统转型。虽然记录系统没有像移动应用或可穿戴设备等面向客户的界面那样具有吸引力，但是它是实现数字化成功的决定因素。

第二，以云平台为核心。云模式能够提供坚实的基础，帮助企业跟上数字化快速发展的步伐。

第三，投资现代开发方法，致力于长期取得成功。数字化企业需要持续地拥有业务敏捷性，这意味着开发方法必须既灵活又迅捷。从长远来看，现代化过程必须敏捷且灵活。

第四，与合作伙伴联合创新。采用基于结果的参与模式，创造与企业目标息息相关的、合作共赢的、风险共担的结构。

2.1.1.3 麦肯锡观点

麦肯锡全球研究院（简称"麦肯锡"）是全球领先的管理咨询公司，主要帮助领先企业机构实现显著、持久的经营业绩改善。麦肯锡在 2017 年 12 月发布的《数字时代的中国：打造具有全球竞争力的新经济》报告中提出"数字化"包括三个方面的内容。

第一，资产数字化，包括基础设施、互联机器、数据和数据平台等。

第二，运营数字化，包括流程、支付和业务模式，以及客户与供应链的互动。

第三，劳动力数字化，包括工人对数字化工具的使用、拥有数字化技能的员工和新的数字化岗位及角色。

麦肯锡认为这三个方面缺一不可，仅有任何一方面的数字化投资均无法获得收益。

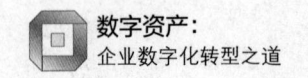

2.1.1.4 IDC 观点

国际数据公司（International Data Corporation，IDC）主要提供信息技术、电信行业及消费科技市场咨询、顾问和活动服务，经常发布市场资讯、预测和业内热点话题的观点性文章。从 IDC 发布的数字化转型类报告及其领导人在一些大会上分享的观点可以看出，其将数字化转型分为领导力转型、运营模式转型、工作资源转型、全方位体验转型、信息与数据转型五个方面。所有的企业数字化转型的核心是能够有决策模式的创新，有运营模式、生产模式、产品服务及营利模式的创新，这样在未来市场上才会有发展空间。

IDC 指出了数字化转型的六个举措。

第一，建立成为数字化原生企业的愿景。掌握数字经济的特征并将其融入业务运营和企业文化中。

第二，用最新 ICT 技术探索改变企业的传统商业模式。

第三，评估数字化转型的成熟度和绩效。

第四，用信息技术尝试开发数字化产品与服务。

第五，建立支持数字化转型的企业架构。

第六，选择合适的技术、平台及合作伙伴。

行动上强调起步要小，聚焦优势；迭代要快，发挥速度优势；想得要多，发挥目标优势。

2.1.2 数字化转型的特征

综合各家咨询公司发布的报告可以看出成功与失败案例的差异，对于它们发表的观点，我们可以提炼出数字化转型在战略和战术层面的特征。

战略层面的特征如下。

第一，数字化转型是手段而不是目标，不能为了转型而转型。

第二，数字化转型是为了实现企业的战略目标，要配合业务目标实施。

第三，数字化转型作为"一把手工程"，需要企业高层深度参与。

第四，数字化转型是一项长期性工程，初期收效不大，需要持续投入以提升长期竞争力。

第五，在数字化转型过程中应广泛地引入生态合作伙伴，突破各种限制，用好资源。

战术层面的特征如下。

第一，建设相应的企业文化、企业架构及机制，为数字化转型夯实基础。

第二，企业生产经营全面数字化，且全流程信息透明。

第三，以企业愿景为目标打造"未来"系统，提升企业敏捷创新能力。

第四，重构数据以支持业务创新，形成企业的核心动力。

第五，培育兼具业务能力、全局观、数字化理念和技能的全能型人才。

第六，以客户为中心，客户体验至上。

第七，培养数字化分析、决策的思维方式。

2.2 数字化转型对数字资产的基本要求

通过对数字化转型的特征中与数字资产相关的内容进行分析，我们可以找出数字化转型对数字资产的基本要求。

数字化转型的特征中与数字资产相关的部分体现为以下几个方面。

第一，数字化转型是为了实现企业的战略目标，要配合业务目标实施。

第二，在数字化转型过程中应广泛地引入生态合作伙伴，突破各种限制，用好资源。

第三，企业生产经营全面数字化，且全流程信息透明。

第四，以企业愿景为目标打造"未来"系统，提升企业敏捷创新能力。

第五，重构数据以支持业务创新，形成企业的核心动力。

第六，以客户为中心，客户体验至上。

第七，培养数字化分析、决策的思维方式。

接下来，我们对这些特征进行逐条分析，找出数字化转型对数字资产的要求。

2.2.1 遵从企业的战略目标

> **数字化转型的特征**
> 数字化转型是为了实现企业的战略目标，要配合业务目标实施。

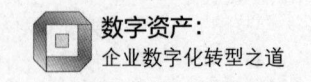

数字化经济需要以数字化的形式进行生产经营。非数字化企业不得不通过数字化转型进入数字经济领域。

可见，在数字化转型的过程中，必须要同步进行数字资产这一生产要素的建设。既然数字化转型要服从、服务于企业的战略目标，数字资产也应该与数字化转型的目标保持一致。为了实现一致性，就要求数字资产的战略目标遵从企业的战略目标。

企业战略目标需要各业务线协作推进、实现，因此，业务目标的总和与企业的战略目标一致。数字资产的战略目标要与企业的战略目标保持一致，就要满足各业务战略目标的需求。

由此得出，在进行数字资产建设时要注意以下两个方面。

第一，数字资产的战略目标要与企业的战略目标保持一致。

第二，数字资产要体现出业务属性，满足业务发展的需求。

2.2.2 打造共赢生态圈

> **数字化转型的特征**
> 在数字化转型过程中应广泛地引入生态合作伙伴，突破各种限制，用好资源。

在数字经济环境中，一家企业的能力是有限的，在生态圈里可以借助合作方的长处提升自身的服务能力与水平，甚至突破技术局限。广泛地引入生态合作伙伴建设起来的"未来"系统，不仅要在企业内部使用，还需要考虑与合作伙伴的系统对接，与合作伙伴共享能力与资源。

从数字资产的维度来看，企业在推进"未来"系统建设的过程中，如果没有以企业级的数字资产标准进行规划，则每个应用系统的建设会根据不同业务部门的需要、习惯、喜好进行设计。这必然出现与数字资产同名不同义、同义不同名、同名同义不同内容等情况，从而导致数字资产难以被共享。

【示例2-1】某企业有两类典型的业务部门，一类业务部门负责产品，一类业务部门负责渠道。这些部门都有各自的应用系统为其业务发展提供支持。这些应用系统中都有"用户"这个概念，产品研发部门定义的用户是指已经使用产品，并为企业带来利润的组织或个人；而渠道研发部门则认为凡是到过企业提供的渠道的组织或个人都是用户，与其是否使用过公司的产品无关。这就是典型的同名不同义。

当不同的产品研发部门有不同的业务系统时，有些使用"用户"来表示使用产品的人，有些使用"客户"来表示使用产品的人。这就是同义不同名的现象。

在对用户的特征描述中，有些部门将性别业务属性定义为"1-男性，2-女性"，有些部门将性别业务属性定义为"1-女性，2-男性"。这就是同名同义不同内容的现象。

因此，在进行数字资产设计时需要考虑标准化、规范化，尤其是有国际标准、国家标准、行业标准的数字资产设计，务必优化使用已有标准，以提升企业所拥有的资源水平，以及与合作企业、生态圈内伙伴们共享资源的能力和水平。

打造共赢生态圈有利于企业根据合作伙伴提供的信息增补本企业数字资产的不足。增补的数字资产应能快速地与本企业的资产融合，从而实现该资产与本企业的生产经营无缝衔接。

计算机发展初期，将显卡、声卡等所有功能都集成在了主板上。这样做的好处是一张主板解决了所有问题，坏处是想升级某个部分就必须整体替换，成本非常高。之后专项功能逐步从主板中独立出来，主板只负责基础功能并提供标准接口，各专项功能部件与主板形成了即插即用的关系。这样，主板和各组件的标准化就为用户个性化使用计算机提供了支持。

类似地，企业在规划数字资产时需要考虑其可扩展性，能随时根据需要进行增减和升级。

由此得出，在进行数字资产建设时要注意以下三个方面。

第一，建设数字资产前需要制定企业级的数字资产标准，对每项数字资产给出明确的定义、目的、标准，统一认识，避免出现同名不同义、同义不同名、同名同义不同内容等现象。

第二，通过数字资产标准指导数字资产的规范生产及使用。

第三，在规划数字资产时要考虑兼容性、灵活性，增强其可扩展性。

2.2.3 全流程信息透明

数字化转型的特征

企业生产经营全面数字化，且全流程信息透明。

企业生产经营全面数字化要求数字资产覆盖企业生产经营的方方面面，一方面能

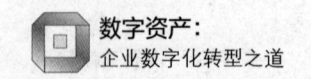

满足企业生产经营对数字资产的需求，另一方面能有效地存储企业生产经营过程中产生的新数字资产。

全流程信息透明需要实现数字资产标准化，这样才能按企业生产经营逻辑全流程流转、共享。如果没有企业级的数据标准，那么各业务部门为实现自身业务积累，就会倾向于使用具有专业特色、部门特色的数字资产，很难实现全流程透明。

由外向内看，用户体验极其不佳。例如，某企业每个业务部门都有自己的客户群，当 A 部门的客户要使用 B 部门提供的服务时，需要按照 B 部门的要求填写一系列已向 A 部门提供过的信息。同时，A 部门的 a 产品用户想要使用 b 产品时，需要重复提交信息。

由内向外看，企业的资源未能实现全流程透明，造成巨大浪费。例如，A 部门有一款不错的 c 产品，十分满足 B 部门的 y 客户的需求。由于信息不透明，A 部门不知道 y 客户的存在，而 B 部门不知道 c 产品的存在。为了经营绩效，一方面 A 部门要努力为 c 产品找适合的客户，另一方面 B 部门不能为 y 客户及时提供有效的服务。同时，B 部门会为了满足 y 客户的需求而研发与 c 产品类似的产品。

由此得出，在进行数字资产建设时要注意以下三个方面。

第一，数字资产应全面覆盖企业的所有业务。

第二，制定企业级的数字资产标准，让数字资产可全流程共享。

第三，明确数字资产的业务逻辑，让数字资产全流程透明。

2.2.4　支持敏捷创新能力

数字化转型的特征

以企业愿景为目标打造"未来"系统，提升企业敏捷创新能力。

重构数据以支持业务创新，形成企业的核心动力。

数字资产存储在"未来"系统中，数字资产需要与"未来"系统有机融合、与"未来"系统的架构相契合、与"未来"系统中的应用架构有效衔接，这些都是在进行数字资产规划设计时需要兼顾的。

通过大型企业的 IT 系统对业务创新敏捷性支持不足现象的分析可以看到，在长期的系统建设过程中，业务更关注处理流程，注重系统提供的功能，往往执着于将业务规则固化于流程中，以确保相关的规则得到强制实施。用这样的思路构建起来的系统极其笨重，当业务规则发生变化时，只能通过修改程序代码的方式解决。当同一业务规则在多个程序中执行时，每次变更都需要进行地毯式检查、修改，不能有任何遗漏的地方。

例如，假设在商业银行的应用系统中将利率直接嵌入计算利息的程序代码中。商业银行每个季度都会计算个人的存款账户利息，也就是每个季度为一个计息周期。如果在这个计息周期内，人民银行没有发布新的利率，商业银行将利率与计算利息的程序捆绑在一起就没有问题。但是，人民银行不会因为商业银行要计算利息，就在每个计息周期初始时变更利率。当在一个计息周期内发生利息变更时，需要对计息程序进行修改，以实现分别按旧利率和新利率计算利息。

当利率与计息程序分离后，只需要在业务规则中指明不同利率适用的时间段，计息程序只需要查找利率及其适用的时段就能按指定的计息公式完成计息，不需要修改程序。

从数字资产的视角来分析，要提升对企业敏捷创新的支持能力，就应当尽可能推进业务规则与流程解耦，避免因一方的变更而不得不对另一方实施较大的改造而影响敏捷创新响应能力。要求将影响流程变更的业务规则等因子剥离到数字资产中，提升流程的兼容性、可扩展性和敏捷性。通过数字资产具备的可扩展性、灵活性，来提供敏捷性支持。

由此得出，在进行数字资产建设时要注意以下两个方面。

第一，数字资产应与流程有效衔接，满足流程使用数字资产的需求，存储流程产生的新数字资产。

第二，数字资产需承载从流程中剥离的业务规则，以支持流程的灵活性。

2.2.5　提升客户体验

数字化转型的特征

以客户为中心，客户体验至上。

我们用 KANO 模型来分析客户体验的分类及其对数字资产的要求。

KANO 模型是东京理工大学狩野纪昭教授发明的分析用户需求的工具。该模型定义了三个层级的用户需求，如图 2-1 所示。

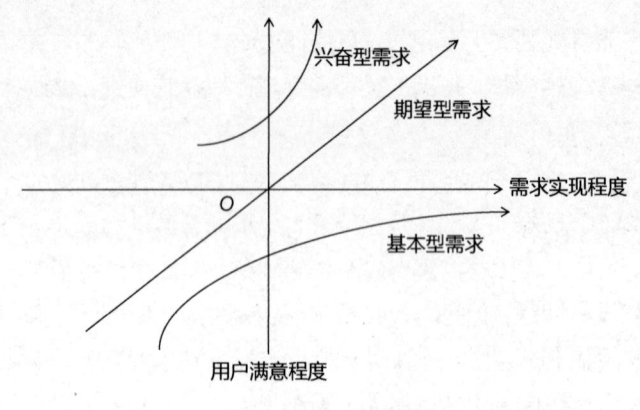

图 2-1　KANO 模型

第一个层级，基本型需求，指用户对产品或服务的基本要求，是指用户认为产品或服务必须具备的功能或属性。当产品或服务没有提供功能或属性，或者所提供的功能或属性不能满足用户的预期时，用户会很不满意；当其功能或属性充分满足用户的需求时，用户也不会表现出满意。

第二个层级，期望型需求，指用户满意度与产品或服务的满足程度成正比。是指用户期望产品或服务可以提供的功能或属性。产品或服务提供的功能或属性超出用户的期望越多，用户的满意度越高。

第三个层级，兴奋型需求，也称魅力型需求，指超出用户期望的产品或服务。当产品或服务没有提供功能或属性，或者所提供的功能或属性不足时，用户不会表示不满意，用户的满意度会随着满足期望的程度大幅上升。

需要说明一点，这三个层级的用户需求不是固定的，会随着社会提供产品或服务的水平而变化。要让用户有好的用户体验，就需要做好基本型需求、丰富期望型需求、创造兴奋型需求。那么怎样才能了解哪些产品或服务能满足用户的哪些需求呢？这就需要洞察用户的需求。

例如，某电商平台在用户购买了专业跑步运动鞋后，可以根据购买专业跑步运动鞋的人购买的智能穿戴设备——有计步功能的智能手表，向用户推荐各种有计步功能的智能手表，也可以根据用户近期的浏览记录向用户推荐其他商品。

电商平台在用户购买某本书时推荐其他书籍，可以根据同类用户的数据推荐书籍，也可以根据该用户的浏览记录推荐相关书籍，或者推荐与选购的某本书成体系的其他书籍。

电商平台在用户购买了家具后，可以推荐类似风格的家具，也可以推荐与该家具风格一致的其他配饰。

第 2 章
数字资产与数字化转型

在洞察用户需求时,会因为选择不同的业务逻辑而得到不同的结果。为了洞察用户需求,需要什么样的数据,这些数据有什么特征、可以通过哪些方式获取,这些都是在做数字资产设计时需要从业务视角考虑的内容。业务随时会发生变化,所以要求在做数字资产设计时要具备灵活性、可扩展性、易变更性,以及时满足业务的新需求。

由此得出,在进行数字资产建设时要注意以下两点。

第一,在规划数字资产时要考虑兼容性、灵活性,增强可扩展性。

第二,数字资产要体现业务规则,以支持业务敏捷创新。

2.2.6　决策支持

> **数字化转型的特征**
> 培养数字化分析、决策的思维方式。

数字资产要支持分析决策,就需要洞察市场和行业发展趋势。洞察趋势不可避免地要分析国际、国内的政策环境,当地的经济、文化等。既要从宏观层面获取、积累信息,也要从微观层面进行分析。

从宏观层面分析企业的商业方向、经营模式,离不开政治、经济、文化、技术等信息。从微观层面进行分析,就需要掌握行业信息,比如供应商、竞争对手、行业利润等信息。这些都需要数字资产来提供支持。例如,1997 年成立的美国 Netflix(奈飞)公司,最初经营 DVD 出租业务。2006 年时,创始人从在线视频网站 Youtube 用户及利润的迅猛增长数据、家庭宽带的普及数据,洞察出在线视频的潜力而果断开启新业务。几经转型,目前的 Netflix 已成为一家以内容为主、市值千亿美元的在线视频平台。

智能手机和移动互联网改变了很多行业,如金融服务、出租车服务等,也改变了人们的生活习惯。以前出差、出门前必须检查四件必备品——身份证、手机、钥匙、钱包,而现在智能手机在手出门无忧。密码锁或指纹锁取代了钥匙;智能手机可以支付、存储电子身份证。有了智能手机,中国银行业的个人支付业务与互联网企业提供的移动支付业务形成竞争,迫使银行不得不重视对长尾客户的服务。而中国人民银行推出的数字人民币业务,让所有提供支付服务的企业面临新的机遇和挑战。

行业、市场、用户的信息变化很快,这就要求数字资产有较好的灵活性,能快速满足业务的各种需求,为大数据分析提供更好的助力。

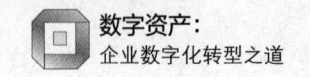

由此得出，在进行数字资产建设时要注意以下两点。

第一，在规划数字资产时要考虑新技术对业务的影响，保证灵活性、可扩展性。

第二，数字资产要体现业务规则，以支持业务敏捷创新。

综合来说，为了满足数字化转型对数字资产的基本要求，企业在进行数字资产规划和设计时需要兼顾以下要求。

第一，数字资产的战略目标要与企业的战略目标保持一致。

第二，制定企业级的数字资产标准，指导企业规范使用。

第三，数字资产应全面覆盖企业的所有业务，并与流程有效衔接。

第四，数字资产应具有兼容性、灵活性、可扩展性。

第五，数字资产应遵循业务逻辑、体现业务规则。

思考题

1. 你的企业正在进行或计划进行数字化转型吗？你是怎么理解数字化转型的？

2. 你怎样看待在企业数字化转型的道路上只有少数企业可以成功的事实，以及你对企业获得成功的原因或遭遇失败的原因与业界咨询公司的观点一致吗？如果不一致，你所了解到的情况是怎样的？你认为有代表性吗？站在咨询公司的立场，你会提出怎样的解决方案呢？

3. 你认为企业数字化转型的目标是什么，在企业数字化转型的过程中，哪些是必须的，哪些是可省略的？对于可省略的部分，会对企业数字化转型产生什么样的影响？

4. 你怎么理解构建企业级的数字资产是企业数字化转型的重要基石？

第 3 章

数字资产与企业架构

通过前两章内容，我们对数字化转型规划、数字化转型对数字资产的基本要求有了比较全面的了解。接下来我们需要分析用什么样的方法来进行数字化转型的规划和设计。既然数字化转型的目标是实现数字经济，数字孪生是最有效的办法，而企业架构是实现数字孪生最简便、高效的路径。企业架构作为企业战略目标落地的有效保障，其整体理念正好契合数字化转型，所以我们选择企业架构方法来建设数字资产。本章将对企业架构进行简单的介绍，如果你对企业架构有较深的了解，可以跳过。

本章涉及的主要内容有以下几个方面。

第一，通过几个典型的企业架构框架来了解企业架构。

第二，企业架构的组成及其作用。

第三，企业架构方法论对数字化转型的作用。

第四，数字资产与企业架构的关系。

3.1 架构概述

一提到架构，大家都会觉得很抽象，或者很陌生，会问："架构是什么？"本书的观点是：架构是结构、框架、原则、指南、规则。是不是还是感觉很抽象呢？如果我告诉你，架构的英文单词是 Architecture，它的另外一个释义就是"建筑学"，是不是会感觉好理解一些？如果你仍然对什么是架构感到一头雾水，那么我们共同来解读它。

1. 架构是结构

我们写文章时都会围绕目标思考需要怎样写，文章由几个部分组成，每个部分的

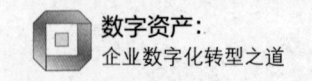

主旨是什么，它们之间有什么样的关联，通过什么样的逻辑能够达到我们想要实现的目标。

例如，本书的主旨是讨论企业在数字化转型的过程中怎样构建满足企业发展需要的数字资产。为了实现这个目标，需要先搭建起本书的结构。本书的结构视图如图3-1所示。

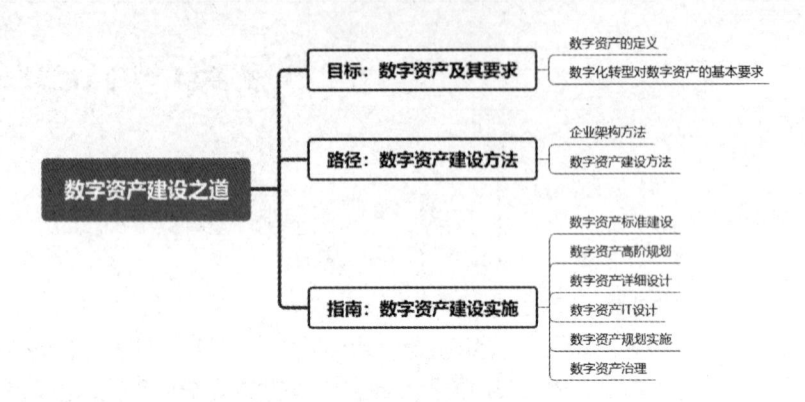

图3-1 本书的结构视图

本书通过以下结构展开论述。

第一部分，明确本书的目标。首先，通过定义什么是数字资产，以及数字资产有什么样的特征，在概念上形成一致的认识和理解。其次，结合数字化转型的主流观点，分析企业数字化转型对数字资产的基本要求，也是本书要实现的目标。

第二部分，确定实现目标的路径。首先，通过介绍企业架构及数字资产在企业架构中是如何存在的，点明我们将用企业架构的思维方式及方法来建设数字资产。其次，对数字资产的建设方法进行全面的介绍。

第三部分，实施数字资产建设的指南。即按实际操作的逻辑顺序，介绍数字资产建设方法的具体应用，说明数字资产建设的实现路径。与"兵马未动，粮草先行"的原理一样，企业数字资产标准建设是企业数字资产建设中非常关键的一环，其指导着数字资产的具体设计，所以首先介绍数字资产标准怎样建设，其次介绍数字资产如何规划，再次按照数据资产建设方法的逻辑详细地说明怎样进行规划、设计、实施。数字资产建设起来后，数据治理就是不可或缺的工作了，最后对如何开展数据治理工作进行了详细的说明。

2. 架构是框架

前面介绍过架构的英文是 **Architecture**。既然架构与建筑学使用同一个英文单词来描述，那么必然有其原因。这里，我们就用建筑学知识来讲解为什么说"架构是框架"。

架构是框架，说的是架构如同一座建筑物的四梁八柱。现在的高层建筑一般采用框架结构，也就是用整座建筑立柱和横梁组合形成的框架结构，来承受房屋全部的荷载，我们就称其为这座建筑物的框架，建筑物的框架示意图如图 3-2 所示，左边是一座还没有安装外墙的建筑物，右边是这座建筑物的框架，也就是建筑物的立柱和横梁组合而成的负责承重的部分。

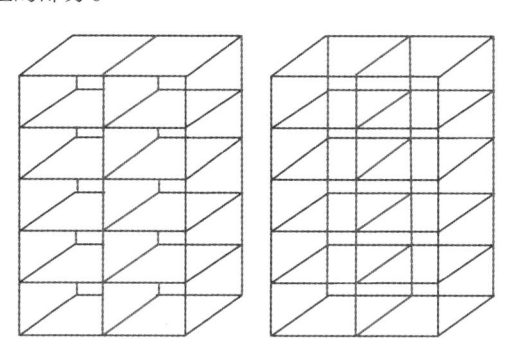

图 3-2 建筑物的框架示意图

文章的结构与建筑物的框架一样，作为建筑物的框架，我们可以看到这座建筑物大致的外观是什么样的，是什么风格的，却看不到其细节。比如从图 3-2 右边的建筑物的框架图中，我们只能看出建筑物是一个普通的矩形几何体和建筑物的层数，但是不知道每层楼有多少个房间、多少个窗户，窗户是落地窗还是小格子窗。

3. 架构是原则

原则是指行事所依据的准则，具有持久性，一般确定后极少修改。架构是原则，意思是架构成为指导决策的一种手段，为相关的决策提供了基础，指导相关部门如何履行其职责。架构作为企业内部相关事项的一种共识，成为指导相关工作的依据和原则。

架构是高阶的规划，成为指导工作的原则。例如，一个城市的规划明确了城市的大致轮廓，比如哪里有道路、哪里建房屋、哪里种绿植；哪里是生活区、哪里是商业区、哪里是工作区等。大家都知道"罗马不是一天建成的"，在城市建设推进的过程中，如果是规划建设生活区的地方，就不能用来建工厂。为什么呢？因为在城市的规划里已经对这块区域的用地性质进行了说明，这是原则，是在城市建设过程中必须遵守的基本规则。

框架决定了建筑物可能展现什么样的外观，在图 3-2 中，左边的外观是由右边的

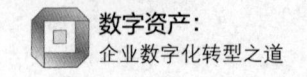

框架所决定的。右边的框架显示该建筑物不可能是传统的中式建筑，也不可能是哥特式建筑。因此，架构是原则，它决定了最后的成果是什么样子的。

4. 架构是指南

指南是指正确行事的指导或依据。架构是指南，意思是事物不会只有架构，还会有其他的内容与架构一起组合成一个完整的目标。正如一座建筑物，只有框架很难实现预期的目标，必须搭配墙、楼梯、门窗等。但是，一座建筑物的外观在框架完成后很难再发生大的变化，所有的墙、门窗、楼梯，以及水、电、气的管道都必须在这个框架限定的范围内进行设计并填充到建筑物中。

例如，对于一个人而言，骨骼就是架构，而人的肌肉、血管、神经及其他的各种器官、组织都在骨骼形成的框架里生长。心脏要长在胸腔里才是安全的，长到其他地方，人的生命就会面临很多危险。人的大脑要长在颅骨里，由头骨提供保护，长在其他地方就不能跟其他器官及组织很好地协作，会出现很多麻烦或危险。架构作为指南，指导其他部分在架构给定的框架内有机地协作，这样才能更好地实现预期目标。

5. 架构是规则

规则在词典里的解释是：规定出来让大家共同遵守的制度或章程。架构作为一个框架，对很多方面提出了要求，这些要求就是大家需要共同遵守的规则，这样才能保证整体的协调运行。例如，城市规划其实就是一种架构设计，如果城市规划里要求生活区的楼不能高于 20 米，那么它还会规定生活区中学校和医院等配套设施的分布密度。这些规划是后续相关区域进行设计时需要遵循的基本规则，比如住宅区的楼房不能高于 20 米，并且要按规划的要求同步设计相应的配套设施。所以，我们说架构是规则，指导设计工作的具体开展。

3.2 企业架构概述

在了解了什么是架构后，我们来看看什么是企业架构。顾名思义，企业架构就是企业的结构，企业的框架体现出企业的生产经营特征，也指导着企业的相关部门间协调开展生产经营活动。

随着信息技术的不断发展，IT 系统已成为企业获取竞争优势不可或缺的重要手段。通过 IT 系统对信息进行整合管理和有效利用是企业数字化转型成功的关键。而企业架构能为企业 IT 系统演进提供战略指导，能有效平衡 IT 效率与业务创新间的关系，实现企业相关部门间最紧密的协作，使企业能够应对不断变化的业务环境。

本部分的内容将带领大家对企业架构的思想产生初步的了解，学习用架构的思维解决复杂的问题，这对后续我们进行数字资产规划有非常重要的指导意义。

3.2.1 起源

企业架构并不是一开始就有的，而是由 IT 架构演进而来的。同样地，IT 架构也不是有计算机后就有的，而是源于一些复杂的企业生产经营。接下来我们来了解这个循环的起点。

在 IBM 工作的 John Zachman 受建筑业、飞机制造业等复杂工业的启发，于 1984 年 6 月绘制了粗略的信息系统架构图，并于 1987 年首次提出信息系统架构框架，用该架构框架解决系统研发、部署等复杂问题。之后 John Zachman 对架构框架进行了优化提升，所形成的架构框架被称为 Zachman 框架（Zachman Framework）。Zachman 框架的应用范围不再局限于信息系统，在更广阔的领域得到应用。1997 年，Zachman 在《企业架构框架概念》中正式提出"企业架构"（Enterprise Architecture，EA）一词，认为企业架构是构成企业的所有关键元素和关系的综合描述。

Zachman 框架是企业架构框架的基础，通过不同视角的关注点分离，用相应的核心要素进行描述，实现了用简洁的方式对复杂的情况进行全面、综合描述。目前的企业架构框架基本以此为基础发展起来，因此至今 Zachman 框架仍被业界认为是企业架构设计方面最权威的理论。

我们所处时代的复杂性在成倍加深，客户、市场和企业在快速变化，尤其是数字经济的迅猛发展，使复杂性不断叠加。面对各种复杂情况，企业架构已经成为帮助企业厘清其生产经营要素间的关系、解决企业生存发展问题的重要手段。

3.2.2 几个典型的企业架构理论

国际上有很多企业架构理论，本书选取了三个比较有代表性的架构框架进行简单介绍。Zachman 框架是企业架构的鼻祖，通过框架的发展和演进，我们可以看到企业架构的核心理念。TOGAF 架构框架是目前使用范围最广的，通过它可以了解大多数企业是怎样开展架构工作的。FEAF 是美国联邦政府的架构框架，通过它可以看到架构框架是如何融合差异极大的系统的。

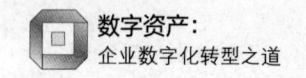

3.2.2.1 Zachman 框架

Zachman 框架是一种逻辑结构，最早是 John Zachman 在 1984 年 6 月绘制的 3×5 的矩阵。虽然只有三行，但是其内容完整。这个框架一直用到 Zachman 从 IBM 退休。

1987 年，Zachman 在 IBM Systems Journal 上发表的《信息系统架构框架》，已经用 5W1H 的思维对 Zachman 框架进行了优化提升，形成 6×5 的矩阵来展现信息系统的架构框架，该框架也被称为 Zachman 框架。当时没有人想到架构是整个企业或企业架构的含义。

1992 年企业架构仍被称为信息系统架构框架。通过 Zachman 的引导，部分人开始接受企业架构的理念，即信息系统要为企业战略而设计。1993 年，Zachman 正式将 Zachman 框架命名为企业架构。鉴于在当时的信息系统中架构仍是主流观点，Zachman 并未公布后 3 列，却用术语表达了企业架构的理念。1997 年，Zachman 在《企业架构框架概念》中正式提出企业架构（Enterprise Architecture，EA）的概念，将信息系统架构框架演进为企业架构框架。此后几年持续对该框架进行细节方面的改进。

2001 年，企业架构确实取得了进展，6×6 的版本就是至今被完全认可的 Zachman 框架，如图 3-3 所示，矩阵中间的部分展现相应的模型。

	是什么	怎么样	何处	谁	何时	为什么
规划者						语境
所有者						概念
设计师						逻辑
建设者						物理
实施者						技术
操作员						产品
	资源	流程	网络	操作说明	时序图	动机

图 3-3　Zachman 框架

Zachman 框架通过对资源、流程、网络、操作说明、时序图、动机六个维度分别进行分析，形成对复杂问题全面的、综合的描述。通过语境、概念、逻辑、物理、技术、产品等模型对企业信息进行抽象表达，提供一种可以被大家理解的信息表达。Zachman 框架体现出不同角色关注的内容。框架中的每一行体现出每个角色都可以从"是什么""怎么样""何处""谁""何时""为什么"六个方面得到自己关注事项的说明。

Zachman 框架中的每一列表示不同角色关注的信息的差异。例如，对于企业信息系统里存储和使用的数据，不同的角色关注点也不同。规划者（企业架构师）关注的是语境，是业务实体及其业务事务分类。所有者（业务人员、业务架构师）关注的是概念，是业务实体及其关联关系。设计师（IT 架构师）关注的是逻辑，是数据实体及其关联关系。建设者（程序设计人员）关注的是物理，是数据库表、字段、主键等。实施者（开发人员）关注的是技术，是数据的定义、字段等。操作员（用户）关注的是产品。

每一行描述设计过程。对某个产品，体现出它是由什么（资源）制成的，如何（流程）工作，各组件的相对位置（网络），谁（操作说明）在做什么，何时（时序图）发生，为什么（动机）做。

需要特别说明的是，在 Zachman 框架的纵向上，下面的每一行不是对上一行的细化，而是不同角色或视角转换的结果。为了体现这一思想，Zachman 专门用不同的颜色来区别每一行。

综上所述，Zachman 框架是一种本体论而不是方法论，是一个结构而不是过程。

3.2.2.2　TOGAF

TOGAF（The Open Group Architecture Framework，开放组架构框架）是基于 Zachman 框架发展起来的一种架构框架，由 The Open Group Architecture Forum 的成员开发和维护。1995 年 TOGAF 第 1 版是在美国国防部信息管理技术架构框架（Technical Architecture for Information Management，TAFIM）的基础上开发得来的。以此为基础，The Open Group Architecture Forum 开发了标准的连续版本，并在 The Open Group 网站上发布。

TOGAF 作为 The Open Group 的一项标准，是一个企业架构框架，简单地说，是一种协助认可、构建、使用和维护企业架构的标准方法。以一套可复用的现有架构资产为基础，并以全球最佳实践进行迭代。

TOGAF 标准可用于开发一系列不同的企业架构，可与侧重于垂直行业（如政府、金融、电信等）的框架一起使用，并对这些框架进行补充。TOGAF 标准已被世界领先的企业广泛用于提升业务效率。TOGAF 标准作为业界先进经验的体现，被认为是最突出和最可靠的企业架构标准，能够确保企业架构专业人员使用相同的标准、方法，大大提升了沟通效率。TOGAF 标准的关键组成要素之一——架构开发方法（ADM），如图 3-4 所示，是一种逐步开发企业架构的方法，能帮助企业逐步开发出满足业务需要的架构。

TOGAF 标准指出，业务架构是把企业战略转化为日常行为的媒介，业务战略决定业务架构，业务架构指导 IT 架构，IT 架构是企业战略落地的保障。

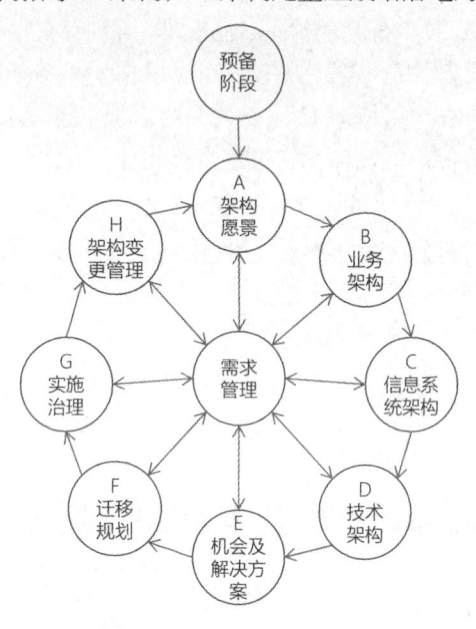

图 3-4 架构开发方法（ADM）

作为一种架构开发方法，TOGAF 提供相应的指南和技术，架构内容框架，能力框架及企业连续性和工具。通过全方位的指导和支持，能够有效帮助企业选择适合自身的架构框架并推动落地。TOGAF 标准的模块化结构如图 3-5 所示。

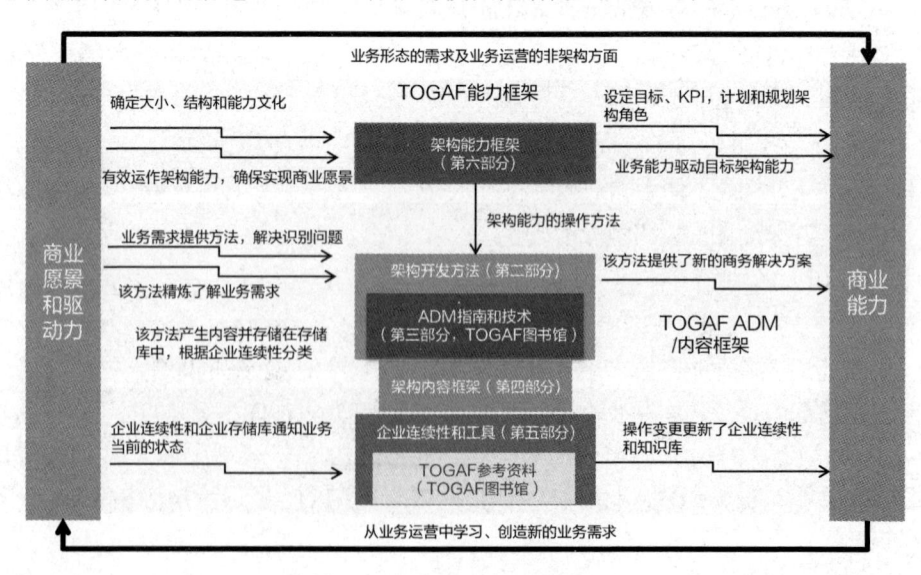

图 3-5 TOGAF 标准的模块化结构

TOGAF 标准的模块化结构可以提供如下便利性。

第一，更高的可用性——每个部分都有特定的目的，可以单独用作指南。

第二，企业可以根据自身的需要逐步采用 TOGAF 标准。

第三，TOGAF 标准附带着参考材料，称为 TOGAF 图书馆，可以方便企业更好地应用 TOGAF 方法。

TOGAF 标准的内容框架可以推动企业或组织在遵循架构开发方法（ADM）时创建的输出物具有更高的一致性。TOGAF 标准的内容框架提供了架构工作输出物的详细模型。

TOGAF 标准有一组扩展的概念和指南，可以在复杂系统集成的架构中建立起如下层次结构，以支持企业开展基于总体架构的治理。

第一，分区——如何对企业内的各种体系结构进行分区的技术和注意事项。

第二，架构存储库——架构存储库的逻辑信息模型可用作执行 ADM 创建的所有输出的集成存储。

第三，能力框架——对企业架构能力所需要的企业、技能、角色和职责进行结构化的定义。TOGAF 标准还提供了可以识别和建立适当体系结构功能的过程指导。

TOGAF 标准设计灵活，可适用于各种风格的架构。ADM 指南和技术（第三部分，TOGAF 图书馆）提供了示例。这些支持材料详细展示了如何将 ADM 应用于各种特定的情况。

TOGAF 标准划分为相对独立的部分，企业可以为了实现特定目标而单独使用某个部分去解决企业面临的一些特殊问题。这样的灵活性支持企业仅选择使用 ADM 的工作流程，而不使用与架构能力相关的其他任何材料。TOGAF 提供了一种开放的框架、灵活的架构方法，鼓励企业个性化地选择使用。

企业不熟悉 TOGAF，但是希望逐步采用 TOGAF 这种架构框架时，可以重点关注最初采用的特定部分，其他领域可供以后参考。企业已经有了自己的架构框架，可以选择将已有的架构框架分别与 TOGAF 标准的各个方面进行融合。

综上所述，TOGAF 作为一种企业架构方法论，不但有专门的架构开发方法（ADM）指导企业如何开展企业架构建设，还有很多工具、案例和资料库来指导企业逐步推进企业架构建设。通过一系列的支持与帮助，可以大大降低企业开展企业架构建设的难度。

3.2.2.3 FEAF

在 20 世纪时，美国联邦政府各部门纷纷引入 Zachman 框架理念构建企业架构，建设相应的信息系统。这些信息系统由于由各部门分别推进，结果形成了一个个的信息"烟囱"，造成了大量的资源浪费。为解决这一问题，美国国家信息技术委员会借鉴Zachman框架、NIST企业架构模型、企业架构规划等技术进行研究，并于1999年发布了联邦企业架构框架（Federal Enterprise Architecture Framework，FEAF），如图3-6所示。

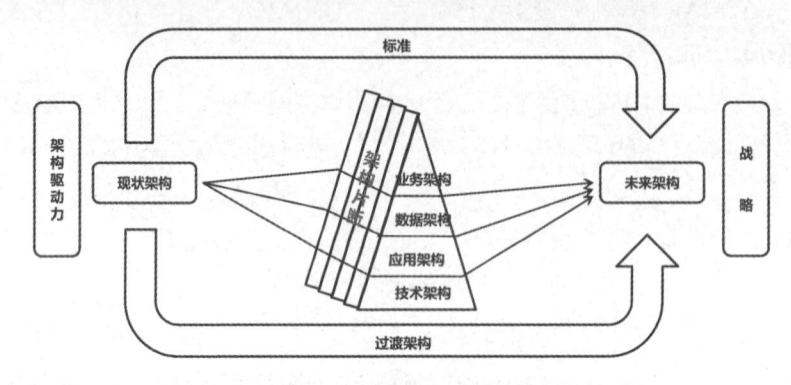

图 3-6 联邦企业架构框架

　　FEAF不但能让各部门的信息系统正常运行，而且能促进各信息系统的整合。FEAF将联邦政府的企业架构看成若干架构片段，每个架构片段对应某个特定的业务领域。每个领域都按企业架构方法分别建设，让联邦政府的企业架构以增量的方式不断完善。这种划分架构片段的方法大幅降低了企业架构开发的复杂性。用相同的架构模型，既能保证每个架构片段的标准化，又能确保不同架构片段间的信息交流顺畅。FEAF v2中发布的综合参考模型（CRM）如图3-7所示，这些参考模型为战略、业务和技术模型及信息提供了标准化的分类。

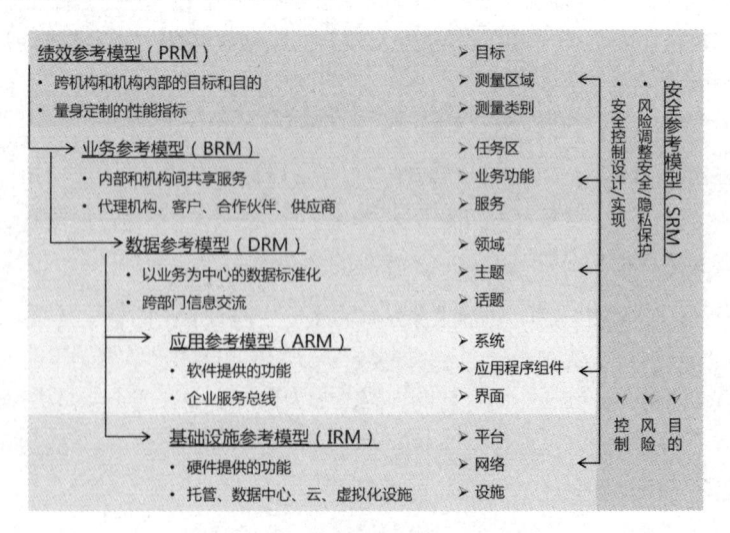

图 3-7 综合参考模型（CRM）

DRM 有助于企业或组织发现"孤岛"中现有的数据,并有助于理解数据的含义,如何访问数据及如何利用它来支持性能结果。

综上所述,FEAF 通过制定架构框架的标准及各组成部分的标准来指导各部门分别推进企业架构的建设,同时,通过标准化的架构框架能快捷、有效地将各部门自行建设的企业架构集成为一个更加完整的、互联互通、高效共享的企业架构。

3.3 企业架构的组成及其作用

无论是哪种企业架构方法论,对于企业架构的分类都基本相同。都强调通过企业战略目标指导企业架构的构建及治理,但是不同的企业架构方法论对企业战略的归属略有差异。考虑到数字化转型的艰巨及对企业高层支持的严重依赖,在数字化转型的背景下,本书将企业战略单列出来,突出企业战略的重要性。因此,得到企业架构三个重要的部分:企业战略、业务架构、IT 架构。企业架构关系视图如图 3-8 所示,企业战略指导着业务架构建设,而业务架构指导着 IT 架构实施,通过这种传导,IT 架构实现了业务架构的设计,从而实现了企业的战略目标。

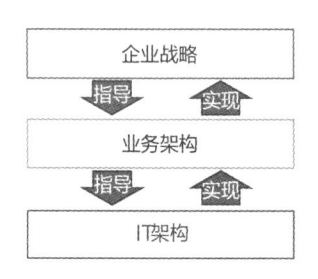

图 3-8 企业架构关系视图

3.3.1 企业战略

企业战略一定是服从、服务于企业的愿景、使命的,体现了企业的价值观。企业的愿景、使命、价值观在企业成立时就已明确,是比较抽象的、远期的目标。而企业战略则是为了实现这个远期目标而在行进路线中设置的一个个"站点"。放在一个非常长远的时间里看,企业通过实现一个个战略目标而无限接近于企业的愿景和使命。

过去较长的时期里,国际政治、经济环境整体上比较稳定,企业在制定战略目标时一般有五年目标、三年目标、一年目标,每个短期的战略目标一般是对更长期目标的分解。但是当今世界正经历百年未有的大变局,国际格局和国际体系正在发生深刻调整,全球治理体系正在发生深刻变革,国际力量对比正在发生近代以来最具革命性的变化,世界范围呈现出影响人类历史进程和趋向的重大态势。同时,新技术不断涌现、快速成熟,通过在商业中的广泛应用正在推动商业模式不断创新。在这样的环境

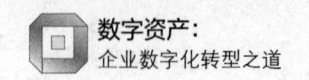

里，企业的短期战略目标往往需要因时、因势及时调整，有时会半年调整一次，甚至调整得更频繁。

如何制定及调整企业战略是一个非常复杂的工程，鉴于本书篇幅的限制不再进行讨论。在企业架构中，当企业战略调整时，业务架构和 IT 架构也需要及时随之变更，以确保企业近期的战略目标能有效落地。这就要求业务架构和 IT 架构要能快速响应变化，也就是能支持业务模式和商业模式的敏捷创新，企业也需要具有一定的稳定性，这样才能兼容各方面的变化、支持各方面的需求而不会顾此失彼。

3.3.2 业务架构

3.3.2.1 业务架构的构成及其关系

从图 3-8 中我们可以看到，业务架构在企业架构中起着承上启下的作用。业务架构要向上承接企业战略就需要具有一定的稳定性，从而确保企业始终向着愿景、使命的方向前行，兼具一定的灵活性，可以快速响应战略调整、业务创新而变化。这对看似矛盾的目标，需要一个稳定的框架来保持其稳定性，同时需要有可以根据需要任意组装的部件来满足其灵活性和个性化。业务架构还要向下指导 IT 架构落地实施。企业的 IT 架构经过长期无序的自由建设与发展应用往往会出现强耦合，发展到一定阶段后对业务需求响应的敏捷性会大幅下降，难以适应当前的战略需要。而 IT 架构要想实现灵活性、敏捷性，就要求业务架构本身具备松耦合的特点，以松耦合的业务架构去指导 IT 架构解耦，以具有灵活性、可扩展性的业务架构去指导 IT 架构的灵活性、敏捷性。

那么怎样找到这个稳定的框架与灵活的部件，怎样实现它们之间的松耦合呢？

我们用建筑物举例说明。当我们要全面地描述一座建筑物时，可以从多个视角分别展开，如从外向内的视角，从内向外的视角，以及建筑物的内部结构视角。从外向内的视角可以分为正面、背面、左侧面、右侧面、仰视、俯视等。不同的视角得到的视图组合起来就是建筑物的外观。在建筑物的外观中，又存在稳定的框架和可以变换的部分，如门窗的位置、大小与造型、外装修等。从内向外的视角需要从不同的方向，如从东、南、西、北四个方向分别描述，这些视角的成果可能因为门窗位置、大小的不同而不同，但是无论怎样的视角都与建筑物所处的环境相关，环境是相对稳定的。建筑物的内部结构就更容易理解了，如房间的分隔与布局、楼梯的位置与形状等。对于框架式建筑物而言，房间的布局是可以根据需要调整的，而非框架式建筑物的结构则是固定的。对于一个企业而言，要实现兼具稳定性和灵活性，可以通过稳定的架构与灵活的模型组合来实现。就如同在一座框架式建筑物中,框架形成后,人们可以根据不同的需要灵活布置,决定是将其改造成全开放式的商场,还是将其分隔成一个个房间的写字楼。

要实现业务架构松耦合,就需要将业务之间的复杂关联尽可能简化。当我们对某项业务进行分析时,一定要抛开现象看本质。就如同埃隆·马斯克在研究他的星链时,要实现目标至少需要发射 1.2 万颗卫星。如果按照常规的方法,成本不是一个公司可以承受的。而埃隆·马斯克将卫星与卫星发射进行分离,分别进行分析思考时得到了不同的解决方法和步骤。结果大家都知道,他将工程分成了不可减少成本的卫星本身,以及应该重复使用的其他部件。发射卫星的复杂工程在埃隆·马斯克眼中得到极致简化,并成就了 SpaceX 的成功。

无论是传统企业还是数字化企业,所有的产品或服务最重要的部分无外乎工艺流程和使用资源两个部分。相同的工艺流程使用不同的资源会得到不同的产品,比如制作一套西装,用化纤面料和羊毛面料加工出来,即使款式和颜色相同、工艺完全一样,得到的成品也是不同的产品。而相同的资源,如果加工工艺不同,那么得到的必然是不同的产品,比如同样是一段丝绸面料,使用制作旗袍的工艺和使用制作西服的工艺,必然得到不同的产品。据此,我们可以将企业的价值生产拆分为两个基础的部分,一部分是流程,另一部分是资源。流程是相对显性的,展示出企业通过这个流程所能生产的产品,可以视为从外向内看企业的视角。资源是企业相对隐秘的部分,一般会对外展示或宣扬,属于企业的内部结构。

对于工艺流程,必然也有可以复用的、标准化的工艺,比如在制作旗袍和西服时,都有挑边的工艺,这种加工能力可以在两个生产流程中复用。为了最大限度地让业务松耦合,我们还可以把一套完整的加工流程拆分为若干种相互独立的加工工艺,这些独立的加工工艺可以根据生产产品的需要而组合起来形成一个完整的工艺流程。每种独立的加工工艺都有一个特点,就是只做一件专业的事,而不必考虑其他的流程环节,比如前面提到的挑边的工艺,其对象是衣服的边沿部分,对这种工艺而言,只需要处理好这个部分就好。显然,缝纽扣的技术与挑边的技术是不同的,缝纽扣要处理的对象是纽扣。因此,我们可以将生产工艺分为一个个独立的加工工艺和不同的加工工艺组合形成的能完整生产产品的工艺流程。可见,一个个专业性的加工工艺体现出企业所特有的、能对外交付价值的专业能力,属于由内向外的视角。

综上所述,我们可以将业务架构分为三个部分:体现不同产品的完整工艺流程的业务领域、体现一个个独立的加工工艺的业务组件、体现被加工的对象和其他资源的业务对象。业务领域体现了产品的完整工艺流程,是根据需要将一个个独立的加工工艺组装形成完整的业务流程。业务组件体现的是独立的加工工艺,是企业拥有的所有专业能力，而这些专业能力通过被不同的产品流程组合使用后实现价值创造。业务对象所体现的资源则为不同的产品提供服务支持，被一系列的专业加工工艺处理后形成新产品及新资源。这三个部分的关系如图3-9所示。

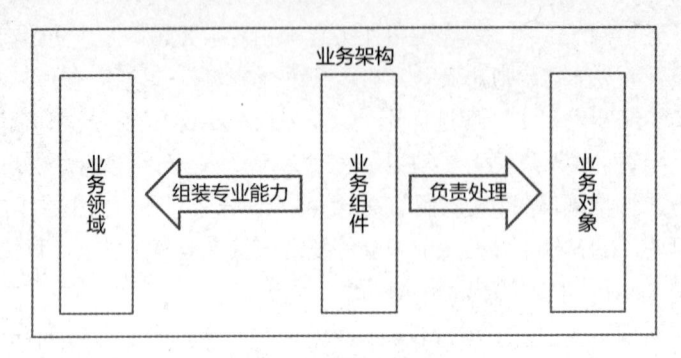

图3-9 业务架构的三个部分

3.3.2.2 业务组件

从图3-9中我们可以看到，业务组件是业务架构框架的核心部分，通过业务组件的专业能力组装形成业务领域里的业务流程，进行价值创造并对外交付。通过业务组件的专业能力对业务对象里的资源进行处理，完成价值创造。通过业务组件里的专业能力将企业的基础要素关联起来，让企业专注于竞争优势的来源，并有计划、有目的地塑造或提升自身特有的竞争力。

业务组件体现了企业拥有的专业能力，是从企业内部观看的企业在对外服务时所具备的专业能力。业务组件框架里存储着若干具体的业务组件，这些具体的业务组件按某个规则进行排布，形成企业的专业能力分布视图。每个具体的业务组件都是由一些对某项数字资产进行处理的专业能力汇集而成的。

为了更好地规划和管理，我们可以将任务按其所处理的业务对象归类形成一个个具体的业务组件，每个业务组件中的任务因为处理相同的数字资产而聚合在一起，显现出高内聚的特点。例如，服装厂可能分为制版组件、裁剪组件、缝合组件、缝纽扣组件、挑边组件等。将企业的各项专业能力按加工的业务对象（资源）进行归类管理，就可以让这部分能力不受其他能力的变动的影响。例如，在制作服装的工艺中，负责挑边的工艺只需要按要求做好挑边的工作，提升挑边的质量，而不会受纽扣是否缝好了、不同的纽扣所使用的缝制工艺的影响。同样地，缝纽扣的工艺会考虑对不同纽扣的缝制工艺，不会受挑边工艺提升或下降的影响。这种思想与亚当·斯密在其《国富论》中描述的社会分工思想一致，都体现出精细化的分工可以

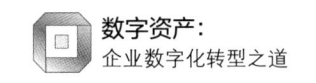

型。任何企业要实现某个目标，都一定是通过对特定的对象按特定的加工流程处理才能达成的。我们把特定的对象抽象化，形成实体模型，把特定的加工流程抽象化后形成流程模型。

1. 流程模型

流程模型是用于描述企业生产经营的工艺流程的模型。作为一种工艺流程，一定是由一系列具有专业性的工艺按一定的规则排序后得到的。这与业务领域里提及的活动一致，即每个活动可以根据不同的价值创造及交付流程，有计划地从业务组件中挑选出合适的专业能力，进而快速组装形成端到端的价值创造或交付流程。可见，活动作为一段为实现某个特定价值目标而执行的端到端的业务处理流程，是通过对现实的生产经营的流程抽象提炼而形成的体现工艺流程的模型。

接下来我们用 5W1H 的方法对活动的内涵进行详细讨论。

What（是什么）：活动是为实现某个特定价值目标而执行的端到端的业务处理流程。端到端的业务处理流程说明流程有明确的起点和终点，且这个起点和终点之间的任务链接起来能完整地达成这个活动的价值目标，也能体现出活动的职责范围。

Why（为什么）：活动是为了实现某个特定价值目标而运行的，说明活动的发起源于某个业务目标，是为了满足提出该目标的利益相关者的需求。如果我们把利益相关者提出需求的行为称为事件，则活动可以描述为是为了响应特定事件而运行的。也就是说，并不是当某个事件发生后所有的活动会运行起来，而是只有实现目标的活动及与该事件的目标一致的相关活动会运行起来，即活动是为响应事件而运行的。

Who（谁）：活动作为多个任务协作完成的流程，可能涉及多个参与者。每个任务既然是专业能力的体现，原则上由不同的人来负责，用抽象后的逻辑表明负责人，即任务应该由某个角色负责完成。

When（何时）：当事件发生时即触发活动运行。

Where（何处）：业务的运营地点，即每个活动都有其相应的实施地点或业务系统。

How（怎么样）：活动是由体现专业能力的任务按一定的业务规则链接而形成的，是能达成活动预期目标的业务流程。

由此，我们可以得到描述活动的流程模型，如图 3-11 所示。

2. 实体模型

实体模型是用于描述企业生产经营过程所使用或希望使用的数字资产的模型。作根据同类数字资产的丰富、业务规则的变化进行调整、扩展，以快速响应企业战略目标，因而具有灵活性。

3.3.2.5 业务架构的构成

通过对业务架构的分析，我们了解到业务组件框架中的每个业务组件都是由一系列负责对特定业务对象进行处理的任务组成的。

在业务领域框架中的每个业务领域有其独有的价值流来体现其价值创造及交付流程，而每个价值流节点都通过一系列的端到端的活动来实现某个特定的业务目的。企业通过配置价值链中的活动并将其链接在一起的一系列选择，实现了企业战略目标的落地。

业务对象框架中的业务对象是由高内聚、松耦合的一些业务实体按既定的业务规则组合而成的，体现出企业所拥有的资源。

由此，我们可以得到业务架构示意图，如图 3-10 所示。

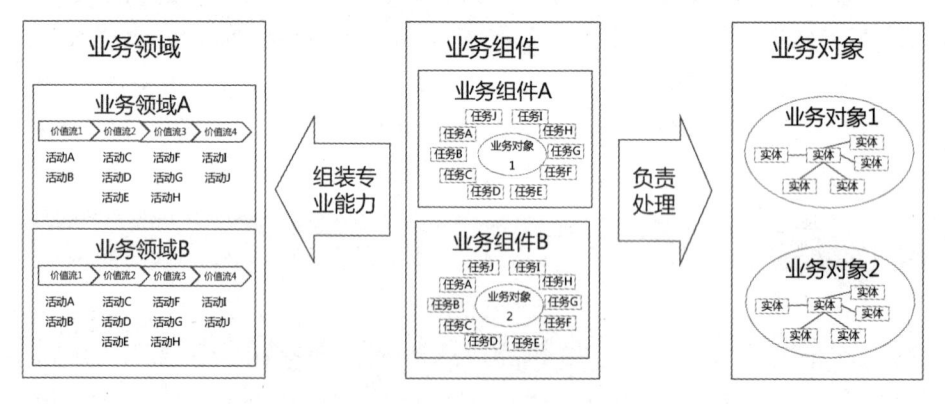

图 3-10 业务架构示意图

3.3.2.6 业务模型

业务架构框架由业务领域、业务组件、业务对象构成。仅仅有框架是不能满足企业战略目标落地的基本要求的，还需要通过业务模型将企业的战略目标具体化，将战略目标转换为可实施、可操作的具体行动。前面介绍三大业务架构时提到每个业务架构本身具有一定的稳定性，而其所包含的内容具有灵活性。那些具有灵活性的内容就是业务模型。

业务模型具有很多种类，这里主要介绍任何组织和企业都离不开的、最基础的模价值流节点里包含的活动会随着国家政策、企业战略目标、市场、用户、产品及新技术应用等的变更而调整。每个活动可以根据不同的价值创造及交付流程，有计划地从业务组件中挑选出合适的专业能力并快速组装，形成端到端的价值创造或交付流程，就能实现新产品或服务的快速上线，全面支持业务创新的敏捷性。因此，业务领域具有灵活性。

所有具体的业务领域之和体现出企业对外服务的能力，且不同的业务领域分别体现出不同的价值创造范围，相互之间没有交叉。企业生产产品的过程就是对指定的资源通过一系列专业加工工艺组合形成的价值创造的过程。

3.3.2.4　业务对象

业务对象体现出企业所拥有的资源，是通过一定的分类方法来展示这些资源分布情况的视图。企业拥有的资源应能参与企业的生产经营过程，所以，业务对象分布视图也是企业数字资产在企业生产经营环节中的分布视图，展示企业业务流程执行过程中生产和使用的数字资产。因此，在对企业的数字资产进行分类时，需要考虑数字资产为流程服务的基本属性，以及数字资产与企业的专业能力的相关性，与企业的战略目标保持一致。

在业务对象框架里有若干具体的业务对象，这些业务对象之和即企业数字资产的全貌。每个业务对象由一组高度相关或高度内聚的业务实体聚合而成，业务对象间存在一定的关联性，但是相互之间没有交叉，确保每个业务对象的独立性及业务对象间的松耦合关系。每个业务对象都是企业生产经营过程中所使用的有意义的最小业务实体的集合，也是划分业务组件的重要依据，是生产可组装的基础构件——任务的重要指导。业务对象里的数字资产由业务组件里的任务负责，所以业务对象间的松耦合程度决定了业务组件间的松耦合程度。因此，为了确保业务组件的高内聚和松耦合，需要控制好每个业务对象所包含的业务实体及其相互间关系的复杂度，确保业务实体的高内聚性。通过将不同的事物分别用不同的业务对象进行描述，以确保各业务对象间的松耦合关系。

在数字资产的分布视图中仅有分布仍不能满足企业对数字资产管理的需求，还需要展示数字资产在企业的生产经营中是如何流转的，以指导各环节如何存储和使用数字资产，这就需要用相关业务对象间的基数关系来体现数字资产间的业务逻辑关系。

业务对象按资产的类别划分为具体的业务对象，当企业引入新的数字资产时，或由于企业战略的要求需要引入新技术时才会涉及数字资产的调整，因此业务对象架构具有相对稳定性。每个业务对象由若干紧密相关的业务实体构成，这些业务实体可以全面提升工作质效的观点。每个业务组件中的任务因为处理的数字资产不同而没有交叉，体现出相互间的松耦合特征。

从企业的整体能力来看，当某项专业能力得到提升时，能够让用到该专业能力的所有流程都受益。也就是说，当企业需要提升某方面的竞争力时，可以针对性地对某些专业能力进行提升，或者引入某项专业能力后，可以让使用这些专业能力的产品或服务能力都得到全面的提升。在这样的模式下，企业要进行业务创新或开启新商业模式时，就可以针对需要的专业能力有计划地提升或引入其他的专业能力，就能通过一个点的改变带动整个面的变化。我们还用服装厂来举例，在用户更强调个性化的今天，成品衣在高端市场逐渐不受欢迎。众所周知，能为客户进行个性化服务设计，并制作出适合客户体验的服务依赖于设计师和制版师的经验和能力。当企业的制版师能力较差时，设计师设计的效果再好也难以展现出来。当企业引入非常有经验的制版师后，情况会得到全面改观。这就是一项能力的提升带动了整体能力的提升。如果制版师年纪很大且又难以寻找到接替者时，企业将制版师的经验转换成规则，即将制版工作数字化后，就可以由系统完成制版工作，为企业创新提供更强有力的支持。

业务组件是按数字资产来划分的，只有当数字资产类别发生变化时才会调整，因此具有相对稳定性。从资源利用的视角来看，因为对资源进行处理的任务独立了，这些能力的专业性越强越能提升对资源的处理效率，价值创造的效率也更高。每个业务组件里包含的任务，可以根据企业数字资产的变化、业务规则的变更、新的专业能力需求而调整，以专业性、可操作、易实施的特点快速响应企业战略目标，因而具有灵活性。

3.3.2.3 业务领域

业务领域是从企业价值链的视角对企业能为客户提供产品或服务能力的一个个具体的业务领域的部署，是一个从外向内看的企业服务能力的视图，是企业价值创造能力的全面展现，为企业高层部署企业战略和推动数字化转型提供了完整、细致的变革管理基线。

业务领域框架里存储了若干具体的业务领域，分别体现出在某个价值链中企业可对外交付价值的相关能力，除非企业的战略发生较大的变化，比如开辟新的业务或重点推进某项业务，但是实际上一般不会调整，因此具有一定的稳定性。每个具体的业务领域都有其特有的、唯一的、完整的价值流来体现该业务领域如何完成价值创造及交付，每个价值流里都由一些具体的活动来完成这些价值的创造或交付。除非企业进行了较大的变革，一般情况下每个业务领域的价值流具有相对的稳定性。但是，每个为企业数字化转型中的基础设施和一种具有战略性的资源载体，实体模型需要满足企业不同专业对数字资产的需求，比如新产品研发、客户洞察、趋势分析、关键决策等。因此，实体模型需要通过结构化、标准化的方式进行规范，成为全企业范围内标准的语言，以确保数字资产在全企业范围内无差别地获取、利用、生产、完善，并保证不同环节所生产的数字资产质量符合标准，从而使数字资产的价值最大化。

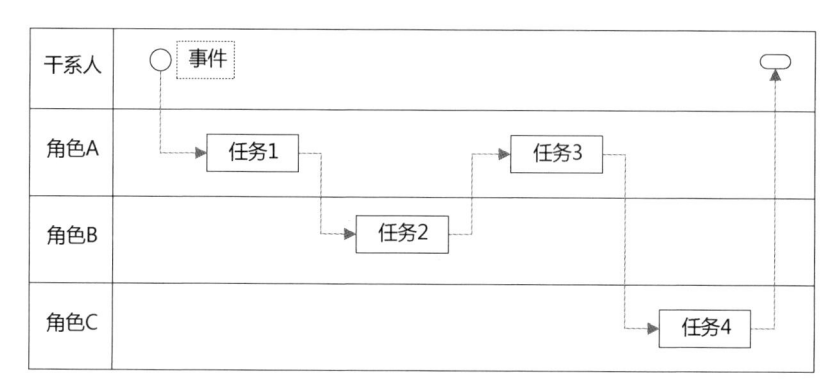

图 3-11　流程模型

既然每个业务对象都是由一群紧密相关的业务实体聚合而成的，那么为了正确地描述这些业务实体是如何聚合的，就需要有描述这些业务实体间关系的视图。在描述业务实体间关系的视图里，不仅仅是描述某个业务实体与哪些业务实体相关，更需要说明它们之间是一种什么样的关系。

每个业务对象都是由一些紧密相关的业务实体聚合而成的，为了明确某个业务对象所包含的业务实体都有哪些，就需要对业务实体进行命名。为确保业务对象间的松耦合关系，就不应该存在一个业务实体同时属于两个业务对象的情况，因此，业务实体的命名应当有相应的规范，且保证不同的业务实体名称不重复，以避免同名不同义的业务实体归属到不同的业务对象时引发混乱。对业务实体进行描述，确保企业内各种专业正确生产和应用相应的数字资产，为数字资产的质量管理奠定基础。

对于某个事物或事件，需要体现出其与其他事物或事件的不同，因此可以用不同的特征进行描述。事物或事件的特征必须是该事物或事件独有的属性。而要体现出事物或事件的独特性，往往需要用多个业务属性进行描述。因此，在一个业务实体模型里应当有多个体现其特征的业务属性。

对于每个业务属性而言，需要对其进行定义和说明，以在企业范围内形成统一认识。每个业务属性还需要进行标准化，限定对其进行描述的方式，如使用数值、日期还是文字，即明确每个属性的域。如果某个业务属性的域是有标准化选项的，还需要将所有可选项列出，我们称这些具体的选项为实例；如果在使用某个业务属性时有需

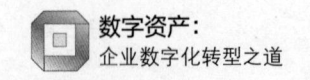

要遵循的业务规则，应当对该业务规则进行简明描述，以指导不同的专业正确使用该业务属性。

综上所述，在一个业务实体模型里至少应当体现出业务实体的名称、定义、业务属性、业务属性描述、域、实例、业务规则等。除此之外，不同的业务实体模型间还有具体的关联关系。描述业务实体模型的方式非常多，为避免使用不同描述方式造成影响，这里将相关的信息列出来，如表3-1所示，大家可以对业务实体模型包含的内容有一个全面的了解。

表 3-1　业务实体模型包含的内容

业务实体名称	业务实体定义	业务属性	业务属性描述	域	实例	业务规则	关联实体名称	关联关系

除了流程模型和实体模型，企业可以根据自身生产经营的需要构建其他模型。本书的核心内容是数字资产的构建，是企业拥有或希望拥有的数字资产，因此主要围绕业务对象和业务实体模型展开，关于其他模型不做介绍。

3.3.2.7　业务架构与业务模型的关系

一个企业的业务架构体现出这个企业的价值创造模式、业务发展战略。业务架构是业务模型的框架、原则，指导业务模型如何建设，相互之间如何协作。

1. 业务架构是业务模型的框架，体现出对业务进行解构的思路，指导业务模型进行规范化建设

业务架构是业务模型的框架，是因为业务架构是遵从企业的战略而设计的，体现出企业生产经营的思想。例如，我们在介绍业务架构的组成时，把业务架构分成外部视角的业务领域、内部视角的业务组件，以及体现资源的业务对象，体现出以下企业生产经营的发展思路。

（1）将业务对象作为一个独立的架构部分，体现出企业需要将所拥有或控制的资源从业务流程中分离出来进行专门的设计和管理，其地位与业务流程（在业务领域中）一样重要，不再是业务流程的附属物。资源将成为企业生产经营的核心和提供全方位服务的源泉。

（2）业务组件架构体现的是企业的内部能力，强调内部能力专业化、组件化，形成不同的组件可用于服务拼装。将对相同资源进行处理的业务能力模块化、组件化后聚合在一起，形成一个个相互独立又因资源相同而高内聚的业务组件。如同一个制衣企业，设计师只负责设计，制版师只负责打版一样，每个专业能力都有特定的业务对象，相互之间既能协作完成一件产品，又可以分别提升各自的技能而不受其他技能的影响。

（3）业务领域架构的对外服务能力，将根据不同目标而设计的端到端的价值生产及交付的流程解构为一个个专业能力的组合，提升了流程的标准化与规范化。由于有强大的资源及高水平的专业能力支持，企业可以围绕市场需求，用专业能力组合来创造新的产品或提供服务并迅速投放市场。如同乐高积木可以根据所需要的目标（产品或服务）选择不同的积木块（业务组件的专业能力）进行拼装一样。只是，用乐高积木拼装出来的只是一个产品，而用专业能力拼装出来的流程却可以生产千千万万个产品。

（4）通过将企业生产经营各环节的能力进行专业化细分与规划，为企业的每项工作指明了提升的方向。如同社会分工与协作带来生产力极大提升一样，在企业内部通过专业化的分工，由产品或服务的需求而协作来提升企业的生产效率，让企业具备快速响应市场的能力，提供高质量的服务。

2. 业务架构作为指导原则，体现出用业务模型重构业务的方法，指导企业通过提升业务模型的能力来提升企业的生产力及创新能力

业务架构是原则，是因为业务架构限定其内涵和外延。在这个框架下，企业所有的业务都必须按此原则进行解构、重构，通过标准化的原则指导，可以确保全企业分别实现各个业务突破的同时能保持整体的协调与统一。如果有部分业务不能遵从这个原则，那么企业的合力就会受到影响。

（1）业务对象架构作为企业拥有或控制的资源的框架，只能存储和展现与资源相关的内容。这个框架里有相应的标准和规范，其中的每种资源必须可以独立存在，具有一定的独立性，相互之间也存在着某些业务联系，让流程可以更便利地使用数字资产及为洞察提供强有力的支持，使数字资产在企业的价值创造中发挥更多的价值创造能力。如果某种资源与企业的生产经营没有任何关系，在企业现在或将来的价值创造过程中没有任何贡献，那么它就不符合资产的定义，就不应该作为资源纳入管理中。

（2）业务组件体现的是企业的专业能力，而且这些专业能力必须是相互独立的，不能说某种专业能力需要由另一种专业能力提供支持，多种专业能力的组合不是业务组件的范畴。如果这些独立的专业能力需要组合拼装出生产产品或提供服务的流程，那么就不应该在该框架下体现。如果某种能力不创造价值，就不能成为一种专业能力，即专业能力一定能为企业创造价值，能在整个价值生产和交付流程中产生贡献。

（3）业务领域体现的是一种完整的价值创造及交流能力。企业可以通过每个领域的价值流分析该领域的价值创造能力及水平，发现需要提升的环节。每个价值流环节由相应的活动负责实现价值创造，可以通过活动的价值创造能力来提升价值流的价值创造能力。当有新的产品或服务出现时，由新的活动负责完成，这些新的活动补充到价值流中，就能提升该价值流节点的价值创造能力。

3. 业务架构是业务模型的指南，指导业务模型间如何协作以提升企业的生产力

业务架构是业务模型的指南，是因为在业务架构的整体框架下，每个架构中的业务模型必须按架构确定的规则实施，才能符合框架的要求，才能与框架里的其他业务模型共存。也就是说，业务模型的构建要符合业务架构的要求。

（1）业务对象中的业务实体模型必须按规则命名及描述，同一个业务对象中的业务实体模型实现了对特定事物或事件的属性的较为完整的描述，能比较全面体现出资产的业务属性及业务规则，且业务实体模型间的关联关系符合业务规则。这样才能保证一个具体的业务对象能比较全面地体现该事物或事件的特征，能满足不同生产经营流程对数字资产的需求，能用该数字资产进行相关的洞察、分析。

在业务对象框架里，只有对业务对象的划分保持相对的独立性，以及各业务对象之和能完整地体现企业所拥有或期望拥有的数字资产，才能确保企业生产经营流程所需要的数字资产能够得到相应的保障、企业的关键决策能够有相应的数字资产提供支持。

（2）业务组件按业务对象来划分，可以确保所有的数字资产都有相应的专业能力进行处理，不会存在拥有数字资产却没有处理能力的情况发生，或者拥有专业能力却没有数字资产支持的情况。

业务组件作为专业能力，是由对某一特定业务对象进行处理的所有任务聚合而成的。因为专注于对某一业务对象进行处理，其具备高度的专业性，并能保证相互的独立性，互不影响。而数字资产的结构化、标准化处理，让业务组件对其处理的任务标准化成为可能，为任务的专业能力提升奠定了良好的基础。当业务对象中的业务实体内容清晰明了时，企业可以提前对任务的专业能力进行规划，提前进行专业能力的储备，以及时满足企业产品或服务创新的需求。

体现了业务逻辑关系和业务处理规则的业务实体模型能够支持将部分业务规则从任务中剥离出来并存储在实体模型中，可以使任务的灵活性进一步提升，任务对产

（3）业务领域负责拼装具体特定工艺标准的流程，以实现其价值流的价值创造能力。所有的业务处理流程都是由业务组件提供的专业能力按照一定的业务逻辑或业务处理规则进行规范化、标准化组装的，可以避免流程不闭环导致的风险，使企业的价值创造能力更稳定、可靠。

综上所述，我们可以得到业务架构与业务模型的关系，如图3-12所示。

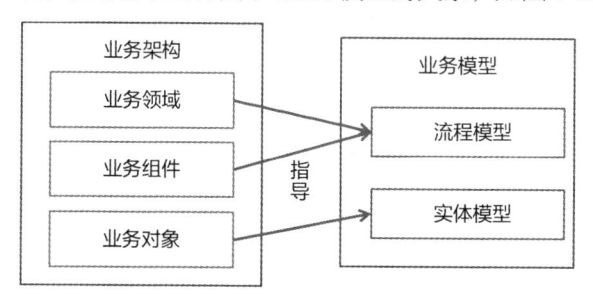

图 3-12 业务架构与业务模型的关系

3.3.3 IT 架构

企业通过 IT 架构来承接业务架构的设计，从而为企业的战略目标落地提供保障。与 IT 架构相关的专业书籍较多，这里不进行详细的讨论。从企业架构的完整性上考虑，本书只对 IT 架构中部分与本书相关的核心内容进行简单的介绍。

IT 架构承载着整个数字世界，由应用架构、数据架构、技术架构组成。应用架构是应用服务的管理框架。业务架构中的业务领域和业务组件都是对流程的规划与设计，由 IT 架构中的应用架构负责承接。每个业务组件的专业能力映射到数字世界中，就是一个应用组件。每项业务组件里的任务映射到数字世界中，就是一个或一组应用服务。企业的业务领域中独特的价值创造流程映射到数字世界中，就是 IT 系统的逻辑应用。企业进行价值创造和交付的活动映射到数字世界中，就是按活动的业务逻辑编排的一系列应用服务处理流程。

数据架构是数字资产的管理框架。业务架构中的业务对象体现的是业务视角的数字资产规划，由 IT 架构中的数据架构负责承接。业务对象里的业务实体映射到数字世界中，就是数据架构中的数据库表里存储的数字资产。每个具体的业务实体模型映射到数字世界中，就是 IT 系统中的一张张数据库表。

技术架构是应用架构和数据架构的基础，为业务价值转化和提升提供支持。尤

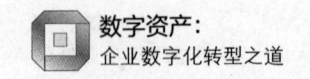

其是技术架构中管理的技术组件，对应用架构和数据架构的质效提升有巨大的支持作用。

业务架构与 IT 架构的映射关系如图 3-13 所示。

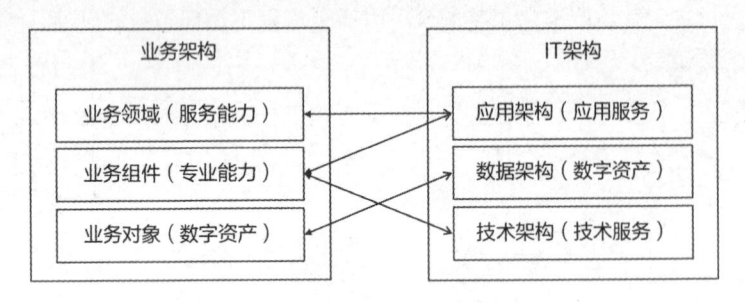

图 3-13 业务架构与 IT 架构的映射关系

> **注意**：业务对象里的数字资产与数据架构里的数字资产是数字资产在不同架构里的描述，本质上一致，但是表象上、内容上都存在差异。业务对象里的数字资产是业务视角的数字资产的表达，数据架构里的数字资产是技术视角的数字资产形式。数据架构里的数字资产除了业务视角的数字资产内容，还会有一些 IT 系统特有的信息。

3.3.3.1 应用架构

应用架构是 IT 系统与用户直接交互的接触点，负责展示 IT 系统运行的成果。系统耦合度是指应用系统间的耦合程度。应用系统的高耦合是指应用系统间你中有我，我中有你，相互调用的关系极为复杂，往往会牵一发而动全身。当某个应用系统中的某个功能模块发生变化，影响调用这个功能的其他应用系统的功能模块的处理时，我们称这些功能模型间的耦合度高。应用系统间的耦合程度越高，说明应用架构的整体规划和部署存在的问题越多，越需要通过提升功能模块的独立性来降低系统耦合度。

应用架构负责对企业的应用系统进行规划、部署。应用系统是用户与 IT 系统直接接触的部分，应用架构对应用系统规划的成果会直接影响用户使用的感受。例如，企业的某个业务部门为了完成某项工作需要进入不同的应用系统进行分别处理，或者同一个人因为要处理不同的业务而需要使用不同的应用系统时，用户体验会特别不好，意味着应用系统的规划有提升的空间。

应用架构负责对应用组件进行规划、部署和管理，以保证它们能按预期有效运行。应用组件负责承接业务组件的相关规划。应用组件中的应用服务与业务组件中的任务相关，每个应用服务或服务组合能完整、全面地体现任务的专业能力。应用组件中的服务与业务组件中的任务建立映射关系，可以确保业务流程准确、高效落地，通过任务的松耦合来实现应用服务间的松耦合，从而推进应用系统解耦。

应用架构描述应用服务的结构和交互，提供关键业务功能和管理数字资产的功能组。应用架构根据业务领域和业务组件指导应用边界划分、应用内部功能布局。用业务组件中的任务指导应用服务组件的开发，从而实现企业战略目标的落地。

国内互联网公司提出的"业务中台"就是对处理流程的标准化，以应用服务标准化来实现流程可复用，这就是应用架构的基本思路。应用架构的应用程序以业务组件提供的松耦合的专业能力为指导，进行应用程序组件化设计及落地。这样以业务的专业能力为标准建设起来的应用程序组件，本身就有专业化、标准化的特征，具备复用能力。

3.3.3.2 数据架构

数据架构负责对企业数字资产的部署等进行管理，从架构层面支持数字资产的高效流转、海量数据处理和智能化数据分析。数据架构负责为应用程序使用数字资产提供保障，并存储和管理应用程序产生的新数字资产，因此，数据架构对数字资产的部署规划及管理方式会影响应用系统对数字资产的使用性能。例如，前端应用系统在运行过程中会做一些安全性的校验工作，这时必然使用到某些数字资产的部分内容。如果数据架构不考虑前端应用系统对数字资产的这种轻量化应用，都由后续的数字资产整体提供服务，那么可能影响前端应用系统的处理时效，从而带来不好的用户体验，或者出现在前端部署完整的相关数字资产，但是大量的数字资产未能提供服务而导致资源浪费的情况。因此，在整个工作中数据架构需要结合技术架构提供的数字技术及技术架构框架进行统筹规划，才能保证数字资产的价值得到充分发挥。

数据架构负责存储企业的数字资产，并将数字资产包装成对外提供的服务。数字资产对应用系统的服务可以简单地分为直接服务和增值服务。所谓直接服务，就是将数据架构中存储的数字资产直接包装成相应的创建、修改、删除、查询等服务供应用系统使用。所谓增值服务，就是通过一定的规则对数据架构中存储的数字资产进行加工、分析，形成一定的成果后对外提供服务。直接服务是数据架构的基础性服务，而增值服务能推动数字资产的价值最大化。

数据架构描述企业数字资产的分类、部署、结构、逻辑及能力。用实体模型指导数据模型设计和数据合理布局，使数据架构能全面地承载企业的数字资产，提供数字化能力。在部署企业数字资产的过程中，数据架构需要根据直接服务和增值服务对数

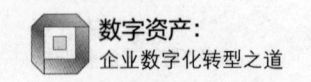

字资产支持需求的特性进行规划，以确保数字资产的流转、布局合理，以及数字资产的质量。

数据架构中的数据库表需要与业务对象中的实体模型建立映射关系。数据库表负责承接业务对象架构中的业务实体模型，包括对单个业务实体模型的承接及对业务实体模型间的关联关系的承接，确保数据架构中积累的数字资产全面遵从业务架构中业务对象架构里的所有设计。

近些年来，"数据中台"的概念席卷全国，很多企业纷纷提出构建自己的数据中台。从各论坛及市场上的相关图书中可以看到，数据中台的目标就是数据整合、数据加工及数据应用。这与企业架构中的数据架构的基本要求一致，如同数据架构不能单独存在一样，数据中台的能力需要与流程衔接才能得到有效展现，才能融入价值创造的过程中。当数据架构融入企业的 IT 架构中时，数据架构不但能全面实现数据中台的所有目标，而且兼具稳定性（与业务对象架构对标）和灵活性（与实体模型对标）。

3.3.3.3　技术架构

技术架构在信息系统发展的历史中有太多的架构演进，因为相关内容与本书的主题关联性不高，所以本书不做介绍。当前的云、分布式框架等，都是技术架构会涉及的技术。技术架构会因为一些新技术的引入而发生变化。

技术架构用于描述技术服务和技术组件的结构和交互。技术架构作为 IT 系统的底座，为企业的应用架构和数据架构的运行提供技术支撑，除了需要考虑业务架构的需求，还需要考虑企业战略目标的要求。同时，技术架构的选择会影响业务专业能力——任务的执行性能，尤其是当实施某个任务的并发量非常大时，对技术架构会形成较大的考验。例如，在每年电商活动期间，全国大量的用户同时进行同样的操作，这就要求系统要有较快的响应，这是对技术架构提出的要求。在中国人民银行每次发行纪念币时，全国的纪念币收集者为了抢到兑换权会在极短时间内在各家代理银行的手机银行上进行操作，这无异于秒杀活动，也是对各家代理银行的技术架构的考验。

3.4　企业架构方法论对数字化转型的作用

3.4.1　企业架构方法论帮助企业实现数字化转型目标

无论是哪种企业架构方法论都强调业务架构和 IT 系统建设应当遵从企业的战略

目标。这里的企业是一个广义的概念，是指有共同利益目标的企业集合。为了实现共同的利益目标，企业需要共同推进IT系统建设，以实现资源共享、互助共赢。这与数字化转型共建生态的目标一致。共同推进IT系统建设并不是大家建成一个IT系统，而是遵循共同的技术规范或标准，以实现技术、数字资产、服务等资源的共享。例如，亚马逊、微软、谷歌、华为、阿里等公司提供的云服务就是将它们与云服务相关的资源和入驻的企业共享，实现互助共赢。

对于一个企业而言，企业架构方法论通过业务架构的相关方法指导企业如何用最小的成本厘清企业的业务现状，通过IT架构的相关方法指导企业厘清企业的系统现状。用业务能力建模方法指导企业科学、有效地进行战略分析，先将企业战略目标分析为可落地、可实施的企业能力，再将这些能力与流程模型、实体模型等业务模型对接，明确实现企业战略目标需要提升的方方面面，从而规划出一条从现状到目标的最佳的、可实施的路径。

企业架构方法论通过提供一系列的方法来指导最佳的、可实施的路径如何有效落地，比如，用流程模型来提升企业的价值创造及业务创新能力，用实体模型来提升企业的敏捷创新能力、快速洞察能力、科学决策水平等。为实现这些模型的相关能力，需要厘清通过什么需求承载，怎样指导IT研发以推动其落地。正是企业架构方法论将数字化转型这一复杂而庞大的工程进行分解并实施指导，得到一系列比较简单、明确的小目标，从而能够有计划、有步骤地推进，并不断取得成果。

3.4.2 企业架构方法论提供数字化转型方法

数字化转型虽然没有既定的路线，却有适用的方法论。企业架构方法论一切向企业战略目标看齐，围绕战略目标进行分析、规划的方法与企业数字化转型的核心目标一致，是可以直接根据企业的实际情况选择使用的方法论。

在企业架构方法论中，对数字资产进行建模的方法，就是通过业务对象模型对企业的数字资产进行全面管理。用业务模型来抽象化数字资产的结构、逻辑、业务属性，全方位地体现相关资源在现实世界中的情况。通过企业架构的实体模型设计，规划企业的资产使命、定义、目标、标准及使用规范等，为跨专业、跨部门的企业级共享提供保障，为实现数字资产共享和全流程透明提供方法。通过业务对象与数据架构的映射关系，最终按实体模型完成一张张数据库表的设计，能比较忠实地完成资产的数字化，从而真实地实现现实世界的数字孪生。用实体模型承接从流程模型中剥离出来的对资产进行加工的业务规则后，能进一步提升流程的灵活性、敏捷性，使低成本提供个性化服务的能力得到全面增强，为业务敏捷创新、快速落地、科学决策提供保障。

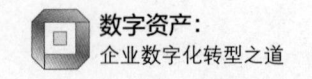

企业架构方法论中的对企业生产工艺流程的建模方法，就是通过企业架构的流程模型设计，让企业的生产工艺组件化、标准化，能通过生产工艺组件的拼装形成新的业务处理流程。通过将流程模型中对资产进行加工的业务规则剥离到实体模型中，让流程模型变得轻盈，也更灵活。流程模型中的专业能力通过应用服务承接后，使生产工艺的水平得到有效保障，能够有效避免受操作人员的认知、理解和技能差异的影响。在流程由专业能力拼装的模式下，可以让企业用新的专业能力替换原来的专业能力的过程变得快速、高效，可以让企业复用已有的专业能力快速拼装出新的产品生产流程或服务流程，从而实现敏捷创新。

企业架构方法论中的价值分析方法分别从不同的目的展开分析，能够帮助企业对其所处的现状及目标有明确的认识，有助于企业领导者预见战略影响并确定优先级，管理好内部和外部的利益相关者的期望，部署新的解决方案。例如，价值链分析方法从经济价值的角度出发进行分析，是企业进行价值创造和交付的全链条展现，体现出企业如何产生价值的宏观视角。价值流关注业务流程的分析，从利益相关者的视角创建出一个端到端的价值创造流程，体现出企业是如何实现价值增值的。价值流能帮助企业更有效地开展价值创造能力分析、设计更好的能力提升方案，找到更有效的业务运营模式。价值网主要体现在更广阔的环境中，创造和交付价值的参与者及其相互关系，是生态环境的体现。

3.4.3　企业架构方法论为企业持续推进数字化转型提供保障

数字化转型是一个长期的过程，但是市场却不会因此给企业大把的时间去慢慢转型。这就要求企业在保持现有经营能力和水平的基础上要保持不断提升，通过局部转型的不断推进，最终实现全面转型的同时不会对企业带来负面的影响。

从 FEAF 架构框架可以看到，企业架构只要有整体的规划、规范作指导，就可以一部分一部分地推进，直至全面实现预期目标。其他架构框架也有这样的特征，因为企业架构建构的过程本身就需要很长的时间，所以所有的企业架构方法论及其架构框架的设计，都会考虑到在企业持续推进中企业架构会面临的问题，并给出相应的解决方案。

因此，企业可以根据数字化转型战略目标规划出最佳的企业架构作为目标架构，评估从企业现状的架构到全面实现目标架构所需要的资源、时间等，将配合企业数字化转型的企业架构升级规划分解为一个个具体的可实施的目标。之后再结合企业的资源禀赋、市场的具体情况、行业的竞争力、企业的战略目标等，对实施目标进行优先级排序，得到企业数字化转型的实施计划，从而使企业的数字化转型工作可以持续推进。

3.5 数字资产与企业架构

既然企业架构方法论可以有效助推企业进行数字化转型。那么，作为企业数字化转型的核心基础的数字资产在企业架构中是什么样的存在呢？从有关企业架构的组成及其作用的章节中，我们对此应该有了初步的了解。

3.5.1 企业架构中的数字资产

从"企业架构的组成及其作用"的章节中可以看到，在业务架构中使用业务对象框架来规范和管理企业的数字资产。为了更好地规范和管理企业的数字资产，我们按照现实世界中的资产分别对业务对象进行描述。为了提升业务对象的灵活性，降低业务对象的复杂度，将业务对象拆分为若干业务实体。用业务实体模型对现实世界的资产进行结构化、标准化的描述。此外，对业务实体模型间的业务逻辑关系进行描述，从而保证由业务实体聚合而成的业务对象能更全面、准确地描述现实世界中的事物。

与此对应，IT 架构用数据架构来存储和管理数字资产，并用数据模型来记录业务实体的具体特征。

如果说业务实体是从业务视角对资产进行的业务化描述，那么数据模型就是从技术视角对资产进行的数字化描述。两个视角并不完全相同，从技术视角进行描述时，需要在全面遵从业务视角确定的业务属性及规则等的基础上，增加 IT 系统自身的一些特征信息，作为从业务视角描述的数字世界的补充。

在企业架构中，数字资产通过业务架构的方法进行设计，而通过 IT 架构实施后得以落地。可见，数字资产贯穿于业务架构和 IT 架构，企业架构中的数字资产如图 3-14 所示，由此形成现实世界在数字世界的数字孪生。

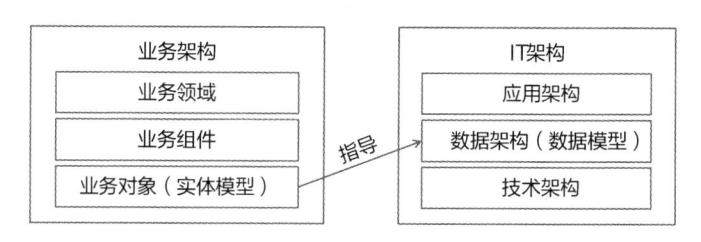

图 3-14 企业架构中的数字资产

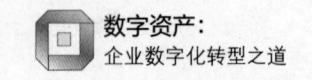

对于业务对象里的实体模型的每一个业务属性，数据架构中的数据模型都有相应的字段进行承载，实现了从业务架构中的实体模型到 IT 架构中的数据模型的落地，也就形成了从现实世界到数字世界的映射。

3.5.2 数据架构中的数字资产

企业的战略规划需要通过企业架构来实现，其中数据架构存储和管理企业拥有的数字资产，为应用架构中的应用系统提供数据服务。而数字化转型要求企业不仅要管理好数字资产，让数字资产适时地为生产经营活动提供支持，而且需要数据架构提供更强大的业务分析能力和业务洞察能力，帮助企业增强对市场感知的敏锐性，能准确地捕获商机并快速响应。因此，数据架构至少应包括源数据层、数据加工层、数据服务层，如图 3-15 所示。

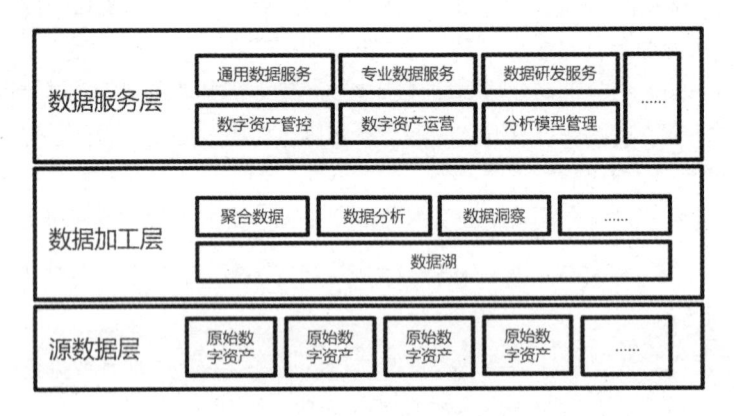

图 3-15 数据架构

从图 3-15 中可以看到，源数据层主要用于存放最原始的数字资产，是各种交易最真实的记录。所有的数据加工及分析工作不可避免地会对原始数字资产产生一定的影响，因此，需要将原始数字资产复制到数据加工层，为各种算法模型提供数字资产支持。数字资产最后以服务的方式进行封装并通过数据服务层对外提供服务。

按企业战略目标规划出来的企业级数字资产，通过企业的生产经营活动生产出来后将作为原始数字资产存储在源数据层中。源数据层中的数字资产保留了现实世界中资产的业务逻辑。源数据层里存储的原始数字资产成为数据架构里最基础、最本真的部分，也是企业数字化转型过程中需要重点关注和管理的部分。

数据加工层负责对数字资产进行深度挖掘。数据湖里存储的数字资产源于源数据层里的原始数字资产。并不是所有的数字资产都可以或需要进入数据加工层的数据湖，为保障数据湖里数字资产的质量，企业一般会制定企业数字资产管理和使用的规范、标准，用于甄别哪些原始数字资产可以进入数据湖，为各种算法提供数字资产。数据湖里的数据结构一般会与原始数字资产保持一致，用于聚合形成不同的业务主题数据，按照业务需求、用户需求及数据的特点进行加工、处理、整合，并对整合后的数据进行数据呈现与数据价值挖掘，满足企业的各种数据分析和数据洞察需求。

数据服务层的数字资产管控、数字资产运营的主要对象也是源数据层里的原始数字资产，及其为满足资产应用而对外提供的各种数据服务。

综上所述，数据架构中的数字资产主要存储在源数据层和数据加工层中。源数据层里的数字资产是原始数字资产，而数据加工层里的数字资产可能是进行了一些处理后的数字资产。

思考题

1. 企业架构方法论源于 Zachman 框架，从本书介绍的两个典型的企业架构方法论（TOGAF 方法和 FEAF 方法）里，你能找到它们之间的联系吗？它们之间有哪些思路是相通的呢？

2. 你能说说你所在的企业是通过什么方法来指导数字化转型的吗？你们所使用的数字化转型方法如果不是企业架构方法论，那么你能说说企业架构方法论与你的企业所使用的方法的最大不同是什么吗？

3. 你能在生活中发现与架构相关但是本书没有提及的例子吗？在这个例子中，你能找出架构是结构、框架、原则、指南、规则的具体内容吗？

4. 如果你的企业正在推进数字化转型，但是当企业在可用于投产的资金不足以进行全面的数字化转型时，那么你认为可以先对哪些部分进行数字化转型？并说说原因及可能的结果。

第 4 章

数字资产建设方法

在上一章中我们对企业架构有了初步的了解,接下来我们将用企业架构的思维和方法来探讨如何构建企业的数字资产。在这一章里,我们将分别用自顶向下和自下而上的思维来规划数字资产。在规划数字资产的过程中,我们怎样遵循 MECE 原则?怎样构建适合企业的数字资产标准并让这些标准有效落地?对于已经完成的规划,怎样"分片断"地逐步实施,让战略意图通过信息系统有效落地?对于数字资产在数据架构中的部署等事宜,每个企业需要根据自身的技术架构的情况统筹考虑,这里不再进行讨论。

本章涉及的主要内容有以下几个方面。

第一,综合使用自顶向下和自下而上的思维来规划数字资产。

第二,对数字资产模型的概要进行介绍,介绍适合企业的数字资产建模方法。

第三,用"T"字工作法让数字资产规划的成果融入企业战略实施路径中。

第四,建设适合企业的数字资产标准,介绍有效实施数字资产标准的方法。

4.1 数字资产的规划方法

数字资产的规划方法比较多,这里主要介绍和讨论自顶向下的结构化统筹规划方法和自下而上的专业化归纳抽象方法。无论使用哪种方法,我们都要遵循 MECE 原则,即不交叉、不遗漏原则。

4.1.1 MECE 原则

MECE 原则是麦肯锡咨询顾问芭芭拉·明托在《金字塔原理》中提出的很重要的分类思考原则，是麦肯锡思维过程中的一条基本准则。该准则在各行各业中得到了广泛使用，是架构设计需要遵循的基本原则。

MECE 原则又被称为 MECE 分析法、枚举分析法。ME 是指各部分之间相互独立、相互排斥，没有交叉。CE 是指所有部分完全穷尽，没有遗漏。也就是说，对某个事物按照 MECE 原则进行分解后，所有部分相加必然得到一个 100%的该事物，不会是 99%，也不会是 101%。为了帮助大家理解 MECE 原则，我们通过生活中的示例来讲解。

【示例 4-1】对世界上的人类进行分类的方法有很多种，以下每种方法都遵循 MECE 原则。

人类按性别划分，分为男人和女人。

人类按拥有的财富划分，分为富人和穷人。

【示例 4-2】以下对人类进行分类的方法则不符合 MECE 原则。

将人类分为女人和医生。导致这个分类结果不符合 MECE 原则的原因是分类标准不统一。女人是按性别特征来分类的，而医生则是按职业特征来分类的。女医生是这两个类别的交叉部分，同时会发生遗漏，不符合 MECE 原则，如图 4-1 所示。

将人类分为富人和胖子。这个分类的标准也不同，富人是按拥有的财富来分类的，而胖子是按人的体型来分类的。将不同的标准的分类结果混在一起，必然导致存在交叉和发生遗漏。比如穷人并不一定是胖子，富人并不一定就不是胖子，因此该分类也不符合 MECE 原则，如图 4-2 所示。

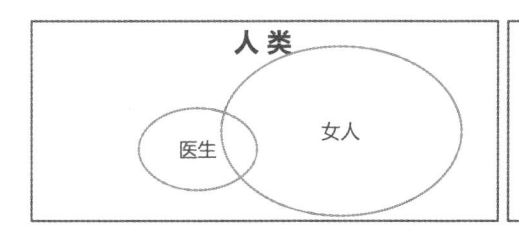

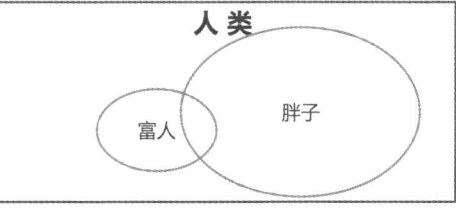

图 4-1 不符合 MECE 原则的分类 1　　图 4-2 不符合 MECE 原则的分类 2

从这两个示例可以看出，在使用 MECE 原则时，在进行每一次细分或归纳时，要

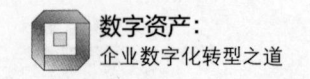

使用相同的标准，这样才能让分类结果中的元素间存在某种逻辑关系。在用同样的标准进行分类时，得到的结果会在同一维度上，就不容易存在交叉和发生遗漏。

分类是一种常用的分解问题的方法，也是将复杂问题简单化的最有效的方法之一。分类标准的选择对探寻解决问题的方案有非常重要的影响，因此，在进行分类前需要慎重选择分类标准。一般情况下，最好根据目标来选择分类标准。例如，在【示例 4-2】中，如果研究的目标是与人的健康相关的问题，就可以将体脂率作为分类标准。体脂率是指人体内脂肪的重量比例，也就是体脂百分比。体脂率越高，说明人的肥胖程度越高。而人的性别、年龄不同，体脂率的标准也不同，这样无论男、女、老、少都有相应的标准可以进行对照检查，从而能更有效地剔除性别和年龄因素的影响，对开展研究更有利。因此，用体脂率作为分类标准与目标相关，是一个不错的选择。

由此可见，MECE 原则是一种结构化的思维方式。用 MECE 原则在向下分解或向上归纳的过程中，强调每一层的元素之间不会存在交叉，且这些元素存在某种逻辑关联，因而具有结构层次性。因为每次分类都遵循了 MECE 原则，确保最后得到的最小粒度的成果集合一定与最初的整体一致，不会出现缺失或重复。一般而言，需要通过企业架构来规划业务的企业，其业务都具有相当的复杂度。

在构建企业架构的过程中，我们需要确保企业的业务不会因为层层分解而发生缺失，保证企业级业务架构的完整性。在通过企业级业务架构来指导 IT 架构实施时，由于业务架构中的各部分不存在交叉、重复，也就实现了各部分的相对独立，这样才能保证 IT 架构中各部分间的松耦合。因此，在规划企业架构的过程中，要始终遵循 MECE 原则。

4.1.2　自顶向下的结构化统筹规划方法

自顶向下的结构化统筹规划方法是指从企业战略目标着手，选择与企业战略目标紧密相关的分类标准进行分析，从企业级的视角进行全面思考，先通过分解得到企业开展经济活动所需要的数字资产类别，再按相同的业务逻辑逐层进行分解，不断细化，最终得到期望的结果。

使用自顶向下的结构化统筹规划方法耗时较短，但是对于使用该方法的人的要求比较高。要求使用该方法的人对企业的生产经营情况有全面的了解、有全局思维，能结合企业的战略目标选择最适合的分类标准，并能确保分类的结果符合 MECE 原则。

为了帮助大家更好地理解自顶向下的结构化统筹规划方法，我们通过一个示例来演练。

第 4 章
数字资产建设方法

【示例 4-3】计算机"小白"张三想组装一台计算机,问李四他需要买哪些部件。作为计算机发烧友的李四了解了张三对计算机的主要期望是玩游戏、看电影及张三计划投入的资金等情况后,写了一个长长的清单。清单上有主板、CPU、机箱、电源线、显卡、声卡、散热器、鼠标、显示器、内存、键盘、硬盘、音箱等,还有每个部件的品牌和型号,以及相关参数等。张三表示记不住这么多内容,请李四帮忙看看能不能归类。

如果使用自顶向下的结构化统筹规划方法,李四会怎样归类呢?

首先看目标——一台计算机。自己组装计算机的最好方式是组装台式计算机而不是笔记本电脑,李四可以从外观做最直观的分类,分成显示器、主机、外部设备,以及各种连接线。

目前市面上的显示器都是成品出售的而且价格不高,可以直接购买成品,所以不用再细分,直接列出推荐的品牌及型号、尺寸等参数。

外部设备就是键盘、鼠标和音箱。这些设备也可以直接购买成品,分别列出推荐的品牌及型号、尺寸等参数。

最复杂的是主机,也是自己组装最有发挥空间的部分。李四仍然从由外向内的视角进行分类。首先看到的是机箱和电源线,打开机箱后,看到的体积最大的是主板,玩游戏、看电影对显示和声效的要求比较高,所以需要单独选择显卡和声卡,两个都是连接外部设备用的卡,玩游戏要求计算机处理速度快,所以要有较好的 CPU。CPU高速运行时会特别热,所以需要配备一个散热器。固态硬盘的价格还没有降下来,建议使用内存和硬盘的组合,内存要大,运行才够快。要下载电影就需要硬盘容量足够大,可以使用外挂硬盘。李四根据自己的经验,结合张三的总预算列出推荐的品牌及型号、尺寸等参数。

就这样,李四一边讲解一边绘制出了张三自己组装台式计算机需要的所有配件的分类,如图 4-3 所示。李四的这种从目标出发,由宏观到微观逐步分解的方法就是自顶向下的结构化统筹规划方法。在使用这种方法的过程中,要求向下分解的每一步都必须遵循 MECE 原则。

当规划人员对企业的战略目标和整体情况比较熟悉、可用于规划的时间较短、缺少可借鉴的经验时,推荐使用这种方法。在使用自顶向下的结构化统筹规划方法时,需要运用高度抽象的能力进行跨专业的思考,逐步从宏观到微观的视角去分析企业的数字资产。当规划人员不具备这些能力时,可能在向下分解的过程中发生遗漏,建议使用自下而上的专业化归纳抽象方法。

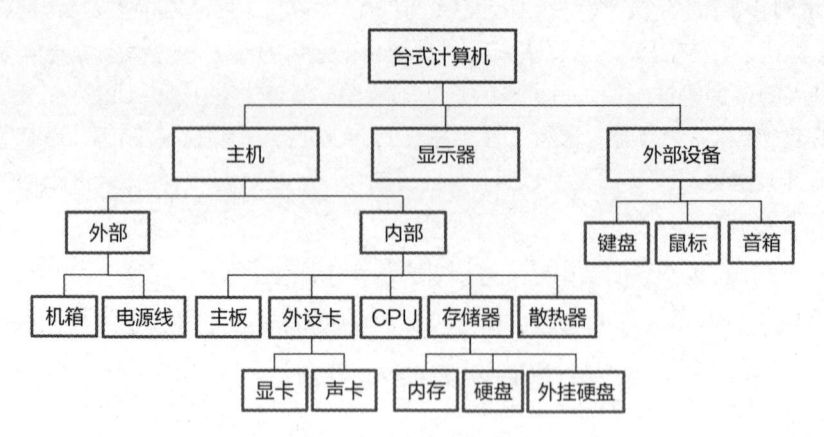

```
                    台式计算机
         ┌─────────────┼─────────────┐
        主机         显示器        外部设备
     ┌───┴───┐                  ┌────┼────┐
    外部    内部               键盘  鼠标  音箱
   ┌─┴─┐  ┌──┬──┬──┬──┐
  机箱 电源线 主板 外设卡 CPU 存储器 散热器
              ┌─┴─┐    ┌──┼──┐
             显卡 声卡  内存 硬盘 外挂硬盘
```

图 4-3 张三组装台式计算机需要的配件的分类

4.1.3 自下而上的专业化归纳抽象方法

自下而上的专业化归纳抽象方法是指从细节入手，全面收集所有的信息后，逐步进行归纳、提炼，通过不断地抽象化，最终得到最高阶的金字塔式的分类结构图。

为了帮助大家理解自下而上的专业化归纳抽象方法，我们用一个生活中的示例来进行演示。

【示例 4-4】小明发现家里的冰箱空了，要去超市买这些食物：牛奶、鸡蛋、葡萄、土豆、酸奶、牛肉、咸鸭蛋、白菜、萝卜、柠檬、面粉。东西太多了，小明怕自己忘记。为了不遗漏，小明对这些食物进行了分类归纳。

奶类：牛奶、酸奶。

蛋类：鸡蛋、咸鸭蛋。

肉类：牛肉。

水果：葡萄、柠檬。

蔬菜：土豆、白菜、萝卜。

主食：面粉。

得到这六大类后，小明试了一下还是记不全。于是，他在此基础上再次进行了归纳，得到以下分类。

肉蛋奶类：肉类、奶类、蛋类。

果蔬类：水果、蔬菜。

主食类：面粉。

这三大类一下子就被记住了，每样东西都好记，最后得到的金字塔分类结构完全满足了小明的需求，小明需要购买的食物分类示意图如图 4-4 所示，这样自下而上地进行归纳分类，不会存在遗漏，而且每种食物都归入唯一的分类中，不会存在交叉，因此，完全符合 MECE 原则。

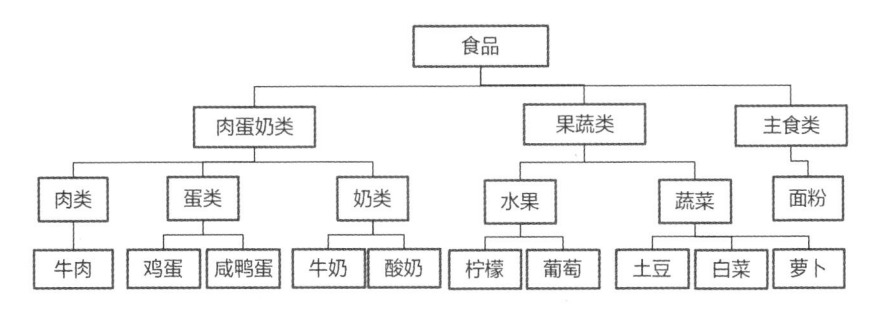

图 4-4　小明需要购买的食物分类示意图

使用自下而上的专业化归纳抽象方法，规划人员要具备较强的专业知识，才能正确地进行归纳和提炼。人们在使用自下而上的专业化归纳抽象方法时，往往不自觉地受到经验影响，归纳的结果可能会不同。例如，如果小明准备买的是水果萝卜，他可以将萝卜归到水果里而不是蔬菜里。无论怎样，在归纳的过程中，要保证不会存在萝卜既放在蔬菜里，又放在水果里的情况。

如果企业中出现这样的情况，就可以从企业的战略目标出发进行思考，将某件事物归属到某个既定的类别中，千万不能同时在两个类别中出现。否则，就会出现两个类别存在交叉的情况。因此，在向上进行归纳的过程中，选择标准时需要围绕企业的战略目标开展，使成果在企业范围内达成一致即可，不必对该标准的选择过于纠结。

当规划的时间比较充裕，参与的专业人员比较多时，推荐使用自下而上的专业化归纳抽象方法。只要能完成所有信息的收集，这种方法就不会出现遗漏，只需要注意不要出现交叉的情况。

在实际工作中，留给规划人员的时间往往比较有限，为了既保证规划成果的质量，又降低规划工作的难度，我们往往采取自顶向下的结构化统筹规划方法与自下而上的专业化归纳抽象方法相结合的方法。具体而言，就是先用自顶向下的结构化统筹规划方法进行数字资产的高阶规划，让方向更明确，用自下而上的专业化归纳抽象方法进行数字资产的低阶规划，以确保无遗漏、不交叉，再将高阶规划的成果与低阶规划的成果进行对接，相互校验和调整，从而得到一个较全面的规划成果。

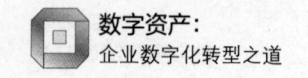

4.2 数字资产建模方法

在介绍数字资产建模方法之前,我们需要先对数字资产的模型有一个全面的了解,这样才能更好地理解整个方法。本书所述的数字资产是为企业数字化转型服务的资产,包括了从现实世界到数字资产的全貌,从企业架构的组成及作用中大家可以了解,本书更偏向从业务视角而不是从技术视角来分析数字资产。因此,本书会更多地从业务视角来分析和讲解数字资产模型,希望能让业务人员更多关注作为企业核心竞争力的数字资产,而不是将其完全交给技术人员去思考和管理。希望业务人员成为数字资产规划的主力军,以确保数字孪生出来的数字世界与现实世界更接近。

在本书中,业务架构部分的内容是从业务视角分析的,只要是有业务背景的人员都能运用,而且业务知识越深厚的人员,建模的效果越好,建议业务人员深入了解。有技术背景的人员对这部分内容进行了充分的了解后,则会比较好地提升 IT 实施效果。IT 架构部分的讲解比较简单,适用于有技术背景的人员,技术背景越深厚越容易理解。有业务背景的人员对这部分内容进行了基础性了解后,则会对后续如何应用数字资产有极大的帮助。

4.2.1 数字资产模型

数字资产模型从企业级视角描述企业所拥有或需要的资产,是数字资产库建设、数据架构部署的重要指南。我们用数字资产金字塔模型来描述数字资产模型的全貌。

数字资产金字塔模型是以结构化思维分析数字资产从业务规划到 IT 实现的模型。在数字资产金字塔模型中,自顶向下是从抽象到具体的过程,即越往上越抽象,越往下越具体。

数字资产金字塔模型中的不同层级模型体现出不同角色的关注点,说明了不同角色的职责。我们用六级模型来描述企业数字资产的规划与落地的情况。数字资产金字塔模型如图 4-5 所示。

第一层是概念模型。概念模型是企业数字资产的分类定义,用于统一分类认识。不同的分类标准必然得到不同的结果,分类的目的是更清晰地体现数字资产是否覆盖企业的所有业务,或者是否能够满足所有生产经营管理的需要,从而更有利于分析是否满足企业战略目标的需求。

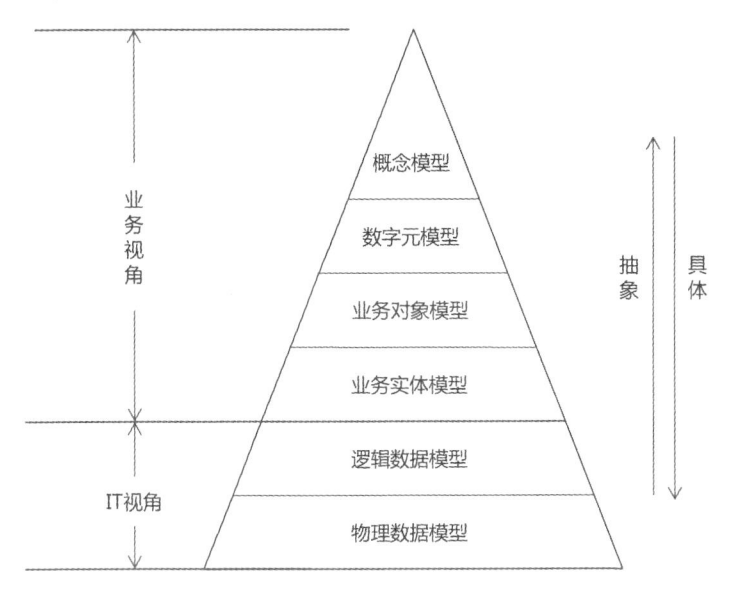

图 4-5 数字资产金字塔模型

第二层是数字元模型。数字元模型是数字资产模型的模型，是用概念模型中最具体的企业级业务对象作为元素来描述企业内数字资产间的业务逻辑关系，从而实现指导数字资产按业务规则在企业范围内全流程流转的目标。同时，数字元模型为企业进一步挖掘数字资产价值提供了非常清晰的原则和指南。

第三层是业务对象模型。业务对象模型用于描述某类数字资产，包括该数字资产的定义、业务关注的不同维度的特征，以及这些业务特征间的关联关系、约束条件、状态等。在业务对象模型中，不同维度的特征分别由不同的业务实体进行描述，体现了企业对某类数字资产的需求或企业掌握的数字资产概要。业务对象模型本身具备兼容性、灵活性、可扩展性等特性，企业可根据需求不断地进行丰富和完善。

第四层是业务实体模型。业务实体模型是对某类数字资产的某方面特征进行具象化描述的模型，包括定义、业务属性、域、实例及业务规则等，体现了数字资产的详细内容。业务实体模型本身具备可扩展性，企业可以根据需要不断地补充、完善业务属性。业务实体模型是业务视角最具体、最详细的模型，是企业数字资产标准的主要执行者，能指导企业各部门规范地生产和使用数字资产。

第五层是逻辑数据模型。逻辑数据模型是业务对象模型的 IT 视角展示，即从 IT 实施的视角，结合该业务对象模型的应用特征，对该业务对象模型进行的设计及转化。逻辑数据模型是将业务规划的数字资产有效落地的关键。

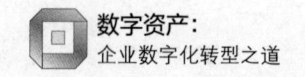

第六层是物理数据模型。物理数据模型是从 IT 实施的视角，结合数据架构和技术架构的具体特征，基于逻辑数据模型进行的设计，是数字资产进行标准化、规范化生产、使用和积累最关键的、最后的保障。物理数据模型直接表现为一张张具体的数据库表及其部署的物理单元。

4.2.2 数字资产模型的业务描述

数字资产模型的业务描述是指从业务的视角来描述现实世界的数字资产的特征。在数字资产金字塔模型中，前三层模型是从业务的视角，用抽象的方式对数字资产进行描述的。下面将对每一层级的数字资产模型进行介绍。

4.2.2.1 概念模型

概念模型的抽象度非常高，与企业战略目标紧密相关，体现企业数字资产的范围。概念模型由分类结果域及其所包含的业务对象构成，展示了企业数字资产的主观视图。

概念模型是一种分类描述的结果，这说明不同的分类标准必然得到不同的视图，但是分类标准的不同不应该影响其最小粒度的业务资产——业务对象的划分。也就是说，从自下而上的角度来看，概念模型是业务对象模型按不同的分类标准逐步聚合后形成的一张描述企业数字资产分布情况的总体视图。

概念模型全面、清晰地展示了企业数字资产的情况，能够帮助规划者更准确地分析数字资产战略能否有效支持企业的战略目标，能更有效地评估企业当前所拥有的数字资产是否满足企业经济活动的需要。因此，分类标准的选择很重要，需要根据数字资产的这个目标来选择适合企业的分类标准。

并不是用一个简单的分类标准进行分类后，概念模型就能体现企业数字资产全局性的目标，往往需要进行多次分类，或者进行分级分类等处理。概念模型的设计没有固定的标准，其层级也往往根据企业的具体情况和需要来确定。为了便于概念模型的展示，可以用多维度的分级分类方式，从模型描述简明、准确、易懂的目标来看，建议最多不超过三个层级或三个维度。每一层级或维度均应遵循 MECE 原则。而模型的具体展示形式可以使用金字塔方式，也可以使用多层嵌套图，或者多维度视图，但是一定要保证视图直观、易读。

4.2.2.2 数字元模型

1. 数字元模型的概念

数字元模型作为数字资产模型的模型，不仅指导着数字资产的规划、设计，为数字资产在企业各个生产经营环节的有效流转提供了指引，还指导着物理数据模型在数据架构上的部署，为应用系统使用数字资产提供了指南，也为数字资产信息透明与共享提供了指导。

在数字元模型里，以业务对象作为元素来描述数字资产及其业务逻辑关系。需要特别说明的是，数字资产在元模型中体现的关系并非 IT 系统使用数字资产的逻辑关系，而是从现实世界的业务规则出发，从业务的视角来描述业务对象之间存在的业务关联。当某个业务对象与多个业务对象都存在业务逻辑关系时，可以选择主要的业务逻辑进行表达，体现出主要的关注点，不一定要将所有的关联关系都表达出来。

数字元模型中的业务逻辑关系除了说明两个业务对象之间有关联，还应按业务规则体现出它们之间存在的基数关系。如果我们将一个业务对象看成一个集合，那么业务对象中的一个具体实例就相当于这个集合中的一个元素。而基数关系是指两个业务对象（集合）中的具体实例（元素）之间存在的数量上的映射关系，如 1 对 1、1 对多、多对多、多对 0 等关系。我们说业务对象 A 与业务对象 B 之间为 1 对 1 的基数关系，就是指业务对象 A 中的一条实例能在业务对象 B 中找到唯一有关联的实例。同样地，业务对象 B 中的一条实例能在业务对象 A 中找到唯一有关联的实例。描述不同业务对象间存在的主要业务逻辑关系而形成的数字元模型如图 4-6 所示。

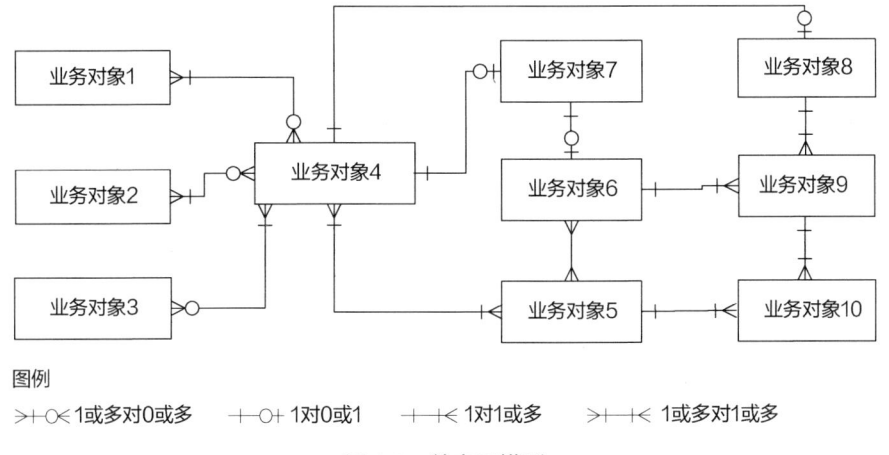

图例
>|—< 1或多对0或多　　—○+ 1对0或1　　—+—< 1对1或多　　>|—< 1或多对1或多

图 4-6　数字元模型

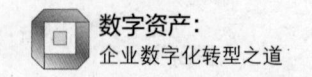

2. 基数的图例及使用说明

基数关系表达了两项数字资产之间的数量关系，描述的是在数字资产中，一个确定的具体实例与另一个数字资产中的具体实例之间，按业务的逻辑或规则所具有的数量关联关系。两个业务对象间的数量关联关系通过基数体现，也通过基数关系来执行。如果没有基数，只能说明两项数字资产之间存在着关联。有了基数之后，两项数字资产之间的关联关系变得更具体、明确。

基数关系并不是任意指定的，而是从相关政策、法规、制度规范及业务规则中分析得到的，不是固定不变的。当政策、法规、制度规范及业务规则发生变化时，基数关系也需要相应地调整。

两项数字资产间的基数关系通常用0、1或多来描述，"多"的意思是指大于"1"的数量。关系中的每一方都可以有任意0、1或多的组合数量，我们用0或1的基数描述是否存在着数量上的关系，用1或多来描述数量的多少。

在绘制与数字资产相关的视图的过程中，需要用基数来说明数字资产间的关系。为了帮助大家后续能快速地阅读和使用，这里把基数的图例及其含义整理为表4-1。

表4-1 基数的图例及其含义

图例	读法	图例含义
─┼─┼─	1对1	左边的一个数字资产一定会有一个且只有一个右边的数字资产与之有关系，右边的一个数字资产也一定会有一个且只有一个左边的数字资产与之有关系
─┼─○┼─	1对0或1	左边的一个数字资产可能有一个也可能没有右边的数字资产与之有关系，右边的一个数字资产有且只有一个左边的数字资产与之有关系
─┼─○⋈─	1对0或多	左边的一个数字资产可能没有，如果有则可能有多个右边的数字资产与之有关系，右边的一个数字资产有且只有一个左边的数字资产与之有关系
─┼─┼⋈─	1对1或多	左边的一个数字资产一定会有1个或多个右边的数字资产与之有关系，右边的一个数字资产也一定会有一个且只有一个左边的数字资产与之有关系
─⋈─○⋈─	多对0或多	左边的一个数字资产可能没有，如果有则可能有一个或多个右边的数字资产与之有关系，右边的一个数字资产会有多个左边的数字资产与之有关系
─⋈─○⋈─	1或多对0或多	左边的一个数字资产可能没有，如果有则可能有一个或多个右边的数字资产与之有关系，右边的一个数字资产会有一个或多个左边的数字资产与之有关系
─⋈─┼⋈─	1或多对1或多	左边的一个数字资产一定会有，可能会有多个右边的数字资产与之有关系，右边的一个数字资产也会有，可能会有多个左边的数字资产与之有关系

【示例4-5】每个人至少有一种身份证明文件，如户口本、身份证、护照，而每种身份证明文件只能证明一个人的身份时，我们说个人与身份证明文件的基数关系为1对1或多。用图示表示为：

```
┌──────┐          ┌──────────┐
│ 个人 │──┤├───<┤身份证明文件│
└──────┘          └──────────┘
```

某企业采用柔性团队方式开展工作，即当有新项目时，临时组建团队。一个项目可能有一个人或多个人参加，每个项目至少有一个人参加才能成立。每个员工都必须参加项目，但是每个员工可以只参加一个项目，也可以同时参加几个项目。我们说项目与员工的基数关系为1或多对1或多的关系。用图示表示为：

```
┌──────┐          ┌──────┐
│ 项目 │>─┤├───<┤ 员工 │
└──────┘          └──────┘
```

某市规定，每个市民名下只能有一辆汽车，但是并不是所有的市民都有汽车。对于每辆汽车而言，只能属于某个确定的市民，不可能同时属于多个市民。我们说市民与汽车的基数关系为1对0或1。用图示表示为：

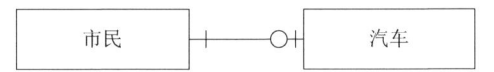

```
┌──────┐          ┌──────┐
│ 市民 │──┤├──○┤│ 汽车 │
└──────┘          └──────┘
```

如果该市修改了这个规定，不再限制拥有汽车的数量后，那么一个市民可以同时拥有多辆汽车，但是一辆汽车仍然只能登记在一个市民的名下，为该市民所有。这时市民与汽车的基数关系为1对0或多的关系。用图示表示为：

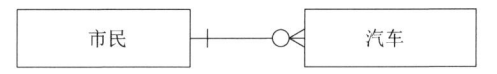

```
┌──────┐          ┌──────┐
│ 市民 │──┤├──○<┤ 汽车 │
└──────┘          └──────┘
```

4.2.2.3 业务对象模型

业务对象模型是对某类资产的结构化表达。在业务对象模型里，通过一系列不同的关注点对该类资产的特征进行描述的业务实体模型，如主要特征、描述性特征、相关特征值间的关联关系或约束条件、生命周期等，分别对该资产进行描述。同时，根据实际的业务规则建立起这些业务实体间的基数关系，从而实现更全面地描述该类资产的目的。

业务对象模型由一系列的业务实体按一定的业务规则组合而成，能比较全面地描述某类资产的模型。需要注意的是，一个业务对象模型中只有一个核心实体，但是可以有多个附属实体、关系实体、关联实体、约束实体、生命周期实体等。

核心实体是指描述某类资产主要特征的业务实体。该业务实体不用依附于其他业务实体就可以独立存在，能独立地表达某类资产。例如，在描述人的业务实体中，姓名、性别、出生日期等就是主要特征，这样的业务实体可以独立存在。

附属实体是指描述某类资产的部分特征，必须与某个业务实体关联后才具有具体意义的业务实体。例如，描述人的爱好的业务实体里可能存在多种爱好，但是这些爱好本身并没有具体的意义，不过将爱好与描述人的业务实体关联起来后，就能体现出某个人有什么样的爱好。这时，这些爱好就具有了明确、具体的意义。这样的业务实体被称为附属实体。

关系实体是指描述同一业务对象内不同业务实体间的关联关系的业务实体。例如，在描述人的业务对象模型中，往往会发现一些人之间存在某种特殊的关系，如校友、同年、同乡等不同人之间的关系，有些人之间可能只有一种关系，有些人之间可能有多重关系，这时，就可以用关系实体来描述不同人之间存在的不同关系。

关联实体是指描述两个业务对象间的关联关系的业务实体。业务对象间的关联实体有助于规划业务的范围。在企业里，"人"是一个业务对象，"机构"也是一个业务对象。企业里的"人"总是属于企业里的某个确定"机构"，不同的人所属的机构也会不同。我们用关联实体来描述这类跨业务对象间的关系。

约束实体是指描述与某个实体相关的约束条件和限制的业务实体。约束实体描述的约束条件往往用于控制流程。例如，当客户购买了某个产品时，企业向其中的一些客户赠送新产品。只为部分客户赠送新产品的条件就是约束实体里需要体现的内容，客户符合这些条件时就能收到新产品，不符合时则不能收到新产品。

生命周期实体是指描述某条实例生效的起止日期的业务实体。例如，企业里的某个人在多个机构工作过，为了描述这样的关系，可以为人与机构的关联实体增加一个生命周期实体来描述每一段关系的起止日期。

业务对象可以根据需要选择使用上述类型的实体，并不是说每个业务对象里都必须包含所有类型的业务实体，但是至少包含一个核心实体。作为描述两个业务对象关系的关联实体，需要根据业务逻辑关系来判断其应该归属于哪个业务对象。在业务对象模型中，除了说明存在哪些业务实体，以及这些业务实体间有什么样的关系，还需要说明业务实体间的基数关系。总体而言，业务对象模型可以用如图4-7所示的结构示意图来展现。

对于业务对象模型，需要说明的是，在一个业务对象中可以根据不同部门的需求，从不同的维度形成相应的附属实体来对某个视角的特征进行描述。关系实体、约束实体、生命周期实体不限于与核心实体有逻辑关系，也可以与附属实体建立关联。也就是说，在业务对象模型结构中，除了核心实体，其他实体都可以根据实体需要进行组合，只要符合业务逻辑即可。正是由于业务对象模型有可以随需组合的特性，因此其具有兼容性、灵活性、可扩展性。

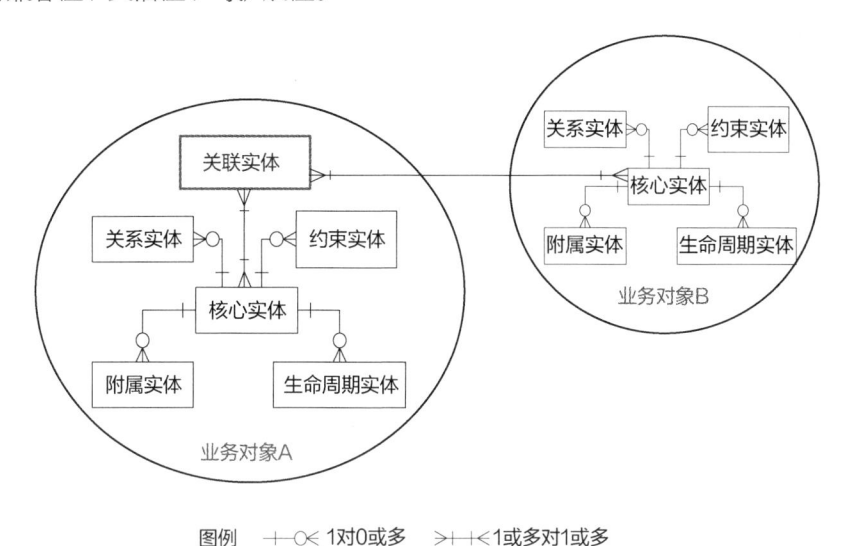

图例　┼─○＜ 1对0或多　＞┼┼＜ 1或多对1或多

图 4-7　业务对象模型的结构示意图

4.2.2.4　业务实体模型

1. 业务实体的概念

业务实体定义了一个有别于其他事物的事物及其特征，是企业存储和管理数字资产的载体。业务实体体现的是业务的本质，即企业有什么样的资产，这些资产都有哪些特征或特性，这些特征或特性决定了资产将如何被使用，能产生什么样的价值。业务实体所描述的信息将通过数字孪生形成数字世界里的数字资产，并储存在数据库中。

业务实体至少应该包括业务实体名、业务属性、标识符、域、业务规则等。业务实体的业务属性应能满足不同部门对该数字资产的使用需求。

每个业务实体都可以对特定事物进行描述，而对于特定事物的具体化取值，我们称为该业务实体的实例。

（1）业务实体名是指某个事物或其特征的名称。业务实体的名称应有明确的业务含义，并简明、准确。简明是指名称简单、明确，并尽可能地使用业务术语，避免使用晦涩、冗长的词汇。准确是指命名精准、正确，能全面体现该业务实体所包括的内容。例如，当"员工""教育经历""工作经历"作为业务实体名时，所有人都知道这些业务实体的含义。如果将"工作经历"改为"员工曾经任职的公司及职务",虽然表达的含义没有太大区别,但是过于冗长,不够简明。

(2)业务属性是指用业务的视角来定义、描述或度量事物某一方面的特征或特性,如姓名、性别、出生年月等用来描述人的某一方面的特征或特性,它们都是"人"的属性。

(3)标识符是唯一标识业务实体实例的一个或多个业务属性的集合,且该标识符在该事物存续期内具有稳定性,一般不会发生变化。

例如,每个人的身份证号码具有唯一性,因此,我们可以用身份证号码来做"人"的标识符。当用一个标识符来标识一条实例时,我们把该标识符称为单一标识符。

在日常工作和生活中,我们很难用身份证号码来标识一个具体的人,比如,企业有两个同姓名的员工时,平时大家并不会用他们的身份证号码来区分,而是用姓名、性别及年龄大小等特征组合后标识。当用多个标识符来标识一条实例时,我们把它们称为组合标识符,比如有两个李明,如果他们分别为一男一女,我们就用男李明、女李明来区别;如果他们同为男性,我们就用大李明、小李明来区别。

(4)域是指某一业务属性可能的全部取值。我们通过域的标准化,比如用"类型"对其取值的有效性进行约束或限定,让事物的某项特征标准化。域的类型包括以下几种。

数据型,即域的取值为数据,比如,当我们说金额、年龄、价钱等数量型的业务属性时,可以将它们定义为数据型。

数据格式,即有固定格式的域,比如将"金额"这一业务属性限定为"小数点后两位"模式。

字符型,即域的取值为字符,也就是该域可以存储汉字或字母,比如姓名这个业务属性,可以用汉字或字母来表示。

列表,即当域的取值为有限个值时,用枚举的方式列出所有可能的取值。例如,对于"性别"这个业务属性,我们可以将其域定义为"1-男,2-女",来对性别特征的表述进行标准化。对于"学历"这个业务属性,我们可以对该域进行标准化定义:"1-大学本科,2-硕士研究生,3-博士研究生"。

范围,即允许相同的数据类型的所有值可以存在的最大值和最小值。例如,按中国人民银行的规定,个人二类账户每日转账、取现、消费不能超过 10 000 元,说明二类账户的发生额最大值为 10 000 元,发生额的范围为 (0, 10 000]。

(5)业务规则,即域的值必须符合指定的业务规则。例如,利息这个业务属性的计算公式为：利息=本金×存期×利率。例如，我国法律规定企业不能雇佣童工，而法律规定 18 岁才算成年，因此，员工参加工作的时间必须晚于"出生年月日+18 年"。

2. 业务实体的特征

所有的具有名词性的事物都可能成为一个业务实体。当一个具有名词性的事物可以用以下方式进行描述，即符合以下特征时，就可以将其定义为一个业务实体。

第一，该事物有确切的名称，且该名称具有明确的业务含义。

第二，该事物具有标识性业务属性，能从同类事物中唯一定位具体的实例，且该标识符在该事物的存续期内具有稳定性，一般不会发生变化。

第三，该事物除了标识性业务属性，至少还有两个业务属性。

第四，每个业务属性可以有多个发生值。

第五，作为描述真实世界的信息，每个业务属性都有其明确的业务含义。

【示例 4-6】如何判断一个名词群组能否成为业务实体。

"员工"是一个名词，我们来分析一下"员工"是否能成为一个业务实体。

"员工"有明确的业务含义，符合"该事物有确切的名称，且该名称具有明确的业务含义"的特征。

"员工"的业务属性包括姓名、性别、出生年月、学历、学位、政治面貌、职务、入职年月等，我们可以用姓名、性别和出生年月的组合作为标识性业务属性，符合"该事物有标识性业务属性，能从同类事物中唯一定位具体的实例，且该标识符在该事物的存续期内具有稳定性，一般不会发生变化"的特征。

"员工"的业务属性除了具有标识性业务属性，还具有学历、学位、政治面貌、职务、入职年月等业务属性，符合"该事物除了标识性业务属性，至少还有两个业务属性"的特征。

"员工"的这些业务属性至少可以有这样的实例：张三，男，1997 年 7 月出生，本科学历，文学学士，党员，秘书，2018 年 7 月入职；李四，男，1995 年 3 月出生，硕士研究生学历，计算机硕士，群众，系统管理员，2018 年 3 月入职。这符合"每个业务属性可以有多个发生值"的特征。

张三、李四都是真实存在的人，所有的信息描述的都是他们的真实情况，符合"作为描述真实世界的信息，每个业务属性都有其明确的业务含义"的特征。

综上所述，"员工"满足业务实体的所有特征，所以"员工"可以成为业务实体。

"姓名"也是一个名词，我们可以逐条分析其是否能成为一个业务实体。首先，"姓名"只有"姓名"这一个业务属性，缺少对其进行描述的业务属性，不符合"该事物除了标识性业务属性，至少还有两个业务属性"的特征，因此不能成为业务实体。

"学历"也是一个名词，用同样的方法分析其是否能成为一个业务实体。首先，"学历"只有"学历"这一个业务属性，缺少描述它的其他业务属性，不符合"该事物除了标识性业务属性，至少还有两个业务属性"的特征，因此不能成为业务实体。你也许会说，"学历"跟学校有关，跟专业有关，可以组合起来进行特征描述。但是将这些信息组合在一起后，体现出来的业务本质不再是学历，而是受教育的情况。我们可以分析能否将"教育经历"作为业务实体。

假设"教育经历"是业务实体，可以用学校名称、专业、学位、受教育的时间段等业务属性进行特征描述。对照业务实体的特征进行分析，我们会发现"教育经历"符合作为业务实体的所有特征，因此，"教育经历"可以作为业务实体。同时，我们看到，"教育经历"这个实体单独存在时，缺少明确的业务含义，而当其跟某个人关联起来时，体现的是某个人的教育经历，业务含义更明确。对于每个人而言，一般会有在多个学校学习的经历，且每段学习经历都能形成"教育经历"业务实体中的一个实例。于是我们把"教育经历"与"员工"业务实体关联起来，将"教育经历"业务实体作为"员工"业务实体的一个具有描述性的业务实体，即从属实体。

3. 业务实体的业务属性

在确定业务实体的业务属性时，应遵循业务属性间不存在交叉的原则，业务属性间应具有排他性。业务属性的粒度应足够细，最好细到不可拆分且有独立业务含义的程度，从而实现对业务属性的标准化、规范化，以及对其进行复用、分析等。例如，将联系地址拆分到国家、省、市、区、街道、门牌等。

对于每个业务属性，要给出相应的业务属性描述、类型，业务实体及其属性描述示例如表 4-2 所示。

表 4-2　业务实体及其属性描述示例

属性名	业务属性描述	类型	域	业务规则
姓名	员工的姓名	汉字或字母	—	—
性别	个体的性别特征差异	汉字	1-男，2-女	—
出生年月	员工的出生年月	日期	—	××××-×× （使用公历纪年法）

续表

属性名	业务属性描述	类型	域	业务规则
学历	国家认可的最高学历	汉字	1-大学本科，2-硕士研究生，3-博士研究生	证书内容与国家学历认证网站上的内容一致
职务	员工当前的职务	汉字	1-…，2-…	—

4．业务实体模型的制作

从业务实体的特征分析中我们看到，一个业务实体需要具备较多特征。为了让业务实体的分析成果能尽量直观地展现出来，我们可以制作业务实体模型，以更好地展示出对某一个事物的描述。

业务实体模型是从业务的视角，使用结构化、标准化的语言对某项数字资产的业务特征进行详细描述的模型，展示该数字资产的规范化视图。业务实体模型如图4-8所示。

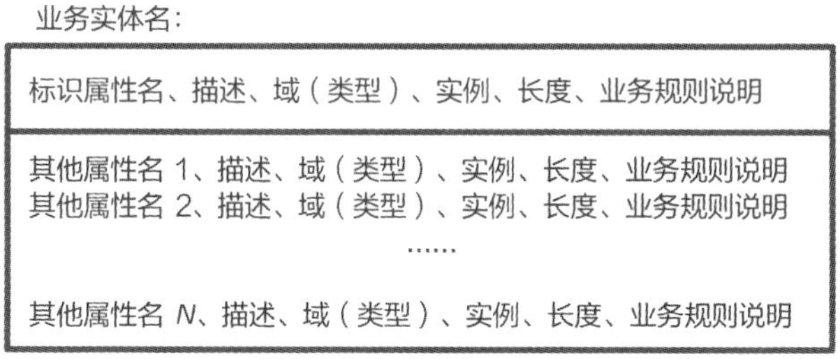

```
业务实体名：

标识属性名、描述、域（类型）、实例、长度、业务规则说明

其他属性名1、描述、域（类型）、实例、长度、业务规则说明
其他属性名2、描述、域（类型）、实例、长度、业务规则说明
               ……
其他属性名N、描述、域（类型）、实例、长度、业务规则说明
```

图4-8　业务实体模型

业务实体名是指这个业务实体的名称。只有当其可以被命名时，才有可能成为业务实体。比如【示例4-6】中的"员工""教育经历"等都是业务实体名。

标识属性名能唯一定位业务实体中实例的业务属性或业务属性组合，比如【示例4-6】中的"员工"业务实体，用"姓名""性别""出生年月"组合形成的标识符被称为组合标识符。

其他属性是指在一个业务实体中除标识性业务属性外的业务属性，比如【示例4-6】中的"员工"业务实体中的学历、政治面貌、职务、入职年月等。

"员工"业务实体模型如图4-9所示。

5．结合数字化应用目标补充业务属性

在数字化流程应用数字资产的过程中，会因不同的流程或使用不同的技术而对数

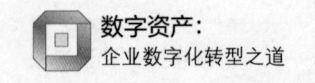

字资产提出不同的要求。因此，需要结合业务的真实场景对业务实体中的业务属性进行分析，结合实施方式分析其对数字资产的业务属性需求，并补充到业务实体模型中。

```
员工

姓名，…，（字符，20个字）
性别，…，（1-男，2-女）
出生年，…，（YYYY），（大于1900，小于当前年份-18）
出生月，…，（MM），在1~12中取值

学历，…，（1-大学本科，2-硕士研究生，3-博士研究生）
学位，…，（1-学士，2-硕士，3-博士）
政治面貌，…，（字符，10个字）
…
```

图4-9 "员工"业务实体模型

需要注意的是，补充的业务属性需求一定是从业务视角，或者是在现实世界里体现的该事物的属性特征，而不是衍生性的、冗余的，或者是计算机处理特别需要的特征属性，那些属性将会在其他的模型中体现，后面会有介绍。

6. 业务实体的验证

数字资产是为企业的生产经营服务的，需要参与企业的生产经营流程才能实现贡献价值。因此，业务实体及其业务属性应与流程关联，体现其参与价值创造过程的情况。

如果某个业务实体没有被流程使用，则这个业务实体就没有参与企业的生产经营过程，那么就需要分析其存在的必要性了；反之，如果某个闭环的流程没有与之相关联的业务实体，则说明这个流程没有价值输出，也需要分析其存在的必要性。

我们将通过业务实体与业务流程的对接关系来分析数字资产是否全面满足业务的需要。业务流程使用业务实体的方式可以归纳为读取、修改、新增。

读取是指获取数字资产信息，以将其用于流程中。

修改是指对已有的数字资产信息进行变更或补充。

新增是指增加一条新的数字资产信息，也就是增加业务实体中的一条实例。

你可能会问，是不是少了删除？答案是：没有。大家在日常工作中可能会删除计算机中存储的信息，但是对于一个企业而言，无论是从对数字资产的管控，还是从风险管控的视角来看，删除一项数字资产的记录都是不可取的。在企业实际的生产经营过程中，必然出现有些数字资产已经不适应当前的生产经营管理流程的需要的情况，但是这不意味着那些数字资产已经没有存在的价值。为了既保存当前不再使用的数字资产，又不影响当前生产经营管理对数字资产使用的效率，我们的确需要将当下已不再使用的数字资产与正在使用的数字资产区别开来。在解决这个问题时，生命周期实体便得到了应用——我们只需要将当前不再使用的数字资产增加一个生命周期实体，并将该实例的终止日期修改为不再使用的日期。那么我们使用的是"修改"这个使用方式，而不是"删除"。生命周期结束的那个实例仍然保存在数据库中，将用于趋势分析、风险评估等，为企业决策提供支持。

在对业务实体存在的必要性进行验证时，可使用业务实体验证工作表（见表4-3），进行业务实体与业务流程的对接。该工作表也可用于业务实体及其业务属性的查漏补缺。

表4-3 业务实体验证工作表

业务实体	流程		
	流程1	流程2	流程3
业务实体A	读取	修改	—
业务实体B	—	—	新增

4.2.3 数字资产模型的IT描述

业务视角规划形成的数字资产模型需要通过IT实施后才能实现数字资产的积累和使用。数字资产金字塔模型中的概念模型、数字元模型、业务对象模型，按照IT架构中的数据架构设计落地，而第四层的业务实体模型在IT实施时往往需要根据系统的特征、数据架构的部署等进行适当调整。

4.2.3.1 逻辑数据模型

逻辑数据模型是业务对象模型的IT描述，其结构与业务对象模型一致。为了更好地区别两个模型，我们把逻辑数据模型中的每个组成单元称为实体，实体与业务对象模型中的业务实体一一对应。将实体的组成单独称为属性，属性与业务实体中的业务属性一一对应。

逻辑数据模型的设计是指以对应的业务实体模型为基础，从应用的角度为每个实体引入技术性约束，如增加可扩展性和性能等属性，以提升性能和效率。在进行逻辑数据模型设计前，应对业务实体模型、相关数据标准、数字资产使用需求、与之相关的流程模型、现状数据信息、架构原则、架构决策等有全面的了解。

设计逻辑数据模型时应遵循以下原则。

（1）以业务实体模型为指导原则。了解业务对象及业务实体模型的业务含义，以业务实体模型为指导原则进行实体设计。当应用方面无特殊要求时，不建议合并或拆分实体，保持逻辑数据模型与业务实体模型的一致性。

（2）遵循数据标准原则。在实体设计过程中，每个属性都应当遵循企业级的相关数据标准，确保数据的一致性，为提高数字资产质量提供基本的技术保障。

（3）性能和效率保障原则。在实体设计的过程中，应结合具体的应用实施要素，对业务实体模型做降范式处理，增加属性、冗余数据、衍生数据等，确保最大限度地提升数据架构提供数字资产服务的性能和效率。

需要说明的是，逻辑数据模型主要关注的是对应用程序的支持情况，并不考虑数据的实际部署。

【示例 4-7】在企业的"员工"业务实体模型里，用姓名、性别和出生年月组合后形成组合标识符，以定位某个具体的人。在数字世界里，计算机为了处理得更快速，往往会给每个员工一个编号，即"员工代码"。"员工代码"在现实世界里没有业务含义，但是对于计算机快速处理，以及用于与其他关系实体建立关联来说，有非常重要的作用。这个"员工代码"是为符合"性能和效率保障原则"而增加的属性。

【示例 4-8】银行为每位客户开立的存款类账户中会记录关于客户存取款的详细记录。从业务的视角看，账户这个实体里面要体现名称（表明所有人）、日期（发生交易的日期）、摘要（存或取款）、金额（存或取了多少钱）、余额（账户上还有多少钱）。这些都是业务属性，也有明确的业务含义。

银行需要按季度对客户的存款账户里的存款支付利息，计算利息的公式为：利息=本金×存期×利率。对于活期存款账户而言，本金，也就是存款余额，很难在一个计息周期（一个季度）内保持不变，这时就没办法直接套用公式用账户的余额作为本金、用计息周期 3 个月作为存期来计算应付给客户多少利息。于是，银行给账户增加了"积数"这个属性，积数是存款账户每日余额的和，即本金（每日余额）×存期（1 天），这样在计算利息时直接用积数与日利率相乘即可。增加的"积数"是原有的"余额"属性通过计算得到的，这样的属性称为衍生属性，衍生属性里存储的数据称为衍生数据。

4.2.3.2 物理数据模型

物理数据模型是实体模型在具体系统中的实现。实体模型最后通过物理数据模型转换为数据库表，实体模型中的属性为物理数据模型中的字段。之所以在实体模型与实际数据库表中间增加一个物理数据模型，是因为设计实际数据库表时不同的数据库有不同的技术约束，而物理数据模型既适用于关系型数据库，也适用于非关系型数据库。在具体的研发过程中，只需要用物理数据模型按所使用的数据库要求进行适当的调整，从而提升物理数据模型的适用性、稳定性和灵活性。物理数据模型与实际数据库表之间为1对1的基数关系。

物理数据模型设计包括定义数据库表基本信息、定义字段信息、定义索引、分库分表设计、确定生命周期管理策略等。

（1）定义数据库表基本信息，是指根据实体模型定义对应数据库表的英文名、中文名、主要操作类型、数据源类型等。在定义数据库表的英文名及中文名时，应符合企业级命名规范，确保名称的唯一性。如果无特殊原因，则中文名应与业务实体的名称一致。

（2）定义字段信息，包括字段的英文名、中文名，字段类型和长度等。字段的英文名、中文名应符合企业级命名规范，字段类型和长度应与逻辑数据模型保持一致。

（3）定义索引，唯一索引应优先使用逻辑数据模型的实体标识符。同时，应分析与该物理数据模型相关的业务对象服务对其进行的操作，从保证提供业务对象服务效率的角度出发，确定是否需要增加其他索引。

（4）分库分表设计，是指确定每个业务实体是否需要拆分，对于需要拆分的业务实体，应当制定相应的分库分表策略。当数据库表的记录量过于庞大，可能影响对外提供业务对象服务的效率时，就需要考虑通过分库分表策略来解决问题，或者根据技术架构的不同、数据库表数据量的不同，通过整体部署策略确定物理数据模型。

（5）确定生命周期管理策略，是指根据企业数字战略确定的规范和数字资产保留时间需求，确定每个业务对象的生命周期策略。

设计物理数据模型时应遵循以下原则。

（1）以逻辑数据模型为指导。在设计物理数据模型前应理解逻辑数据模型，包括实体、属性的含义、关联的域等。

（2）遵循数据库的设计规范。不同的数据库有不同的设计规范，而企业在选择数据库时，应在遵循数据库的设计规范的基础上，结合企业对数字资产和物理数据模型管理的目标补充相应的设计规范。在设计物理数据模型时应全面遵循这些设计规范。

（3）遵循数据生命周期管理技术规范。企业数据生命周期管理技术规范包括数据

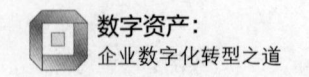

的获取、迁移与保留、过期和处置的技术规范。在设计物理数据模型时需要遵循这些技术规范，做好部署。

（4）松耦合性。在设计物理数据模型时应考虑该模型要为多个应用系统提供数据服务，满足多业务目的的数字资产服务需求，避免将物理数据模型耦合到某个应用程序中，限制数字资产的使用范围。

（5）可扩展性。在设计物理数据模型时要考虑创建、存储、维护和使用该数字模型提供的数字资产的成本，确保尽可能高效地满足应用系统对数字资产的服务需求，以及数字资产本身扩展的需求。

【示例 4-9】每个平台都会积累与其会员用户相关的大量数字资产，这样才能从这些数字资产中分析出用户的偏好，才能为用户提供个性化服务。在用户登录系统时，系统需要快速识别其身份，分析其偏好，这样才能在第一时间有针对性地提供个性化的服务。

如果将与用户相关的数字资产都部署在后台，在用户登录系统时先去后台查询该用户是不是会员，再计算其偏好，一是系统的开销会比较大，二是时效性不是特别高。这时，可以将用户是否是会员的信息及其偏好分出来组成一张新表，部署到用户登录的前端，作为辅数据库表，与部署在后台的主数据库表对应。这样，只要有用户登录就能快速识别他们是否是会员，对于是会员的用户，我们能够快速获取其偏好，从而为不同的用户展现个性化的界面。

需要建立前端部署的辅数据库表与后台部署的主数据库表之间的数据同步机制，以确保数据的一致性。

4.3　数字资产落地方法

企业级的数字资产的规划成果几乎不可能一次完成，尤其是在企业已有较多的应用系统建设成果并且希望能尽可能地复用已有功能时，循序渐进地进行改造的方式显得尤为重要。为了有效、稳步地推进规划成果落地，本书提出采用"T"字工作法。

4.3.1　"T"字工作法

"T"字工作法是指在进行数字资产规划时，必须从企业级视角统筹考虑，确保规划成果具有全局性，能满足企业生产经营管理的需求。而规划成果落地时应结合企业所有业务使用的应用系统逐个研发、逐渐推进。数字资产的业务规划与执行落地工作的 IT 实施构成了"T"字的一"横"和一"纵"，它们是全局性与局部性的关系，故称其为"T"字工作法，如图 4-10 所示。随着 IT 实施的纵向不断推进，虚线框部分的项目将全部被填满，表明业务规划成果通过 IT 实施得到落地。

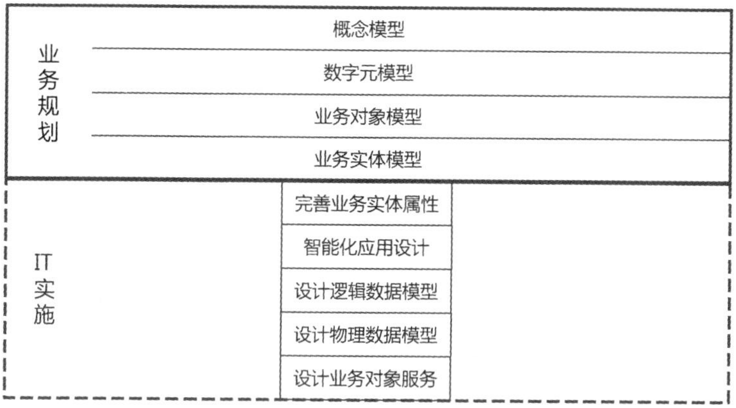

业务规划	概念模型
	数字元模型
	业务对象模型
	业务实体模型
IT实施	完善业务实体属性
	智能化应用设计
	设计逻辑数据模型
	设计物理数据模型
	设计业务对象服务

图 4-10 "T"字工作法示意图

1. 业务规划

"T"字工作方法的"横"是指以企业级视角对数字资产做全局规划，使用自顶向下的结构化统筹规划方法对企业生产经营管理全流程中所需要使用的数字资产进行抽象、分解，使用自下而上的专业化归纳抽象方法进行归纳、提炼，并将两种方法得到的成果进行对接和相互验证、补充，最终形成企业级的数字资产整体规划视图。

"T"字的一"横"逐层展开，数字资产的内容不断丰富并结构化，最终使用概念模型、数字元模型、业务对象模型、业务实体模型进行全面展现。"横"强调的是规划的全局性和设计的标准化、规范化，即在规划和设计的过程中要始终围绕企业的战略目标，与企业的生产经营管理流程紧密衔接，确保生产、积累的数字资产符合企业标准，并能打破部门及专业壁垒，在企业的各个生产经营环节间顺畅流转、共享，具备一定的扩展性，可随时根据需要进行扩展。

以完整、全面的业务架构视图——数字资产整体规划视图，体现出企业拥有、控制或需要的资源，能指导相关业务正确生产、使用数字资产。尤其是在数字化转型过程中，为了实现数字业务化，往往需要应用技术手段对数字资产进行分析、加工，以满足业务模式创新、产品创新的需求。而结构化、标准化、模型化后的数字资产，不但对每种资产有标准、全面的定义和说明，还用业务的逻辑和规则对它们之间的关联

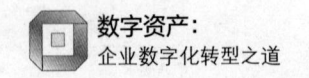

进行了定义和说明,这将使用和分析数字资产的难度极大地降低、效率极大地提升,能真正帮助企业有效决策,全面提升企业抓住机遇、面对挑战的能力。

不同层级的模型对指导 IT 实施规划和落地有非常重大的意义。概念模型展现了企业数字资产的分布情况,体现了企业使用数字资产的基本思想,是 IT 架构中数据架构设计的重要指南。数字元模型厘清了数字资产间的业务逻辑和规则,阐述了数字资产在企业的生产经营过程中是怎样流动、共享的,对数据价值的挖掘有重要的指导作用。业务对象模型体现了每类事物的特征,可以指导 IT 中数据架构对数字资产部署的统筹规划。业务实体模型将每个特征进行具体化、详细化描述,按企业数据标准进行规范化,指导 IT 实施标准化设计,确保不同的生产经营流程能按统一的标准进行生产、使用和存储,为企业数字资产质量提供基本的保障。

2. IT 实施

"T"字工作方法的"纵"是指结合企业战略目标循序渐进地推进规划成果落地。也就是不立即对现有的数字资产库实施全面重构,而是围绕企业的战略目标,按生产经营流程数字化转型的优先级,分析相关业务对数字资产的使用需求,以业务对象为单位配合推进新增或改造。通过逐步落地实施来实现企业数字资产规划成果的全面落地。

如图 4-10 所示,在设计逻辑数据模型前有两个操作步骤:完善业务实体属性、智能化应用设计,这是为了从更多的视角对业务实体模型的细节部分进行审视及分析,让企业的数字资产更加完善。

完善业务实体属性是指在 IT 实施前由不同的技术人员从不同的技术应用视角对业务实体模型的细节部分满足数字资产使用的情况进行审视和分析,结合业务处理流程的具体需求及企业的最新数字资产标准对业务实体的属性进行再检查、完善,确保流程对数字资产的需求得到满足,以及企业最新数字资产标准有效落地实施。

智能化应用设计是指从流程智能化的视角分析需要补充的属性,可能是业务属性,也可能不是业务属性,需要结合使用数字资产的具体场景进行分析,为智能化应用提供便利。如果是业务属性,则应同步申请更新业务实体。

在设计逻辑数据模型时,以业务实体模型及前两步补充的内容为基础,先从负责对该数字资产进行管理的应用系统特有的要求出发,如考虑性能、易用性等方面的要求,增加业务实体模型的属性内容,调整业务实体模型的标识符等,在能满足 IT 实施需求时,实现与应用系统中各项应用服务使用数字资产的要求及目标一致。也就是说,如果一个业务对象模型只为一个应用系统提供服务时,那么得到的逻辑数据模型与物理数据模型没有任何区别，是全面满足了业务实体模型的纯IT视角的数据模型。

再从满足整个业务处理流程中各环节对数字资产需求的角度来分析如何进行数字资产的物理部署，即进行物理数据模型的设计。由于不同的业务处理环节往往只需要一个业务对象模型中的部分业务实体或部分业务属性提供服务支持，或者只生产一个业务对象模型中的部分业务实体或部分业务属性的内容，因此需要从整个生产经营管理的视角进行分析，将一个业务对象模型中的部分业务实体或部分业务属性组合成新的业务实体分别进行部署，即通过分库分表策略来满足不同环节对数字资产服务的需求。

每完成一个数字资产业务对象的落地实施，就如同完成了图4-10中"T"字下面的一"纵"。当所有规划的数字资产全面落地实施后，图4-10中虚线框部分就完全填实了。

4.3.2 防腐层

大型企业里往往存在多个应用系统需要某项数字资产提供服务的情况，而在推进数字化转型的过程中，很难保证在推进该业务对象改造的同时完成所有相关应用系统的改造。相关应用系统为配合业务对象模型的实施而进行改造时，这些改造的内容可能在该应用系统本身改造时被废弃，必然导致浪费。所以，为了保证未同步改造的应用系统还能继续提供原来的服务、避免不必要的浪费，且新数字资产库不受未改造应用系统按原方式存储内容的影响，我们需要通过建立防腐层来阻隔新、旧数字资产间的直接联系，建立新的关联方式。所谓防腐层，就是防止新数字资产库被污染的隔离、净化层。

防腐层的设计应遵循以下原则。

（1）遵循业务对象模型结构原则。设计防腐层的目标是保障新业务对象模型的结构不发生变化。当一些应用系统提供或使用的数字资产与新业务对象模型结构不一致时，需要由防腐层进行防腐处理。防腐层对内（新物理数据模型），将原数字资产服务请求中与新物理数据模型相关的部分解析出来，由新物理数据模型提供服务，其余再按既定策略由原物理数据模型提供服务。防腐层对外（应用系统服务需求），按既定策略将新物理数据模型与原数据库表的内容进行整合后对外提供服务。

（2）主数据责任原则。由于新规划的业务对象模型与企业原有的数据库表之间可能是多对多的基数关系，且对于不同的数据库表的改造会根据具体情况采取不同的实施策略，很难用统一的方式来解决所有的问题。对于服务方，当原系统提供的数据服

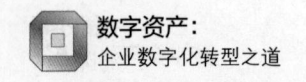

务涉及多个新物理数据模型时，应根据服务的主要目标及核心内容确定主要负责的物理数据模型。相应地，防腐层应以主要负责的物理数据模型进行设计和提供服务，确保在交互过程中保护该物理数据模型的结构、标准等不发生变化。对于消费方，则由消费方自行完成防腐保护。

（3）继承内容原则。对于采用继承方式使用的业务实体的标识属性，如果从业务实体模型到逻辑数据模型设计过程中标识符发生了变更，那么不必进行防腐处理。或者由其他关联实体继承而来的标识属性，因为不属于本业务对象模型的业务属性范围，如果无特殊需求不再将其保留为本业务实体模型的业务属性，这不属于结构变动范围，因而不必进行防腐处理。

总之，防腐层就是在新数字资产库的外围加上隔离层来保护新数字资产的结构、标准等不受污染。对于这个隔离层而言，最有效的办法就是将数字资产库通过数据服务的方式包装起来，统一对外输出服务、接收并整理流程生产的新数字资产。从数字资产完整性的角度来说，数据架构层提供的数字资产服务务必以业务对象为单位进行统筹考虑。数字资产防腐层视图如图 4-11 所示。

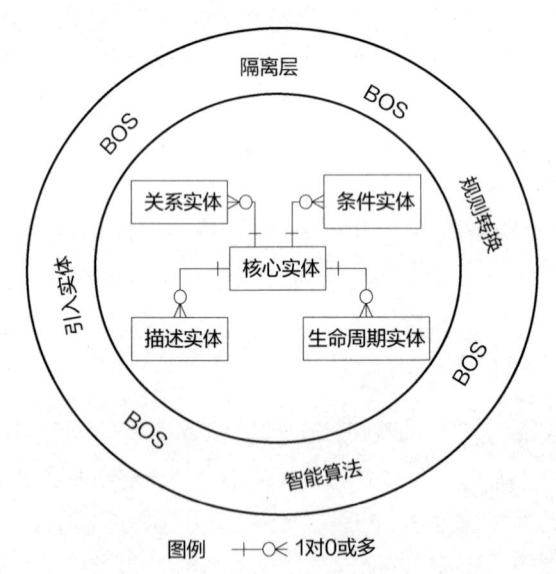

图 4-11 数字资产防腐层视图

我们把数字资产库以业务对象为单位对外提供的数据服务称为业务对象服务（Business Object Services，BOS）。也就是结合每个业务对象的特征，分别设计标准化的业务对象服务，统一对流程提供业务对象服务支持。对未按新数字资产改造的原流程使用数字资产或生产的新数字资产入库时，严格按照新数字资产库的标准和要求，通过转换规则，或引入新实体、借助算法等机制进行处理，完成新旧标准的转换，在满足流程使用业务对象服务的同时，保证新数字资产的质量。

4.4 数字资产标准

企业的数字资产要想在企业内进行流转、共享，为企业不同专业条线的生产经营服务，就需要按照统一的标准来规范，如同"书同文、车同轨"一般。用于规划企业数字资产的标准称为企业数字资产标准。企业数字资产标准作为企业经济活动的技术支撑之一，发挥着基础性、引导性的作用，为企业数字资产的规范化、标准化提供了依据，是管好、用好企业数字资产的重要保障。

4.4.1 制定企业数字资产标准

企业数字资产标准一定是企业级的标准，而不是某个专业、某条产品线的标准。企业数字资产标准一经制定，就应当在全企业范围内实施，以确保企业级的数字资产标准能真正达到规范数字资产的建设与使用，保障数字资产质量的目标。

在数字经济时代，独自前行的企业往往走不远，通过建设生态或者参与生态环境建设，甚至与竞争对手合作，往往会有意想不到的收获。因此，企业在制定数字资产标准时，不应局限于企业内部，而是要放眼世界，关注周围的情况，支持企业与外部进行数字资产的交互，遵循国际、国内、行业等已经发布的标准或要求。

1. 参照已有标准

已有标准是指已经发布的标准，如国际标准、国家标准、监控要求、行业标准、地方标准、团体标准、企业标准等。标准的优先级为：国际或国家标准>行业标准>地方标准>团体标准>企业标准。在使用相关标准时，应注明具体的标准名称及编号等信息，以便在该标准发生变更时，可以快速定位、分析影响、迅速调整。

1）国际标准和国家标准

国际标准是指国际标准化组织制定、确认并公布，并在世界范围内统一使用的标准。国际标准是跨国界的一致认同，有国际标准的，结合国情优先使用国际标准，确保企业的数字资产能与国际接轨，或者能兼容其他国家的企业提供的标准化的数字资产。

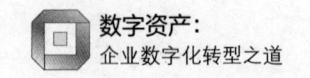

国家标准由国家标准化行政主管部门统一管理，分为强制性标准 GB 和推荐性标准 GB/T。强制性标准是企业必须执行的标准，推荐性标准为鼓励企业采用的标准。有国家标准的应当遵循国家标准，确保企业与国内其他企业的数字资产能够共享共用，为参与国内数据要素市场交易奠定坚实的基础。例如，原国家质检总局和国家标准委联合发布的《国民经济行业分类》（GB/T 4754—2017）中为国民经济行业提供了标准的分类，企业可以直接使用。如果企业不使用该标准而另行制定一套标准，则企业内部使用和沟通虽然不会有问题，但是会因为没有共同的语言而难以与外部的企业或组织交流。

2）行业标准

行业标准是指国家没有发布相关的强制性或推荐性标准，而行业又需要在全国的行业范围内统一技术要求而制定、发布的标准。行业标准一般由有关行政主管部门制定。行业标准一般是推荐性的标准，其中的某项标准会因为国家标准的发布而废止。

3）地方标准

地方标准由省、自治区、直辖市人民政府标准化行政主管部门制定，是由地方标准化主管机构或专业主管部门审批、发布，在某一地区范围内强制执行的标准。地方标准一般与当地的环境保护、医药卫生、工程建设、地方特色产品相关，有很强的地域性。其中的某项标准会因为国家标准的发布而废止。

4）团体标准和企业标准

团体标准是社会团体在没有相关强制性或推荐性标准的情况下，为统一某些技术而制定并发布的标准。

企业标准是指企业自行制定并发布的标准，用于指导企业生产经营活动的有序开展。

遵循不同的标准会导致适用的范围不同。例如，护照是遵照国际标准制作的身份证明文件，能在世界各国证明持有人的身份，其使用的范围是全世界。中华人民共和国居民身份证（简称"身份证"）是我国公安部遵循国家标准发放的身份证明文件，其能在国内各地证明持有人的身份。工作证件是由企业自行制定并发放的，只能在某些场所内证明持证人的身份，与身份证不具备同等效力。

2. 基于资产特征制定企业数字资产标准

当没有在更大范围内发布的数字资产标准时，企业需要制定自己的企业数字资产标准。制定企业数字资产标准时，一定要体现出其业务的本质特征，并充分考虑使用该数字资产流程的具体需求。一般情况下，可以参考相关的政策、法规，或者企业自已发布的规章制度来制定。例如，在区分人的性别时，只可能有男和女两个选项，不可能有第三个选项。

3. 前瞻设计

在制定数字资产标准时，需要充分结合企业战略目标进行前瞻性设计。例如，当企业希望某业务实体的某个业务属性指标达到新要求时，就应该对该数字资产的标准进行扩展，所以要用长远的目标来设计企业数字资产标准。

4. 综合实际情况进行优化

当不同的业务部门的标准不一致时，能进行简单整合的，直接整合。对于不能进行简单整合的，需要兼顾不同专业的需求提出新标准，并与相关业务部门达成一致意见，确保新标准能满足各业务的实际需要。

4.4.2 企业数字资产标准管控

仅有企业数字资产标准是不够的，还应该按照标准对数字资产的建设和使用进行全面管控，以确保企业数字资产标准得以有效贯彻落实，从而保障企业数字资产的质量。

1. 建立企业数字资产标准管控机制

要想做好企业数字资产标准的建设、使用和维护，就需要建立完整的企业数字资产标准管控机制。

企业数字资产标准管控机制里需要建立专门负责数字资产管控的组织机构，负责数字资产标准文化的建设，让企业内部形成数字资产标准的文化，各业务部门自觉、自愿地推行企业数字资产标准。

企业数字资产标准管控机制里有相应的数字资产标准管控制度和流程，详细规定了企业级新数字资产标准的制定原则、规范、要求，申请、审核和发布流程，以及实施规则等。当相关的原则、流程、规范、要求等都明确后，数字资产生产和使用部门有新需求时，才知道如何制定和发布新的数字资产标准。

为满足业务创新的敏捷性需要，数字资产标准管控的流程应明确各方职责，并有明确的时效要求，避免因为数字资产标准不确定而影响业务创新，或者因为标准缺失产生二次研发而导致资源浪费。这其实是对提出新标准的部门与审核部门的工作要

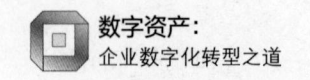

求,即提出新标准的部门需要进行前瞻性分析,不能在有需求时才提出。审核部门则需要及时分析、处理新标准申请。

2. 明确企业数字资产标准管控职责

明确企业数字资产的管理部门,即以业务对象为单位指定负责管理和维护企业数字资产标准的业务部门。企业的数字资产一般比较庞大,若由某个部门进行管理可能导致相关标准不能得到及时更新,不利于在企业范围内形成数字资产标准管理的文化。不同的业务部门关注的侧重点不同,因此,可以让企业的数字资产标准更契合实际,可以根据各部门的职责指定其数字资产管理的部门。该管理部门不但是主要的资产生产和使用部门,而且更重要的是其对资产有更深入的了解,能尽早获知相关标准的变更信息并及时变更企业数字资产标准,或者根据相关标准配合企业战略目标进行企业数字资产标准的调整。

虽然如此,但是企业仍然需要有一个对企业数字资产标准进行统筹规划及管理的组织机构。这个组织机构可以是一个实际存在的部门,也可以是一个由各部门人员组成的委员会式的组织。这个组织机构负责对企业数字资产标准的高阶工作进行审议等。

4.4.3 贯彻企业数字资产标准

企业数字资产标准一旦发布就应该强制贯彻执行。我们把贯彻执行企业数字资产标准的过程称为企业数字资产贯标,简称"贯标"。

1. 源头贯标

推进企业数字资产标准贯彻落实最好的管控点是源头。企业数字资产的源头是业务实体设计。在进行业务实体设计时,直接按已发布的数字资产标准进行设计就实现了贯标。如果业务属性没有企业数字资产标准,则由业务实体的设计人员按企业数字资产管控规定的流程提出新增数字资产标准的申请及建议,由该数字资产的管理部门负责审核、确定或制定新数字资产标准,并进行发布,让新增业务属性均有标准可遵循。

一般情况下,为了保证业务创新的敏捷性,在新标准未发布之前,业务实体的设计人员可使用申请新标准时提出的建议标准推进相关工作,待新标准发布后统一更新。

2. 使用贯标

数字资产作为企业数字经济活动中不可或缺的生产要素,参与企业生产经营的全流程，在企业内部建立数字资产标准文化，能让各生产经营环节在工作中正确地贯彻企业数字资产标准。如果企业的数字资产标准文化还未建立起来，则需要通过制度的方式来规划在各种生产经营环境中正确地生产及使用数字资产。

通过将数字资产标准作为统一的语言来提升各业务部门间的沟通效率，推进在生产及使用过程中贯标。这样的贯标需要借助 IT 系统进行全面管理和控制，以提供保障。

1）业务需求编写时贯标

业务部门提出由 IT 系统研发的业务需求时，对于业务实体中与每个业务属性相关的规定，可以由系统直接引用企业数字资产标准实现贯标。如果相关的业务属性没有可用的企业数字资产标准，那么可以由需求部门向该业务实体的管理部门提出新增标准申请及建议，按企业制定的新增数字资产标准的流程进行审核、发布。

将更新数字资产标准的权限统一归到业务实体的管理部门，也就是将数字资产标准在源头贯标，保证数字资产的全局性、稳定性、标准化，避免规划出来的数字资产在使用一段时间后发生变形而不能实现企业数字资产规划的目的。

2）程序设计时贯标

程序设计人员在根据业务需求中的业务实体模型设计逻辑数据模型和物理数据模型时，应遵从业务实体的设计。对于业务属性所使用的标准不是已经发布的企业数字资产标准的情况，可以在企业数字资产标准未发布前按预设标准进行设计，但是应在企业数字资产标准发布后尽快更新。

业务需求通过 IT 实施并投产后再变更数字资产标准，变更的成本会比较高，且越往后成本越高，所以需要尽快调整。除非是特别重要且比较急迫的项目，应该等待新标准发布后再研发。当然，具体的原则和策略需要企业根据具体情况来确定。

3. 治理贯标

企业数字资产标准发布后，需要对存量的数字资产进行检查，对与企业数字资产标准不相符的部分进行数据治理，从而确保数字资产标准的贯彻落实，提高企业数字资产的质量。

1）新标准发布

因新数字资产标准发布而需要进行数据治理的情况主要有以下两种。

第一，为了满足业务创新需求，在新标准未发布前使用预设标准实施了研发落地。

第二，使用的国际标准、国家标准、行业标准或监管要求发生了变更而需要同步更新。

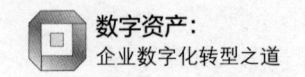

企业制定数字资产标准所依据的数据标准发布后，应及时分析新标准影响的数字资产范围，制定数据治理方案等。

> **注意：** 企业数字资产标准的治理不仅仅是对数字资产规划及落地实施形成的数字资产库的治理，还可能涉及使用该数字资产的流程变更，在制定数据治理方案时应一并考虑。

2）巡查使用情况

各业务部门在使用数字资产的过程中可能出现偏差，对于这类现象，只能通过巡查发现其是否按数字资产标准使用。主要有以下两种情况。

第一，使用的数字资产与企业数字资产标准不一致。

第二，生产积累的数字资产不符合企业数字资产标准。

这两种情况都与使用数字资产的流程紧密相关，需要从使用流程着手或设置防腐层，从根本上开展数据治理工作，而不能只对数据库里存储的数字资产进行治理。

思考题

1. MECE 原则是架构中的一个重要原则，是一种逻辑性思维和标准结构的方法，在日常的生活和工作中都能用得上。你能举一个使用这个原则的例子吗？对照使用和不使用这个原则的结果，你有什么样的收获？

2. 数字资产模型将从业务规划到 IT 实施的对应关系体现出来。除了业务视角和 IT 视角，还有其他的利益相关方的视角。你能说出几种利益相关方的视角？每个利益相关方关注的数字资产模型是什么？为什么？

3. 对于企业级数字资产建设而言，用具有全局性的视野进行整体规划非常重要，但是在落地实施时不可能一次性全面完成，因此，我们提供了"T"字工作法来指导实施。你认为"T"字工作法除了用于实施数字资产规划，还能用在哪些地方？你能总结出"T"字工作法的精髓吗？

4. 标准化是一种非常有用的提升效率的手段。秦始皇做的统一文字、统一度量衡、统一货币等就是推行标准化。中国持续几千年的兴旺发展与此无不相关。你的企业在哪些方面通过标准化取得了非常好的效果？以及由于缺少标准化，存在什么样的弊端？

第 5 章

数字资产标准建设

通过前面几章的学习,我们了解了企业数字化转型最基础的数字资产的内涵,以及数字资产建设方法。从本章开始,我们将介绍如何进行数字资产标准建设。为了让数字资产建设工作有章可循,企业首先应建立数字资产标准,并以此来开展具体的规划。

本章涉及的主要内容有以下几个方面。

第一,数字资产标准体系建设。

第二,搭建数字资产标准体系框架。

第三,数字资产标准实施。

5.1 数字资产标准体系建设

为了让数字资产更好满足企业生产经营管理的需要,确保数字资产的质量,需要建立企业级数字资产标准体系并对所有数字资产进行管控,确保企业数字资产的质量及价值创造能力。

5.1.1 明确数字资产标准管理的组织架构

数字资产作为企业的生产要素之一,是企业核心竞争力的源泉之一,应明确数字资产标准管理的组织架构。这个组织架构至少应包含决策层、管理层、执行层。

(1)决策层应由企业的高层管理人员组成,应负责但不限于以下工作。

① 对企业数字战略、数字资产标准、数字资产规划及实施等工作的策略、原则及变更进行审议。企业的数字资产标准不是凭空存在的，其一定要符合企业战略目标，具备一定的前瞻性，因此，企业数字战略的决策层应负责企业数字资产标准的决策。企业的数字资产标准不能脱离数字资产而存在，因此，企业数字资产标准的决策层应同时负责企业数字资产规划的决策。

② 对数字资产规划的方法及高阶规划成果、变更进行审议。数字资产规划的方法会直接影响数字资产的成果，应由决策层决定使用的方法。高阶的数字资产模型（如概念模型、数字元模型）将影响企业对数字资产的管理思路和方法，是非常重要的部分。这些高阶的内容是数字资产标准化的重要内容之一。

③ 审查企业数字战略、数字资产规划、数字资产标准的执行情况。众所周知，高层关注的事项会传导到末端，就如同大脑指挥身体各部分的动作一样。企业数字战略、数字资产规划及数字资产标准不能只被制定或陈列，最重要的是要得到有效的实施。因此，只有将执行的情况纳入决策层审查，才能使各部门重视实施，为数字资产质量提供保障。

（2）管理层应由熟悉业务和技术的相关管理人员组成，应负责但不限于以下工作。

① 制定企业数字战略、数字资产标准、数字资产规划及实施等工作的策略、原则，并报决策层审议。

② 发布决策层审议通过的企业数字战略、数字资产标准、数字资产规划及实施等工作的策略、原则。

③ 根据决策层审议通过的工作策略、原则，制定企业数字战略、数字资产标准基本原则、数字资产高阶规划及实施路线图，并报决策层审议。

④ 维护并发布决策层审议通过的企业数字战略及其实施路线图，数字资产标准、变更及实施路线图，数字资产高阶规划、变更及实施路线图。

⑤ 按已发布的数字资产标准基本原则制定、变更、维护、发布企业级数字资产标准。

⑥ 按已发布的数字资产高阶规划成果推进数字资产具体模型设计，如业务对象模型、实体模型的设计、变更、维护、发布工作。

⑦ 对执行层提出的数字资产标准和数字资产变更的申请进行审核并给出具体的意见。

⑧ 组织检查企业数字战略、数字资产规划和数字资产标准的执行情况。

第 5 章 数字资产标准建设

（3）执行层应由各业务部门和技术部门的专业人员共同组成，应负责但不限于以下工作。

① 实施已发布的企业数字战略、数字资产标准及数字资产设计。

② 根据已发布的实施工作制度，结合实际工作需要提出变更数字资产规划、设计的申请。

③ 跟进国际、国内、行业、地方、团体等的相关数字资产标准的发布及变更情况，并结合实际使用情况提出变更数字资产标准的申请。

④ 按相关规范落地实施已发布的数字资产设计。

【示例 5-1】某公司为了做好数字资产标准管理，专门组建了数字资产标准组织机构（见图 5-1），并明确了各机构的职责。

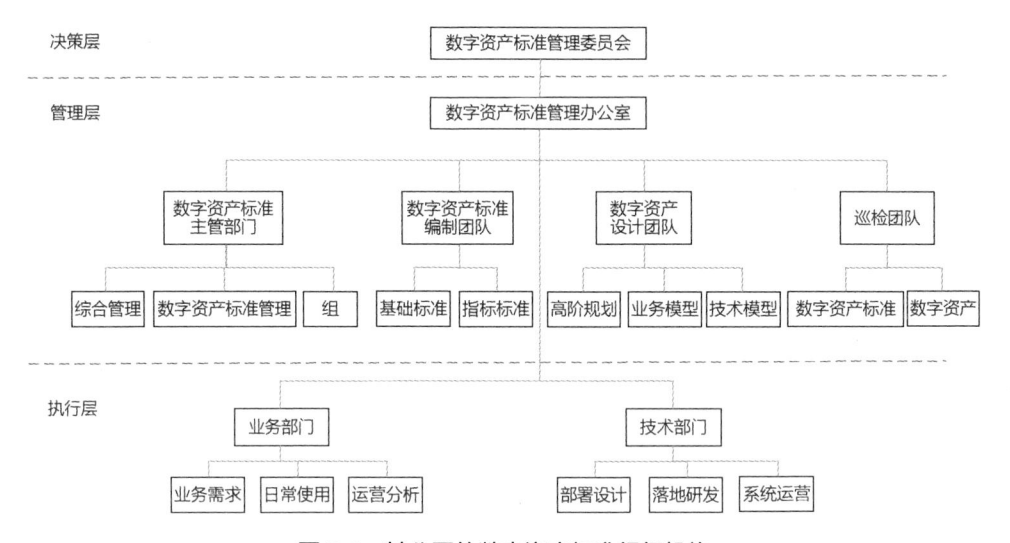

图 5-1 某公司的数字资产标准组织机构

（1）**数字资产标准管理委员会**由公司的董事会及高层管理人员组成。数字资产标准管理委员会按需召开会议，对公司的数字战略、数字资产标准、数字资产规划及实施等工作的策略、原则及变更进行审议。负责对数字资产规划方法、高阶规划成果进行审议，对数字资产标准制定、变更原则进行审议，审核执行情况。

（2）**数字资产标准管理办公室**，由公司首席信息官（CIO）任该办公室主任，由各部门总经理任成员，下设四个工作团队。工作团队的负责人为数字资产标准主管部门的专职人员，成员均为兼职人员，负责数字资产标准的日常管理工作。

① 数字资产标准主管部门为实有部门，负责数字战略解码、报审；负责管理公司

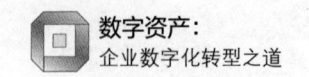

数字资产标准，公司各部门对数字资产标准的变更进行讨论，达成一致意见；负责公司各部门对数字资产规划成果进行讨论，并达成一致意见；负责对数字资产标准管理委员会审议通过的数字战略、数字资产标准、数字资产的策略、原则、成果等进行发布。

② 数字资产标准编制团队是一个虚拟团队，由各部门的数字资产标准管理员组成，包括业务和技术人员，以确保从业务到技术理解的一致性。该团队负责根据已发布的企业数字战略、数字资产标准的工作策略、原则等编制公司的数字资产标准；负责审核业务对象主管部门及数字资产设计团队提出的新增或变更数字资产标准的申请，并从企业级的视角分析该标准变更的影响、受理意见等。

③ 数字资产设计团队也是一个虚拟团队，由各部门的数字资产管理员组成，包括业务和技术人员，以确保设计成果得到有效落地。该团队负责根据已发布的企业数字战略、数字资产规划方法，开展数字资产的高阶规划；按决策层审议通过的数字资产高阶规划开展数字资产模型设计；负责根据各部门提出的新需求完成数字资产的设计，如果有涉及新增数字资产标准的，向数字资产标准编制团队提出新增标准申请。

④ 巡检团队作为虚拟团队，由各部门的数字资产标准管理员、数字资产管理员组成，包括业务和技术人员，以确保检查结果的准确性。该团队负责对数字资产标准贯彻实施的情况、数字资产的使用情况进行检查，并出具报告。

（3）**各业务部门和技术部门**负责具体执行，由各部门总经理负责，分别设置数字资产标准管理岗位和数字资产管理岗位。主要负责以下工作。

① 负责贯彻落实已发布的数字资产标准、数字资产。对本部门负责管理的业务对象使用情况进行跟踪、管理。当有新的数字资产需求时，负责向数字资产标准管理办公室提出数字资产设计变更申请。

② 负责跟进本部门负责管理的业务对象所使用的数字资产标准的国际、国内、行业、地方、团体的相关标准发布和变更情况，结合已发布的数字资产标准的工作策略和原则，分析变更数字资产标准的必要性，以及向数字资产标准管理办公室提出数字资产标准变更申请。

③ 负责按法律法规及企业的规章制度收集、使用、提供数字资产并确保安全。技术部门负责按法律法规及企业的规章制度采集、传输、存储数字资产并确保安全。

【示例 5-2】某企业计划加强数字资产标准化的建设与管理，在原企业架构管理委员会的职责中增加了数字资产的管理职责，并将业务部门负责人加到企业架构管理委员会中，形成了新的企业架构管理委员会组织架构，如图 5-2 所示。

在该组织架构中，公司高管属于决策层，只负责对重大事项进行审议，并做出决策。

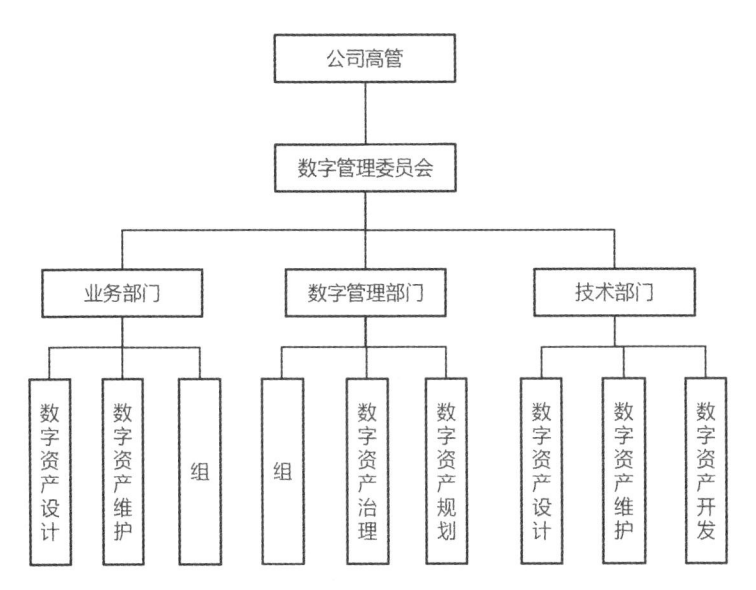

图 5-2 某企业的企业架构管理委员会组织架构

（1）**数字管理委员会**负责对相关工作进行审核、管理。

（2）**业务部门**负责按相关规章制度设计、维护、发布和使用数字资产标准、数字资产。对相关成果的实施情况进行审查，并将结果报数字管理委员会审核。

（3）**数字管理部门**作为数字管理委员会的主要部门，负责制定、报送、发布数字资产标准、数字资产高阶规划、管理及治理的相关规章制度，指导并组织各部门开展相关工作。

（4）**技术部门**负责按相关规章制度实施数字资产标准，为数字资产设计、维护、开发提供技术支持。

5.1.2 建立企业级数字资产标准管理制度体系

企业级的数字资产标准能统一企业中各专业条线对数字资产的认知，是保证数字资产共享、提高数字资产质量、发挥数字资产价值、实施数字资产治理的先决条件。为了让数字资产的生产、积累、使用有标准可循，以及标准能与时俱进，企业需要建立企业级数字资产标准管理制度体系，强化数字资产标准管理的流程、规范，为数字资产的高效应用提供保障。

企业级数字资产标准管理制度体系至少应考虑以下几个方面的内容。

（1）明确制定或变更数字资产标准的原则、标准。

（2）针对数字资产标准，按基础业务标准和指标标准分别制定相应的规范及管理规则。

（3）有负责管理数字资产标准的组织或部门，明确各方职责，确保数字资产标准工作有效开展。

（4）明确数字资产标准的制定、变更、维护、发布、检查、治理、安全等工作流程，确保数字资产标准有效落地。

（5）数字资产标准应在企业各层级的制度中体现，如公司章程中有相应条款、专门的制度办法、详细的工作指引。

（6）有专门的管控工具，对相关规章制度实施有效管控。

5.1.3　培养专业人才队伍

要想将数字资产作为核心竞争力来提升企业的价值创造能力，就需要有专业人员负责数字资产及数字资产标准的设计和管理。这些专业人员最好既懂业务又懂技术，并且了解标准和市场。这样的人才十分稀缺，企业需要营造相应的文化环境，为人才培养提供足够的包容和支持，尽可能地在企业内形成阶梯式的人才队伍，以满足企业持续推进数字化转型的工作需要。

需要特别说明的是，很多企业将技术人员作为数字资产标准团队的主要成员，这极有可能导致得到的标准不能很好地体现业务规则、满足业务需要。建议以业务人员为对象进行培养，一方面可以提升业务部门对数字资产及其标准的重视程度，在全企业范围内形成相应的数字文化，更有利于数字资产标准的实施；另一方面可以让数字资产标准与实际更接近，能及时洞察数字资产的变更、数据资产标准的变化，更能满足业务创新及使用的需要。

1. 专业人才队伍的培养方向

培训专业的人才队伍，应着重于培养其以下几个方面的能力。

（1）跨专业视野。企业一般会比较注重对员工某项专业能力的培养，从而让员工成为某方面的专家。在数字化转型的过程中，或者在将来的数字化运营世界里，仅具有某项专业能力，对企业的贡献度比较有限，甚至很难在新的环境里为企业的经营做出更多的贡献。未来的数字化经营需要专家具备比较宽泛的视野，不局限于某个领域，以更好地做出专业性的判断和决策。

（2）跨学科能力。数字化经营需要既懂业务又懂技术的人才。专业人才队伍不能只注重一个方面的能力培训，更需要全面提升跨学科的专业能力，能看得懂业务也能想得清技术。这样的复合型人才往往能产生高水平的创意和创造高质量的价值。

跨学科不仅仅是指业务与技术方面的跨越，还应包括技术学科的跨越、业务专业的跨越，只有具备了跨专业、跨学科的知识和能力，才能拥有比较宽广的跨专业视野。

2. 专业人才队伍的能力培养

在数字化转型过程中，以及在数字化生产经营过程中，数据分析是一个必不可少的工作环节，也是数字资产发挥潜在价值的重要途径。因此，在专业人才队伍的能力培养方面需要考虑到以下几类人员。

（1）业务分析师。*BABOK 2th Edition* 中对业务分析量的工作有这样的描述：业务分析师作为不同利益相关方沟通的桥梁，需要让利益相关方更好地理解企业的架构、政策和运营，并为实现企业战略目标提出相应的解决方案。在业务分析过程中，业务分析师需要分析大量参与业务过程的利益相关方提供的信息，不能局限于他们所提出来的愿望，而是要引导和启发利益相关方表达真实的需求。

业务分析师负责促进企业各部门间的沟通，并负责整合业务部门的需求，充当业务需求与技术部门的"翻译"。可见，业务分析师不但要懂业务，而且要懂技术。

（2）数据分析师。数据分析师是指在数据采集、清洗、分析等处理后，对数据进行研究、评估和预测的专业人员。数据分析的目标是从数据中发现商业价值，从而为企业的业务创新和决策提供依据。

数据分析师要想从数据分析中发现商业价值，一方面，要掌握相应的技术，对数据进行处理或通过建模的方法（算法）找出问题及其原因，或发现业务发展的趋势、规律等；另一方面，要熟悉业务，以更好地应用业务的逻辑发现潜在的问题或商机，推动业务优化、创新和决策。

（3）数据科学家。TIBCO 软件公司对数据科学家是这样描述的：数据科学家是一个需要一系列技术和基于领域的技能来管理和分析数据以解决业务问题的职业或个人。数据科学家需要同时拥有商业分析师、数学家、计算机科学家的相关能力与知识，能精准判断数据的趋势和明确数据模式，知道如何从数据中挖掘商业价值，帮助企业发现问题、解决问题、控制风险等。

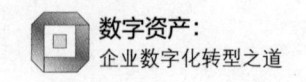

5.2 搭建数字资产标准体系框架

数字资产标准体系不仅包括基础业务标准和指标标准，还包括数字资产规划和落地、数字资产业务属性、收集存储、使用、安全、管理等方面的标准，是对数字资产全生命周期的标准化的管理。接下来我们将搭建数字资产标准体系框架，并对各个部分分别进行阐述。

5.2.1 数字资产标准体系规划

数字资产标准体系规划是指从企业级的视角来开展整体规划工作，包括数字资产标准制定的策略、原则，数字资产规划方法的评估与选择，规划数字资产建设的实施路线图，存量数字资产治理方案，制定数字资产安全策略，以及在数字资产收集、存储、使用过程中的管控策略等。要做好这些工作，需要从以下几个方面开展。

1. 对标数字战略，制定数字资产蓝图

对企业各部门协作完成的企业战略目标的解码结果，以及企业数字战略目标的解码结果进行综合分析，形成企业级数字资产标准的总目标，制定数字资产规划蓝图。

数字资产标准不是企业要实现的目标，而是实现企业目标的一种手段，也是实现数字资产蓝图的抓手。数字资产标准可以指导数字资产向标准化的方向前进，而标准化的数字资产能更广泛地应用于多个生产经营管理环节中，从而提升数字资产的价值贡献度。因此，需要形成企业级数字资产标准的总目标，让数字资产在企业生产经营中流转、复用，从而贡献更多的价值。

数字资产蓝图不仅体现了企业要实现的目标，还是提升数字资产价值创造贡献度、助力数字资产价值增值的一种手段。数字资产蓝图体现的是企业拥有什么样的数字资产，以及这些数字资产与企业的各生产经营管理环节的关系，数字资产如何参与企业的生产经营管理过程、如何参与价值创造并实现价值增值。

2. 评估企业数字资产成熟度，建立数字资产标准目标

通过调研掌握企业数字资产的现状，并评估企业数字资产成熟度。通过评估企业数字资产成熟度，更科学、准确地体现企业数字资产各方面的基线，为制定企业数字资产蓝图提供科学依据。

例如，由全国信标委大数据标准工作组研发，并于 2018 年 3 月 15 日正式发布的我国数据管理领域的首个国家标准 GB/T 36073—2018《数据管理能力成熟度评估模型》(Data Management Capability Maturity Assessment Model，DCMM)，分别从数据战略、数据治理、数据架构、数据应用、数据安全、数据质量、数据标准、数据生存周期八个能力域进行评估，对每项能力域进行了二级能力项（28 个能力项、441 项评估指标）和成熟度等级的划分（初始级、受管理级、稳健级、量化管理级、优化级）。

企业可以对标 DCMM 中的 441 项评估指标对现状进行充分评估，明确企业当前的成熟度，也就是明确企业数据管理能力成熟度的基础。同时，结合企业数字战略目标对标 DCMM，明确企业希望在哪些能力项上达到什么样的成熟度，也就是明确企业数据管理能力成熟度的目标。这样就能清晰地明确企业数字资产标准需要在哪些方面进行提升，以及提升的具体方向。这样制定出来的数字资产标准更符合企业的战略目标。

3. 研究现行数据标准，制定适用的标准

（1）研究国际标准、国家标准、行业标准、地方标准、团体标准中与企业生产经营范围相关的数字资产标准。在研究这些标准时，需要深入了解标准的适用范围、具体的内容及要求等。只有对相关的数字资产标准有了全面的了解，才能在后续制定企业的数字资产标准时准确地应用。尤其是在一些标准已经更新的情况下，需要了解标准更新的背景、最新的情况等，以便于全面分析其对企业的影响，并确定企业应如何调整相应的数字资产标准。

有些行业标准推荐的方法并不是唯一的，在选择时注意结合企业的实际需要而不要照单全收，切忌断章取义、张冠李戴。在选择方法或标准时，应先对该方法或标准进行深入的研究和体系性的选择，确保选择后的内容能体系性地发挥作用。

（2）研究与企业相关的其他行业标准的使用情况。虽然不同的行业、不同的企业有自己的特色，所形成的数字资产标准也不同。但是，通过研究其他行业实践的案例，尤其是失败的案例，可以吸取教训，少走弯路，并通过成功的案例提炼出好的做法，向其学习。

在复杂多变的市场环境中，企业的竞争对手往往具有跨行业的特性。如同打败柯达公司的不是与其同属胶卷行业的企业而是数码相机，因此，企业在选择适用的标准时不能只关注行业本身，任何与企业相关的行业都是企业需要关注、研究的对象。

（3）根据企业数字资产标准的使用现状，结合企业战略目标选择、制定更适合自己的标准。企业使用数字资产标准的现状，一是企业在生产经营管理过程中，在使用数字资产时明确了数字资产的分类、数字资产的含义及其业务属性、数字资产业务属性使用的标准，以及数字资产的设计原则等。二是企业的系统在研发实施的过程中，将业务需求转换为系统支持时使用的标准及规则。通过梳理，可以对企业的数字资产分布及使用情况有全面的了解，对于最终制定企业级的数字资产标准有极大的支持作用。

基于研究的成果，制定与企业数字战略更契合的标准，用于企业的数字资产设计、使用、IT实施、治理、管控。

4. 制定数字资产标准应遵循的原则

制定数字资产标准的目的是统一企业对数字资产的认知，以在企业内更好地使用数字资产，让数字资产能在企业的生产经营管理过程中产生更多、更大的价值。因此，数字资产标准的制定应遵循以下原则。

（1）适应性原则。适应性是指数字资产标准应与企业的生产经营管理相适应，符合企业的价值创造及交付方式，与企业的愿景、使命、价值观一致。在学习和借鉴成功经验的时候，切忌生搬硬套。不同的企业有不同的"基因"，如同《晏子春秋·内篇·杂下》中所写的"橘生淮南则为橘，生于淮北则为枳，叶徒相似，其实味不同。所以然者何？水土异也。"

（2）前瞻性原则。前瞻性是指数字资产标准的先进性及与企业战略目标的一致性。在参考国际标准、国家标准、行业标准、地方标准和团体标准时，要紧跟国际标准、国家标准、行业标准及监管部门的标准等数据标准的发展变化，结合企业业务发展的需要，统筹制定企业级的数字资产标准。有些资产目前可能暂时没有国际标准或国家标准，但是企业通过与外部交流，了解到先进企业的新标准产生了好的效果，且该标准对本企业有较好的促进作用，可以直接借鉴使用。当企业具备制定行业标准的能力和条件制定标准时，更应结合市场和技术的发展考虑前瞻性，避免出现所制定的标准很快被修改的情况。

（3）唯一性原则。唯一性是指数字资产标准的命名、定义、标准等具有排他性。数字资产标准不能存在同名不同义、同义不同名、同标准不同名、同名不同标准等现象。通过统一的标准来保障数字资产的质量，避免同一数字资产因使用不同的标准而产生不同的结果。尤其是在启动新标准时，一定要停用旧标准，避免因同时存在多条标准导致使用者无从选择或仍然使用旧标准而影响企业数字资产的质量。

（4）兼容性原则。兼容性是指数字资产标准应能满足不同业务部门的需求，这样才能保证按照标准生产的数字资产能满足不同业务部门的需要。兼容性并不是越高越好，需要考虑标准实施和使用的成本，以及数字资产的可用性。适合企业的标准才是最好的。

（5）易用性原则。易用性是指数字资产标准易理解、易操作、易使用。为实现这个目标，需要数字资产标准简明易懂、使用方便。尤其是对一些标准分类来说，如果分类的结果过于庞大，可以通过多个分类层级来解决。选择分类的标准一定是简明易懂的，得到的结果也是易选择、易使用的。例如，全国高校都有编码，如果不进行分类，那么在找某个具体的院校时会因为数量过多而无从下手。将高校先分为综合类、理工类、医学类、军事类院校等，再按双一流等进行分类，按首字母进行排序后，易用性就大大提升。当然，分类的层级不宜过多，一般控制在3~5层比较好，需要选择恰当的分类标准来提升易用性。

5. 制定数字资产标准化实施路线图

在明确了企业的数字资产蓝图、当前的具体情况后，可以使用差距分析矩阵来制定数字资产及其标准的实施路线图。数字资产及其标准差距分析矩阵示例如表 5-1 所示，第一行为规划要实现的目标业务对象，最后一列为需要删除的业务对象。矩阵左侧第一列为数字资产的现状，最后一行为需要新增的数字资产。在交叉点上填写业务对象及其标准的现状、目标业务对象及其标准的差异。

表 5-1 数字资产及其标准差距分析矩阵示例

	目标业务对象 A	目标业务对象 B	目标业务对象 C	……	删除业务对象
现状数字资产 1	包括，标准待定	—	—		—
现状数字资产 2	—	—	资产匹配，标准待更新		—
现状数字资产 3	拆出某部分	—	拆出某部分，修改标准		拆分后删除
……					
需要新增的数字资产	—	新增标准	—		—

从表 5-1 中可以看到，制定数字资产标准化实施路线图一定是在完成数字资产的规划后才有可能实施的，数字资产标准建设与数字资产规划是并行推进、相互支持的两项工作。

通过差距分析，明确数字资产及其标准的目标与现状的具体差距，标出企业现在

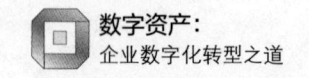

的哪些数字资产及其标准可以迁移到哪个目标业务对象及其标准中,哪些数字资产及其标准需要更新,哪些数字资产及其标准需要新增,哪些数字资产及其标准因企业不再需要而退出。通过差距分析后,企业数字资产及其标准需要调整的内容一目了然,这时就可以开始着手制定企业的数字资产标准化实施路线图了。

数字资产标准化实施路线图应与企业的架构调整实施路线图保持一致。数字资产标准化实施的目的是满足企业数字化转型过程中对数字资产的使用,数字资产标准化不是目的而是手段,所以在制定企业数字资产标准化实施路线图时,需要结合企业的战略目标、架构调整规划,结合业务的急迫性确定建设的优先级,分阶段、分步骤地推进。

在制定企业数字资产标准化实施路线图时,还应充分考虑数字资产标准化会对业务生产经营管理流程产生的影响,如企业敏捷部署新产品的能力,引发生产工艺流程的变革,可以提升的运营效率和减少的成本等。通过这些分析,可能要对企业的总体实施路线图进行调整。

6. 数字资产标准的执行与管控

再好的标准,如果得不到有效执行,就实现不了预期的价值。所以,数字资产标准规划最重要的内容就是推进数字资产标准的执行。而标准的执行如果依靠执行人主动作为的方式,则取决于执行人对标准的理解、认知程度等多种因素的影响,其结果可能与目标相差甚远。因此,最稳妥、有效的方法就是借助IT系统对部分标准的执行进行强管控。

在规划数字资产标准执行与管控的系统时,需要用业务逻辑统筹考虑标准的维护,及其与数字资产的关联,能在标准发生变更时快速定位关联的数字资产,以及使用该数字资产的业务流程,从而准确分析某个标准发生变更后的具体影响。当标准发生变化时,能准确通知与之相关的部门及人员,及时采取应对措施。

数字资产标准的贯彻落实需要从源头开始,自始至终地进行管理控制,确保相关标准有效落地。

5.2.2　数字资产设计标准

在数字资产规划方法论中,我们详细讲解了数字资产设计的方法。为了让企业数字资产设计团队能统一步调开展设计工作,有必要针对数字资产的设计制定其应遵循的具体标准,以确保分别推进的设计工作能完美整合。

数字资产设计标准分为数字资产高阶规划标准和数字资产设计实施标准。数字资产高阶规划标准是指在规划概念模型、数字元模型、业务对象模型时使用的标准及规范。数字资产设计实施标准是指在设计业务实体模型、业务属性时应执行的标准及规范。

数字资产是数字资产标准的载体，制定数字资产设计标准，是推进数字资产标准实施的重要手段。

1. 制定分类标准

数字资产的分类标准主要用于定义概念模型及其应遵循的规范。

从数字资产的规划方法中我们了解到，数字资产的最高阶模型——概念模型体现出企业对数字资产进行分类管理的思想。分类的标准多种多样，不同的分类标准体现出不同的管理思想。所以，如何选择分类标准十分重要。

分类是一个解决冲突的非常重要的工具。选择分类标准时应围绕企业数字战略目标，确保分类标准得到的结果与企业数字战略目标一致，与企业的生产经营管理目标一致，能让不同的业务部门都能看到自己生产、使用的数字资产，以及能分析出这些数字资产将会以怎样的方式与生产经营流程相结合。

分类标准除了用于数字资产的规划，还将用于制定数字资产标准。数字资产标准不能独立于数字资产而存在，必须与数字资产紧密结合。数字资产标准源于数字资产，同时应用于数字资产。只有与数字资产融合后，数字资产标准才能真正在企业价值创造过程中贡献价值。

2. 制定数字资产的设计标准

企业需要的数字资产不是一成不变的，即使是进行前瞻规划的数字资产，也很难做到可以完美预测一两年后企业的需求。随着业务的发展，国际国内形势的变化，企业战略的调整，数字资产应随之完善。当监管要求、国际标准、国家标准发布或原标准更新时，企业数字资产标准需要联动更新。

规划和设计数字资产相关模型的过程，是贯彻落实数字资产标准最直接、最有效的过程，也是数字资产标准得以有效实施的关键环节。

（1）制定概念模型的设计标准。概念模型作为体现企业数字资产整体分布情况的视图，不仅包括分类标准，还包括展示层级。因为企业实现的目标不同，所以需要的层级不同，展示的方式不同，绘制的标准也不同。该标准应与方法论相结合，与目标相结合。

不同的分类标准体现了企业对数字资产的关注点不同。企业的数字资产是为企业战略目标服务的，企业的战略目标是由企业的生产经营管理各环节实现的，因此，企业的数字资产概念模型的分类标准应该从企业自身的特征出发进行选择，体现出数字资产对企业生产经营的价值贡献。

企业的数字资产的丰富程度会影响概念模型的分层选择。当企业的数字资产很丰富时，为了便于管理和使用，可以通过分层的方式来实现。在分层的过程中应当制定相应的标准，避免层级过多而降低使用效率。

（2）制定数字元模型的设计标准。数字元模型作为企业数字资产模型的模型，体现出各业务对象间的关联关系，以及业务对象如何随生产经营流程而流动。数字元模型中的元素——业务对象间的关联关系非常复杂，且往往存在一个业务对象与多个业务对象有关联的情况。在数字元模型中，是否要将所有的关联关系都表示出来？出于什么目的来展现业务对象间的关联关系？这都需要有明确的设计标准。

在数字元模型里，我们推荐使用基数来表达业务对象间的关联关系，企业可以考虑使用基数阐明业务对象间关系的必要性。如果仅仅需要说明业务对象间的关系而不需要关注基数情况时，就可以不使用基数。使用基数只是为了更准确地说明两个业务对象间的定量关系，为后续的数据分析提供更好的指导。

（3）制定业务对象模型的设计标准。业务对象模型作为某类数字资产的结构化表达，其目的是提高该项资产的灵活性、可扩展性。不同的业务对象适合的结构也不同。例如，在一个业务对象中，可以用生命周期实体来标识某项资产的管理要求，体现企业不删除数字资产的基本思想。通过生命周期实体来标识该项资产在当前时期是否可用，或者该项资产曾经活跃、使用的时间段。使用条件实体来说明使用该项资产发挥作用的基本条件，更好地保证数字资产的有效使用。一个业务对象模型可以包含所有类型的业务实体，也可能只包含核心实体。数字资产标准能在企业面对不同情况时指导企业如何进行选择。

业务对象模型作为某类标准的承载单位，需要确定其使用的标准及目标要求，以确保企业的数字资产符合制定的数字资产标准。如果说概念模型和数字元模型都体现了企业内部管理理念的话，那么从业务对象模型开始，体现了企业与外部的衔接，是企业对外展示数字资产能力的完整单位。无论是企业外购数字资产、出售数字资产，还是在经营分析中使用数字资产，都是以业务对象为单位开展的，其标准化程度直接影响相关能力的强弱。

（4）制定业务实体模型的设计标准。业务实体模型作为数字资产最基础的模型，其中的业务属性是贯彻落实数字资产标准的基础单位。业务实体模型中的业务属性在设计过程中必须遵循数字资产标准。

业务实体的数字资产标准应当包括模型的结构、命名、定义等。什么样的业务属性组合可以成为业务实体，业务实体的标识符应该如何制定等，都应当有相应的标准来指导实施。

对于业务实体中的业务属性，应当制定明确的标准。业务属性的数字资产标准应包括中文名称、英文名称、标准别名、业务目的、业务定义、业务范围、域、类型、长度、使用标准名称、标准类型、标准信息项（标准内容）、相关公共代码和编码（如国标、行标等）、业务规则、安全性要求等。

对于业务属性的标准使用外部标准的，应考虑外部标准变化时，企业的标准能及时跟进调整的需要。

企业数字资产标准定义的每个具体业务属性的标准不是一成不变的，并不是在所有情况下都固守某一原则，这些业务属性应当分为必须选择、条件选择、可选择几种约束类型。业务属性的约束类型由数字资产管控需求和环境决定，同一业务属性在不同的发展时期可以有更严格或更宽松的约束类型。例如，在"客户"业务对象中，"身份证件"业务属性中的"类型"会随着国家法律法规及经济发展的不同阶段而不同。当前我们拥有的身份证件是"实物"类型，在国家全面推广电子证照之后，身份证件将会增加"电子"类型。"客户"在当前情况下办理业务时可以不选择类型，由系统自动默认为"实物"，而电子证照全面推广之后，"类型"将成为一个必须选择的项，在生产流程中将会因类型的不同而存在差异。再如，管理业务属性中的"标准管理者"，根据当前数字资产管控环境规定为"可选择"，未来可根据业务发展需求调整为更严格的"条件选择"或"必须选择"。

（5）制定数字资产的命名规范。数字资产名称是数字资产本质信息的体现，是企业各业务部门正确、有效地使用，准确地生产、存储数字资产的重要保障措施，也是数字资产在企业内高效流通、共享的基础。因此，企业应制定数字资产的命名规范。

不同的行业、不同的企业可能有不同的命名规则。无论哪个行业或企业，在制定数字资产命名规范时都应该考虑以下原则。

① **同层级模型名称的唯一性**。数字资产中共有六个层级的模型：概念模型、数字元模型、业务对象模型、业务实体模型、逻辑数据模型、物理数据模型。在同一层级的模型中，每个模型的名称应具有唯一性。例如，不能同时有两个"员工"业务实体模型，不能同时有两个叫"合约"的业务对象模型。

② **体现业务含义**。数字资产名称是数字资产本质信息的体现，因此，其命名应体现业务含义。如果有业务术语可以准确描述时，应使用业务术语，切忌生造新词。

③ **各层级模型名称的继承性**。概念模型中的最小元素为业务对象，数字元模型中的基本要素为业务对象，业务对象模型是业务对象的结构化表达，逻辑数据模型是业务对象模型的实施模型，物理数据模型是业务对象模型的落地模型。可见，业务对象模型自上而下地贯穿业务和IT。对于业务对象模型而言，当其出现在不同层级中时，名称应该一致，都应该继承概念模型中的业务对象命名。

同样地，逻辑数据模型中的实体的名称应继承业务对象模型中的业务实体，物理数据模型中的数据库表名应继承逻辑数据模型中的业务实体名称。业务实体中的业务属性名称应由逻辑数据模型中的属性名称继承，又应由物理数据模型中的字段名称继承。

④ **命名的准确性**。无论是对模型的命名还是对业务属性的命名，都应该体现出完整、准确的业务含义。作为企业级的数字资产，要实现跨专业、跨行业的使用，其命名必须准确地体现该项数字资产的业务含义，不会引起歧义。

⑤ **命名的精炼性**。应使用精炼的词语来对模型和业务属性进行命名，原则上不使用介词、连词之类的虚词。

3. 制定管理指标的设计标准

管理指标是企业观察、分析生产经营管理效率的体现。在制定管理指标的设计标准时需要贴合企业的实际需要，统一统计口径、计算方法，准确地体现企业生产经营效率。

管理指标可以分为对内指标、对外指标两大类，在此基础上可再分为全局性指标和局部性指标，为决策服务的指标和为管理服务的指标，业务类指标和技术类指标，经营类指标和绩效类指标等。管理指标并非越多越好、越细越好，需要考虑管理指标体现的内容与生产经营管理的契合度。制定管理指标的设计标准时应遵循以下原则。

（1）**重要性原则**。管理指标的设计应从企业对外报送的、内部经营的分析报表中提取重要的指标，如监管要求提供的指标、高管层关注的指标等，构建统一的指标库。以重要性为原则进行提取是为了避免因指标的层级过多而难以管理、使用。对于已不满足或不需要的管理指标，应及时将其清退出管理指标库。

（2）**通用性原则**。制定管理指标时需要从企业的生产经营管理全局出发进行设计。在涉及多个业务部门时，应提炼出各业务常用的维度，并制定通用的统计方法。避免各部门从自身视角出发设计指标，致使同一事物建成多套指标而导致理解困难、使用混淆等问题的出现。

（3）**明确性原则**。应从企业级的视角明确管理指标的名称、目的、定义、统计口径、计算规则等，并能由系统自动完成数据采集及计算，确保各业务部门都能理解、使用。避免不同业务部门因视角不同而形成不同的统计口径，得出不同的统计结果。

（4）**持续性原则**。纳入管理指标库的指标应具有一定的稳定性，能持续使用。具有临时性的管理指标不应纳入指标库统一管理。具有持续性的管理指标更能体现企业在该方面的变化情况及趋势，对企业经营管理的价值更大。

5.2.3 数字资产安全标准

企业应制定分类分级的安全标准对数字资产进行分类分级保护，明确数字资产安全风险评估、监测、报告的要求，并建立数字资产安全应急处理机制。

数字资产安全标准应涵盖采集、传输、使用、存储、提供、风险的监测等方面。安全标准不仅要从企业内部视角进行考虑，还要从外部环境方面入手，确保合法合规。例如，不同的国家和地区围绕企业采集用户信息方面制定的法律法规有较大的差异。2018年5月，在欧盟成员国内正式生效实施的隐私数据保护条例——《通用数据保护条例》（General Data Protection Regulation，GDPR），对任何收集、传输、保留或处理涉及欧盟所有成员国内的个人信息的行为做了严格规定，对于违规者，将给予严厉处罚，甚至追究刑事责任。

（1）数字资产采集的安全标准是指数字资产采集应以法律法规认可的合法、正当的方式进行，不应窃取或以其他非法方式采集数据。

数字资产传输的安全标准是指在数字资产传输时，应对不同的传输方式制定相应的安全保护标准，防止被篡改，确保数字资产安全；在传输过程中应严格遵守数字资产所在国家或地区的相关法律法规的要求。

（2）数字资产使用的安全标准是指针对数字资产的使用和访问等制定相应的安全标准，防止敏感信息泄露、资源滥用、反欺诈等。需要对数字资产进行分类分级管理，对不同类型的数字资产、不同保密级别的数字资产分别设定相应的安全标准来防范安全风险。

（3）数字资产存储的安全标准是指针对数字资产的存储和保管制定相应的安全标准，一是要防止数字资产因未能得到有效存储而影响数字资产的正常使用；二是要防止数字资产被盗、流失，造成数字资产损失；三是要防止存储的数字资产硬件毁损导致数字资产损失。

（4）数字资产提供的安全标准是指分类分级地制定对外提供数字资产时应遵从的报批流程及规则等标准。尤其是在对外提供保密级别高的数字资产时，对如何达到保

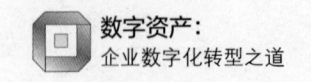

密要求的标准一定要清晰明了。

（5）数字资产风险的监测标准是指按既定标准对数字资产的安全性进行监测、评估及应对。对于发现的隐患、漏洞等安全性风险，应有相应的策略进行补救或应用。当发生安全事件时，应按标准采取处置措施。对于风险监测发现的情况，应按分类分级的要求及时报告。

5.2.4 数字资产实施设计标准

数字资产实施是指将从业务视角设计的数字资产模型通过 IT 设计、研发，使数字资产被业务流程所使用，以及存储和管理业务流程产生的数字资产的过程。

从业务视角设计的数字资产模型是指使用企业统一的结构化、标准化语言，从业务视角对数字资产进行描述，为利益相关者提供统一的视图，从而实现指导企业各部门规范生产、使用数字资产。因此，业务实体模型只关注业务本质，没有衍生数据（只有原始的业务属性），可以提供更高的数据质量（去除重复，避免不一致）。

从 IT 视角设计的数字资产模型从使用的便利性和高效性出发，需要将从业务视角设计的数字资产模型与 IT 架构融合，满足 IT 架构运营的各项原则和规范。因此，从 IT 视角设计的数字资产模型除了继承业务对象模型的内容，还会关注应用架构、数据架构、技术架构的设计及实施要求，考虑实际技术约束（如可扩展性、性能等），用特定的方式去泛化，引入衍生业务属性等处理。为了更好地将从业务视角设计的数字资产模型实施，需要制定基于业务数字资产模型设计 IT 数字资产模型的标准，以指导 IT 设计人员更好地完成相关数据模型的设计。

1. 制定逻辑数据模型的设计标准

逻辑数据模型是从 IT 视角对从业务视角设计的数字资产模型的全面解释。设计逻辑数据模型时需要从数据架构的整体规划入手，从高效地对外提供数据服务的目标出发进行设计。在进行逻辑数据模型设计时应考虑但不限于以下原则。

（1）以业务对象为单位进行设计。在进行逻辑数据模型设计时应以业务对象为单位进行全局考虑，完整地描述某事物。逻辑数据模型的结构应与业务对象的结构保持一致，以确保企业生产经营管理对数字资产的使用需求。

（2）确定降范式原则。从业务视角设计的数字资产模型遵循了降范式原则，能更精练地对事物进行描述。在 IT 实施过程中，更关注对事物的哪些属性进行加工、处理的效率，关注如何更高效地满足应用系统对数据服务的需求（非功能性需求），以及对业务的不同开展或推广模式（分批上线）的支持等，需要通过降范式的方式来实现。

因此需要确定降范式的相关标准及规范。

（3）命名规范。在逻辑数据模型中，除了中文名，往往还需要增加英文名。中文名继承业务对象模型（包括业务对象、业务实体和业务属性的名称），英文名是为了IT实施需要。英文命名应有明确的标准，以实现跨专业板块的识别与使用。在制定英文命名标准时，应注意与中文命名标准的一致性，比如同一字段名在不同的表中重复出现时，应遵循同名同义同标准的原则。

（4）索引规范。业务实体模型通过标识符来定位唯一的实例，逻辑数据模型中的实体通过唯一索引提升检索的效率。逻辑数据模型中实体使用的索引往往与业务实体模型中的标识符不同，企业应对该唯一索引的编号方式制定明确的标准、规范，并限制索引数量。

2. 制定物理数据模型的设计标准

逻辑数据模型是从实现视角对业务实体的 IT 设计，物理数据模型是综合考虑技术架构和应用架构的特征及数据部署等，以数据存储及使用为目标的设计。企业或组织往往会根据实际情况采取分库分表、并表等措施，在保证具有灵活性、前瞻性的基础上完成物理数据模型的设计。在进行物理数据模型的设计时应考虑以下原则。

（1）契合业务流程使用。综合考虑业务流程使用物理数据模型提供的信息的具体情况，确定分表或合表的相关标准、规范。

（2）性能保障。以性能目标为主导确定分库分表的标准。

3. 建设数字资产管控系统

将数字资产作为企业的重要生产要素且要确保实施的标准化，需要系统进行全流程的管控。数字资产管控系统应为企业数字资产及其标准提供全流程的管理，需要实现对数字资产规划成果的实施及数字资产标准的贯彻情况进行审核、差异分析，保证数字资产和数字资产标准按实施路线图有序推进，为企业正确使用、查阅数字资产及其标准提供支持。已有企业架构资产的管理系统，就可以直接将数字资产标准纳入其中一并归口管理。

数字资产管控系统应考虑以下几个方面的内容。

（1）用户管理。数字资产作为企业的核心资产之一，应注意其安全性。通过用户权限的配置化，实现企业数字资产的查询、维护、审核、发布、评价及监测等服务。

（2）查询。查询服务分为数字资产规划成果查询、落地情况查询，数字资产标准查询、数字资产标准贯标情况查询，以及各种蓝图、实施路线的查询等。普通用户应该只能查询已正式发布的数字资产规划和数字资产标准，因此不需要展示待发布的信息，以免对流程中的信息造成干扰。其他用户可按其职责配置可查询资产的范围。

（3）维护。维护服务包括数字资产规划及设计成果、数字资产标准的维护。维护应考虑新建、变更和废止等场景的处理。维护应区分人工触发、系统自动触发两种情况。在系统自动监测或在使用数字资产的过程中出现新的内容时，由系统自动触发。对于维护的记录，由系统按照职责分工流转，提示相关人员进行处理。

（4）审核与发布。审核人员有权对维护人员提交的变更申请的正确性进行审核。只有发布后的信息才能在企业生产经营过程中被查询和使用。在发布信息时应当考虑其生效的日期，避免在生效日前发布的信息被不恰当地使用。数字资产或数字资产标准可以手动发布，也可以自动发布，根据企业的生产经营管理及资产管控的需要配置发布方式。

（5）评价与监测。评价服务应包括对数字资产和对数字资产标准的评价。企业可以根据战略目标确定两项评价是分开还是整合。监测服务是指数字资产设计及其标准实施情况的监控、测评。通过监测使用情况自动发起新增或变更数字资产及其标准的申请。

4．明确大小基线管控机制

企业推进数字化转型时一般会通过项目实施来推进，所以数字资产落地一定与项目相关。企业在项目实施的过程中可能因为某些客观因素对数字资产进行调整，而这些调整可能影响正在实施中的项目。因此，企业需要对数字资产版本进行基线管理，以确保不同项目使用数字资产的版本不错乱。

在数字化转型过程中，往往存在多版本、多项目并行研发的情况，进行基线管理时需要区分大、小基线并分别管控。

大基线是指按投产版本管理的基线，即按投产时间顺序确定每个版本的基线。某版本的基线为其前一个的投产版本。例如，企业若按月投产，则10月份的版本基线就应当是9月份的投产版本。若企业按周投产，则当前周的版本基线就是前一周的投产版本。当前一个版本的内容发生变化时，必然导致该版本的结果发生变更，即导致紧随其后的版本的基线发生变化。

小基线是指在同一投产时间的版本里，由于项目间存在依赖或交叉影响而导致基线的变更。由于在同一时间同时推进的项目较多，企业就需要制定同一版本内若干项目实施的优先级标准，以及小基线变更的标准。一般情况下，法律法规及监管要求的优先级最高，优先实施。

图 5-3 为数字资产的大、小基线，最基础的项目 A 变更了某数字资产 V 1.0 的基线，其后开展的项目以此为基础逐步变更 V 1.0 的基线。如果此时监管要求变更某项业务属性的要求是项目 D，那么在小基线中，项目 D 将排到项目 A 前，且项目 D 的结果直接影响当期版本中所有使用该数字资产的项目。

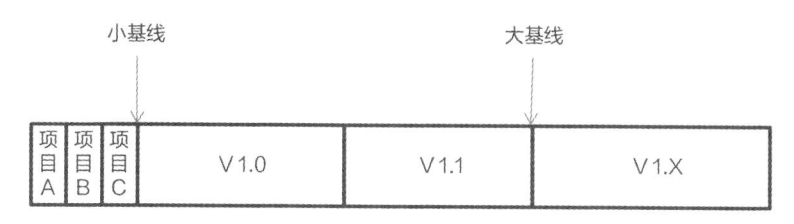

图 5-3 数字资产的大、小基线

基线管理需要与项目管理同步进行，当项目投产的版本规划发生调整时，其所生产或变更的数字资产的大、小基线应同步调整。对于依赖该项目提供数字资产的其他项目也应同步调整版本规划，不能调整的应调整使用的数字资产基线。在图 5-3 所示的数字资产的大、小基线中，如果项目 B 由原计划的 V 1.0 调整为 V 1.1 后，则项目 C 的小基线就由原项目 B 形成的基础变更为项目 A 形成的基础，而项目 B 形成的基础由项目 A 形成的基础变更为项目 C 形成的基础。图 5-4 为项目 B 的数字资产基线变更。

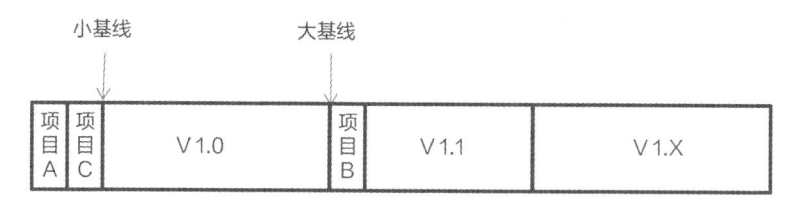

图 5-4 项目 B 的数字资产基线变更

5. 建立冲突管控机制，确保数字资产使用及更新的准确性

除了对大、小基线的管控，还需要考虑数字资产使用及更新的准确性。当同一版本中不同的项目对同一种资产进行更新时，需要考虑冲突问题。在解决冲突问题时应以触发事件的优先级为主要考虑因素。

通常情况下，政策或监管要求导致的数字资产变更优先级应高于其他原因触发的项目实施。企业自身规划导致的数字资产变更需要细分，将原因进行优先级的排定。这样排定的优先级确定了数字资产变更的遵从性。在图 5-3 所示的数字资产的大、小基线中，在同一版本中先后实施了 A、B、C 三个项目，且均对同一种数字资产提出变更请求，在进行冲突管理时需要分析变更触发的原因。项目 C 是响应监管要求而实

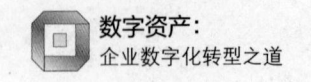

施的变更，尽管其是最后一个实施的项目，但是其触发原因的优先级最高，故需要项目 A、项目 B 均按项目 C 变更的数字资产做相应的调整，即从项目 C 所在版本起全面遵从监管要求实施研发。在项目 A、项目 B、项目 C 处在研发阶段时，V 1.0 基础同步变更为项目 C 对该数字资产的变更。图 5-5 为项目 C 导致的数字资产基线变更。

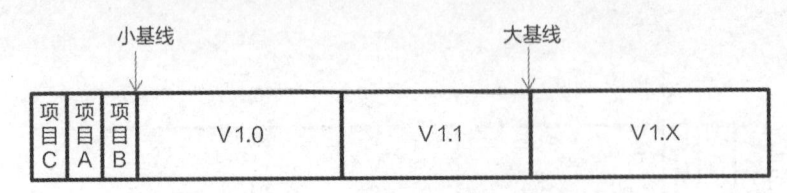

| 项目C | 项目A | 项目B | V 1.0 | V 1.1 | V 1.X |

图 5-5　项目 C 导致的数字资产基线变更

当发生这样的冲突时，应由系统将项目 C 对该数字资产的变更通知项目 A 和项目 B 的相关人员，由其分析该数字资产或数字资产标准的变更影响，并及时做出调整，以符合政策或监管要求。

同样地，对于非同一版本中不同项目因某种数字资产变更发生冲突时，需要同时考虑版本及导致变更的优先级，与项目启动的时间先后无关。

5.3　数字资产标准实施

数字资产标准一定要与数字资产相结合才能确保有效实施，才能发挥数字资产标准的作用，实现制定数字资产标准的目标。很多企业都有自己的数字资产标准，但是由于各种原因没有得到有效实施，或者数字资产标准偏离实际工作，没有在企业的生产经营管理中发挥应有的作用。这里我们从切实让数字资产标准发挥作用的角度来分析如何推进数字资产标准的实施。

5.3.1　形成数字资产标准文化

很多企业建立了专门对数字资产及其标准进行管理的部门，并在初期投入大量的人力、物力，建立了自己的数字资产及其标准，并落地执行。在没有系统进行全面的、智能化的管控时，一段时间后，这些数字资产及其标准就与企业的生产经营管理渐行渐远，最后形同虚设。究其原因，主要是企业没有形成数字资产标准文化，业务部门参与不足，对数字资产标准的理解不到位，感受不到数字资产标准带来的益处。这些

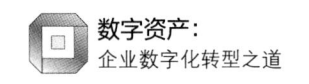

模型、业务对象模型。在规划前需要先制定数字资产规划应遵循的标准及规范,指导规划工作的推进。在本阶段,应当明确企业生产经营过程中使用的数字资产实施标准,为后续的设计环节提供支持。

规划 〉 设计 〉 需求 〉 研发 〉 测试 〉 部署 〉 维护和使用 〉 评价和监测 〉 作废

图 5-6　数字资产的全生命周期

在数字资产的设计阶段,需要完成业务实体模型的设计,明确业务实体的具体业务属性。在设计业务属性的过程中执行相应的数字资产实施标准。这是具体实施的数字资产标准最先被使用的阶段。

数字资产的需求阶段是指业务部门进行业务创新、业务设计,并将其成果撰写成业务需求说明书的阶段。业务需求说明书需要明确使用哪些数字资产、生产哪些数字资产、存储哪些数字资产。这是数字资产设计成果首次被使用的阶段,也是数字资产标准化落地的首要阶段。

数字资产的研发阶段是指科技人员根据业务部门提交的业务需求说明书完成系统设计、程序设计并进行研发的阶段。在设计逻辑数据模型和物理数据模型的过程中,需要按照既定的数字资产标准及规范进行设计。这是数字资产标准化落地的关键环节,其执行的结果直接影响数字资产标准的执行。

数字资产的测试阶段主要验证 IT 实施与设计是否具有一致性,是投产部署前的最后一个关口。

数字资产的部署是将数字资产设计成果应用于实际生产经营过程的开始,也是使数字资产发挥作用的关键环节。

数字资产的维护及使用是指在生产经营过程中使用数字资产设计成果,并对需要完善的设计进行维护,迭代提升数字资产对企业生产经营管理的贡献。维护数字资产及其标准的过程是保障数字资产及其标准有效落地的重要环节。

数字资产评价及监测是指对生产经营过程中数字资产及其标准的应用情况进行跟踪分析,对其效果进行评估。监测数字资产设计成果的应用和数字资产标准的贯彻执行情况,对监测结果进行评估,并给出优化建议,从而实现对数字资产及其标准的迭代优化。

数字资产或数字资产标准的作废是指当某个业务对象、业务实体或业务属性不再被需要时,应当对该数字资产或数字资产标准进行作废处理,结束其生命周期。当发布的新标准替代某项标准,或该标准所规范的业务属性不再被使用时,应当对该标准进行作废处理,结束其生命周期。

必须引用已有的数字资产标准。没有具体实施的数字资产标准的，在维护的同时应当提出新增数字资产标准的申请。

5.3.3 确定优先级原则

明确数字资产标准化推进的优先级原则，可以指导实施方案的制定，兼顾战略目标和资源配置的平衡。在确定优先级原则时应以价值最大化作为目标，可以考虑以下几个原则。

（1）**重要性原则**。企业采用的国际标准、国家标准或行业标准有新标准发布的，应及时更新。监管要求的相关标准，应在规定的时间内完成更新。企业内部通过制度文件发布的标准，应在规划期内完成更新。

（2）**共享性原则**。当某个业务对象被多个业务部门或业务系统共同使用时，对其实施后众多业务部门或业务系统都能受益，应优先安排该业务对象。当某个业务对象是业务生产经营的源头或关键环节使用的主要数字资产时，并且在其落地对后续环节均能产生良好影响的情况下，应优先推进。

（3）**急迫性原则**。当企业开展某项业务极其紧迫，而某个业务对象可以解决当前存在的某类问题时，应优先推进。

（4）**经济性原则**。从整体上考虑投入、产出的效率，兼顾敏捷，避免浪费。考虑业务对象间的业务逻辑关系，各项工作的关联性协同推进的原则安排；考虑标准化业务对象实施后，满足未改造流程能正常使用已标准化的数字资产的工作量。

5.3.4 源头管控

即使对数字资产做了前瞻规划，也不能保证一成不变。数字资产将因业务需求的变化而发生变化，尤其是业务实体的业务属性层面的变更是极为常见。数字资产标准也是如此，数字资产标准会随着业务的发展变化及数字资产标准执行效果的累积而不断更新和完善。为了有效贯彻落实数字资产标准，应在使用数字资产的源头做好管控，及时优化和更新。

1. 数字资产及其标准的全生命周期

在数字化转型过程中，数字资产的全生命周期如图 5-6 所示。

在数字资产的规划阶段，需要完成数字资产的前三个模型，即概念模型、数字元

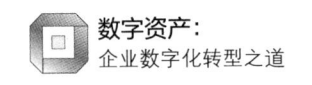

业生产经营管理的需要。

我们以建立数字资产及其标准管理矩阵的方式来展现负责管理和使用数字资产及其标准的部门，数字资产及其标准管理矩阵如表 5-2 所示。

表 5-2　数字资产及其标准管理矩阵

业务对象	部门					
	A	B	C	D	E
业务对象 1	管理	使用	—	—	使用
业务对象 2	使用	—	管理	使用	—

当某个业务对象及其标准需要变更时，先由管理部门负责把关，并组织所有的使用部门进行评审，再对最后的成果进行维护及发布，指导利益相关者正确生产、使用数字资产。

2. 数字资产标准的维护及发布

数字资产标准虽然融合在数字资产应用中，但是应将数字资产标准与数字资产的维护及发布分开，确保相互独立，避免过度耦合。

数字资产标准管理员在新增或变更某项数字资产标准时，系统应能展示与之关联的业务对象、业务实体及其业务属性地图，并能通知相关业务对象的管理业务部门及使用部门，以便使用该业务资产的业务部门及时了解变化、分析影响、做出响应。

当业务部门进行业务创新而增加新的数字资产及其标准时，数字资产标准管理员能分析出与之相近的业务对象、业务实体及其业务属性地图，以便对新数字资产标准做出准确的判断，完成审核。

当某项数字资产标准已无数字资产可使用，或有新数字资产标准替代时，应及时将其废止。

3. 数字资产的维护

数字资产模型维护的过程是数字资产标准使用、落地的过程。数字资产管理员在维护数字资产的过程中，应兼顾数字资产标准的应用。

数字资产管理员在设计和维护数字资产的概念模型、数字元模型、业务对象模型时，应按相关的标准进行。这三种数字资产模型有相应的设计标准、规范需要遵循。

数字资产管理员在设计和维护业务实体模型时，有具体实施的数字资产标准的，现象说明企业没有形成业务、科技共同参与的数字资产标准文化。

缺少数字资产标准文化，必然导致数字资产标准的人才不足，缺少能全面懂业务和科技的人才队伍，就难以支撑数字资产及其标准的及时维护和有效落地。因此，需要加强文化建设，增强业务人员的数字资产标准化意识。

（1）**加强宣传，增进了解**。企业可以通过多种宣讲、培训的方式，让全体员工对企业的数字资产标准有一个全面的了解。只有对数字资产标准有一定程度的了解，才能逐步深入，最后形成企业文化。

（2）**制度引导，强制参与**。对数字资产及其标准的设计、管理职责进行调整，强制业务部门参与其中。对业务部门使用数字资产和标准进行规范，强制推行标准。通过使用数字资产及其标准，使业务部门强化参与相关工作的程度。

（3）**专设岗位，绩效鼓励**。在业务部门设置数字资产和数字资产标准的岗位，并规定岗位人员通过认证考试后方能上岗。将业务部门对数字资产及数字资产标准的管理、使用和治理等工作纳入绩效考核，强化业务部门对数字资产和数字资产标准的认识和重视程度。

（4）**贯通培养，选拔人才**。人才是文化持续发展的关键，也是数字资产标准推进的关键。企业可以通过有意识、专门地进行业务和科技人才的培养，形成一支能推进数字化资产和标准工作的人才队伍。

5.3.2 数字资产及其标准维护及发布

为了更好地实现对数字资产及其标准的维护及发布，我们可以通过建设数字资产管控系统提供支持。为了有效推进数字资产标准的实施，要将数字资产及其标准的维护及发布嵌入企业的生产经营流程中，让业务更容易触达，使业务人员深刻感受到数字资产及其标准是业务创新和经营不可或缺的部分。

1. 明确数字资产的管理职责

我们规划的数字资产是企业级的数字资产，是从企业视角整体规划的数字资产而不是从部门视角规划的数字资产。企业级的数字资产是一种极其庞大的资产，仅依靠某个部门或组织很难做到随时关注变动情况，难以保证数字资产标准的准确性、有效性，难以保证数字资产的灵活性、全面性，也难以监督数字资产质量的合规性、完整性。因此，需要将企业级的数字资产及其标准分散到各业务部门分别进行管理，让使用的部门共同维护、管理企业级的数字资产及其标准，使数字资产及其标准更符合企

2. 数字资产标准使用的源头贯标

从数字资产的全生命周期可以看出，数字资产的源头有两个：一是数字资产的设计阶段，二是数字资产的需求阶段。

1）在数字资产设计阶段贯彻数字资产标准

我们在前面介绍"数字资产设计标准"时说过，数字资产设计标准分为数字资产高阶规划（概念模型规划、数字元模型规划、业务对象模型规划）时遵循的数字资产高阶规划标准，以及详细数字资产设计（业务实体模型设计、业务属性设计）时执行的数字资产设计实施标准。

在规划数字资产的高阶模型时，需要根据企业的战略目标选择使用恰当的方法，并按该方法相关的标准进行规划。这部分通过反复论证进行贯标。

在设计数字资产具体模型时，必须贯彻执行数字资产设计实施标准。这是一般企业常说的数据标准。

在设计业务实体及业务属性时应强制引用数字资产设计实施标准，未引用数字资产设计实施标准的业务属性不应通过审核。在设计过程中，若暂时还没有确定数字资产标准的，数字资产标准管理团队应立即分析，能使用国际标准、国家标准、行业标准的，应使用相应的标准。没有相关标准的，可以参考使用地方标准或团体标准，制定本企业适用的标准。

业务实体及业务属性使用了数字资产标准后，技术人员遵从业务实体进行逻辑数据模型和物理数据模型设计时，就有了符合标准的样本，就能确保数字资产设计实施标准有效落地。

2）在数字资产需求阶段贯彻数字资产标准

在数字化转型推进过程中，业务部门使用或变更数字资产时需要提出业务需求，由技术部门按业务需求说明书落地后才能在生产经营过程中正常使用数字资产。因此，在数字资产需求阶段业务部门撰写业务需求说明书的过程，作为数字资产及其标准使用和变更的源头。

数字资产在参与业务生产经营流程的过程中，一是作为生产要素参与流程，此时数字资产是输入；二是作为流程的产出物而沉积，此时数字资产是输出；三是在生产经营过程中如何加工或使用数字资产，受数字资产的业务规则指导。

对于第三种情况，当业务规则指导流程的加工工艺时，也作为流程的一种输入。因此，业务生产经营流程使用数字资产的方式，在业务需求说明书中主要以输入和输出的内容存在。

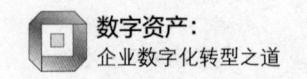

不同的企业使用的业务需求说明书的编写模式不同。为符合业务需求说明书的编写习惯，实现数字资产标准实施的目标，可以在业务需求说明书中将输入和输出内容单列出来进行说明。对于每项输入或输出的内容，对标数字资产设计实施标准进行检查、执行，实现了将需求阶段作为数字资产及其标准的源头进行分析和管控。

3）在数字资产维护及使用阶段贯彻数字资产设计实施标准

在数字资产维护及使用阶段，企业会根据具体的使用情况对数字资产及其标准进行优化。优化方案将通过资产维护落实。维护操作将改变原有的数字资产及其设计实施标准，会影响所有使用该资产的活动的调整。因此，将数字资产及其设计实施标准的维护作为数字资产标准使用的源头，把控好这个源头是贯标的一个重要抓手。

3. 数字资产及其设计实施标准的源头管控措施

既然我们找到了数字资产及其设计实施标准的源头，那么就可以实施相应的管控。从数字资产及其标准的全生命周期里各环节的说明可以看到，数字资产及其标准设计、维护是数字资产设计的源头，其正确性将直接影响数字资产的实施。而业务需求说明书是数字资产实施的源头，其正确性将直接影响IT实施的正确性。

1）设计及维护数字资产过程的管控

数字资产设计是数字资产设计实施标准应用的首要环节，以及在系统中对数字资产的设计成果进行维护的环节都是数字资产设计实施标准应用的源头。在维护数字资产设计成果时，系统应检查业务实体、业务属性的相关描述与企业已发布的数字资产设计实施标准的一致性，或直接将对应的数字资产设计实施标准填写到相应的描述中，强制推进企业数字资产设计实施标准。

如果没有匹配的数字资产设计实施标准，那么系统应检索并推荐相应的国际标准、国家标准、行业标准等，供数字资产标准管理员制定新企业数字资产设计实施标准时参考使用。在未检索到相应标准时，由数字资产标准管理员对新增需求进行分析，按企业规定的流程新增或变更数字资产设计实施标准。

2）撰写业务需求说明书的管控

在业务需求说明书中的输入和输出部分，应当明确要求所使用的具体业务对象、业务实体和业务属性的名称。系统可以为业务需求说明书此部分的撰写提供智能化的检索服务。

当需求撰写人员录入输入或输出的业务属性的名称时，系统应该自动检索与之相匹配的或近似的业务属性及其所属的业务实体、业务对象，由需求撰写人确认后自动将其标准填写到输入或输出的相应描述中。对于在输入或输出部分填写数字资产及其标准以外的内容，则由需求撰写人根据具体的需要进行填写。

当系统未检索到与输入或输出的业务属性名称一致或近似的数字资产设计实施标准时，由需求撰写人自行完成输入或输出内容的填写。在业务需求说明书完成撰写并审核通过后，可以由系统自动生成一条新增数字资产业务属性及相应的数字资产设计实施标准的申请，流转到审核人员进行审核。

为确保业务创新的敏捷性，在新增的数字资产业务属性及相应的数字资产设计实施标准未发布前，应当允许继续推进相关工作。如果审核人员将该申请退回并给出适用的业务属性或业务属性的设计实施标准时，则可以根据项目的推进情况进行调整。如果项目尚在研发过程中，那么应当及时调整实施的业务属性或调整业务属性的设计实施标准，按审批结论实施。如果项目已完成研发并投产，那么应当形成一条新的优化项进入待实施的项目池。

如果该数字资产业务属性及相应的数字资产设计实施标准与其他项目有冲突，则应在新标准发布或标准调整后通知相关的项目实施人员及时更新。

5.3.5 过程管控

从数字资产及其标准的全生命周期里各环节的说明中，我们可以看到数字资产的研发阶段是落地过程中的关键环节，因此，数字资产研发是对数字资产设计实施标准的过程管控的重要环节。

1）数字模型设计及研发管控

数字资产的研发阶段即进行逻辑数据模型和物理数据模型设计的过程，就是将数字资产及其设计实施标准落地的关键环节。数据架构以物理数据模型为单位进行部署，设计业务对象服务对外提供数据服务。如果在进行物理数据模型设计时不符合数字资产设计实施标准，那么企业的数字资产设计实施标准将形同虚设，毫无意义。

因此，对数字资产的研发阶段是过程管控的重要阶段。这一阶段的管控应注重两个方面的检查。一是按 IT 承接业务的原则检查模型承接的正确性。即检查逻辑数据模型中实体的属性与对应的业务实体模型中业务属性设计的一致性，物理数据模型中数据库表字段的设计与逻辑数据模型中对应的实体及属性的设计的一致性。二是检查 IT 视角模型中的标准与当前数字资产设计实施标准的一致性。即检查逻辑数据模型中实体及其属性的相关内容与当前最新数字资产设计实施标准的一致性，检查物理数据模型中数据库表及其字段的相关内容与当前最新数字资产设计实施标准的一致性。

通过这两个方面的检查，确保 IT 设计的逻辑数据模型、物理数据模型可以正确

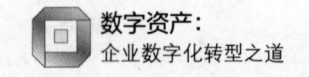

承接业务实体模型，企业数字资产设计实施标准得以有效贯彻实施。

2）业务对象服务的设计管控

除了数字模型，应用程序如何使用、展示数字资产及其标准也十分重要，这是业务直接接触和使用的部分，需要通过业务对象服务提供标准化的信息来实现对应用程序的输出内容的管控。例如，企业为用户提供的服务界面的展示、打印的表单，对外报送的信息等，均由业务对象服务从数据库表中检索、拼装后提供，因此，业务对象服务提供信息的标准化是数字资产设计实施标准贯彻实施需要管控的过程之一。

对由用户生产或通过技术自动采集而存储的数字资产，应作为重点管控对象，按数字资产设计实施标准进行收集、存储和使用。

5.3.6 实施情况分析

除了加强源头管控和过程管控，还应定期或不定期地对数字资产及其标准的使用情况进行巡检、分析、治理。通过使用数字资产及其标准的设计成果，与从需求到IT数字模型设计、系统研发实施情况的对比，发现差异并分析差异及其合理性、影响范围及程度等，找到数字资产及其标准的优化提升方案，以迭代提升企业数字资产的标准化水平及标准化管理水平。

通过对数字资产及其标准实施与规范的遵从度巡检，分析原因，制定并实施优化提升方案。虽然强调了数字资产及其标准的源头管控和过程管控，但是仍然可能存在未按数字资产标准执行的情况，比如为满足业务创新敏捷性提供的例外支持可能导致新发布的数字资产设计实施标准未得到有效执行，也就是例外事项未能完成闭环处理。对按数字资产设计实施标准落地的数字资产，需要检查实际积累和使用的数字资产及其标准的符合度。避免新数字资产及其标准为满足未改造系统对数字资产的使用需求而发生变形。

数字资产标准的完整性、变更的及时性均应作为巡检、分析需要重点关注的内容。**数字资产标准的完整性**是指所有应建立标准的业务实体和业务属性都有可遵循的数字资产设计实施标准，所有的指标类数据描述完整，无缺漏。**数字资产标准变更的及时性**是指当数字资产标准使用的外部标准（如国际标准、国家标准、行业标准）或监管要求对外报送的指标发生变更后，企业响应变更的及时性，避免企业使用的标准与外部标准之间存在差异。当数字资产标准依据的企业内部规章制度发生变更时，标准也应当及时变更，避免实际执行与规章制度不相符而形成风险隐患。当企业使用的标准不能满足业务的生产经营管理需要时，应及时变更，避免因标准的不适合而影响企业正常的生产经营。巡检完成后，应当深入地分析产生相关问题的根本原因，制定数字资产及其标准的优化提升方案，并推动尽快实施。

检查是否按路线图落地实施。在企业数字化转型过程中，应当持续地对实际的实施情况进行跟踪，检查实际执行与实施路线图的一致性。当发现未按路线图实施的情况时，应当深入分析变更实施计划的原因及其影响，针对不同的原因及结果分别制定解决方案，调整企业的实施路线图。

思考题

1. 本书把数字资产的标准分为对高阶数字资产规划进行指导的数字资产高阶规划标准和对详细的数字资产设计进行指导的数字资产设计实施标准，是因为高阶数字资产比较抽象，而规划的方法比较多，企业可以根据自身的特殊性选择性地使用，甚至可以进行组合后形成企业标准使用。而在进行详细的数字资产设计时涉及非常具体的内容，其结果直接影响企业的生产经营质量，因此，数字资产设计实施标准是必须执行而不是选择性地执行的标准。你认为这样划分标准的方法对你的企业适合吗？请你举例说明不同的划分标准对企业生产经营的影响。

2. 很多企业都有数字资产标准，但是真正得到持续贯彻实施的并不多。你认为影响企业数字资产标准得到持续贯彻实施的根本原因是什么？解决这个根本原因的最有效方法是什么？

3. 请你从生活中找出一些因为有了标准而提升了生活的便利性、幸福感的具体事例，以及一些因为缺乏相应的标准而为生活带来不便的事例。

第 6 章

高阶数字资产业务规划

数字资产规划工作需要在数字资产标准体系的框架里进行，但是不意味着需要等数字资产标准体系全面建成后才能开始。企业在明确了数字资产标准管理的组织架构，明确了各部门的职责后就可以同步启动数字资产规划工作。企业的数字资产由前三层级构成的高阶业务规划及第四层级的详细设计组成。本章将从实战的角度讲解如何使用数字资产建设方法完成"T"字工作法中"横"向的业务视角下的数字资产的高阶规划。

本章涉及的主要内容有以下几个方面。

第一，明确数字资产的战略目标。

第二，如何使用自顶向下的方法快速、准确规划数字资产。

第三，设计每一层级模型的具体操作。

6.1 与数字资产规划相关的要素

数字资产的高阶规划并不是凭空想象产生的，而是从企业生产经营中，从企业生产经营的环境中，以及从企业当前所属行业及将来计划进入行业的特征中得来的。当这些因素发生变化时，都会对企业的数字资产提出不同的需求，因此，需要对这些信息做全面的调研与分析，进而做好企业所需要的数字资产规划。

6.1.1 企业生产经营环境

企业生产经营环境可以分为宏观环境和微观环境，企业生产经营环境的相关资料应包括这两类环境的信息。

1. 宏观环境

宏观环境是指影响行业和企业的宏观因素。可以采用 PEST 分析方法，收集政治（Political）、经济（Economical）、社会（Social）、技术（Technological）四类影响企业的主要外部环境因素。

（1）政治环境是指一个国家的社会制度、执政党的性质，政府的方针、政策及相关的法律法规等。

一个国家的社会制度对企业的活动有不同的限制和要求。同一个国家，即使社会制度相同，在不同的时期，或不同的政党执政时，其实施的方针、政策也会有不同，对企业的影响也会有相应的变化。在企业收集相关资料时，既要关注宏观方面，又要关注一些具体的措施和要求，比如政治的稳定性、相关的法律法规、环保要求、安全规定、竞争规则、政府的态度、税收政策等。

（2）经济环境包括宏观经济环境和微观经济环境两个方面的内容。

宏观经济环境是指一个国家宏观经济运行的周期性波动等具有规律性的因素和政府实施的经济政策等政策性因素，比如一个国家经济的发展阶段、GDP 及其增长率、货币政策、利率政策、汇率、通货膨胀情况、失业政策、商业周期等。

微观经济环境是指某个地区的消费者收入水平、消费偏好、就业程度、储蓄情况等。

（3）社会环境是指一个国家或地区的居民教育程度和文化水平、宗教信仰、风俗习惯等，比如居民的收入分布、人口情况、劳动力与社会流动性、生活方式、职业与休闲态度、教育、社会福利、生活条件等。

（4）技术环境是指与企业相关的技术发展及应用情况，比如政府在技术方面的投入、产业技术情况、技术转让率、技术更新速度等。

2. 微观环境

企业的微观环境可以在迈克尔·E. 波特的五种竞争力分析模型的基础上增加合作方。

五种竞争力分析模型又称波特竞争力模型、波特五力分析，是迈克尔·E. 波特于 20 世纪 80 年代初提出的，主要用于竞争战略的分析，较全面地分析了企业所处的竞争环境。迈克尔·E. 波特将企业面临的竞争分为供应商的议价能力、购买者的议价能力、潜在竞争者的进入能力、替代品的替代能力、行业内竞争者的竞争能力。

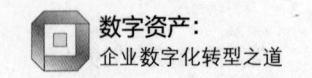

当前的世界经济格局，尤其是在数字经济环境中，除了竞争，更讲究以合作建立生态环境。在生态环境中，通过合作可以相互取长补短，提升各自的竞争力和价值创造能力。除了要关注当前的合作方、已知的合作方的信息，还应当关注潜在的合作方的信息。

6.1.2 企业内部分析

当从企业的内部分析与数字资产相关的要素时，我们可以用自顶向下的方法来进行分析。

（1）战略目标。企业的战略目标是企业生产经营的目标和方向，指导着企业各部门为同一个目标协同开展工作。企业数字资产是为企业生产经营管理提供数字化支持，因此，企业的战略目标决定了企业的数字资产应当如何规划及应当包含哪些数字资产。

（2）价值链。企业的价值链体现了企业是如何生产和交付价值，获得利润，实现生存和成长的。数字资产既然是为企业的价值创造服务的，那么必然会参与企业价值链的活动。因此，企业价值链及其相关的活动决定了企业的数字资产应当包含什么样的数字资产。

（3）利益相关者。企业的每条价值链里可能涉及不同业务部门，而不同的业务部门为了实现目标可能有不同的数字资产支持需求。而所有部门都有人负责，我们将与数字资产生产、使用、管理相关的人员称为利益相关者。利益相关者对数字资产的诉求代表企业不同部门业务开展对数字资产的诉求，这些诉求体现了企业的数字资产的规划方向及应当包含的数字资产。

6.2 数字战略

企业战略可以细分为很多方面的内容，为避免相关的内容混淆造成混乱，我们把与推进数字资产紧密相关的内容单独分离出来，称其为数字战略。本节重点讨论数字战略的相关事宜。

数字战略决定了数字资产的愿景、战略目标、基本原则。数字资产的愿景必须与企业的愿景保持一致；战略目标服务于企业战略目标，满足业务创新发展对数字资产的需求；基本原则是指开展数字资产规划、建设、使用的全生命周期，以及对数字资产在生产经营管理活动中进行全流程管控的原则。以下内容将用从无到有的视角说明如何进行数字战略规划。如果企业已有数字战略，则可以用这个方法进行现状分析及前瞻性的规划补充，从而找到需要提升的方面，不断完善。

1. 明确战略目标

在做数字资产的规划前，需要根据企业的愿景及战略目标来明确数字资产的战略目标。当企业的战略目标明确后，我们可以知道企业近期发展需要什么样的数字资产，对数字资产的需求是什么，这时再来制定企业数字资产的战略目标时会更有针对性，可以统筹考虑数字资产资源的整合与优化。

明确了企业数字资产的战略目标，就可以进行企业数字资产的规划，厘清企业的数字资产应该包括哪些内容及如何获取，对这些数字资产有什么样的法律法规的要求，以及企业应该遵循什么样的规范等。把这些内容明确下来后，才能更好地想清楚数字资产需要为企业的生产经营活动提供怎样的支持、发挥什么样的作用、如何进行管理等。

【示例 6-1】某银行之前的战略重点是发展公司业务，近期计划进军个人业务市场，并期望某项业务的市场占有率达到某个值。在制定数字资产的战略目标时，需要考虑增设与目标所指的个人业务相关的数字资产，比如目标客户、客户画像需要的信息，可以为客户提供的产品或服务，为客户提供产品或服务而投入的资源，目标客户的市场竞争情况，市场为目标客户服务的产品情况，该银行计划寻找的合作方资源等，以使进军个人业务市场的战略目标落地。具体的目标需要与负责开拓个人业务的部门保持一致，或略有提高。

从数字资产的角度来看，需要考虑新的业务目标所需要的数字资产与原企业的数字资产间的关系，考虑如何最大限度地发挥已有数字资产的潜能，实现数字资产价值最大化的目标。

【示例 6-2】某软件开发公司的愿景是为用户提供卓越的科技服务。在公司成立初期，主要是承接其他企业的研发需求，或派员参与用户的系统设计和研发。经过几年的发展和积累，形成了比较完善的一系列经营分析模型。现在公司提出新的战略目标：研发整合经营分析能力的经营分析系统，并与客户的 IT 系统对接提供个性化服务，以帮助客户提升经营分析能力和经营决策水平。

对该软件开发公司而言，当下的数字资产主要集中于经营分析模型、市场分析模型、宏观因素分析模型等，缺少用户分析等业务模型。公司从需求到产品交付的存量

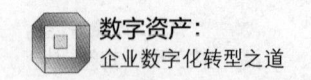

资产形成了各个研发部门自行规划、积累、不共享的信息孤岛。

在进行公司的数字战略规划时，需要围绕构建经营分析系统的目标开展，整合各部门的具体战略目标，建设从需求、设计、研发、测试、投产运营全生命周期所需要的数字资产，以及相应的管控机制，以实现数字资产全流程共享、透明、流动，并为各研发部门和流程高效地提供标准化、高质量数字资产。

2. 宏观层面的动因

宏观环境对企业的成长起着至关重要的作用，是企业成长的土壤。宏观环境里的因素显著影响着企业的战略规划和经营管理。因此，在进行数字战略规划时需要考虑宏观层面的影响因素。宏观层面的动因是指需要关注国际国内政治、经济、社会、法律法规、技术方面对数字资产的收集、存储和使用等方面的制约与要求等，以及当这些影响因素发生变化时可能对数字资产战略目标产生的影响。

政治环境分析是指对企业业务所涉及的国家或地区的政治制度、经济体制、政策、政局稳定、国际环境等情况进行分析，主要考虑这些因素及其变化会对企业业务有什么样的政策支持或限制，可能存在哪些风险等。

经济环境分析是指对企业业务所涉及的产业政策、货币政策、财政政策、税收政策、用工政策等经济政策，经济增速、国内生产总值、国民收入等经济发展水平，经济结构、基础设施、要素市场等进行全面分析，综合考虑这些因素及其变化会对企业业务有什么样的影响，企业业务会发展到什么程度等。

社会环境分析是指对企业业务所涉及的国家或地区的人口数量及结构、平均寿命、受教育程度、宗教信仰、风俗习惯、心态观念、消费者的收入水平及可支配收入水平、社会福利等进行分析，综合考虑这些因素及其变化会对企业业务有什么样的影响。

法律法规分析是指对企业业务所涉及的国家或地区与企业业务相关的法律、税收政策、标准体系等进行分析，综合考虑这些法律法规对企业的业务开展有什么样的影响。

技术因素分析是指对全球研发投入、新技术的创新能力与迭代情况、技术产业化水平与产业化能力、基础性技术的发展情况、知识产权等进行分析，综合考虑新技术对企业业务发展的影响。

在制定当期的数字战略规划时，应当分析影响因素可能发生什么样的变化及可能产生的影响，并制定相应的跟踪机制和响应机制，确保数字战略能及时调整，企业可以及时应对。例如，欧盟 2018 年 5 月生效实施的《通用数据保护条件》（GDPR）针对个人数据的收集、使用及权限管理等方面实施了更严苛的管控条例，对企业的数字资产建设有极大的影响。

尤其是在跨国设立分支机构时，在设立前需要对计划进入地区的政治、经济、文化、法律法规、技术等进行分析，并制定相应的数字战略。

3. 微观层面的动因

除了宏观层面的动因，在进行企业数字战略规划时还需要考虑微观层面的动因。微观层面的动因分析需要关注企业的客户、合作方、供应商、竞争者、利益相关方（如投资者）等。

微观因素是直接制约和影响企业营销活动的力量和因素。企业必须对微观环境进行全面、充分的分析，以更好地协调企业与这些相关群体的关系，促进企业经营目标的实现。

4. 考虑企业内部数字供应方与消费方的诉求

数字资产只有被使用了才能产生价值，因此，在进行数字资产规划时需要充分考虑企业内部数字供应方（生产者）与消费方（使用者）的诉求，全面满足企业战略目标对数字资产的要求。在相关的需求分析过程中，需要特别关注痛点，也就是先对企业现状进行分析，找出企业业务资产或数字资产存在的问题，再用根因分析法挖掘导致该问题的根本原因，从根本上解决问题。

在查找问题和进行问题分析时，应该同时关注同行业的情况，与领先的同行业企业进行对比，找到企业自身存在的问题和不足；与跨行业的先进竞争对手进行对比，找到自身存在的问题或提升的空间。用根因分析法挖掘导致这些问题的根本原因，并从根本上解决问题或提升能力。

在分析数字供应方与消费方的诉求时，应当分析企业的服务蓝图和客户旅程，找到企业对数字资产的潜在诉求。

6.3 收集高阶数字资产需求

使用自顶向下的方法比较适合概念模型、数字元模型、业务对象模型的规划。对

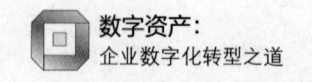

于业务实体模型的业务属性，建议最好使用自下而上的方法。这样能实现高阶规划与实际使用的对接，相互验证、调整优化得到兼顾各方诉求的数字资产规划成果。

在自顶向下地规划数字资产前，需要充分了解企业所处的生产经营环境、企业的价值链及战略目标，了解利益相关者对数字资产提供的支持和服务需求，才能对数字资产的战略目标有较全面的认识，规划出来的数字资产才有满足企业战略目标的要求。

为了让团队更好地收集高阶数字资产需求，以及更好地进行后期的整理，需要使用一些工具进行记录，如表6-1和表6-2所示。在确定了概念模型的分类标准后，按MECE原则进行分解，将得到的成果整理到表6-1中。对收集的数字资产需求，以其所描述的事物为单位进行分类，将每个事物作为一个预设业务对象，将该事物某方面的特征需求作为预设业务实体，整理到表6-2中。对该事物特征方面的需求应尽可能全面，甚至可以基于其他行业经验进行借鉴与拓展。

表6-1 概念模型清单

分类标准					
概念	层级	目的	定义	范围	……

表6-2 预设业务对象清单

预设业务对象	预设业务对象定义	预设业务实体	预设业务实体描述	来源	文号	……

6.3.1 从企业生态环境中收集高阶数字资产需求

在当今的经济发展中，尤其是在数字经济发展中，没有一个企业可以长期独立发展。新技术不断成熟并得到广泛应用，使社会分工越来越精细，也越来越复杂。这让企业不得不与其他企业建立直接或间接的关联，而这些直接或间接有关联关系的企业及它们所共存的社会经济环境组成了一种企业生态环境，如图6-1所示。在这个企业生态环境里，企业需要不断地与外界进行信息交互，因此，我们需要从企业生态环境中收集企业需要储备的数字资产。

从企业生态环境中收集高阶数字资产需求时，除了现状分析，还应结合企业战略进行思考，将企业的战略规划与各项要素相结合，一并进行分析。

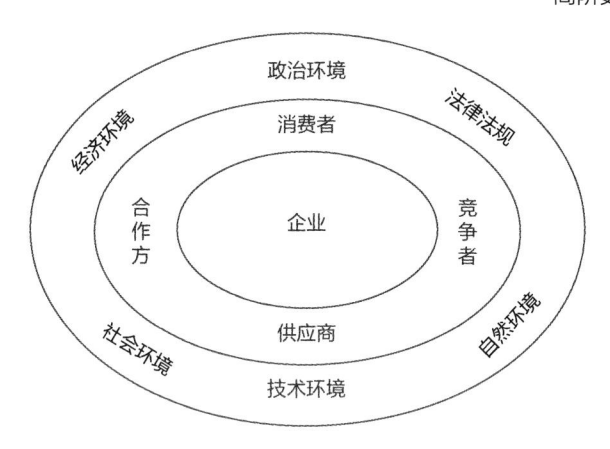

图 6-1　企业生态环境示意图

6.3.1.1　从环境圈中收集高阶数字资产需求

企业生态环境将对企业的生产经营产生重大影响。我们在分析数字战略时所讲的宏观层面的动因，就是企业生态环境里的环境圈部分，如图 6-1 中的最外圈。既然这些环境要素对企业的生产经营管理如此重要，就需要将相关内容整理出来，作为企业的数字资产进行充分利用。

政治环境中的政治制度、经济体制、政策制度、政局、国际环境等，与企业业务相关的内容都有哪些，这些信息变化后会对企业的生产经营产生什么样的风险，企业需要通过积累哪些数字资产来进行相关的分析及制定相应的策略等。

经济环境中的产业政策、货币政策、财政政策、税收政策、用工政策等经济政策，经济增速、国内生产总值、国民收入等经济发展水平，经济结构、基础设施、要素市场等，与企业相关的内容是什么，企业应当积累哪些数字资产来满足相关的分析及制定策略的需要等。

社会环境中的人口数量及结构、平均寿命、受教育程度、宗教信仰、风俗习惯、心态观念、消费者的收入水平及可支配收入水平、社会福利等，与企业相关的内容是什么，企业需要关注哪些信息，通过积累什么样的数字资产来分析风险、促进业务创新等。

企业需要关注法律法规中与企业业务相关的法律有哪些，税收政策是什么，标准体系怎么样等，与企业相关的法律法规应作为企业的数字资产。此外，企业的生产经营总是由相应的监管机构进行监管，而不同的监管机构会对企业提出一些数据报送或披露的要求。企业需要整理这些数据报送或披露的要求及具体内容，作为重要的数字资产需求。

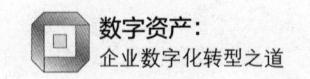

在技术环境中，与企业相关的技术的研发投入、创新能力与迭代情况、技术产业化水平与产业化能力、基础技术的发展情况、知识产权等，都应成为企业关注的内容。

环境圈显著影响着企业的经营行为，企业必须及时响应环境圈产生的要求或变化，相关的数字资产不仅仅影响企业的发展方向，还可作为企业风险的评估因素，更与企业具体的生产经营密不可分。

6.3.1.2　从生物圈中收集高阶数字资产需求

我们在分析数字战略规划时进行的微观层面的动因分析，也就是企业生态环境里的生物圈部分，如图 6-1 中的第二圈层。企业要生存与发展就需要了解消费者、供应商、竞争者，寻找合作方。

1. 分析与消费者相关的数字资产需求

企业要生存和发展，首先需要了解企业的产品或服务的消费者。在过去很长的时间里，由于各种条件的制约，企业提供什么产品，消费者只能接受并使用什么产品。随着技术的不断进步，商品种类的极大丰富，移动互联网的普及让信息传播更快、更加透明，消费者可以通过网络实时获取产品和服务的信息，拥有了更多的选择权，甚至更乐意参与产品的设计和生产过程。这就要求企业一定要了解自己的客户，甚至根据客户的喜好去提供产品或服务。因此，企业需要思考可以通过哪些数字资产来了解自己的客户。除了客户的个性特征，客户的行为特征也往往是企业需要关注的内容。

对于企业已有的客户，他们与企业之间存在怎样的往来，企业与客户间目前有哪些数据交互，交互的频度如何，以及这些数据交互的服务中哪些是由企业主导的，哪些是由客户主导的，近期企业与客户之间是否会新增其他的数据交互服务，以及数据交互服务的频度如何、由谁主导等。

2. 分析与供应商相关的数字资产需求

为了低成本、高质量、持续地为客户提供产品或服务，企业需要了解自己的供应商。例如，企业所需要的产品或服务的供应商，它们的资质、信誉、经营情况、提供的产品或服务的质量与本企业的符合度等，这些都可能成为企业的数字资产需求。供应商不仅仅局限于已建立供应关联的企业，还应该包括潜在的供应商。例如，数字化程度最高的金融行业，各家银行纷纷开启了数字化转型。数字化转型离不开应用系统的支持，而大部分中小银行没有独立开发复杂应用系统的能力。它们除了委托软件开发公司开发系统，还可以从作为竞争对手的大型银行那里采购一些标准化的技术服务。对于中小银行而言，大型银行就成了潜在的供应商。

企业需要了解其与供应商之间存在哪些数据交互服务，交互的频度如何，以及在这些数据交互的服务中哪些是由企业主导的，哪些是由供应商主导的。还需要了解近期企业与供应商之间是否会新增其他的数据交互服务，以及数据交互服务的频度如何、由谁主导等。

3. 分析与竞争对手相关的数字资产需求

在竞争如此激烈的环境中，竞争对手往往不限于同行业，比如让柯达公司走向破产的是数码相机技术而不是传统的胶卷技术。传统的支付业务是由银行提供服务的，如今中国的第三方支付公司如雨后春笋般出现，都在为中国居民提供方便、快捷的支付服务。这些第三方支付公司是科技公司、互联网企业，并非金融企业。因此，企业需要关注的竞争对手都有谁，它们分布在哪些行业、有什么样的特征，以及竞争对手的动态等，都可能成为企业数字资产应该关注的内容。

在数字经济环境里，竞争对手之间并不是互不往来的，竞争对手之间也能产生合作关系。例如，从中国的第三方支付公司提供的支付服务看，第三方支付公司与银行在支付业务上成为强有力的竞争对手，但是他们是合作关系，第三方支付公司连接收、付款人，银行与第三方支付公司合作，做收、付款人的资金清单。因此，竞争对手之间会有数据交互。所以，企业应分析其与哪些竞争对手之间有哪些数据交互，数据交互服务的频度如何，以及在这些数据交互的服务中哪些是由企业主导的，哪些是由竞争对手主导的。还需要了解近期企业与竞争对手之间是否会新增其他的数据交互服务，以及数据交互服务的频度如何、由谁主导等。

4. 分析与合作方相关的数字资产需求

随着新技术的不断涌现、成熟并在生活中广泛应用，消费者的习惯也随之发生着极大的改变。消费者的信息更透明，生产者与消费者之间的信息沟通渠道更加多样化，消费者获取商品或服务的触点越来越丰富。在这样的情况下，企业很难靠一己之力服务好消费者。因此，在这个开放的环境中，企业更加强调合作。

与合作方共享技术、共享资源、共享市场等，通过相互支持来减少资本的投入、提升效益。例如，对于国内的大型银行而言，有较强的应用系统为客户服务提供支持，但是银行的应用系统与日常生活的触点有限，这极大地制约了银行为客户提供服务的渠道。通过与非金融企业合作，将金融服务嵌入合作企业的服务流程中，实现共同为

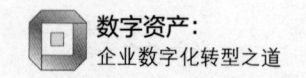

消费者提供便捷的金融服务，比如消费者在电商平台上购物或消费时，银行和电商企业共同为消费者提供分期付款、消费信贷等服务。企业要分析需要什么样的合作方、开展哪些方面的合作，以及企业所关注的其他的相关信息等，这些都是企业数字资产的需求。

企业与合作方之间的合作方式多种多样，不同的合作方式可能有不同的数据交互。企业需要细致地分析其与合作方之间有哪些数据交互，数据交互服务的频度如何，以及在这些数据交互的服务中哪些是由企业主导的，哪些是由合作方主导的。还需要了解近期企业与合作方之间是否会新增其他的数据交互服务，以及数据交互服务的频度如何、由谁主导等。

6.3.2　从企业价值链中收集高阶数字资产需求

企业价值链的概念是由哈佛大学商学院教授迈克尔·E. 波特在他的著作《竞争优势：创造和维持卓越绩效》中提出的。他提出："将竞争优势视为一个整体是无法理解的。它源于公司在设计、生产、营销、交付和辅助其产品生产过程的活动的集合，这些相互独立又存在关联的活动构成了一个价值创造的过程即价值链。"企业的价值链体现了该企业是如何生产产品、交付价值的动态过程。

迈克尔·E. 波特将企业的活动分为主要活动、辅助活动两部分，主要活动是指入库物流、生产、出库物流、营销和销售、服务五个组成部分，对生产价值和创造竞争优势至关重要。辅助活动由采购、技术开发、人力资源管理、企业基础设施四个部分组成，其作用是帮助提高主要活动的效率。当企业提升四个辅助活动中的一个辅助活动的水平时，至少会使五个主要活动中的一个主要活动受益。可见企业的价值链包含了企业的方方面面，涵盖了企业所有的部门及职能。所以，我们需要从企业价值链中识别、收集数字资产需求。

对于企业价值链上的每个可能的活动，都分析其所需要的数字资产是什么，以及通过这个活动最后可以生产哪些新的数字资产。在分析哪些是数字资产时，可以通过5W1H的方式来描述每个活动，是什么、怎么样、何处、谁、何时、为什么，从描述中收集数字资产的需求。在这个环节中找到的数字资产需求没有准确性要求，各种数字资产的粒度一致性只需要符合MECE原则，没有交叉、没有遗漏就可以。

例如，如果销售活动这样描述：销售人员通过专卖店、电商等渠道和多种方式介绍企业提供产品或服务的价值，通过专门的解决方案满足客户的特定需求。从描述中我们可以找出所需要的数字资产，用括号的形式来说明为：销售人员（销售人员）通过专卖店、电商等渠道（渠道）和多种方式（营销方案）介绍企业提供产品或服务（产品或服务）的价值，通过专门的解决方案（销售或服务协议）满足客户（客户）的特定需求。

整理出来的数字资产需求为：销售人员、渠道、营销方案、产品或服务、销售或服务协议、客户。

当然，这些数字资产需求都是比较高阶的，其将随着规划设计工作的推进逐步细化。

6.3.3 收集利益相关者的数字资产需求

美国项目管理协会（Project Management Institute，PMI）对利益相关者的定义为：项目利益相关方是介入项目过程或受到项目成果影响的组织或个人。这个定义被项目管理界广泛使用。我们将数字资产规划工作视为一个项目来开展，借助项目管理的方法来保证其能按预期的计划实现目标。因此，本书基于这个定义来定义数字资产的利益相关者：数字资产的利益相关者是与企业生产经营过程相关或受数字资产影响的组织或个人。可以简单理解为受企业数字资产影响或影响企业数据资产的企业或个人。

全面识别利益相关者及其对数字资产的需求是确保数字资产规划全面性、完整性的基础。如果出现利益相关者遗漏，可能导致数字资产不能满足某些方面的需求，甚至影响数字资产战略目标的实现。因此，我们需要解决三个方面的问题：首先，怎么保证被数字资产规划的利益相关者能够识别出来；其次，如何收集利益相关者对数字资产的需求；最后，如何分析收集到的数字资产需求的全面性。

6.3.3.1 识别利益相关者

在分析数字资产的利益相关者时，需要先明确数字资产不是企业生产经营流程的副产品，而是为企业的生产经营及决策提供支持的生产要素。因此，数字资产的利益相关者不能局限于数字资产的供应方、消费方。

1. 利益相关者识别

在识别利益相关者时，我们可以先用自顶向下的方法分类，再以自下而上的头脑风暴法识别。在用自顶向下的方法分类时，可以先按企业的内部和外部分。对内部可以从生产要素视角按企业价值链识别；对外部可以按企业生态环境识别。

使用自下而上的头脑风暴法时，基于企业价值链或组织结构进行识别。例如，通过对企业各部门的负责人，各专业的业务专家进行访谈的方式识别，并随时根据规划

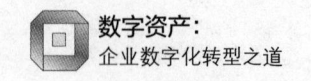

工作的推进情况进行补充。

2. 利益相关者管理

为了更好地管理利益相关者的需求，需要做好利益相关者的管理，注意在整个规划过程中不断沟通。利益相关者信息清单是一种比较好的记录利益相关者的工具，其应包括的内容可参考表 6-3。利益相关者信息清单应包括所涉及的生产、使用和管理数字资产的所有利益相关者，且分布合理，即涵盖企业所有的业务线、专业、职级，以确保识别数字资产需求的全面性。

表 6-3　利益相关者信息清单

姓名	部门	职务	电话	身份类别	专业领域	影响程度	关注内容	目标	关注程度	关联利益相关者

说明：

身份类别是指该利益相关者与数字资产的关系，至少可以分为供应方、消费方、管理者。

影响程度是指该利益相关者对数字资产规划成果的影响程度。

关注内容是指关注哪些类别的数字资产。

目标是指对数字资产提供支持的目标性要求。

关注程度是指对数字资产的期望。

当利益相关者信息清单里的利益相关者需求得到满足后基本实现企业级数字资产高阶规划（概念模型规划、数字元模型规划、业务对象模型规划）的目标时，说明利益相关者的范围是恰当的。

3. 利益相关者分析

在规划初期我们需要识别出所有的利益相关者，但是从时间及资源限制来说，并不是所有的利益相关者都必须保持沟通。因此，我们需要对识别出来的利益相关者进行分析，找出需要重点沟通的对象，这个过程就是利益相关者分析。

利益相关者分析的方法较多，本书主要介绍"重要及兴趣分析方法"。重要及兴趣分析方法是以数字资产决策的重要性及兴趣为关注点对所有的利益相关者进行分类，并针对不同类别的利益相关者采取不同的沟通策略，利益相关者的重要性及兴趣分析方法如图 6-2 所示。

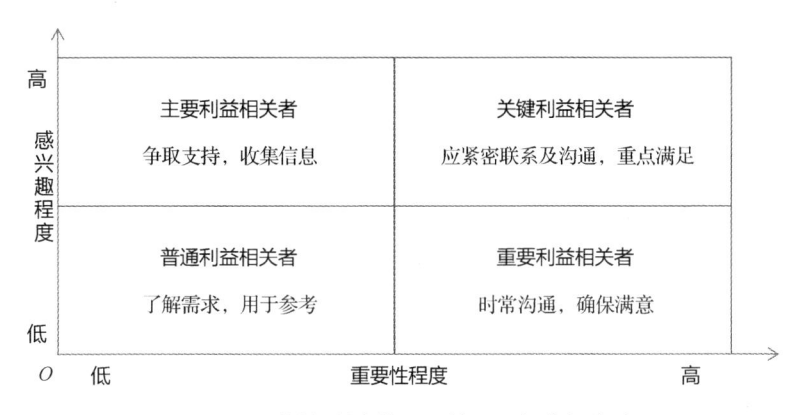

图 6-2 利益相关者的重要性及兴趣分析方法

关键利益相关者和重要利益相关者是需要重点关注的对象，及时反馈进展，确保满足他们对数字资产的需求。对关键利益相关者，可以通过沟通联系，更深层次地挖掘其潜在需求。

可以争取主要利益相关者的支持，由其协助进行信息收集。

如果普通利益相关者有需求，那么应予以考虑。

6.3.3.2 识别利益相关者数字资产需求的方法

识别利益相关者对数字资产的需求，对于后续开展数字资产及其标准化的规划、设计工作非常重要，因此，应由数字资产及其标准的规划及设计团队成员负责收集、整理利益相关者对数字资产与其标准的需求。

为了更快捷、全面地识别利益相关者对数字资产的需求，收集需求的人应先对企业的各个业务部门的职责、业务的流程有较全面的了解。识别利益相关者需求的方法有很多，本书重点介绍访谈、调查问卷、头脑风暴等常用的方法。

1. 访谈

访谈是指需求收集人（采访人）通过与利益相关者面对面沟通获取其对数字资产需求的一种需求获取方式。

为了确保访谈取得预期的成果，采访人应事先了解利益相关者的情况及其所负责的业务线、专业等信息，并围绕该业务线的战略目标、特征、使用数字资产及其标准的情况准备好访谈的问题。为了避免因为过于熟悉而忽略一些重要信息，尽可能不要

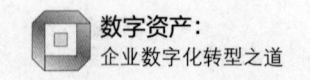

让采访人对本专业的利益相关者进行访谈,最好对跨专业但专业间存在相关性的人员进行访谈。

在访谈过程中,采访人应该记录好利益相关者的答案,并对利益相关者的回答有初步的判断,确保答案的完整性。采访人应对访谈过程中出现的一些潜在的问题进行引导和讨论,获取利益相关者对数字资产更深层次的需求。

访谈是获取数字资产需求最好的收集方法,但是需要投入的人力较多,耗时比较长,需要提前与利益相关者约定,避免因时间不足而难以实现预期目标。

2. 调查问卷

调查问卷是指设计一些封闭式问题(如选择题)和开放式问题(简答题)形成问卷,发放给利益相关者填写,从而收集利益相关者对数字资产需求的一种方式。

使用调查问卷可以在短时间内完成对大量利益相关者的需求收集。一般情况下,问卷填写人很少认真对待开放式问题,因此需要在调查问卷的设计上投入更多的精力,力求问题清晰、数量不多,能引导填写人进行思考并做出选择。

调查问卷的方式只能收集已知的数字资产需求,问卷遗漏的部分会成为盲区。

3. 头脑风暴

1948年,亚历克斯·F. 奥斯本写的《你的创造力》一书中首次提出头脑风暴的概念和规则。头脑风暴提倡的轻松、非正式地解决问题的方法与发散思维相结合的形式和规则得到了广泛传播,并成为企业为各种问题提供创造性解决方案的常用技术。头脑风暴的四个核心规则如下。

规则1:在会议期间产生尽可能多的想法。头脑风暴的目的是围绕主题集思广益,并不强调质量,而是尽可能地发散,数量比质量重要,以获取大量的想法。数量越多,好点子出现的机会越大。

规则2:不允许批评想法。在进行头脑风暴时,所有成员自由发挥,相互之间不能批评,也不进行分析,以确保参与者能够更公开地分享想法。批评和分析会阻碍想法的产生,限制创造力。在头脑风暴结束后,应对收集的信息进行整理和分析。

规则3:欢迎疯狂和雄心勃勃的想法。所有成员都要无拘无束地发言,主持人要保持气氛的轻松自由,引导参与者从大处着眼。鼓励产生更多的创造性思维,当出现新点子时,要大力鼓励,点子越新奇,越能激发独特的创意。一个独特的想法可能激发参与者产生更多的新点子,使参与者摆脱正常的思维模式,跳出各种条条框框的束缚进行思考。

规则 4：鼓励人们在其他想法的基础上再接再厉。虽然不允许批评，但是欢迎头脑风暴的参与者在其他人的贡献的基础上进行扩展，创造一种更具协作性的氛围，让好想法获得更多扩展。

在头脑风暴的过程中，由于参与者常常受其他人员的想法的启发，尤其是受有关跨专业的数字资产需求的想法的启发，而提出一些潜在需求。这种方法可以在较短的时间内获得大量的、较全面的、更深层次的需求。通过头脑风暴来收集数据资产需求时，需要注意以下几个方面的事宜。

1）做好前期准备工作

（1）**环境准备**。头脑风暴的会议室是首先要考虑的事项。确保房间光线充足，环境舒适。桌子与白板最好围成圆形，这样在有人发表意见时，其他人的眼神容易交会，更容易激发出创造力。

（2）**参与者的选择**。一个多元化的团体能产生许多具有创造性的想法，所以尽量让来自不同背景的人参加，包括具有各种不同思维方式的人。参与的人数不宜过多，一般为5~10人。如果成员中有与主题相关的专家，那么最好不要过半。越多不同领域的人参与越有益。每次讨论的参与者最好是职级相关性不大的利益相关者。

（3）**确定工作人员**。工作人员至少包括主持人和记录员。头脑风暴的主持人负责提出问题，不参与讨论，也不对参与者提出的需求进行评价。主持人应注意控制讨论的范围务必围绕数字资产的需求开展。记录员在记录时不可简化、压缩，要逐字记录。把记录贴在每个人都能看到的地方，比如贴在挂图或白板上。

（4）**准备问题**。作为以企业数字化转型中数字资产需求收集为目标的头脑风暴，需要先明确目标，再把这些目标转换成具体的问题。如果一开始就问大家对数字化转型中数字资产需求的看法是什么，可能会让人一下子难以回答。可以把所有的问题转换成具体的、易回答的问题来提问，如"在某项工作中是否有某项数字资产""在使用某项数字资产过程中有什么想法"等，再通过一个人的回答进行引导，从而得到更多的想法。

2）会议组织

（1）**提出问题**。主持人需要根据参会人员的职级、专业背景来提出问题。提出问题后，应给大家足够的时间，尽可能多地写下自己的想法。然后，请每位参与者分享自己的想法。一定要给每个人公平的分享机会。

（2）**引导讨论**。主持人在头脑风暴中的最重要职责是引导讨论。在气氛没有起来前要带动讨论，激发每个人从不同的角度提出需求、进行展望。在每个人分享了他们

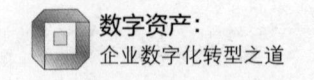

的想法后，需要带动大家进行拓展。在这个过程中，主持人一定要注意只负责掌控气氛而不参与任何讨论，即使自己有想法也不能说，不能表达出来。当讨论的方向与目标偏离时，主持人需要将大家引导回正题。不要在某个问题上讨论太长时间。

3）信息整理

头脑风暴结束后，工作人员要对收集的信息进行分析、整理，提炼形成对数字资产的需求。

（1）**分析整理**。在每次头脑风暴结束后，工作人员应尽快开展信息的分析整理工作。由于是围绕企业的数字资产需求展开的讨论，而且记录的信息足够详细，为分析、整理工作带来了极大便利。

分析整理可使用的工具非常多，推荐使用思维导图。思维导图可以进行多级分类，且对分类的调整极为便捷，比较容易将相关的内容归纳在一起，进行分组处理。思维导图是我们前面介绍的金字塔原理的一种应用。

尤其是在多轮次头脑风暴收集需求时，使用思维导图可以轻松将每次讨论的结果整合起来，得到更全面、完整的需求。

（2）**总结提炼**。完成信息的分析整理后，可以开展需求提炼工作。头脑风暴收集的信息是零散的，直接用于规划数字资产时会缺乏体系性。因此，在完成所有的头脑风暴后，工作人员应对这些信息进行总结提炼，形成更体系、全面的数字资产需求。

当前的问题和痛点是需求整理中需要特别关注的内容，可以结合企业当前的情况及企业的业务战略、数字资产战略进行适当的拓展，让需求更具前瞻性。

6.3.3.3　整理利益相关者对数字资产的需求

无论是通过访谈、调查问卷、头脑风暴，还是其他方法收集的利益相关者对数字资产的需求，都是比较零散的，可能还很琐碎，需要进行分析整理才能理出清晰的脉络。整理出来的成果需要与企业的业务架构师和数据架构师一起讨论，如果企业还没有专门的架构师，可以邀请经验丰富的业务专家一起讨论。

分析整理利益相关者的数字资产需求的方法有很多，这里推荐归纳整理方法。归纳整理方法是针对收集到的信息，分析它们之间的关系，找到共性并进行归纳。"共性"是指具有某种相似性的共同点。

由于利益相关者提出对数字资产的需求时并没有使用统一的标准或规范，现实中也不能为了实现这个目标而制定标准或规范，就需要在归纳整理的过程中同步考虑三个关联关系：向上抽象、向下细化、横向拉齐。

（1）向上抽象是指当归纳出来的数字资产需求已经不能再向上抽象时，应停止抽象。不能再向上抽象的含义是，再向上抽象得到的结果已经不具备具体的业务含义，没有明确的业务特征。

（2）向下细化是指当归纳出来的数字资产需求抽象程度过高，不能明确具体的业务含义时，可以向下降一个层级，直至得到的每项数字资产需求都有明确的业务含义。

（3）横向拉齐是指整理得到的企业级数字资产需求的抽象程度一致。

在进行整理时，可以用金字塔框架和数字资产需求清单分别进行整理。金字塔框架如图 6-3 所示，在实际使用时可以根据需要分为若干层级，建议最好不要超过五个层级。每个层级里可以放入同样抽象程度的、具有某种共性的不同的数字资产需求。最好是将体现同一个事物特征的数字资产需求放在同一个框里。顶层的框里为具有明确业务含义的数字资产需求。底层的框里为粒度最细的数字资产需求。在进行整理时，只需要把收集的需求直接填写在对应的层级中，只需要进行向上归纳抽象，暂不进行向下细分。

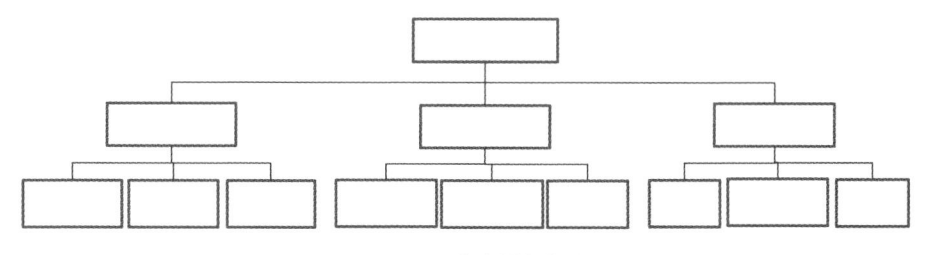

图 6-3 金字塔框架

数字资产需求清单如表 6-4 所示，将收集到的数字资产需求整理成清单，并为每项需求拟定一个编号，以便于追溯及在后续工作中使用。表 6-4 中只列出了部分重要信息，每个企业可以根据自身的特点进行设计、扩展。需要保证至少能从清单中体现是什么专业、什么环节对数字资产的需求。

表 6-4 数字资产需求清单

编号	资产名称	层级	资产说明	使用专业	使用环节	目标	提出人	部门	整理人

在整理的过程中，如果利益相关者提出的数字资产需求本身具有一定的抽象度，可以将其直接填入较高层级的金字塔框中。框里的信息应为"编号+资产名"的形式。如果利益相关者提出的数字资产需求比较具体，就可以将其按核心词归类填入相应层级的整理框中。根据这些具体的需求抽象得到的资产名称及编号应与利益相关者直接

提出来的数字资产需求编号不同，并能快速区分，以便于在后续工作中再利用。如果其他利益相关者已提出与抽象得到的数字资产需求名称相同的需求时，需要分析利益相关者的具体需求是否一致。若不一致，则应在名称上有所区别。

在整理人对若干具体的数字资产需求进行抽象时，应将被抽象的所有数字资产需求定义为同一层级并调整到一起，将抽象得到的数字资产需求作为该层级的上一层级。

【示例6-3】某企业为传统企业，正在推进数字化转型。其中一项任务为构建企业级数字资产。为此，企业建立起数字资产管理委员会，成立了数字资产规划及设计团队。该团队完成了数字战略目标的制定，明确了具体的工作里程碑。目前，该团队刚完成利益相关者对数字化转型的数字资产需求的收集，正在进行需求整理。

按事先制定的数字资产规划设计标准，企业将数字资产的需求分为五层，从第一层到第五层的定义分别如下。

第一层为业务对象级，能明确指向某类事物。

第二层为业务实体级，能明确说明某个具体的事或物。

第三层为业务属性级，能明确说明某个事物的某个方面的特征。

第四层为业务属性域级，能明确说明某个事物的某项特征的全部可能的取值特征。

第五层为实例说明级，是对业务属性级中每个取值的类型、格式的详细说明，以及所做的业务规划等。

按事前确定的工作方式，数字资产设计团队按资产类别对通过各种方式收集的利益相关者的数字资产需求进行归类整理。归类完成后，需要进行分级、抽象等处理。

在收集的与人有关的需求中，团队成员马克负责完成以下四条需求的分析、整理。

（1）需要了解客户的兴趣爱好，以便于向其推荐恰当的产品。

分析：没有对"兴趣爱好"做更多、更详细的说明，所以这条需求中包括两个层次的需求，一是客户，二是兴趣爱好。

结论："客户"可以归到第一层，也可以放到第二层中，这时，考虑目前对企业级需求的整理情况不明确，很难进行横向比较。可以以兴趣爱好的层级为参考，向上抽象一级。"兴趣爱好"说明的是客户在某个方面的特征，因此可以将"兴趣爱好"作为第三层。将"客户"放在第二层中，作为"兴趣爱好"的上一层。

（2）需要了解员工的兴趣爱好，如音乐、体育、书画、舞蹈、摄影等，以便于组织相关的活动,提升凝聚力。

分析:这条需求中包括三个层次的需求,一是员工,二是兴趣爱好,三是音乐、体育、书画、舞蹈、摄影等。

结论:参考上一条分析成果"客户",按横向拉齐的原则,将"员工"放到第二层中。"兴趣爱好"作为"员工"之下的第三层。"音乐、体育、书画、舞蹈、摄影等"作为"兴趣爱好"之下的第四层。

(3)需要了解员工的专业特长,以便于更好地安排相关的工作。

分析:没有对"专业特长"做更多、更详细的说明,所以这条需求中包括两个层次的需求,一是员工,二是专业特长。

结论:因为"员工"已存在,找到第二层"员工","专业特长"作为"员工"之下的第三层。

(4)需要了解供应商的资质和经营情况,以便于开展合作。

分析:没有对"资质"和"经营情况"做更多的说明,所以这条需求中包括两个层次的需求,一是供应商,二是资质和经营情况。

结论:按横向拉齐的原则,将"供应商"放到第二层中,将"资质"和"经营情况"放到"供应商"之下的第三层。

马克按数字资产需求清单的规范要求,根据记录的详细情况将四条需求整理到数字资产需求清单中,得到如表 6-5 所示的与人相关的数字资产需求清单。

表 6-5 与人相关的数字资产需求清单

编号	资产名称	层级	资产说明	使用专业	使用环节
WHO-0100002	客户	L2	使用本企业产品或服务的企业或个人	销售	销售分析
WHO-0101003	兴趣爱好	L3	与选择产品或服务相关的兴趣爱好	销售	销售分析
WHO-0200002	员工	L2	与本企业签订劳动合同的人员	工会	—
WHO-0201003	兴趣爱好	L3	员工与本职工作无关的业余爱好	工会	团队建设
WHO-0201014	音乐、体育、书画、舞蹈、摄影	L4	员工与本职工作无关的业余爱好	工会	团队建设
WHO-0202003	专业特长	L3	员有拥有与工作相关的技能	人力资源	工作分派

续表

编号	资产名	层级	资产说明	使用专业	使用环节
WHO-0500002	供应商	L2	与本企业或将要与本企业签订采购协议，提供产品或服务的企业	采购	招标
WHO-0505003	资质	L3	供应商拥有的资质情况	采购	招标
WHO-0506003	经营情况	L3	供应商近几年的经营情况	采购	跟踪采购实施

数字资产设计团队成员将所有资料整理成数字资产需求清单后，整合在一起，就得到了利益相关者对数字资产的需求。通过横向对比、讨论后，马克将得到的所有需求整理到金字塔框架中，制成与人相关的金字塔框架，如图6-4所示，能一目了然地看到相关研究成果，最后评审、确认。

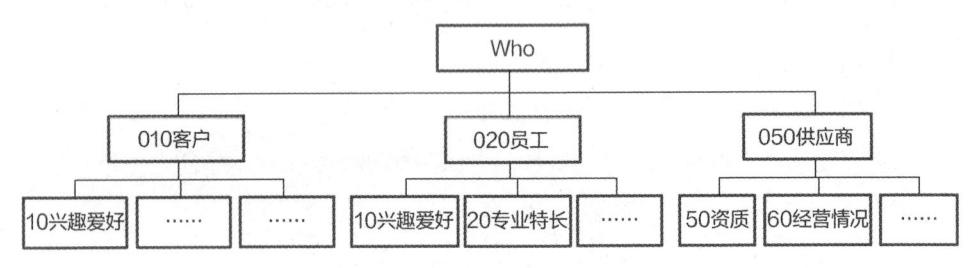

图 6-4 与人相关的金字塔框架

6.3.4 收集企业内部资料

收集企业内部资料的目的是识别可能成为数字资产的业务实体，而这些业务实体散布在企业生产经营的方方面面。我们可以从以下几个方面开展资料的收集工作。

1. 收集企业生产经营管理的流程

企业在做数字化转型的过程中会对其生产经营管理流程进行变革及优化，可以将流程建模团队梳理出来的原流程及新流程作为识别数字资产的基础。所有流程的输入、输出都将由数字资产提供或承接，甚至对一些流程进行标准化提升后，一些业务规则将由数字资产承接。因此，对流程资产的收集应关注流程运行过程中所遵循的业务规则。

如果企业暂时不对生产经营管理流程进行数字化改造，或者没有完成相关的流程建模工作，那么可以从生产经营管理流程的现状中收集所有的输入及输出信息。

2. 收集企业现行的规章制度、业务手册等

企业在生产经营中已将其关注的数字资产隐含于各项规章制度、流程规范、业务手册、操作手册中，收集相关的资料可以为团队识别数字资产及其特征提供非常大的帮助。在收集该类资产时应注意全面性，包括企业生产经营过程中使用的所有指导业务开展的文件、手册等，不要有遗漏。

3. 收集企业正在使用的各种合同、凭证、账簿等

企业使用的合同包括与供应商、消费者、合作方等签订的合同，也包括企业与员工签订的劳务合同等。

企业在正常生产经营过程中使用的各种账簿、记录本、凭证、报表等，也都应当进行全面的收集，以确保所形成的企业数字资产能满足各生产经营单位的需要。

4. 收集与企业战略规划相关的材料

前面收集的企业内部材料基本上呈现了企业现行的状况，而我们要规划企业未来的数字资产，所以，需要收集与企业战略规划相关的材料。这些材料有些在企业的战略规划成果中，有些隐含在战略规划者或分析者心中，因此，在对战略规划成果进行全面解析时，应当收集企业战略规划时的研讨会记录、访谈记录等材料。

6.3.5 数字资产全面性分析方法

通过收集利益相关者对数字资产的需求、从企业价值链中收集使用的数字资产，并分析整理业务对象，且业务对象间不能存在交叉。接下来，我们需要对收集整理出来的业务对象是否能全面覆盖企业的生产经营管理全流程进行分析，以发现是否有遗漏。

6.3.5.1 七要素分析法

我们在第3章介绍过 Zachman 框架，并用 6×6 矩阵的一组模型来完整地描述企业的所有业务。在此，我们沿用 Zachman 使用的 5W1H 方法来分析收集的数字资产是否能涵盖企业的方方面面。与管理相关的 Measurement 度量是数字资产需要考虑的内容，一并纳入本部分的分析之中。七要素分析法是指 Who（谁）、When（何时）、Where（何处）、What（是什么）、Why（为什么）、How（怎么样）、Measurement（度量）。

1）Who（谁）

"Who"是指与企业价值生产和交付相关的人或组织，即利益相关者，比如供应商、员工、销售商、客户、合作方等。我们应从供应链的视角分析其是否有遗漏。

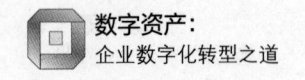

2）When（何时）

"When"表示与企业生产经营管理相关的时间及时间周期。我们需要对与业务相关的所有日期或时间周期进行梳理，可以参考管理指标里的相关要求。

例如，会计周期、生命周期、生产周期、生产设备寿命等。

3）Where（何处）

"Where"表示与企业的生产经营管理相关的地点，包括接收或交付价值的渠道，我们可以从企业当前拥有或计划增加的渠道及业务可能发生的地点进行分析。

例如，工厂、线下门店、办事处、官方网站、电商店铺、小程序等。

4）What（是什么）

"What"表示企业所能提供的产品或服务。需要特别强调的一点是，有些服务可能不会给企业直接带来价值，但是能使其他产品或服务增值，此外，能提升客户黏性的服务容易被忽视。

例如，产品、服务、半成品、附加服务、免费提供给客户使用的一些特殊服务能力等。

5）Why（为什么）

"Why"表示与企业开展生产经营活动相关事件的提示载体。企业的每个活动都不是自发的，一定是因为某个事件的发生而触发的。而每个事件都会有一定的载体来通知相关事件的启动。

例如，采购通知单（因生产经营管理需要而提出）、提货或到货通知单、发货通知单、投诉、付款通知书等。

6）How（怎么样）

"How"表示与企业生产经营活动相关的记录。企业的每个生产经营活动都需要有书面的证据，不能通过口头方式下达任务或办理业务，这样才能进行有效的管理。

例如，合同、协议、收款回单、入库单、出库单等。

7）Measurement（度量）

"Measurement"表示与企业的生产经营管理相关的度量数据。度量数据一般与企业的管理工作相关。

例如，成本、废品率、客户留存率、销售量、销售额、账户余额、利润等。

七要素分析法适用于收集企业数字资产的初期，是一种检验数字资产全面性的粗略分析方法。

6.3.5.2 价值链对接分析法

针对收集的数字资产需求，用价值链对接分析法分析其是否覆盖了企业的生产经营管理全流程。价值链对接分析法是指将数字资产与企业的价值链进行对接，形成价值链对接分析矩阵，如表 6-6 所示，分析每条价值链里使用及生产的数字资产。

表 6-6　价值链对接分析矩阵

数字资产	价值链		
	价值链 1	价值链 2	价值链 3
数字资产 A	创建：××	—	修改：××
数字资产 B	使用：××	—	—

在价值链对接分析矩阵中，分析每条价值链所使用的数字资产和生产的新数字资产，找到相应的数字资产，并在该条价值链与数字资产交叉的单元格里填写该价值链使用了这个数字资产的什么内容。例如，在某企业的销售价值链上，需要用到客户偏好，从而能更好地为客户推荐适合的产品，提供更恰当的服务。在销售价值链与客户数字资产交叉的单元格里填写上"使用：客户偏好"即可。销售成功后会签订销售合同，在销售价值链与销售合同数字资产交叉的单元格里填写"创建：销售合同"。

"动作：数字资产"前表示价值链是使用还是生产了数字资产，后面填写数字资产中的什么信息。

动作分为三类：一是创建，表示生产出来的新数字资产；二是修改，表示对原有的数字资产的某些业务属性进行更新；三是使用，表示从数字资产库中查找指定的资产，用于新的生产经营管理流程中。

当某条价值链没有数字资产可用，或者没有生产任何数字资产时，说明收集的数字资产需求有遗漏，应当有针对性地进行补救。

6.3.5.3 业务领域对接分析法

随着收集的信息的不断增多，数字资产的描述进一步丰富，已经聚合成比较明确的业务对象时，可以使用本方法进行比较细致的对接。

在企业架构中，企业的价值链体现了企业是如何生产和交付价值的。每条价值链由不同的业务领域构成。通过数字资产与业务领域的对接可以验证其全面性。如果企业没有构建企业架构中的流程模型，那么就不适合使用业务领域对接分析法。

首先，使用业务领域数字资产对接矩阵（见表 6-7）做初步的分析。

表 6-7 业务领域数字资产对接矩阵

业务对象	业务领域		
	业务领域 A	业务领域 B	业务领域 C
业务对象 a	创建	使用	—
业务对象 b	使用	使用	创建

其次，完成整理后，可以查看每个业务领域使用了哪些数字资产，创建了哪些数字资产。有可能某个业务领域只创建了某个数字资产的部分内容，也可能创建了全部内容。

从列的视角看，每个业务领域都一定会使用数字资产，也一定会创建数字资产。如果某个业务领域不创建数字资产，那么说明这个业务领域没有实现价值创造，是无效业务领域，可以请业务架构师进行分析。同理，每个业务领域不可能不需要任何数字资产，所以一定会存在使用数字资产的情况，如果某个业务领域没有使用数字资产的情况，那么说明该业务领域存在遗漏，应当及时采取有针对性的补救措施。

从行的视角看，每个业务对象必然由某个业务领域所创建，也一定会被某个业务领域所使用。不可能存在不经过创造就被使用的情况，因为数字资产不可能凭空出现。人工手动录入而形成的数字资产，其存储的过程就是创建的过程。

再次，以业务领域为单位分别分析数字资产的完整性。在分析其完整性时需要熟悉特定业务领域的专家参与。只有熟悉特定业务领域的专家通过分析每个业务对象的目的、定义和范围，才能综合评审相应业务领域价值创造或交付活动所需要的数字资产是否全面，是否全面体现了该业务领域所创造的数字资产。

最后，通过数字资产在各业务领域间的流转而实现的价值变迁分别分析其完整性。在分析其完整性时需要全面熟悉企业业务情况的专家共同参与。只有全面熟悉企业业务情况的专家才能对数字资产在各业务领域的流转、价值增值的过程有全面的了解，才能有效地评估数字资产流动的正确性、全面性。

6.3.5.4 具体工艺流程对接分析法

数字资产是为流程服务的，因此可以通过与流程对接来分析数字资产的全面性。随着数字资产的逐步细化，完成了对业务实体的收集，可以与具体的业务处理流程进行对接验证。

每个业务领域都有一条该业务领域如何实现价值创造及交付的价值流，每条价值流下都有一系列活动，来实现该条价值流的价值创造及交付，企业价值生产及交付分层示意图如图 6-5 所示。

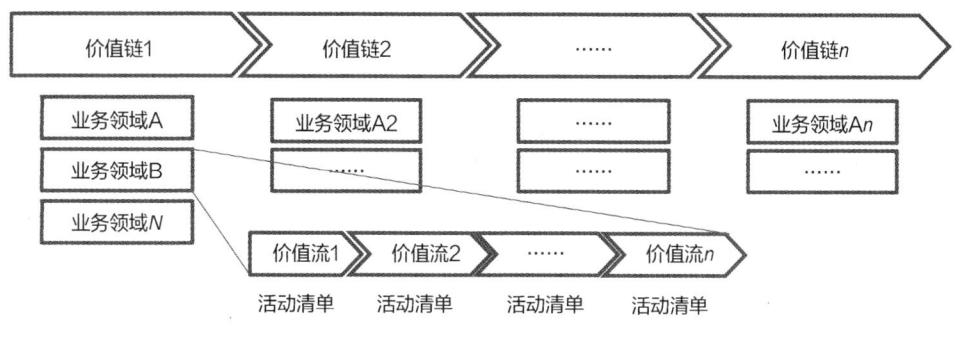

图 6-5 企业价值生产及交付分层示意图

分析每一个活动流程,包括当下的活动流程及企业战略规划将会发生的活动流程,所需要的数字资产输入是否有相应的业务实体提供支持,其生产的数字资产是否有相应的业务实体承载,以及每一个业务实体是否有活动创造或使用,确保数字资产真正地参与企业的生产经营过程,形成业务领域数字资产对接矩阵,如表 6-8 所示。

表 6-8 业务领域数字资产对接矩阵

业务实体	活动		
	活动 A	活动 B	活动 C
业务实体 a	创建	使用	—
业务实体 b	使用	使用	创建

6.4 构建概念模型

我们在第 4 章中介绍过,数字资产应从业务视角进行规划和设计,用 IT 手段推进落地实施。数字资产的业务视角自顶向下由概念模型、数字元模型、业务对象模型、业务实体模型组成,体现了不同利益相关者的视角。高管层关注的企业拥有哪些数字资产,可以用概念模型来展示。

6.4.1 构建概念模型的注意事项

1. 选择适合的分类标准

概念模型作为最高阶的数字资产模型,也是一种主观分类方法。分类是一种解决冲突的好方法,通过分类可以将复杂的问题简化;通过分类可以从不同的维度来分析

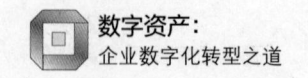

企业所拥有的数字资产情况，对数字资产的体现更全面。应用不同的分类标准将得到不同的结果，因此选择分类标准极其重要。企业在做数字资产规划前应先选择符合企业战略目标、企业架构要求及被利益相关者认同的分类标准，以确保得到的结果能更有效地体现利益相关者关注的内容。确定好分类标准后，还需要注意分类结果体现的数字资产不遗漏、不交叉。

2. 对每一项成果进行定义

为了避免由于利益相关者的业务背景不同而在数字资产成果理解上产生偏差，企业应对每一项成果都进行目的、定义、范围的说明。目的是指对其存在的意义进行说明。定义是指下定义、做解释。范围是指对其所包含的内容进行说明。对范围的说明常常可以用来厘清边界，尤其是当概念模型中的某个类别与另一个类别的边界不是很清晰时，用各自的范围来厘清边界是一种非常有效的方法。通过厘清边界实现不交叉、不遗漏。

当这些工作都完成后，应邀请利益相关者对得到的概念模型进行评审、完善，直至达成一致。达成一致后的概念模型并不是不可改变的，可能会因后续工作的推进而迭代提升。

下面我们介绍两种比较典型的概念模型构建思想。一种是从静态的视角来看企业的数字资产，按资产类别构建概念模型；另一种是从动态的视角来看企业的数字资产，按企业价值链构建概念模型。

6.4.2 静态视角：按资产类别构建概念模型

静态视角是指从企业视角来审视企业所拥有或需要的数字资产。这时关注的是数字资产呈现的特性，采用特定的分类方法来体现企业的数字资产。用静态视角构建概念模型时，需要考虑企业所处的生态环境，全方位、多角度地按类别体现企业所需要的数字资产。

按资产类别构建概念模型的最佳实践是 IBM 的金融数据服务模型（Financial Service Data Model，FSDM）。FSDM 是 IBM 在 20 世纪 90 年代提出的，用于指导金融行业建立核心应用系统或数据仓库系统的数据模型。FSDM 作为企业级数据模型，把银行的数字资产划分为九大主题域：参与者、合约、事件、产品、条件、资源项、位置、业务方向、分类。这九大主题域在 IBM 的其他行业数据模型中同样会出现，具有一定的通用性。

（1）参与者是指所有与银行有联络或与银行有利害关系、银行希望保留其信息的相关对象，包括银行、客户、员工、其他组织机构等。

（2）合约是指银行与参与者之间潜在的或实际的约定等。

（3）事件是指参与者与银行的交互、银行内部的交互，包含了最详细的行为和交易数据，如开账户、存款、取款、转账、查询等。

（4）产品是指银行及其关联的参与者提供给市场的能满足参与者的某种需求，可从中赚取各种实际或潜在收益的产品或服务。

（5）条件是指描述银行对营运方式的特殊需求，包括这些需求的先决条件或资格标准及约束、限制。

（6）资源项包括并描述任何有形或无形的有价项目，银行可拥有、管理、使用这些项目，或借助这些项目来执行业务。

（7）位置是指与参与者相关的地址或地理区域信息，如公司地址、家庭住址等。

（8）业务方向是指记录参与者在执行业务的方式及环境上的意图，以及业务倾向或规定等。

（9）分类是指定义结构并管理业务信息，结构会提供适用于一个或多个数据概念的分类类别，以及适用于多种数据概念的业务概念族群。

这九大主题域间的关联关系极其复杂，FSDM 九大主题域关系图如图 6-6 所示。

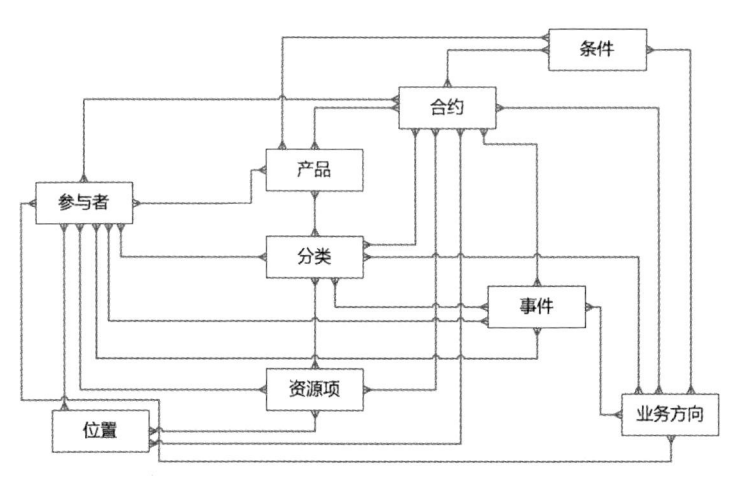

图 6-6 FSDM 九大主题域关系图

企业可以以此为基础开展对业务对象的规划。

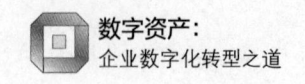

6.4.3 动态视角：按企业价值链构建概念模型

动态视角是指从数字资产如何参与企业的生产经营过程，以及如何实现价值的创造与交付的流程来分析企业所拥有或需要的数字资产。在用动态视角构建企业的概念模型时，需要全方位、多角度地考虑企业所处的生态环境。

企业的价值链是企业生产、交付价值的动态过程最好的体现。企业可以按企业价值链作为分类的标准来构建概念模型。一般情况下，按企业价值链作为标准进行分类得到的结果，很难体现企业所拥有的资产情况，因此，需要在此基础上再次进行分类。

因为是按企业价值链作为一级分类标准，在进行二级分类时应考虑价值的创造与交付。企业的价值创造过程是对特定业务对象进行加工的过程，因此，按企业价值链进行分层、分类的标准应当具有一致性，并在能体现业务对象时结束，以确保概念模型所描述的数字资产可以在各价值链间有效地流转、共享。

【示例6-4】某软件研发公司有较完善的系统架构，但并未建立业务架构。在构建公司的概念模型时，通过分析企业战略目标和利益相关者的诉求，得知不同的部门对各个研发环节的数字资产有不同的诉求，但都希望公司的数字资产能在各环节有效流动、复用。

1. 确定分类标准

负责规划数字资产的团队分析认为，该公司作为软件开发公司，所有的工作都通过项目形式推进、开展。虽然公司没有完整的企业架构（缺少业务架构），但是长期的工作积累了大量的、稳定的业务资产，部分资产具有业务架构资产的特征，且不会因为项目的结束而失效，反而会在相当长的时期内积淀、反复被使用。

因此，规划团队将公司使用的资产分为长期积累下来的较为稳定的企业架构资产和以项目形式推进而形成的项目过程资产。企业架构资产是各部门在工作中都会用到的资产，是项目实施后沉淀下来的主要成果，会随着项目投产运营而更新。项目过程资产会随着项目研发生命周期而发生变化，并在各研发环节流转，并随着项目投产而结束。这样，我们通过资产特性进行第一次分类得到：企业架构资产和项目过程资产。图6-7所示为概念模型第一次分类。

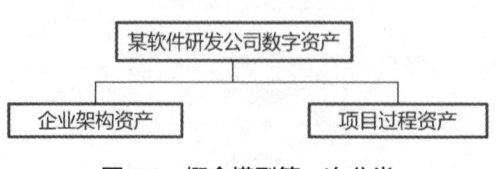

图6-7 概念模型第一次分类

这个分类结果不能体现公司拥有

或需要的数字资产，因此还需要进行再次分类。

2. 确定二级分类标准

软件研发的价值链与软件研发工作的生命周期存在高度的相关性。结合戴明环（PDCA）思路分析，可以将研发工作分为规划、实施、运营三个阶段。

结合公司战略目标分析每一条价值链的能力目标需求。规划阶段需要将企业战略目标分解为一个个研发项目。实施阶段通过需求、研发、测试三个环节实现预期价值的创造及交付。通过运营环节对项目交付成果所创造的实际价值与预期目标进行对比分析，找到新的提升方向及空间，启动新的项目来推进。项目过程资产在每一个研发环节里以不同的形态出现，随着项目研发生命周期产生、流转、结束。因此，我们可以将项目过程资产按价值链进行分类，项目过程资产阶段视图如图 6-8 所示。

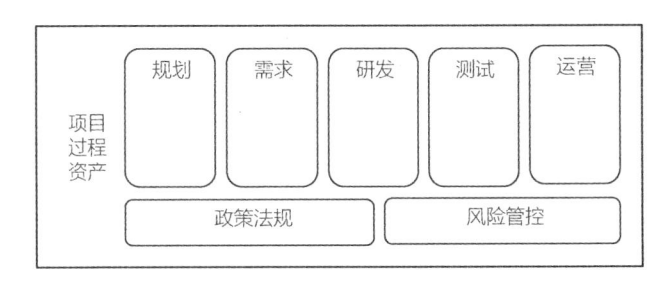

图 6-8　项目过程资产阶段视图

在软件研发的过程中，会根据需要使用不同类型的企业架构。考虑到这个共性，我们可以按组成将企业架构进行分类，得到如图 6-9 所示的企业架构资产组成视图。业务领域、业务组件、业务对象为企业将要构建的架构资产。

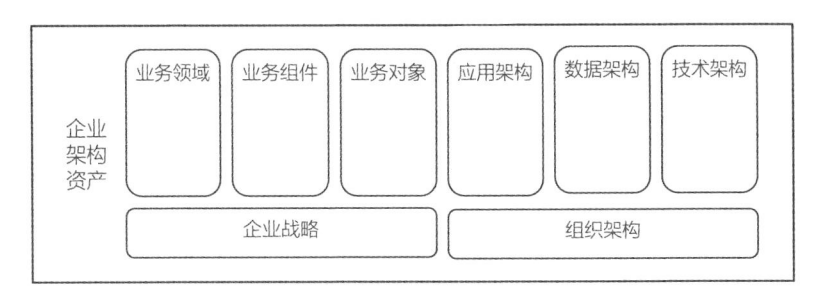

图 6-9　企业架构资产组成视图

这个分类结果仍不能体现企业拥有或需要的数字资产的具体内容，规划团队决定以此为基础进行再次分类。

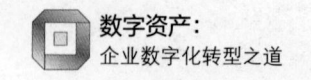

3. 确定各环节所使用的数字资产

（1）对于项目过程资产，要分析每个项目研发环节所需要及生产的数字资产。

规划阶段需要根据企业战略目标分析需要提升的能力，以及需要通过哪些项目来推动相关能力的落地，即制定项目清单。为实现既定的战略目标，还应考虑如何安排这些项目的实施路线图。对于每个项目，需要明确具体的目标和实施的方案，明确其与企业架构的映射关系。因此，规划阶段所使用及生产的数字资产至少应包含能力地图、路线图、项目清单、项目方案等。

进入需求阶段后，需要结合每个项目的目标与能力提升方向，明确对架构现状的变更及接近目标架构的情况，形成业务分析书。结合业务分析书和项目方案，对实现目标所需要的条件或能力，涉及的系统功能的标准、规格说明、必须满足的条件或拥有的能力进行文档化描述，形成具体的、可落地的、可实施的业务需求说明书。因此，需求阶段会使用规划阶段的所有产出物及企业制定的相关制度、标准、规范等，生产的数字资产至少应包含业务分析书、业务需求说明书。

开发阶段需要根据业务需求说明书分析 IT 架构将会做什么样的调整，应完善架构中的哪些应用程序服务、业务对象服务、技术组件等，形成总体方案。根据总体方案进行系统设计，形成系统规格说明书，结合应用系统的具体特性完成详细设计，形成程序规格说明书。按程序规格说明书编写代码实现相关的功能及服务，形成可实施的应用软件版本。因此，开发阶段会使用之前各阶段所有产出物及相关的制度、标准、规范等，生产的数字资产至少应包含总体方案、系统规格说明书、程序规格说明书、代码等。

测试阶段需要针对每个项目的特点、所采取的测试策略、可能存在的风险及应对措施等，制定恰当的测试方案。根据业务需求说明书、系统规格说明书、程序规格说明书等，分析业务的具体特点，编制相应的测试案例，用以验证开发的功能或服务是否满足业务的需求。在测试过程中要做好测试问题和补丁的管理等工作。因此，测试阶段会使用之前各阶段所有产出的及相关的制度、标准、规范等，生产的数字资产至少应包含测试方案、测试案例、投产可行性评估、测试问题等。

运营阶段首先需要由投产方案来指导测试通过的应用软件版本如何进行部署并提供服务。通过分析运营日志来跟踪运营分析过程中业务的实际发生情况、用户体验等，验证实际效果与规划目标是否一致。因此，运营阶段使用及生产的数字资产至少应包括能力地图、路线图、投产方案、运行日志、运营分析报告等。

在整个应用软件程序研发的生命周期中，有其特殊的风险需要管理，如需要识别项目按计划推进实现预期目标的过程中可能存在的风险，并对其制定相应的处理策略，比如接受、规避、降低或转移等。对于研发的产品，需要分析其可能面临的市场风险、政策性的风险等。

通过上述分析后，数字资产设计团队得到如图 6-10 所示的项目过程资产视图。

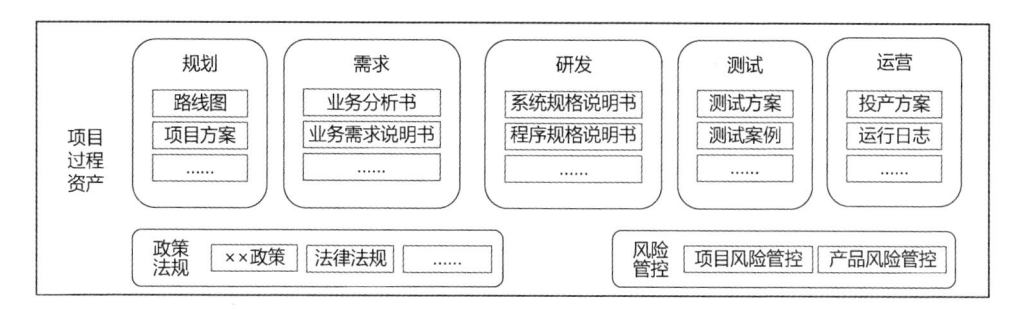

项目过程资产	规划	需求	研发	测试	运营
	路线图	业务分析书	系统规格说明书	测试方案	投产方案
	项目方案	业务需求说明书	程序规格说明书	测试案例	运行日志
	……	……	……	……	……

| 政策法规 | ××政策 | 法律法规 | …… | 风险管控 | 项目风险管控 | 产品风险管控 |

图 6-10 项目过程资产视图

（2）对于企业架构资产，按类别分别列出具体的模型或服务。

业务领域作为企业对外能力的体现，包括生产和交付价值的流程模型，体现了影响企业产品运行的重要市场因素构成的市场模型，体现了公司对外提供服务的服务模型等。

业务组件作为企业的专业能力的体现，包括体现专业处理能力的任务模型、区分职责的角色模型等。

业务对象作为企业数字资产的体现，包含概念模型、数字元模型、业务对象模型、业务实体模型等。

应用架构承接企业的价值生产工艺流程包括应用组件、应用服务等。

数据架构承接数字资产实施，包括数字模型、业务对象服务、各种智能化服务模型等。

技术架构作为为全企业业务研发和生产运营提供支撑的基础，包括分布式框架、技术栈、技术平台等。

企业战略是开展企业架构调整优化、相关项目实施的指导，包含战略目标，以及具有前瞻性的能力模型等。以此为指导形成的组织架构，包括机构设置、人员配置等。

通过上述分析后，数字资产设计团队得到如图 6-11 所示的企业架构资产视图。

4. 分类结构论证

前面得到的分类结果能比较全面地体现企业拥有或需要的数字资产，达成概念模型的目标，整合后得到数字资产概念模型视图，如图 6-12 所示。数字资产设计团队以

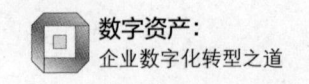

此为基础，分别撰写每一个分类成果、每一个业务对象资产的目的、定义、范围。数字资产概念模型的预设工作基本完成后，可以组织利益相关者进行评审。

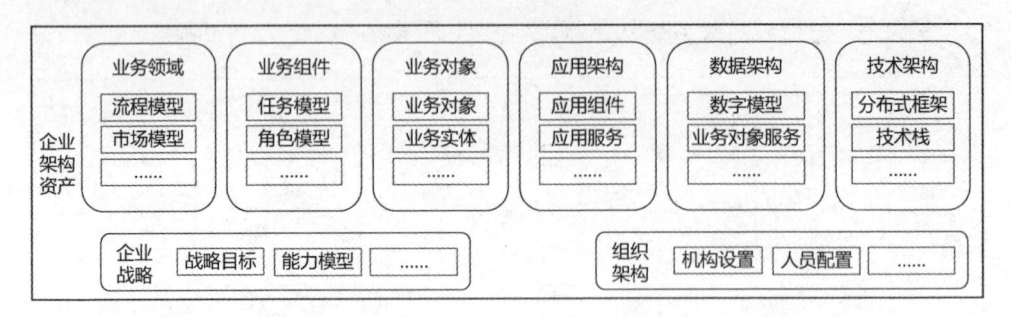

图 6-11 企业架构资产视图

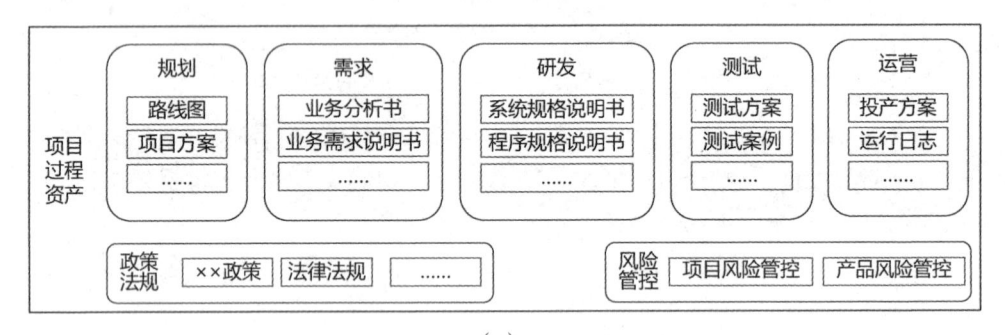

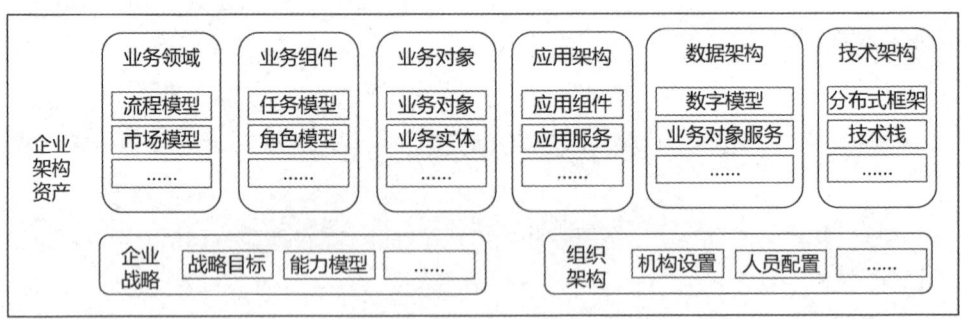

（a）

（b）

图 6-12 数字资产概念模型视图

6.4.4 定义数字资产

数字资产设计团队完成对收集到的数字资产的整理后，应对预设的业务对象的目的、定义和范围进行说明，以在企业范围内达成共识。

概念模型体现的是主观视图，是数字资产规划团队选择某个分类标准后得到的企业的数字资产的分类结果。因此，在对概念模型的分类结果进行定义时，需要先对分类的标准进行说明，以验证按该分类标准得到的分类结果是否完整、不重叠，即是否符合 MECE 原则。

需要特别说明的是，通过高阶规划得到的业务对象并不一定是完美的，为与最终确定的业务对象进行区别，我们称此时得到的业务对象为预设业务对象。

预设业务对象体现的是企业数字资产的客观视图，是对某类数字资产的多角度、结构化的描述。因此，在对概念模型中的最小元素——预设业务对象进行定义时，需要先看国际标准、国家标准、行业标准、监管要求或专业要求等情况。如果某个业务对象在国际标准、国家标准、行业标准、监管要求或专业要求中有专门的定义的，那么应使用其定义，并从内涵到外延与之保持一致，才能引用与之相匹配的数字资产标准。这样定义出来的预设业务对象才能与外界进行沟通、交流。如果某项业务有相关标准可借鉴的，则根据实际使用的情况进行定义。

定义数字资产应该从目的、定义、范围三个角度进行说明。目的需要说明为什么需要这项数字资产，它能为企业的生产经营带来什么样的益处。定义需要说明这项数字资产是什么，具有什么样的价值。范围是指对这项数字资产的边界进行说明，避免不同的利益相关者因为专业背景不同而形成不同的理解。如果有两项数字资产的边界不是很清晰的，那么通过"范围"的说明可以帮助利益相关者对该数字资产有更准确的理解。

评审概念模型是一项非常重要的工作。评审概念模型的过程是在企业范围内，使该数字资产的内涵达成一致的过程。只有大家在内涵上达成一致，才能保证正确使用、有效共享，解决可能出现的同名不同义、同义不同名等影响数字资产质量及使用的问题，同时有利于后续进行各层级的模型构建，以及相关标准的制定。

6.5 绘制数字元模型

概念模型展示了企业所拥有的数字资产目录，却缺少这些数字资产间的关系说明。而在对数字资产进行管理和使用的过程中，了解数字资产间的关系是让企业数字资产高效流转、正确应用的基础。大型企业会产生许多种的数字资产，不同专业背景的人员对本领域的数字资产会有较全面的了解，但是几乎没有能全面了解企业所有数字资产的人。因此，我们需要用数字元模型来管理和规范使用企业数字资产。

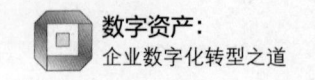

6.5.1 用预设业务对象作为数字元模型的基本要素

概念模型的高阶分类成果很难体现企业所拥有或需要的数字资产，直到得到预设业务对象后才解决了这个问题。数字元模型是数字模型，不但指导数字资产的设计，还指导数据架构部署数字资产，并为应用架构使用数字资产提供指南。预设业务对象是企业价值创造过程中进行加工处理的特定业务对象，能满足指导数字资产设计，指导数据架构部署、应用架构使用的要求。因此，我们在绘制数字元模型时，以预设业务对象作为基本元素。

6.5.2 用业务逻辑分析预设业务对象间的主要业务逻辑关系

数字元模型要实现指导数字资产的共享及管理的目标，就需要体现预设业务对象间有怎样的业务逻辑关系。

预设业务对象间往往存在千丝万缕的关系，如果把所有的关联关系都体现出来，会导致主要的业务逻辑被"淹没"，因此需要结合目标和业务逻辑体现重要的业务关联。即在分析预设业务对象间的主要业务逻辑关系时，应当以预设业务对象在企业生产经营管理过程中生产、使用、流转的业务逻辑为线索，体现预设业务对象是如何在企业的生产经营管理过程中变化和流转的。为了让预设业务对象间的重要关系更加突出，使各生产环节规范使用，产生更大的价值，应以企业生产经营管理的主要业务逻辑来确定预设业务对象间的关系。

未体现关联关系的预设业务对象间并不是不存在业务关联，而是因为有更重要的业务逻辑需要表达而被忽略。体现主要的业务逻辑可以指导企业各生产、经营部门按既定的业务逻辑、业务规则去使用，确保由此生产的新数字资产的有效存储和应用。

完成预设业务对象间的主要业务逻辑关系分析后，应当用直线将有主要业务逻辑关系的两个预设业务对象连接起来，并按企业生产经营的业务逻辑顺序按从左向右、自下而上的顺序重新进行排列，形成业务对象间的关系视图，即数字元模型。

【示例 6-5】以 IBM 的 FSDM 为例讲解数字元模型的绘制方法。因为不同银行在 FSDM 九大主题域的业务对象模型方面存在较大差异，我们以九大主题域为元素进行讲解，目标是帮助大家理解应用业务逻辑和业务规则的分析方法。

九大主题域为参与者、合约、事件、产品、条件、资源项、位置、业务方向、分类。

银行按其所取得的牌照（条件）确定可以开办的业务种类（业务方向），而业务种类决定了可以为用户（参与者）提供什么样的产品或服务（产品）。银行通过协议（合约）记录位置信息（位置）、用户使用的产品（产品）等。当用户有需求（事件）时，银行通过提供一系列资源（资源项）完成产品或服务（产品），并留存相关信息（分类）。按这样的业务逻辑，可以得到九大主题域间的主要业务逻辑关系视图。FSDM 九大主题域的主要业务逻辑关系视图如图 6-13 所示。

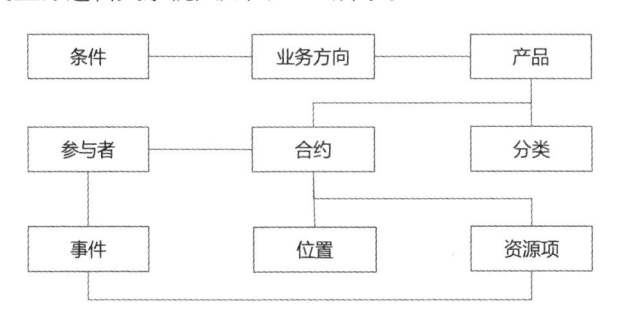

图 6-13　FSDM 九大主题域的主要业务逻辑关系视图

用银行的业务规则分析直接关联的两大主题域间的基数关系，用基数关系图例替换直线后得到图 6-14 所示的 FSDM 九大主题域的主要基数关系视图。除了这条主线，每个主题域与其他主题域间也存在关联关系，但是作为数字元模型来分析，我们只需要保留最主要的关联关系，以更清晰的脉络体现数字资产的流转。

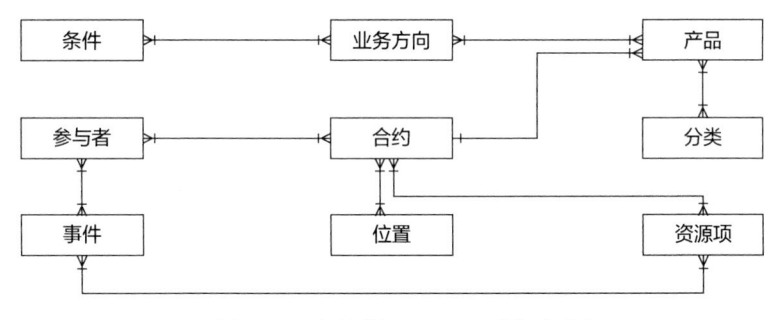

图 6-14　FSDM 九大主题域的主要基数关系视图

由于不同的企业在这九大主题域下可以构建不同的业务对象，且每个企业的价值链均不相同，本书不再进行细分。感兴趣的读者可以结合所在企业的情况进行细分、绘制本企业的数字元模型。

【示例 6-6】以图 6-12 所示的数字资产概念模型视图为例分析数字元模型的绘制方法。

企业架构资产对企业的规划、需求、研发、测试、运营五个环节均提供全面的支持，可以把这部分资产包装成完整的部分统一为研发及运营流程提供服务，指导相关工作的开展。因为前面的示例中并未对企业所有的业务对象进行全面分析和展示，所以本示例中仍基于前示例中的结论进行分析和绘制数字元模型，得到的成果均为部分内容。

对于项目过程资产，按业务逻辑分析各业务对象间的业务逻辑关系。

（1）规划部门根据路线图制定若干待实施的项目，需要对每个项目制定项目实施方案。

（2）需求部门将完成对通过评审的项目实施方案的业务需求分析，形成业务需求说明书。

（3）开发部门根据业务需求说明书完成系统设计、程序设计后，进行开发工作。

（4）测试部门根据项目实施方案、业务需求说明书、系统设计、程序设计等撰写测试方案、编制测试案例，对开发部门提交的软件版本进行测试。

（5）运营部门负责安装、运行测试通过后的软件版本，并跟踪分析版本的运行情况。接下来详细分析业务对象间的重要业务逻辑关系。

（6）企业确定了路线图后，会成立项目来推进，说明路线图与项目之间存在重要关系。

（7）项目在启动前应该开始对产品风险的管控，在项目启动时应同步开始实施项目风险管控，因此，产品风险管控、项目风险管理都与项目存在重要的关系。

（8）如果没有人参加，项目就不能正常开展，因此，参与者与项目存在重要的关系。

（9）在项目开展过程中需要使用企业架构资产，且是项目的重要输入来源。

（10）对于每个项目而言，为了取得成功必然会根据目标设计实施方案，因此，项目启动后最重要的是设计项目方案。项目与项目方案间存在重要的关系。

把每一个业务对象放到企业的实际生产经营环境中，按照企业的业务规则进行分析，找出业务对象间的重要关联并把它们用直线连接起来，就得到了企业数字资产的重要关系元模型视图，其中的一部分如图6-15所示。方框里的数字资产是企业架构资产，在该部分资产对项目、业务分析和运营提供支持时，并不是某个业务对象单独提供的，而是通过某个触点后，由企业架构资产整体提供全方位支持。因此，在这份重要关系的视图里，我们用一个粗线框把它们圈为一个整体来体现企业对使用企业架构资产的相关制度规范。

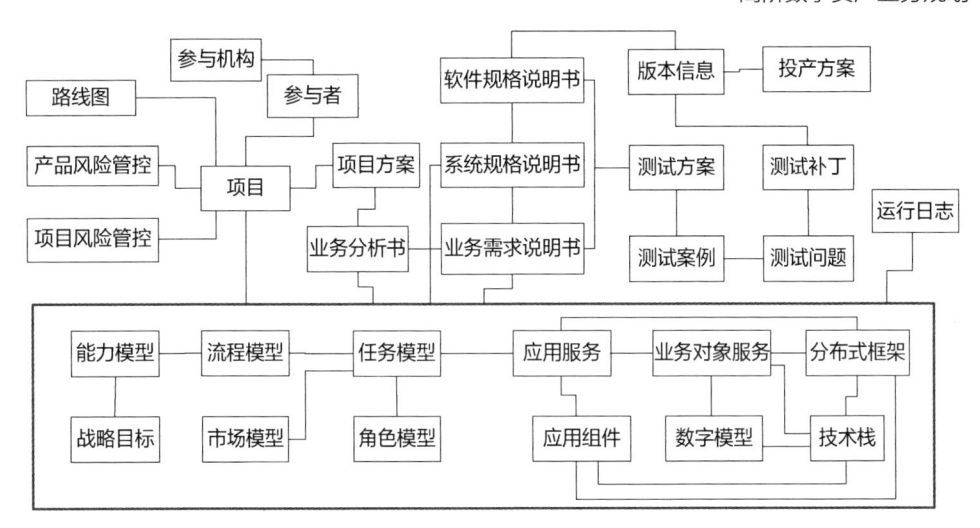

图 6-15 企业数字资产的重要关系元模型视图（部分）

6.5.3 按业务规则确定业务对象间的基数关系

图 6-16 所示为业务对象 A 与业务对象 B 之间的基数关系，其体现了业务对象间存在的重要的关联关系，不过这对于规范生产、使用数字资产而言仍然不够，还需要按业务规则确定它们之间的基数关系。因此，在构建了业务对象间的主要关联关系后，还需要根据业务规则来进一步分析直接相关的两个业务对象间的基数关系。

我们在第 4 章里介绍过，基数说明了两个数字资产间的数量关系。用 0 或 1 来说明两个业务对象之间是否存在数量关系，用 1 或多来说明具体的数量关系。对需要分析基数关系的业务对象 A 和业务对象 B，可以通过以下步骤进行分析。

（1）先分析对于业务对象 A 中的每一条实例在业务对象 B 中能找到多少个与之相关的实例。

如果找不到，就用 0 表示；如果能找到且只能找到一条，就用 1 表示；如果能找到且可能找到多条，就用多表示；如果可能是 0、1、多中的任何一种情况，可以用 0 或多来表示。

例如，业务对象 A 中的一个实例在业务对象 B 中可能没有与之相关的实例，也可能有一条相关的实例，也可能有多条相关的实例，说明业务对象 A 与业务对象 B 之间的基数关系为 1（业务对象 A 中的一个实例）对 0 或多（业务对象 B 中的实例数量）的基数关系，其中的 0 表示可能没有，多表示有，可能是 1 也可能是多。如果对于业务对象 A 中的任何一个实例，在业务对象 B 中都没有与之相关的实例，那么说

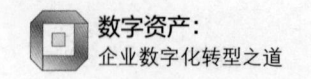

明按业务逻辑来看，业务对象 A 与业务对象 B 之间没有直接的关联关系。

（2）再分析对于业务对象 B 中的每一条实例在业务对象 A 中能找到多少个与之相关的实例。

与前面的方法相同，只是将出发点从业务对象 A 换成了业务对象 B，把查找范围从业务对象 B 换成了业务对象 A。然后得到业务对象 B 与业务对象 A 之间的基数关系。

（3）整合以上两种方法的结论，得到两个业务对象间的基数关系。

我们在分析基数关系时，从出发点出发时总是考虑只拿出一个实例的情况，没有想到同时拿出两个或更多实例，或一个实例也不拿的情况。也就是说，我们在分析基数关系时，有一个假设前提：我们只考虑从出发点的集合中随机拿出一个实例的情况。既然所有的基数分析都是基于这样的假设，那么我们就没有必要把这个假设表示出来。就如同我们说"明天太阳会照常升起"时有一个假设前提，那就是，地球始终保持围绕着太阳转。

因此，我们在描述两个业务对象间的基数关系时，只需要将从查找范围的那个业务对象里能找到的实例的可能性表达出来就行。也就是说，把从某个业务对象出发，去另一个业务对象里寻找相关的实例情况所得到的结论标记在查找范围的业务对象侧。

如果你感觉这个表述不够严谨，那么一定要将这个 1 表达出来，你可以想象为对两个基数关系的整合。例如，业务对象 A 与业务对象 B 之间为 1 对多的基数关系时，从业务对象 A 中拿出一个实例去业务对象 B 中查找与之相关的实例，1 体现在业务对象 A 的一侧，在业务对象 B 中能找到多个与之相关的实例，多体现在业务对象 B 的一侧。业务对象 A 与业务对象 B 的基数关系如图 6-16 所示。

业务对象 B 与业务对象 A 之间为 1 对 0 或多的基数关系时，从业务对象 B 中拿出一个实例去业务对象 A 中查找与之相关的实例，1 体现在业务对象 B 的一侧，在业务对象 A 中可能找不到，也可能找到多个与之相关的实例，0 或多体现在业务对象 A 的一侧。业务对象 B 与业务对象 A 的基数关系如图 6-17 所示。

业务对象A ── 业务对象B	业务对象B ── 业务对象A
图 6-16 业务对象 A 与业务对象 B 的基数关系	图 6-17 业务对象 B 与业务对象 A 的基数关系

我们要把这两张图整合为一张图。显然，业务对象 A 和业务对象 B 都不需要改变，要改变的只是基数关系。

0 或 1 是用来表现是否有的情况，而 1 或多是用来表现数量多少的情况。在业务对象 A 的一侧有两种数量表示，一种是 1，一种是 0 或多。如果把两者整合起来，就是 0、1、多三种情况。0 表示没有，1、多表示有，还可能有多个。即表示可能没有，又可能有且有多个的就是 0 或多。这个结果与忽略从业务对象 A 出发的 1 得到的结论一致。

业务对象 B 的一侧也有两种数量，一个是 1，一个是多。我们仍然对两者进行整合，得到 1、多两种情况。1、多表示有，且因为一定有多个，所以去掉 1，得到的结果仍然与忽略从业务对象 B 出发的 1 得到的结论一致。

整合后得到的业务对象 A 与业务对象 B 的基数关系为 0 或多对多的关系，用图例表示的结果为如图 6-18 所示的业务对象 A 与业务对象 B 之间的基数关系。在图 6-18 中，在业务对象一侧记录的基数为另一侧的业务对象里的一个实例在本业务对象中能找到的与之相关的实例的基数。

图 6-18　业务对象 A 与业务对象 B 之间的基数关系

（4）在得到的基数关系中，用相应的基数关系图示去替换连接两个业务对象间的直线，形成含基数关系的关系视图。

例如，业务对象 A 与业务对象 B 之间的基数关系发生了变化。

由 业务对象A————业务对象B 变更为 业务对象A————业务对象B 。

为了帮助大家更好地掌握基数关系的分析方法，我们先通过几个示例来回顾一下如何分析基数关系，以及基数关系如何表达。

【示例 6-7】学校规划一个学生每个学期至少选修 2 门课。如果一门课选修的学生不足 5 人就不开课。

如果我们把"学生"作为一个业务对象，"课程"作为另一个业务对象，那么"学生"与"课程"之间的基数关系是怎样的呢？我们来做如下分析。

学校要求一个学生每个学期至少选修 2 门课。说明学生必须选课，且选课数量大于或等于 2 门，则"学生"与"课程"之间是 1 对多的基数关系。

学校规定，如果一门课选修的学生不足 5 人就不开课。说明每门课程至少有 5 个学生，则"课程"与"学生"之间为 1 对多的基数关系。

综合来说，"学生"与"课程"之间是多对多的基数关系，可以用图 6-19 来表示。

```
学生 ――― 课程
```

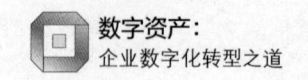

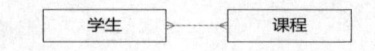

图 6-19 "学生"与"课程"之间的基数关系

【示例 6-8】 某公司规定，每个员工都可以参与研究项目，但参与项目的数量最多不能超过 3 个。

如果我们把"员工"作为一个业务对象，"项目"作为另一个业务对象，那么"员工"与"项目"之间的基数关系是怎样的呢？我们来做如下分析。

每个员工都可以参与研究项目，也可以不参与。如果参与了，则可以是一个项目也可以是多个项目。因此，"员工"与"项目"之间为 1 对 0 或多的基数关系。

对于研究项目而言，如果没有人参与就不能启动，因此一定有人参与。参与的人可能是一个也可能是多个，因此"项目"与"员工"之间是 1 对 1 或多的基数关系。

综合来说，"员工"与"项目"之间是 1 或多对 0 或多的基数关系，可以用图 6-20 来表示。

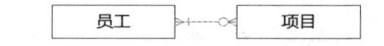

```
员工 ――― 项目
```

图 6-20 "员工"与"项目"之间的基数关系

我们要牢记，基数关系是企业生产经营所遵循的业务规则的体现。当企业的业务规则发生变化时，需要同步分析基数关系是否需要调整。接下来分析【示例 6-4】中各业务对象的基数关系。

企业在制定路线图时会从某个目标出发进行规划，当这个目标涉及的面较广、工期较长时，往往会将其拆分为多个项目分别推进，因此"路线图"与"项目"之间是 1 对多的基数关系。

在项目实施过程中，会考虑根据具体实施的范围进行一定的整合。例如，如果有两个项目在同一时期需要同一个应用系统配合进行改造时，那么应用系统会考虑它们的需求是否存在冲突，两者如何协同。有时，为了提升整体效益，会对紧密相关的项目进行整合，确保同时满足不同的目标需求，又能确保自身的良性运行。因此，"项目"与"路线图"是 1 对多的基数关系。

综合来说，"路线图"与"项目"是 1 或多对 1 或多的基数关系。明确了这些基数关系后，就可以将连接它们之间的那条直线替换为 1 或多对 1 或多的基数关系图例。

按照这样的方法，对由直线连接的两个业务对象之间的数量关系进行分析，得到相应的基数关系后，用基数关系图示替换掉原来的直线。当所有的连接直接替换成基数关系图示后，就得到带基数关系的企业数字元模型的基数关系视图，如图 6-21 所示。

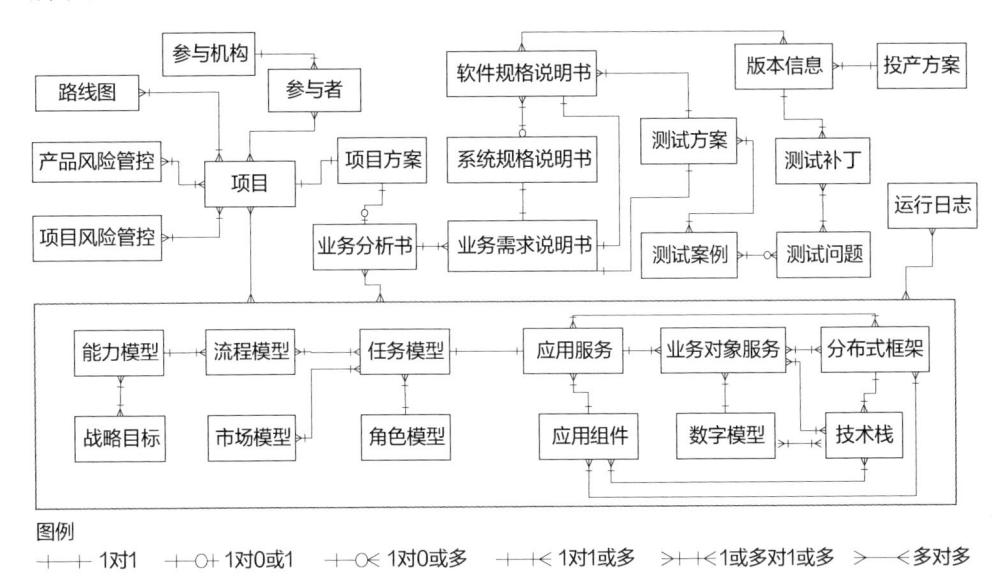

图 6-21 带基数关系的企业数字元模型的基数关系视图

用业务规则来分析两个直接相关的业务对象时，如果发现重要业务规则所包含的业务逻辑的基数关系不准确，则按业务规则修改基数关系；如果是重要业务规则所包含的业务逻辑没有体现，比如两个业务对象的关系没有建立，说明业务对象间的重要业务逻辑关系有遗漏，需要建立关联并明确基数关系。

6.5.4 数字元模型绘制

通过前面的内容我们得到了业务对象及其主要基数关系的数字元模型基础视图。但可能因为在排布上不够科学而导致两个业务对象间的关系线存在交叉等情况，这样的模型不利于阅读和使用。为了更好地让企业的各部门高效、正确地生产和使用数字资产，我们需要按一定的规则进行排布，以提升数字元模型的可读性。

1. 企业价值链 5W1H 矩阵排布法

我们可以把前面得到的业务对象的基数关系视图放入企业价值链 5W1H 矩阵中，用来展示企业数字资产的分布情况，体现数字资产在企业各生产经营环节的使用、生产及流转情况。企业价值链 5W1H 矩阵如图 6-22 所示。

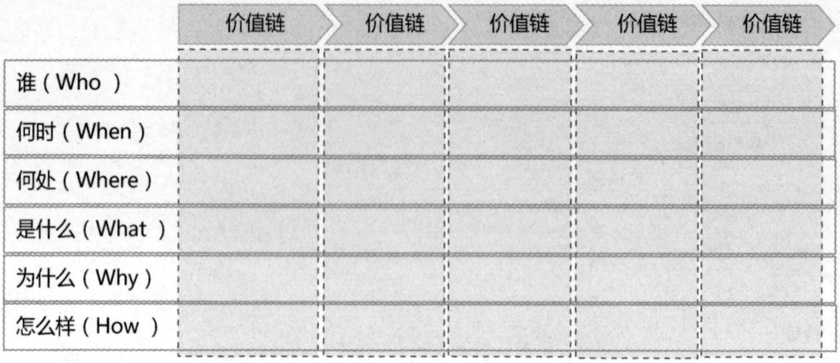

	价值链	价值链	价值链	价值链	价值链
谁（Who）					
何时（When）					
何处（Where）					
是什么（What）					
为什么（Why）					
怎么样（How）					

图 6-22　企业价值链 5W1H 矩阵

企业价值链 5W1H 矩阵的横向体现了企业的价值链，也就是按企业的生产经营逻辑，优先填入某个价值链下生产的业务对象，体现在数字资产最先出现的阶段。当企业自己生产的数字资产归属企业价值链全部完成后，对未能放入价值链的业务对象按最先被使用的情况填入企业价值链中。在理想的情况下，这样得到的结果应与概念模型一致。如果与概念模型的结果有差异，则主要是最先引入并使用数字资产导致的，可同步验证概念模型设计的准确性。

企业价值链 5W1H 矩阵的纵向体现了 5W1H，也就是借助 Zachman 框架思想从六个不同的维度分别体现企业的每条价值链所使用或生产的业务对象。

2. 概念模型排布法

我们在构建概念模型时选择了企业认可的分类标准进行分类，得到的概念模型体现了企业对资产分布的认同。因此，我们可以直接使用概念模型的思路来排布数字元模型。

在用概念模型指导、排布业务对象时，并不是说一定要把每个业务对象按分类排在一行或一列，而是要按业务逻辑的先后顺序来排布业务对象的位置。排布完成后，仍能看出概念模型对数字资产的划分思路。

如图 6-21 所示的企业数字元模型的基数关系视图中已经按概念模型确定的一级分类（企业架构资产和项目过程资产）和二级分类（企业架构资产按架构分，项目过程资产按项目生命周期分）进行排布，所以，企业数字元模型的基数关系视图就是我们规划得到的数字元模型。

这样的数字元模型体现了企业已经或将要拥有或控制的数字资产的分布情况，以及在企业的生产经营过程中，这些数字资产是如何发生关系的，这些数字资产是如何在企业的生产经营环节中被使用、生产及流转的。企业的任何部门都可以在这个数字元模型里看到每个环节生产或使用了哪些数字资产，以及当某个数字资产发生变化时，会产生什么样的影响。

6.6 构建预设业务对象模型

通过采用自顶向下地规划数字资产的概念模型，我们初步识别了企业生产经营管理所需要、生产的预设业务对象。需要说明的是，得到的预设业务对象不一定就是最终的结果，通过逐步迭代、厘清后才能得到最终想要的业务对象。通过概念模型得到的预设业务对象模型为将要开展的自下而上的归纳、提炼提供了一个非常好的基础性的指导，会根据企业具体的业务规划、资产使用，以及法律、政策、经济及技术等的变化而进行调整。

6.6.1 业务对象的作用

前面介绍过，业务对象模型是对某类数字资产的结构化说明，由一个核心业务实体及其周边的从属业务实体组成。作为数字资产，业务对象记录了某个具体的数字资产所包含的数据和业务行为，这些数据和业务行为一定存在高耦合性。我们规划业务对象的目的是提高数字资产的质量，控制复杂度，提升灵活性和可扩展性，让数字世界的数字资产能够更准确地描述现实世界的事物，关注度更集中。

企业的生产经营是采用特定的工艺流程对某些业务对象进行加工，以实现价值增值的业务目标，而这些特定的加工工艺就是应用系统中的服务。也就是说，应用系统是对数字资产进行特定处理的流程的集合。由此可见，业务对象对于应用系统而言非常重要。其重要性体现在以下几个方面。

1. 业务对象是企业生产经营要素的核心

在企业生产经营的过程中，我们往往需要用多种视图来表现生产经营的具体情况，不同的视图是不同的视角关注点的体现。

1）控制视图

控制视图是指用控制模型体现状态的改变，展示事件与状态的关系。当某个事件发生时，会导致业务对象的某个状态发生改变。每个事件至少启动一个流程、做了一些事、改变了某些业务对象的状态。状态的改变体现了流程推进的情况，可以利用状

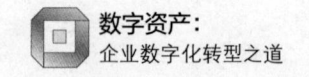

态满足客户的某些特殊需要。一个业务对象的状态可以有很多具体的表现内容，我们可以用"生命周期实体"来记录并提供业务状态具体的改变情况。

【示例6-9】用户在某快递公司网站上提交了一个"发送快递"的订单。针对这一事件快递公司有一系列的工作处理，每一步处理都会让这个订单的状态发生变化。通过控制视图可以看到每一步处理后订单状态发生的变化。控制视图示意图如图6-23所示。

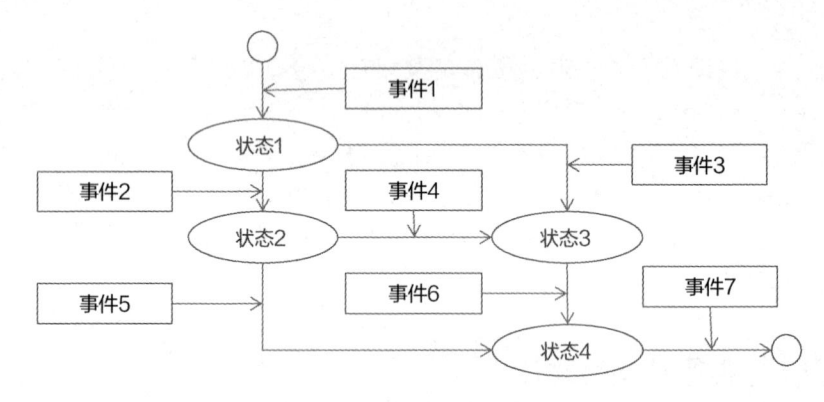

图6-23 控制视图示意图

2）流程视图

流程视图是指用流程模型来描述人工或系统对事件的响应，从而实现对业务对象状态的改变。响应事件的是一系列的任务，具体来说，是用任务去响应事件，流程模型将一系列相关的任务串联起来以实现事件的目标。流程模型中的任务负责对业务对象进行处理，更新业务对象的状态。

对于【示例6-9】中的案例，可以用流程视图进行说明，流程视图示意图如图6-24所示。快递公司对用户在网上提交的发送快递订单的事件，由快递员上门取件任务来响应，在快递被揽收后启动一系列的任务，直到该快递送到收件人那里并签收。每个任务处理完成后，都会对指定的快递订单的状态进行更新，即更新"快递订单"这个业务对象的某个业务属性的状态值。

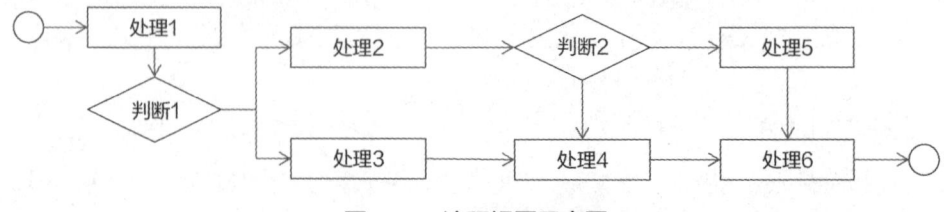

图6-24 流程视图示意图

3）实体视图

实体视图是指用业务对象来封装一组高内聚的业务实体模型。不同的业务对象间一定是松耦合的。从业务视角设计业务对象时可以制定高内聚、松耦合的目标。在从系统研发的角度设计业务对象时，往往过于关注复用而导致耦合。

对于【示例 6-9】中的案例，还可以从实体的角度进行说明。快递公司在构建业务对象时，有一个叫"快递订单"的业务对象，这个业务对象用于存储公司揽收的快递业务的处理情况。在这个业务对象中，核心实体是"快递订单"，它有一个生命周期实体来记录每一份快递的状态变更情况。我们用表格的形式来展现生命周期实体是如何记录状态的变更的（该表格主要体现展示信息，不是业务实体设计的全部，也不体现业务实体的设计）。

用户在网上向该公司提交了一个"发送快递"的订单，客户的这个行为是一个"下单"事件，其目的是实现把某个物件从 A 地送到 B 地。用户下单后，系统反馈了订单号"KDTS001"，该订单的状态更新为"等待揽收"，如表 6-9 所示。

表 6-9 快递订单生命周期实体记录 1

订单号	事件	状态	起始时间		结束时间	
			日期	时间	日期	时间
KDTS001	下单	等待揽收	2022 年 3 月 21 日	23:10:09		

系统把这个订单派给了某个快递员。第二天上午 10:15，快递员上门揽收后，该订单的状态更新为"已揽收"，如表 6-10 所示。

表 6-10 快递订单生命周期实体记录 2

订单号	事件	状态	起始时间		结束时间	
			日期	时间	日期	时间
KDTS001	下单	等待揽收	2022 年 3 月 21 日	23:10:09	2022 年 3 月 22 日	10:15:21
KDTS001	揽收	已揽收	2022 年 3 月 22 日	10:15:21		

快递员将包裹交给快递公司后，该订单状态变更为"整理装箱"，生命周期的记录更新。之后，该快递每被处理一次就更新一个状态，用户可以用订单号查询订单的状态。当收件人签收后，该订单的状态更新为"收件人已签收"，该订单流程全部结束。

可见快递公司将业务对象记录的信息作为公司对客户提供的服务内容之一，用来增强信息的透明度，让客户可以方便地了解自己的订单处理进程。

综上所述，流程模型中往往需要说明对什么样的资产做什么样的处理，因此，流程模型中隐含着资产。控制模型往往需要说明当什么样的事件发生时，会触发哪些控

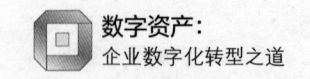

制处理，导致资产发生怎样的变化，因此，控制模型中也隐含着资产。我们用业务对象模型来描述资产，为流程模型和控制模型提供支持，记录它们生产的结果。由此可见，业务对象将动作、流程关联起来，又让它们可以相互独立。

2. 业务对象可以帮助界定业务范围

业务对象是对现实世界的某个具体事物不同特征的描述，就其本身而言有明确的边界。例如，在描述"人"的业务对象里不能出现描述房屋特征的内容。而在需要说明"人"与"房屋"的关系时，我们可以用关联实体来描述，但不会对关联房屋的特征进行描述。

在数字元模型中，我们比较关注业务对象并对其进行了定义。包括对业务对象的目的、定义、边界、业务对象间的关联关系等内容的定义。为了更明确地说明业务对象，我们在定义业务对象的边界时，可以通过其包括的范围来说明，尤其是需要对可能存在争议的内容有明确的说明，以在生产者和使用者之间达成共识，确保相关的数字资产有流程可生产，满足使用方的需求。

事件引发流程，流程通过对业务对象的处理实现其预期目标。在生产经营的过程中，业务对象服务承载了流程的处理结果，承载了事件对业务对象状态的改变。因此，可以通过业务对象来确定某项业务的具体范围。

3. 业务对象影响数字资产的部署

当我们把一个业务对象作为一个最小的单位进行部署时，可以推进应用系统的解耦。可以根据企业的具体情况将很多的业务对象部署在一起，一般不会把一个业务对象拆分为多个部分来分别部署而不确定主辅关系。如果把一个业务对象拆开并分别部署且没有主辅关系时，在使用该业务对象时就需要从不同的地方分别获取然后再整合，不但增加了系统资源开销，还增加了流程的复杂性，延长了处理时间，应用系统的性能将受到一定的影响，使客户体验极其不佳。

在部署数字资产时会考虑使用的情况，从一个业务对象中拆分出某个渠道高频使用的内容进行部署时，需要由作为主数据源的业务对象为这部分业务对象提供数据，以保持数据的一致性。可见，业务对象的设计对数字资产的部署有重要的指导作用。

4. 业务对象可以精简流程

通过定义不遗漏、不交叉的企业级业务对象，对业务对象进行处理的流程和职责更清晰，可以尽可能地将同一个业务流程中对同一个业务对象进行加工的流程进行整合或聚集。当然除因限制条件不能整合的外,让流程更精简,可以避免重复和浪费,提升用户体验。

将对同一个业务对象进行加工的流程(任务)归入同一个业务组件中。在这个业务组件范围内,对这些任务进行再次整合与分配,能进一步提升每个任务的专业性和质量。而在这些任务根据需要组合形成不同的流程时,其专业性和高质量对流程整体质量的提升效果将会进一步彰显。

由于业务对象的存在,让数字资产响应流程的优化提升更敏捷。通过对每个业务对象包装相应的业务对象服务,让业务对象的变更对整个流程的影响降至最低。当提升某个业务对象的资产时,同时形成相应的业务对象服务,满足新的服务需求而不会影响原有的服务需求。因此,不会因为业务对象的优化提升,而要求所有使用该业务对象服务的应用程序配合进行修改。

5. 业务对象并不是只有面向对象的语言才能使用

业务对象体现的是业务处理的对象,与业务处理所使用的语言并没有关系,不用面向对象的语言也可以通过使用业务对象来提升程序的处理效率。

从业务视角规划的业务对象是从企业级视角分析企业生产经营管理所需要的数字资产应包括什么样的内容,以及这些资产间存在怎样的关联关系。其是用结构化、标准化的语言来描述数字资产的特征的。

在具体落地时,IT 设计人员需要根据所使用的数据库的具体要求,结合架构方面的规范设计成为 IT 实施用的逻辑数据模型和物理数据模型。因为有了业务对象,IT 设计人员在设计逻辑数据模型和物理数据模型时有了更明确、具体的指引,整体工作效率会大幅提升,而且能保证业务的前瞻性、灵活性、可扩展性等方面的需求。

6. 业务对象是应用系统解耦的关键

虽然应用系统解耦的方式有很多,但是通过业务对象解耦的方式最高效、彻底。

我们在方法论里介绍过,在业务架构里,业务对象是规划业务组件的依据。业务组件是对指定的业务对象进行处理的流程(任务)的聚合。业务组件在 IT 实施时与应用架构中的应用组件对应。也就是说,在应用架构中会将处理同类业务对象对应的逻辑数据模型的程序或服务聚合在同一个应用组件中。这样就实现了一个应用组件内的服务或程序具有高内聚性,以及与其他应用组件间的松耦合,从而实现应用系统间的解耦。

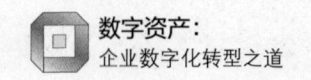

如果将一个业务对象作为一个最小的部署单元，就可以将对该业务对象进行处理的特殊加工工艺聚合在一起，形成相应的业务组件，能随时与其他业务组件中的工艺整合，形成新的生产经营流程。当某个业务对象发生变化时，只会影响对其处理的工艺流程，而不会影响整个流程。同样地，当某个业务对象的加工工艺发生变化时，不会对其他的工艺流程或业务对象产生影响。因此，通过业务对象进行数字资产的解耦来推进应用系统的解耦能产生事半功倍的效果。

6.6.2 分析业务对象模型

在对业务对象有充分的了解后，可以在数字元模型的指导下，按预设业务对象的目的、定义和范围说明开展业务对象的建模工作。以业务对象模型的结构为参考（见图6-25），结合每个预设业务对象的实际需求构建预设业务对象模型。

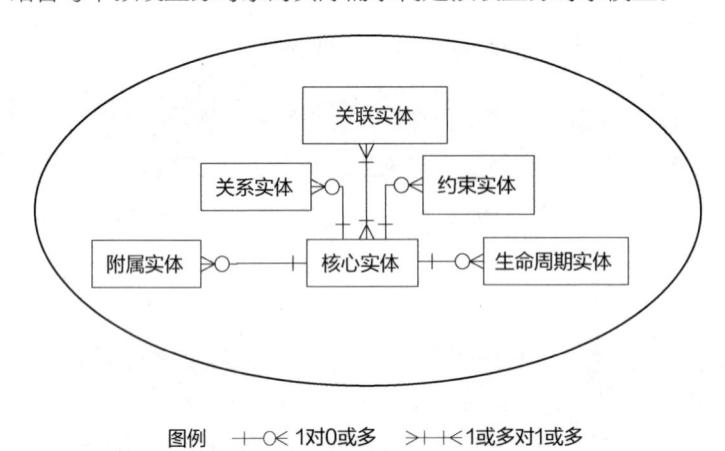

图6-25 业务对象模型的结构

1. 确定核心实体

业务对象是一群高内聚的业务实体的集合，是对某项资产的结构化、标准化表述。核心实体作为业务对象本质的业务属性的集合，体现了业务对象核心的、本质的内容，因此，应当先确定核心实体。核心实体的命名可以与业务对象的命名一致，如客户业务对象的核心实体可以命名为客户，账户业务对象的核心实体可以命名为账户。

在确定预设业务对象的核心实体时可以从该业务对象的本质特征出发进行分析，梳理该预设业务实体的业务属性类别，用该类别预设业务实体。

如果数字资产设计团队对企业的生产及资产有较全面、准确的认识,可以直接对预设业务对象的结构进行分析,将描述业务对象核心内容的部分作为核心实体的业务属性,围绕其业务属性特征预设相应的附属实体、生命周期实体、约束实体、关系实体等,以及体现该业务对象与其他业务对象关联关系的关联实体。

如果数字资产设计团队缺少这样的能力,那么可以先将与该预设业务对象相关的所有业务属性都作为核心实体的业务属性,再按后续步骤对每个或每类业务属性的取值情况或取值特征进行分析,逐步整理得到该预设业务对象的其他实体,形成完整的预设业务对象结构。

2. 确定附属实体

对预设业务对象核心实体中的每个业务属性的取值情况进行分析,找出同类的业务属性。如果某个业务属性的一个实例对某些业务属性可能有多个取值时,可以考虑将其单列出来作为附属实体的业务属性。例如,预设客户业务对象中有联系地址和联系方式的业务属性。有些客户可以有多个联系地址,如公司地址、家庭地址等,这就出现了"姓名"这个业务属性有多个取值。有些客户可能多次跳槽导致该客户有多个公司地址的情况,或者因为多次搬家而留下多个家庭地址。这时应该将与"联系"类别相关的业务属性从核心实体中分离出来,形成一个"联系方式"的附属实体。

用这样的方法可以找出一个实体可能有多个取值的业务属性的所有情况。但不是要将所有的这些业务属性都放在一个附属实体中,而是要对这些业务属性进行分类,形成不同的附属实体。例如,前面说到的联系地址和联系方式的业务属性,我们可以用一个附属实体来描述。同样地,客户会有很多兴趣爱好,而兴趣爱好的业务属性与联系地址、联系方式存在本质的区别,很难把它们归为一类,因此,我们把兴趣爱好作为另一类附属实体的业务属性。

附属实体里的业务属性单独存在时没有明确的业务含义,必须与核心实体关联后才能完整地表达业务含义。例如,联系方式中的联系地址和电话号码,单拿出来其中任何一项都没有特别的意义,但是与某个具体的人建立关联关系后,就表达了是某人的联系地址和电话号码的含义。那么,一个联系地址可以体现具体的定位,那又怎么样呢?对于企业而言,能产生什么样的作用呢?能为企业带来什么样的价值呢?如果不能,就是没有意义的,不能称其为企业的数字资产。我们在第1章里介绍过,数字资产一定是能为企业的数字经济活动提供支持并创造价值的。而与客户关联起来的联系地址和电话号码,表达的是可以联系到客户的方式,能触达客户,对企业交付价值、做好服务有支持作用,这样的联系方式才有意义,才能成为企业的数字资产。

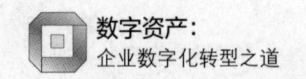

3. 确定生命周期实体

生命周期实体描述了业务属性的状态变化，状态变化会影响流程的执行。

当某个事件发生时，至少会有一个流程来响应。流程启动后，必然通过做一些事来改变业务对象的状态。我们可以用生命周期实体来记录这些状态的变化情况，将一个静态的现象形成动态的情况，为流程使用数字资产提供便利，也可以用于数据分析，为数字业务化或进行趋势分析等提供支持。

对于【示例 6-9】中的案例，用户于 3 月 21 日 23:10 在网上下了"送快递"的订单，订单的状态为"等待揽收"。快递员于 3 月 22 日 10:00 上门揽收后，订单状态更新为"已揽收"。我们用生命周期实体来记录这个状态的变更时可以得到如表 6-11 所示的快递订单生命周期变更情况。

表 6-11　快递订单生命周期变更情况

订单号	事件	状态	起始时间		结束时间	
			日期	时间	日期	时间
KDTS001	下单	等待揽收	2022 年 3 月 21 日	23:10:09	2022 年 3 月 22 日	10:15:21
KDTS001	揽收	已揽收	2022 年 3 月 22 日	10:15:21		

生命周期里记录的信息对流程具有控制作用。

【示例 6-10】中国人民银行规定，商业银行应在每个季度末月的 20 日向存款人支付利息，利息的计算公式为：利息=本金×时间×利率。各家银行在中国人民银行规定的对应期限利率的基础上可以进行适当的调整并公布。

中国人民银行会根据经济的发展情况调整利率，但不会等商业银行在每季度完成利息支付后调整。这就要求商业银行在计算利息时，在利率调整前的日期按旧利率计算利息，在利率调整后的日期按新利率计算利息。也就是在一个季度里，一段时间使用旧利率计算利息，另一段时间使用新利率计算利息。

对于这样的情况，用生命周期实体来记录利率起作用的时间段为利息计算提供了很大的便利。在计算利息时，通过查找利率的生命周期找到当前利率是从什么时候开始生效的，从而找到前一段时间适用的利率，根据利率生效的时间段分别计算利息。某家银行对一年期的定期存款的利率做了调整，其利率生命周期如表 6-12 所示。

表 6-12　利率生命周期

利率种类	期限	利率	起始时间	结束时间
活期	无	0.35%	2020 年 3 月 18 日	2021 年 5 月 26 日
整存整取	一年	1.5%	2020 年 3 月 18 日	2021 年 5 月 26 日
整存整取	一年	1.52%	2021 年 5 月 27 日	—

并不是只有核心实体才可以使用生命周期实体，附属实体、约束实体、关系实体也可以使用生命周期实体，生命周期附属于谁，就对谁的生命周期情况进行说明。例如，客户如果多次跳槽就会形成多个工作单位及公司地址，但是客户辞职后，原公司及地址的价值就发生了变化，联系客户时，需要使用其当前工作的公司地址。而联系方式实体作为客户核心实体的附属实体，对联系方式的状态进行描述的生命周期实体就是附属实体的生命周期实体，可以描述作为联系方式的每一个实体的生命周期，从而标出当前可用的联系方式。因此，在保留某个业务属性的状态变更的需要时，就可以使用生命周期实体来进行补充说明。

4. 确定约束实体

约束实体里的业务属性描述的是定制化的条件，能对业务流程进行约束和限制，是描述类业务属性的一种特例。使用约束实体时要考虑必要性，避免滥用。

约束实体里存放的条件用于控制流程。条件说明了执行流程的前提或流转原则。一般而言，在某流程中有一个判断满足的条件，并会根据具体的条件提供不同的流程。例如，客户在机场候机，会因为是否是某航空公司的贵宾会员而享受不同的折扣或服务。假设甲是某航空公司的贵宾会员，其就可以在候机时进入该航空公司在机场设置的贵宾厅候机，可以享受沙发、美食及提醒服务。而乙不是任何一个航空公司的贵宾会员，其在候机时只能在候机大厅里等待，如果候机的人多，会没有座位，更别说享受美食及提醒服务了。虽然两个人花同样的钱买了同样的机票，但是享受的服务却因是否为贵宾会员而出现了较大差异。是否为贵宾会员就是约束实体里需要体现的业务属性，对于服务流程而言，"贵宾会员"这个业务属性会影响其能够享受什么样的服务。

约束实体的条件可以用于选择不同的加工工艺，也就是不同的业务规则。企业在进行产品创新时，可以充分利用约束实体的业务属性来影响业务流程及其使用数字资产的选择。当两个产品的生产流程相同，但工艺（业务规则）上会因不同的产品选择不同的资产而出现差异时，可以将导致这种差异的条件抽象出来，形成相应的业务属性放到约束实体中。当约束条件为 a 时，对 a'材料使用 A'工艺进行加工得到产品 A；当约束条件为 b 时，对 b'材料使用 B'工艺进行加工得到产品 B。例如，在银行的定期存款业务中，不同的存款期限的利率是不同的，但无论存多少本金、多长时间，计算存款的利息时的计算方法是一样的。我们可以将存款的限期与利率作为定期存款的约束条件，1 年期的存款利率跟 5 年期的存款利率不同。当银行想增加新的存款期限的产品时，可以直接将存款期限和利率作为新产品的条件添加到约束实体中，这样就可以直接使用原有的流程使新产品快速投放市场。

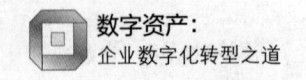

5. 确定关系实体

关系实体是用于描述在同一个业务对象内不同业务实体间的关联关系的业务实体。

并不是所有的业务对象里都有关系实体，但是关系实体可以将一些潜在的信息表现出来，对数字资产的分析、运用有更强大的支持作用。例如，我国的行政区划基本是按省、市进行划分的，一般情况下的经济分析都按行政区划进行。近年来，政府提出了京津冀环渤海经济圈、粤港澳大湾区、长三角经济带等经济区。因此，无论是政府还是企业，在进行经济情况分析时，除了对行政区划的分析，还要对经济区的情况进行分析。我们可以用关系实体实现将这些经济区与行政区划建立关联关系，从而满足各种分析的需要。

关系实体使同一个业务对象中业务属性的应用变得更灵活。与经济区不同，我国还设立了多个保税区，保税区往往比一个省、市行政区要小。如果企业要分析保税区的经营情况，可以通过关系实体将保税区与企业具体的分支机构建立关联关系。这样，企业可以对该省、市进行统一管理，同时也可以对特别区划，如经济区、保税区等进行特别的管理。

小到企业内部的员工管理，可以将同一年进入企业的员工关联起来，可以将同一个学校毕业的员工建立关联，可以将同等学历的员工关联等，还可以分析员工的培养及成长的影响因素，为企业的人才培养与储备提供全方位的支持。

6. 确定关联实体

关联实体是指描述两个业务对象间的关联关系的业务实体。

我们在绘制数字元模型时，体现了预设业务对象间的业务逻辑关系，以及预设业务对象随着企业生产经营流转的情况。在数字元模型中，我们用基数关系将两个预设业务对象关联起来。如果两个预设业务对象是多对多的基数关系，则它们的关联性会比较复杂，这时，我们可以用关联实体来将这种复杂的关系简化。图6-26所示为业务对象关联示意图。

例如，对于软件研发公司而言，往往一个项目会由多个人共同完成，而一个人往往同时参与多个项目。因此形成了"项目"业务对象与"参与者"业务对象之间多对多的复杂关系。图6-27所示为项目与参与者之间的关系示意图。

我们一般会在项目立项后开始组建项目团队，因此，可以通过在"项目"业务实体与"参与者"业务实体间增加一个关联实体，来体现每个项目都有哪些成员。按业务逻辑来说，先有项目再有项目团队成员，因此将这个关联实体放到项目业务对象里，"项目"业务对象与"参与者"业务对象结构示意图如图6-28所示。这样可以方便地查找某个项目都有哪些成员，也可以查找某个员工参加了哪些项目。

图例　——○< 1对0或多　>—+—< 1或多对1或多

图6-26　业务对象关联示意图

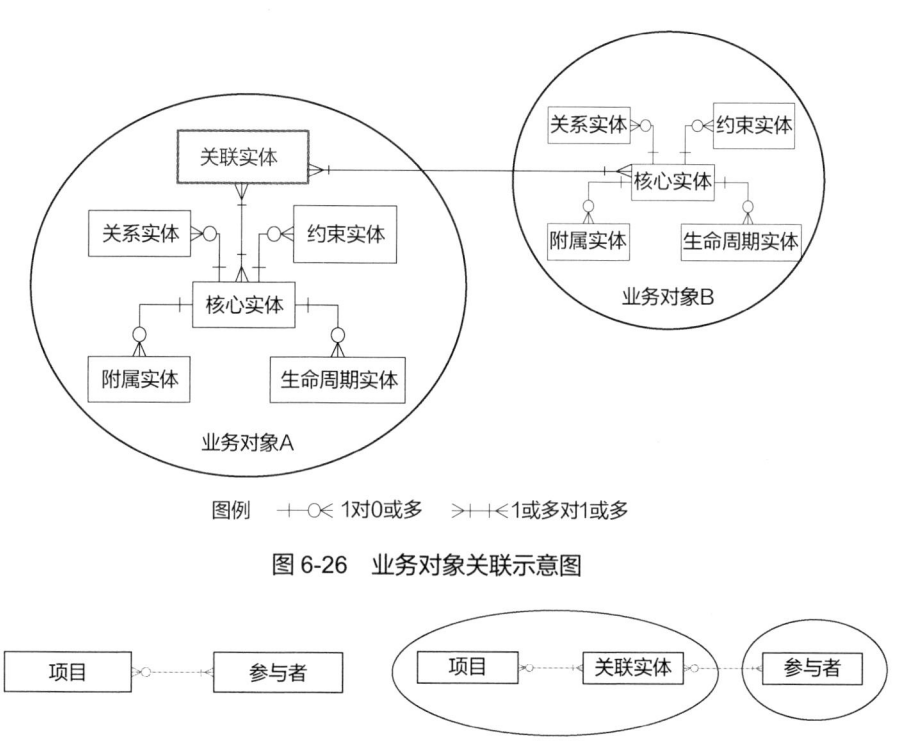

图6-27　项目与参与者之间的关系示意图　图6-28　"项目"业务对象与"参与者"业务对象结构示意图

【示例6-11】公司要构建员工业务对象用于记录员工档案。先整理出关键的信息，如姓名、出生日期、性别等基础信息，以及员工的受教育情况、工作经历、工作能力、取得的专业证书、获得的荣誉证书、特长等其他信息。

员工的基础信息是核心信息，可以作为核心实体的内容。员工的受教育情况信息会不断增加，如果作为核心实体的内容，记录起来会有较多限制，而将其单独作为描述性实体，会更灵活。同样地，工作经历、工作能力、取得的专业证书、获得的荣誉证书都可以分别作为描述性实体。对于一个人而言，特长培养起来并不容易，如果公司特别关注，可以单独作为一个描述性实体存在。

对于公司的一些岗位而言，需要有相应的专业证书，可以将专业证书作为岗位的约束实体单列出来，同时，专业证书是员工的业务属性，可以作为附属实体里的业务

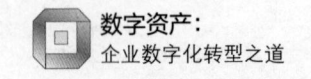

属性存储。有些专业证书有一定的有效期，过期后不满足条件则不具备相应的资格时，可以为员工业务对象的专业证书附属实体增加一个生命周期实体，来记录员工所持有的专业证书的有效期。

对于公司特别关注其社会关系的员工来说，需要增加一个关系实体来说明员工 A 与员工 B 的特别关系，如夫妻、父女、母子等。图 6-29 所示为员工业务对象示意图。

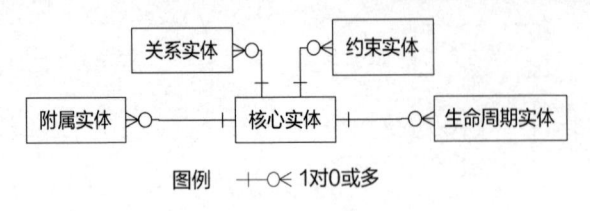

图 6-29 员工业务对象示意图

总体而言，在业务对象里，有且仅有一个核心实体，可以有多个附属实体、约束实体、生命周期实体、关系实体、关联实体。

6.6.3 绘制预设业务对象模型

当我们把预设业务对象里包含的预设业务实体理清楚之后，就可以开始绘制预设业务对象模型了。绘制预设业务对象模型与绘制数据元模型的步骤相似，分为以下三个步骤。

1）按业务逻辑建立预设业务实体间的关联关系

在完成对预设业务对象的分析后，我们得到了某个预设业务对象范围内的一系列预设业务实体。现在，我们需要按照业务逻辑把这些预设业务实体的关联关系用直线表示出来。

2）分析预设业务实体间的基数关系

在完成对预设业务实体间的业务逻辑关系分析后，应着手分析有业务逻辑关系的两个预设业务实体间的基数关系，并将分析后得到的结论记录下来，用相应的基数关系图例去替换直线，形成含基数关系的关系视图。

3）预设业务实体亲密度分析

与绘制数字元模型不同的是，完成绘制基数关系的视图后，建立业务对象模型的流程并没有结束，需要审视预设业务对象中的预设业务实体是否紧紧围绕在核心实体的周围，是否存在紧紧围绕非核心实体的一组预设业务实体。当出现一组预设业务对象紧紧围绕非预设的核心实体时，需要分析三个方面的内容：一是预设的核心实体是否正确；二是预设的业务实体及其关系是否正确；三是是否需要将预设的业务对象拆分为多个业务对象。

如果预设核心实体正确，预设业务实体间的业务逻辑也正确，则需要做如下分析：预设核心实体有一群预设业务实体围绕在其周围，可以将该预设业务对象按聚集的程度拆分为多个预设业务对象。

当然，我们并不要求所有的预设业务实体都与预设核心实体间存在直接的业务逻辑关联，允许附属实体有自己的附属实体。我们更关注的是，在一个预设业务对象中各预设业务实体的亲密程度，并以此判断这个业务对象划分的合理性。

6.7 对高阶数字资产达成共识

数字资产规划设计团队在推进数字资产的高阶规划过程中，应不断与利益相关者沟通，在与所有利益相关者达成共识后进行发布。

与利益相关者沟通的方式有很多，最简便、高效的方式是邀请利益相关者对每一级规划成果进行评审，以确保利益相关者对高阶数据资产的内容、分类、排布、业务逻辑、业务规则等达成共识。

6.7.1 做好数字资产版本管理

数字资产规划设计团队要对企业所拥有或需要的数字资产进行全面的规划和设计，该项工作涉及企业的方方面面，参与的团队成员来源于企业的业务部门。对于这样的团队来说，想要实现统一行动、统一进度存在一定的困难。因此，我们可以通过版本管理来实现分别推进、保证质量。

在版本管理时可以根据企业数字资产规划设计团队的具体分工协作方式来进行，我们通过示例来介绍一种分别推进的协作模式。

【示例 6-12】某企业的业务品类较多，业务涉及面较广。在做企业级的数字资产规划时分成采购团队、生产团队1、生产团队2、销售团队四个团队分别推进。每个团队又分成若干个小组分别进行梳理和设计，如图 6-30 所示。也就是说，数字资产规划设计团队可以分为多层结构。

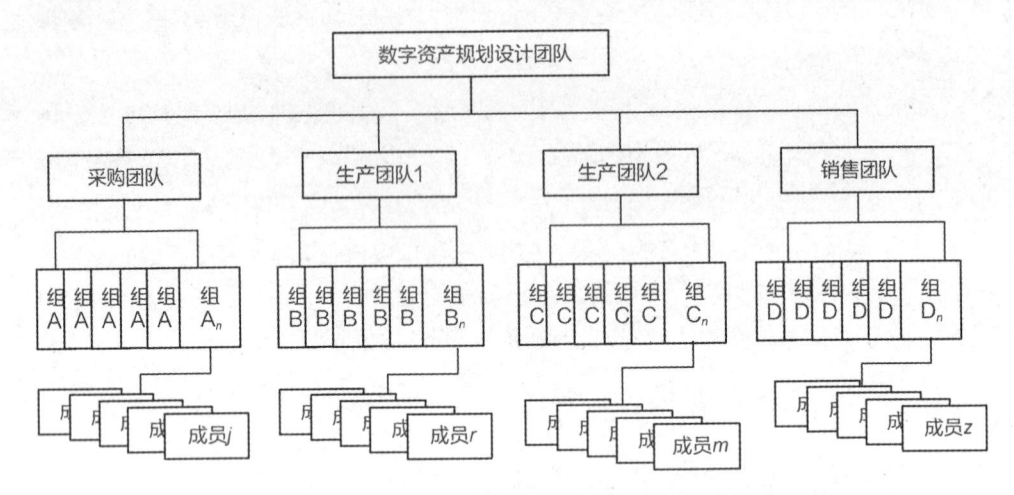

图 6-30　某企业数字资产规划设计团队组织结构示意图

为了确保整个团队能协同推进，制定了数字资产规划设计版本设置及相关要求，如表 6-13 所示。

表 6-13　数字资产规划设计版本设置及相关要求

版本号	含义	说明
V0.1	成员发布版本	规划设计团队成员完成并自查达到相关质量标准的版本
V0.3	小组发布版本	规划设计小组对成员发布的版本完成组内整合、评审，并达到相关的质量标准的版本
V0.5	专业团队发布版本	规划设计专业团队对各小组发布的版本完成专业内整合、评审，并达到相关的质量标准的版本
V0.7	团队发布版本	规划设计团队对各专业团队发布的版本完成团队内整合、评审，并达到相关的质量标准的版本
V0.9	报企业审核版本	已组织利益相关者评审通过的版本，各方面要求均已满足，可作为报企业数字资产委员会审核的版本
V1.0	企业发布的版本	企业数字资产委员会审核通过，同意发布的版本

通过对整个规划成果的版本管理，将一个艰巨的任务分解为若干细小的、可执行、易执行的任务。通过每一个环节的整合与审核，在保证质量的基础上进行集成，可以较高效地协同推进。

每个企业会有自己的管理模式，可以根据本企业的具体情况确定如何进行相关的版本管理，并不一定要使用上述案例的方式。

6.7.2 概念模型成果审核注意事项

概念模型体现的是企业拥有数字资产的情况,在集成或评审概念模型时需要关注以下事项。

1. 对分类的标准达成共识

概念模型的分类是主观选择分类标准得到的结果,不同的分类标准得到的结果必然不同。不同的分类标准体现了企业对数据资产进行管理和使用的不同思路,体现了企业如何挖掘数字资产的价值。因此,需要在企业层面对分类标准的选择达成共识。

数字资产规划设计团队应对分类标准选择的目的及其预期达到的效果,以及每个分类标准与企业数字战略目标的关联性等进行充分的说明,以便于评审人员对该标准的选择是否恰当给出中肯的评估意见。

2. 对分类成果的正确性达成共识

在确定分类标准后,需要论证按该标准进行分类后得到的分类成果的正确性,如果分类成果相互独立,之间没有交叉,就满足 MECE 原则。

对正确性的论证应与企业的生产经营相结合,与企业的战略规划相结合,而不只是基于规划设计团队自身的逻辑进行证明。最好的方法是与企业的生产经营现状及未来规划的业务进行对照,分析得到的分类成果能否覆盖现在及未来的业务。

3. 对分类成果的理解达成共识

分类的成果只是一些图示和名称,大家可能会因为专业背景的不同而对某个名词有不同的理解。因此,在审核概念模型时,应对每一个分类标准及得到的每一个分类成果都进行全面、翔实的说明。

我们可以先对每个分类的目的及其成果进行说明,也就是说,为什么要做这样的分类,或者为什么需要某个预设的业务对象。再对它们进行定义,即是什么。通过目的和定义来统一大家对某个分类标准、某个业务对象的认识。只有整个企业对这些分类成果的理解达成一致后,才能保证后续进行正确的生产和使用。

4. 对规划成果的合规性进行审核

企业希望数字资产能在数字化转型过程中发挥积极作用,一定会制定企业级的数

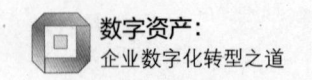

字资产标准。数字资产标准一经发布，就应该在企业范围内强制执行。因此，审核每一个分类成果与企业数字资产标准的符合度是对数字资产规划成果进行审核的重要内容之一。

在审核企业数字资产标准的符合度进行时，除按标准审查以外，需要特别关注以下内容。

1）命名的标准化程度

命名是对一种资产最重要的定义，如同我们每个人的名字对于我们的重要性一样，数字资产的名称对于该数字资产也极其重要。企业的数字资产标准的命名规范是否得到有效执行，该数字资产的名称与其内涵是否一致、是否与企业的业务一致等，都是需要重点关注的内容。不能为了追求时髦而给数字资产起一些新奇的名称，使用晦涩的字词，从而让大家不知所云，或产生误导。

2）定义的准确性

每一个数字资产都是现实世界在数字世界的映射，在对其进行定义时应与现实世界保持一致，且要符合企业关于定义的相关规范和要求。尤其是当数字资产间的边界不够清晰时，应按企业数字资产的标准进行补充说明或通过范围进一步厘清。

6.7.3 数字元模型成果审核注意事项

数字元模型对企业在生产经营活动中管好数字资产、用好数字资产起着极其重要的作用。数字元模型是以概念模型得到的预设业务对象为基础元素进行业务逻辑分析后绘制形成的，可以与概念模型一起邀请利益相关方进行评审。建议最好有管理层或领域内专家参与，确保与企业战略目标一致、业务逻辑正确、业务规则准确。

在集成和评审数字元模型时需要注意以下事项。

1. 预设业务对象间主要业务逻辑关系的正确性

数字元模型通过预设业务对象间的基数关系，清晰体现了企业数字资产在企业的生产经营活动中流转的情况，是企业管理好数字资产的抓手。如果数字元模型的质量不高，企业就难以对数字资产进行有效的管理；如果数字元模型与企业的数字资产战略不相符，企业就难以高效地应用数字资产，不但不能实现数字化转型中应用数字资产的目标，反而会产生负面的影响。

在全面表达业务对象间的业务逻辑关系时，往往会特别复杂。以图 6-6 所示的

FSDM 九大主题域关系图为例，参与者、合约、事件、产品、条件、资源项、位置、业务方向、分类九大主题域之间的关联关系极其复杂，对如何更好地使用数字资产带来了一定的困难。为了更好地指导企业使用数字资产，按业务逻辑体现它们的主要关联关系后，得到了图 6-14 所示的 FSDM 九大主题域主要基数关系视图。

因此，在审核预设业务对象间主要业务逻辑关系的正确性时，应以业务逻辑为主线进行分析，不必强调把所有的关系都表现出来。

2. 预设业务对象间的基数关系的正确性

数字元模型通过基数关系诠释了数字资产在流转过程中更具体的业务规则，是企业用好数字资产的抓手。如果预设业务对象间的基数关系不正确，就会影响数字资产的存储与使用。

例如，在【示例 6-4】中，如果"路线图"与"项目"之间是 1 对多的基数关系，那么说明企业不允许在实施层面对项目进行合并管理，对于不同的路线图拆分形成的项目，即使存在交叉也必须分别实施。当"路线图"与"项目"之间是 1 或多对 1 或多的基数关系时，意味着是对不同的路线图拆分形成的项目，如果项目内容存在交叉或相近，应该整合后推进。

可见，预设业务对象间的基数关系体现了企业的业务逻辑和管理思路。因此，对数字元模型进行评审的过程，是对业务逻辑、业务规则形成企业级共识的过程，可以确保企业的管理思路能得到正确、有效的执行。

6.7.4 预设业务对象建模成果审核注意事项

预设业务对象既是概念模型的基础元素，也是数字元模型的基础元素，可见其在高阶规划成果中的重要性。预设业务对象与企业的数字战略规划密切相关，因此，最好在高阶规划设计成果评审前，邀请具有不同业务背景、期望、技能的相关领域的专家参与，这些专家具有一定的话语权，能讨论不同的观点、给出具体的建议、做出明确的决策。在审核数字资产规划成果时需要特别关注以下内容。

1. 预设业务对象模型的完整性与正确性

1）检查核心实体

在每个预设业务对象模型中都一定会有且仅有一个核心实体，核心实体体现了该业务对象本质的特征。

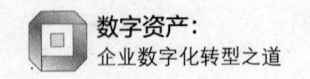

2）检查其他从属性实体所描述的业务对象的特征是否全面

例如，对于"员工"这个业务对象，业务方面关注其学历、职称、能力等方面的特征，而工会更关注其特长和爱好。检查其从不同的角度关注的特征是否都覆盖。

3）通过观察预设业务对象模型中业务实体间的亲密程度来判断该模型的正确性

如果在一个业务对象模型中存在的业务实体分别聚合在两个或两个以上的业务实体周围，我们可以初步判定这个业务对象过大，通过详细审核后确定是否要按聚合情况拆分为多个业务对象。

2. 预设业务实体间关系的正确性

组成预设业务对象的预设业务实体间的关系包括业务逻辑关系、基数关系两个方面。

1）业务逻辑关系的正确性

业务逻辑关系体现了预设业务实体间存在的业务关联，并不是每个预设业务实体都必须与核心实体直接相关。例如，我们为了保证业务实体的灵活性，往往会对一些附属业务实体设计生命周期实体，用于记录该业务实体的状态变更、生效的时段等。如果把生命周期实体与附属业务实体的关联弄成与核心实体的关系，就变成了对核心实体中的实例的状态变更的记录。这显然与设计生命周期的初衷背离。

可以通过每个预设业务实体的目的、定义和范围来分析、判断预设业务实体间业务逻辑关系的正确性。

2）基数关系的正确性

在确认预设业务实体间的业务逻辑关系没有问题后，应立即审核预设业务实体间基数关系的正确性。预设业务实体间的基数关系体现为对该业务实体中的一个实例，在与之相关的预设业务实体中可能会有多少个实例相对应。基数关系将直接影响IT实施时如何设计数字服务，影响具体的流程将得到什么样的数字资产的支持。因此，需要特别关注基数关系与业务规则的符合度，或与业务规划目标的一致性。

在检查基数关系时，如果发现存在一个预设业务对象与其他预设业务对象为多对多的基数关系时，应通过建立关联实体来描述两个预设业务对象间的关联关系。多对多的基数关系使资产的使用变得极其复杂，而引入两个预设业务对象间的关联实体后，把多对多的基数关系转换为1对多的关系，数字资产的使用效率将得到大幅度的提升，对于资产的追溯管理带来了极大的便利。

3. 每个预设业务实体的正确性

在对预设业务对象所包含的预设业务实体进行审核时，由于不同的预设业务实体的关注点不同，需要结合具体内容进行审核。

（1）对于核心实体来说，应特别关注所有实例都有相应的取值。

（2）当不同的实例在某个业务属性上都有相同的取值时，可以考虑将其分离出来形成一个单独的实体或整合到其他实体中。

（3）预设业务实体的名称应与其内涵一致，除核心实体以外，预设业务对象中的其他业务实体不应与预设业务对象名称相同或相近。

（4）预设业务对象包含的业务实体能支持业务的发展趋势，预设业务对象具有灵活性。

（5）如果某个预设业务对象与其他预设业务对象间存在的业务逻辑关系体现在业务实体实例层面，则应增加一个说明不同业务对象间关联关系的业务实体（关联实体）来记录相关的信息，关联实体最好放在业务逻辑起点的预设业务对象中。

4. 业务实体对业务流程支持的全面性

审核完成预设业务对象所包含的预设业务实体后，应审核业务实体与企业生产经营管理流程的对接检查成果，确认每个流程都有业务实体提供支持，所有的业务实体都被流程所使用。业务实体与企业生产经营管理流程对接检查表如表 6-14 所示。

表 6-14　业务实体与企业生产经营管理流程对接检查表

业务实体	流程		
	流程 1	流程 2	流程 3
实体 A	读取	修改	—
实体 B	—	—	新增

（1）读取：表示某流程在运行过程中会读取该业务实体中的部分或全部属性，如流程 1 在运行过程中会读取实体 A 中的属性。

（2）修改：表示某流程在运行过程中会对某业务实体中的属性进行修改，如流程 2 在运行过程中会修改实体 A 中的属性。在修改前，实体 A 中被修改的记录已经存在。

（3）新增：表示某流程在运行过程中会在某业务实体中新增一条记录，如流程 3 在运行过程中会产生一条新记录，存储在实体 B 中。

那么，平时对记录的处理一般是新增、删除、修改、查询，这里是不是少了删除呢？

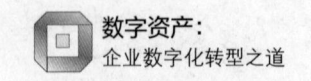

考虑到企业的数字资产需要在全企业流转,某个环节不需要使用并不意味着该数字资产就没有存在的价值,尤其是在数字经济时代,往往过去已经不再使用的数据能帮我们找到一些趋势。为了能一方面保证企业生产经营管理各流程使用数字资产的便捷、高效,另一方面满足后续的数据分析,我们可以用其他的方式来表明或管理已不被使用的数字资产。例如,表明使用资产的状态、生命周期,甚至存储、迁移数字资产等。

5. 预设业务对象的灵活性和可扩展性

预设业务对象的灵活性和可扩展性是指预设业务对象是否能在业务发生变化时快速地进行调整,或增加新内容,以及在需求增加时自顶向下地调整数字资产模型的成本和对存量业务产生的影响比较小。

调整数字资产模型的成本包括发生变化的业务对象及调整与其紧密相关的业务对象的成本,以及调整相关变化在每一个层级模型中的成本。

在对存量业务的影响分析中,需要分析对相关业务流程的影响,以及修改程序的研发成本等。

6. 预设业务对象模型与标准的符合度

应该按照企业数字资产标准对预设业务对象进行全面审核。

(1)遵循命名规范或标准的情况。确保预设业务对象及其所包含的预设业务实体的命名符合企业数字资产标准,并且每个命名的业务含义清晰、准确,没有歧义。

(2)每个预设业务对象都有目的、定义、范围等说明,相关定义清晰、准确、完整,并且不同业务领域的专家理解一致。

(3)预设业务对象的可读性。预设业务对象的可读性包括预设业务对象在数字元模型中的位置正确地体现了业务逻辑,预设业务对象的结构表达易于理解。

思考题

1. 概念模型其实是一种主观选择,通过不同的分类标准来体现企业数字资产的分布情况。你认为选择不同的分类标准,得到的业务对象会有不同吗?请说说你的理由。最好能用生活中的实例来进行分析。

2. 你可能会在其他有关数据的书中看到"元数据"的概念。简言之，元数据是数据的描述和上下文。例如，我们在用手机拍摄一张照片时，整张照片是用数据来存储的。同时，手机里还会存储与这张照片相关的一些描述性的数据，如文件名、日期、拍摄地点、设置等，这些数据就是这张照片的元数据。现在，你能很好地区分数字元模型与元数据吗，它们有什么不同呢？

3. 两个业务对象间的基数关系不会存在 0 对 0 的关系吗？如果在分析两个业务对象间的基数关系时出现了这样的情况，说明了什么？两个业务对象间的基数关系为多对多时，我们通过关联实体将其改成 1 对多的基数关系，从而降低它们之间业务逻辑的复杂度。除此之外，你还能想到其他降低业务逻辑复杂度的方法吗？请做具体描述。

4. 通过对本章内容的阅读，你可以尝试对你所在的企业的数字资产进行规划，或者对你家中的数字资产进行规划。请立即尝试一下，看看你在哪些方面会遇到困难？而你面临的困难是否能在本书中找到解决方案？

第 7 章

详细数字资产业务设计

第 6 章采用自顶向下的方法对如何规划高阶数字资产进行了介绍。高阶数字资产具有一定的稳定性，除非出现重大的业务调整，一般不会发生变化。第 4 层的业务实体模型往往为响应新业务需求而不得不做出调整。如果说高阶数字资产模型是骨骼，那么业务实体模型就是血肉，极其丰富，也极容易发生变化。本章将用自下而上的方法指导大家如何设计企业生产经营所需要的详细的数字资产，同时与自顶向下的规划成果对接，对预设业务对象进行验证、优化，并最终形成"血肉饱满"的业务对象。

本章涉及的主要内容有以下几个方面。

第一，如何收集详细数字资产设计用的资料。

第二，如何整理收集来的详细数字资产需求，并与预设资产对接。

第三，如何设计业务实体模型。

第四，如何迭代完善数字资产业务规划。

7.1 业务对象的设计步骤

7.1.1 自下而上地收集并抽象数字资产

如果说自顶向下地规划数字资产模型要求规划设计人员具有宏观的视野，那么自下而上地设计业务实体模型则要求规划设计人员从细节出发。两种方法的视角不同，思维方式存在非常大的差异。为了更精准地展现业务的细节，使用自下而上的专业化归纳抽象方法必须从实际出发，掌握企业在生产经营管理流程中使用数字资产的具体情况，并预估未来可能的需求，抽象成候选业务实体，再聚合成为候选业务对象模型。

7.1.2 候选资产完整性的初步验证

抽象形成的候选业务对象模型通过两个对接工作进行检验：一方面要与自顶向下规划形成的预设业务对象模型进行对接，验证预设业务对象模型设计的完整性，对其进行优化提升，让最终得到的业务对象模型更加符合企业生产经营管理的需要；另一方面要将候选业务实体模型与企业的生产经营管理流程进行对接，确认企业生产经营管理的每个环节所需要的数字资产都有候选业务实体及其业务属性承接，验证候选业务实体及其业务属性、域、实例的完整性和准确性。需要特别注意的是，管理工作中的部分需求属于衍生数据，在候选业务实体中没有直接的业务属性承接，但是应该能按业务规则计算得到。候选资产初步对接检验示意图如图 7-1 所示。

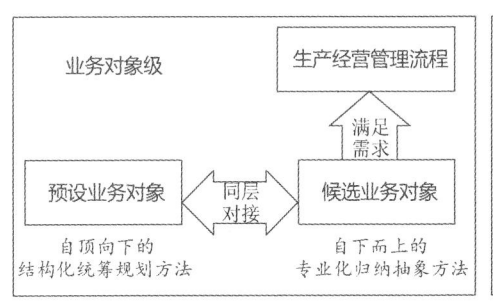

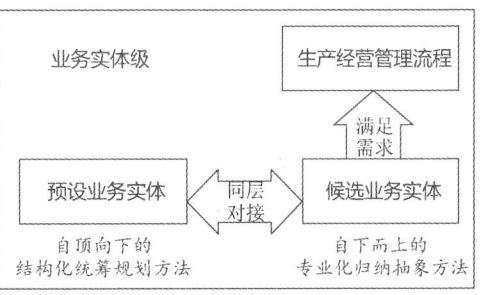

图 7-1 候选资产初步对接检验示意图

7.1.3 候选与预设的对接整理

在自下而上地收集数字资产需求、构建候选业务实体模型前，应确保已完成企业数字资产设计实施标准的制定及发布。企业数字资产设计实施标准将指导对现状进行标准化、规范化，从而提升候选业务实体模型的质量及工作效率。当设计业务实体模型无标准可用时，可及时提出，推动企业数字资产标准的完善。

数字资产的对接整理步骤如图 7-2 所示。

步骤 1：整合业务对象。

通过对候选业务对象与预设业务对象的名称、目的、定义、范围等基本属性进行对比分析，形成企业最终的业务对象的名称、目的、定义、范围等。

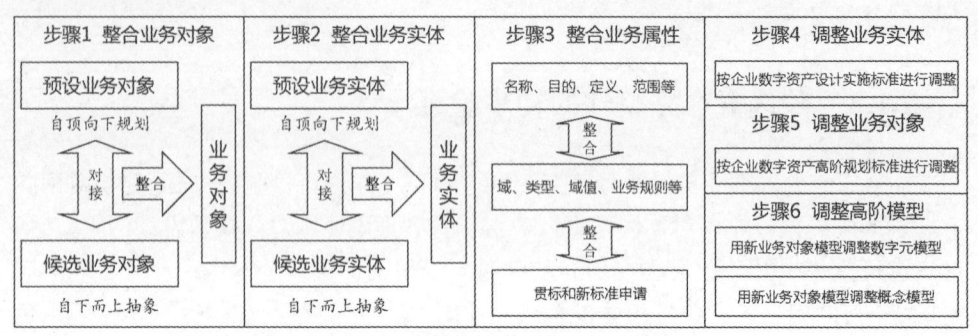

图 7-2　数字资产的对接整理步骤

步骤 2：整合业务实体。

通过对候选业务实体与预设业务实体的名称、目的、定义、范围等基本属性进行对比分析，形成业务对象所包含的业务实体的名称、目的、定义、范围等。

步骤 3：整合业务属性。

业务属性的整理是在同一个业务实体内对业务属性的名称、目的、定义、范围等基本属性进行对比分析及整合，并对照企业数字资产设计实施标准进行贯标，形成标准化的业务实体。

步骤 4：调整业务实体。

按企业数字资产设计实施标准对业务实体的准确性进行检查、调整，得到符合企业数字资产标准的业务实体模型。

步骤 5：调整业务对象。

用调整得到的业务实体绘制业务对象结构视图，并按企业数字资产高阶规划标准对业务对象进行检查、调整，得到符合企业数字资产标准的业务对象模型。

步骤 6：调整高阶模型。

根据最新业务对象模型同步调整概念模型和数字元模型，形成可用于高层评审的数字资产模型版本。

7.2　收集详细数字资产需求

在采用自下而上的专业化归纳抽象方法开展业务实体建模工作前，需要广泛收集企业现有的资产情况和前瞻规划资料。与高阶数字资产需求一样，详细数字资产需求也来源于企业的生态环境、战略规划及价值链。

7.2.1 从企业生态环境中收集详细数字资产需求

在自顶向下地从企业生态环境中收集高阶数字资产需求时，应关注概念和业务对象的高阶识别和整理。在收集详细数字资产需求时，将基于之前已完成的业务对象，对收集的资料进行更详细的分析，整理业务实体和业务属性级别的需求。

7.2.1.1 从环境圈中收集详细数字资产需求

在"从环境圈中收集高阶数字资产需求"部分中介绍过，企业生态环境的环境圈主要是指政治环境、经济环境、社会环境、法律法规、技术环境等。通过自顶向下的规划，我们从相关的环境因素中分离出与企业生产经营管理相关的资料并进行归类整理。在自下而上地收集详细数字资产需求时，以之前整理的资料为依据，结合企业的实际生产经营管理内容，从文件、资料中找出相关联的核心名词及对其进行描述的名词性信息。核心名词将作为候选业务实体清单，对其进行描述的名词性信息则作为业务属性，整理到如表 7-1 所示的候选业务实体及其属性清单中。对于这些候选业务实体清单，按其描述对象的业务本质进行分类，得到候选业务对象清单，并将其填写到表 7-2 中。

表 7-1 候选业务实体及其属性清单

候选业务实体	候选业务实体定义	候选业务属性	候选业务属性描述	类型	域	业务规则	……

表 7-2 候选业务对象清单

候选业务对象	候选业务对象定义	候选业务实体	候选业务实体描述	来源	文号	……

环境圈里的很多因素会对企业生产经营管理形成约束，因此，需要将相关的规定、条件、限制等整理为业务规则，一并填写到表 7-1 中。这些业务规则中的部分内容将成为候选业务对象中的约束实体，部分内容甚至会影响企业的资产部署、业务开办等。

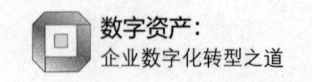

例如，为保护用户信息安全，中华人民共和国工业和信息化部发布了《智能网联汽车生产企业及产品准入管理指南（试行）》（征求意见稿）。该指南中有一条非常重要的信息："在中华人民共和国境内运营中收集和产生的个人信息和重要数据应当按照有关规定在境内存储。因业务需要，确需向境外提供的，应向行业主管部门报备。"因此，在我国境内销售智能网联汽车的特斯拉必须将服务器设在中国。这个条款属于限制性条款，对企业的数据管理提出了具体的要求，企业的数据管理工作流程及资产部署都需要进行相应的调整。

7.2.1.2　从生物圈中收集详细数字资产需求

我们在自顶向下地收集生物圈中的高阶数字资产需求时，将生物圈主要分为四类需要关注的对象：消费者、供应商、合作方、竞争者。

基于在收集高阶数字资产需求时整理出来的资料，结合企业实际生产经营管理内容，梳理与企业相关的核心名词及对其进行描述的名词性信息。除了使用识别利益相关者数字资产需求的调查问卷、访谈、头脑风暴等方法，还需要针对生物圈中的各个对象开展调研活动，关注各对象的动态信息、权威机构发布的信息等。对收集的信息进行分类，整理核心名词及对其进行描述的名词性信息。按前面的标准整理到表 7-1 与表 7-2 中。

在分析过程中会发现，供应商、合作方、竞争者可能存在重合现象，需要注意在抽象候选业务实体及其业务属性时关注每类对象的特征，而不是具体的某个对象。例如，国内某大型银行拥有一张国际金融市场的专门牌照或会员资格，作为参与者可直接从事金融交易。国内中小银行没有专门牌照或会员资格，但是可以作为该大型银行的客户，通过该大型银行参与相关的金融交易。此时，该大型银行与中小银行是合作伙伴关系。它们又都为自己的客户提供同类金融产品或服务，因此它们对于对方来说也是竞争者。如果大型银行为中小银行提供该金融市场的场外交易服务，那么该大型银行是中小银行的供应商。可见大型银行对中小银行而言，其身份会存在重合现象。对于中小银行而言，在分析业务实体及其业务属性时，更需要关注供应商或合作方的本质特征，而不是某个具体的银行。

7.2.2　从生产经营中收集详细数字资产需求

虽然团队尽可能使用多种方法来收集利益相关者对数字资产的需求，但是仍然可能有遗漏的情况发生。人们往往会忽略自己非常熟悉的事物，因为他们认为那是基本的常识，这些潜在的"常识"就是容易被忽略的需求。而弥补这种疏忽最好的方法就是通过分析企业当前使用的 IT 系统、生产经营的各种表单、制度文件、操作手册，以及业务战略目标，从中收集、整理出当前在用的数字资产。

这种从现状中收集数字资产的具体业务属性的方法，往往耗时较长、工作量非常大，需要企业投入大量的人力、资源及时间。收集数字资产的过程是对企业业务进行全面摸排的过程，需要各位专业人员共同参与，才能做到避免遗漏、发现提升点，有利于企业整体推进数字化转型。很多企业往往因为工作量大，投入的资源多而忽略这个过程，这将严重影响后续规划成果的全面性、准确性，甚至可能导致规划成果出现大量遗漏的情况，使企业战略目标难以得到有效执行，反而增加了运营的成本，不能满足企业数字化转型对数字资产的需求，更难以发挥数字资产应有的价值。这个过程犹如建房屋时的地基勘探，其准确性将直接影响建筑工程的质量。

7.2.2.1 从应用系统中收集详细数字资产需求

在企业的各种应用系统中部署的数据库表，是数字资产最直接的来源。可以通过以下步骤完成数字资产需求的收集。

1. 导出所有在用的数据库表及其结构

在业务系统运行的过程中会使用数字资产，也会生产新的数字资产，而这些存取、创建和操作的结果都通过相应的数据库表来记录。因此，可以从数据库表中整理出在企业生产经营管理过程中所使用的数字资产及其业务属性。

导出所有业务系统的数据库表，将每张表都视为一个候选业务实体，将数据库表中的字段视为该业务实体的业务属性。

2. 剔除不需要使用的数据库表

业务系统里的数据库表并不是全部与业务直接相关的，部分数据库表是系统运行的记录。因此，需要借助企业存储的相关资料及数据库表结构、实例等，去理解每张数据库表的业务含义，剔除与业务无关的数据库表。

可以用对数据库表进行分类的方法快速检索与业务无直接关系的数据库表。分类的标准比较多，可以选择某个分类标准对在用的数据库表进行分类，以筛选出与业务紧密相关的基础的数据库表。例如，从目标出发，以数据库表的业务目的为标准进行分类，可以先将数据库表分为确保系统运行的技术类表，为提升业务处理灵活性配置的参数类表，为提升业务查询和分析效率的衍生类表，为记录企业生产经营情况的业务资产类表等。再挑选出与业务直接相关的数据库表。技术类表与业务没有直接关系，

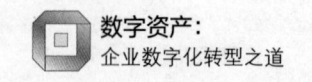

可以剔除。数字资产里一般不体现衍生类信息，因此将衍生类表剔除。业务资产类表和参数类表与业务直接相关，选择保留。

3. 形成候选业务实体清单

将保留下来的与业务直接相关的数据库表整理为候选业务实体，并填写到表7-1中。

1）形成初步的候选业务实体清单

将每张数据库表作为一个候选业务实体进行整理，将数据库表的名称作为候选业务实体的来源填写到表7-2的"来源"栏中，将每张数据库表的字段名称作为候选业务属性名称，将数据库表结构的相关信息分别整理到表7-1中。

2）筛选候选业务属性

筛选候选业务属性的目的是剔除每个候选业务实体中不具备业务含义、重复、保存衍生数据的候选业务属性，只保留能体现业务含义、记录原始数据的候选业务属性。在剔除时应同时参考"业务属性描述""业务规则"等内容，确保剔除的内容不包含原始的、有业务含义的候选业务属性。例如，在进行数据库表设计时，为提升对全表的检索效率而作为主键的编号，以及为记录业务发生时间的时间戳等都没有业务含义，应将其剔除。

3）按描述对象特征整合候选业务属性

整合候选业务属性的目的是将描述事物某类特征的业务属性归集在一起，剔除重复的候选业务属性，整合同名不同义、同义不同名的候选业务属性，以得到没有重复、同名同义、同义同名的候选业务属性。

在整合候选业务属性时，应先归集再整合。通过归集某事物同类特征的描述，实质上是对候选业务属性的分类或抽象。在进行分类时，候选业务实体（数据库表名）只作为参考，更多的是对候选业务属性的名称、描述、域及业务规则等内容进行综合分析，避免由于使用片面信息而导致分类或抽象出现偏差。

分类的目的是方便后续的整理。根据候选业务属性所描述的事物按企业所拥有的资产进行分类。将描述相同事物的候选业务属性筛选出来并归集在一起。例如，姓名、出生年月、工作年月日、学习经历、工作经历、专业技能、获得的奖项、购买的产品、联系方式等都与人员有关，可以将这些业务属性聚合为"人员"这个类别。其中有些业务属性与客户相关，有些业务属性与员工相关，可以将这些业务属性分别聚合为"员工"和"客户"两个业务对象。若聚合成为"员工"和"客户"两个业务对象，则应该将其归到"人员"这个类别中。

如果在进行分类（抽象）时能确定候选业务属性所描述的事物的某方面特征，应直接将该事物及其特征名定为"事物特征"并填写到"候选业务实体"栏中。如果不能确定，则在"候选业务实体"栏中填写"事物待确认"。例如，如果在"账户"数据库表中有"联系电话"候选业务属性，那么显然联系电话与账户无关而与人有关，而与账户相关的联系电话主要是联系客户使用的一种联系方式，可以直接在"候选业务实体"栏中填写"客户联系方式"。

在剔除重复的候选业务属性时，应结合候选业务实体进行分析，并不要求剔除所有重复的候选业务属性。如果某个候选业务属性在多个候选业务实体中都存在，需要分析该候选业务属性对其所属的候选业务实体的重要性，即是否非有不可。如果该候选业务属性是该候选业务实体的核心特征，则应保留，反之则可以剔除。例如，"姓名"候选业务属性可能会在多个候选业务实体中出现，在剔除时需要分析该候选业务属性对其所属的业务实体的重要性。对于"客户"业务实体而言，"姓名"业务属性是非常重要的，不能剔除，同时其对"账户"业务实体也很重要，不能剔除。"联系电话"候选业务属性在多个候选业务实体中出现，而联系电话对"客户"业务实体非常重要，对"账户"业务实体或"产品"业务实体而言则可有可无，因此，可以剔除"账户"和"产品"两个候选业务实体中的"联系电话"候选业务属性。

4）按描述对象特征重组候选业务实体

由于使用的方法不同可能存在这样的情况，即在进行原数据库表设计时划分的维度与本书所介绍的数字资产维度存在差异，原数据库表中的字段并非对某事物同类特征的描述，而作为候选业务实体应当将同类特征描述聚集在一起。因此，重组候选业务实体非常必要，是避免受原数据库表设计思路影响的有效手段。

在重组候选业务实体时，首先，通过筛选与表 7-1 中"候选业务实体"相同或相近事物的名称得到与同类事物相关的业务属性，并对"候选业务实体"事物的名称进行整合、统一，以实现同名同义、同义同名。其次，分析所有的候选业务实体中包括"待确认"的业务属性所描述的特征，并替换"待确认"。再次，对"候选业务实体"中的"特征"部分的名称进行整合、统一，以实现同名同义、同义同名。最后，将"候选业务实体"中同事物、同特征的业务属性归集起来，形成候选业务实体。按表 7-1 的内容进行完善后得到候选业务实体。

4. 聚合形成候选业务对象

重组后得到的候选业务实体清单中已经包含了事物名称。业务对象是对某类事物的描述，因此可以直接将事物作为业务对象，将该事物的名称填写到表 7-2 的"候选

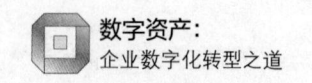

业务对象"栏中，将相关的候选业务实体及其描述一并填写到表 7-2 中。按表 7-2 的内容进行完善后形成候选业务对象。

7.2.2.2 从业务文档中收集详细数字资产需求

业务实体描述的是一个事物，如人、地点、事件、概念等都可以作为候选业务实体。数字资产作为资产或资源的数字孪生，是名词性的内容，因此，在从企业生产经营过程中形成或使用的各种业务文档、规章制度、文件、操作手册、协议、凭证、表单等中收集数字资产时，应当重点关注其中的名词性的内容。

业务属性是对业务实体的详细描述，无论是文字、图像还是声音，无论是结构化还是非结构化的信息，都可能成为业务属性。业务属性并不只是数据方面的内容，如果只关心数据，则必然会丢失大量的业务信息。因此，在识别业务属性时一定要将与业务相关的所有信息都识别出来，包括与生命周期相关的特征和需求。

1. 从文件式材料中收集、整理候选数字资产

1）整理候选业务对象、候选业务实体及其属性

文件式材料是指规章制度、文件、操作手册等。在从这些文件中收集数字资产需求时，以从中找出核心名词及对其进行描述的名词性信息为目标。核心名词将作为候选业务实体清单，对其进行描述的名词性信息则作为业务属性。

从规章制度、文件、各种操作手册中查看业务处理流程的相关要求，在流程中要求核验的信息为该流程的输入，流程处理的结果为该流程的输出，这些输入和输出也都应作为业务属性。对于这些业务属性，按其业务本质明确其应归属的候选业务实体。

完成分析后，得到候选业务实体清单及其业务属性，将其整理到表 7-1 中。对于这些业务实体清单，按其描述的业务本质进行分类，得到候选业务对象清单，将其整理到表 7-2 中。此时的表 7-2 和表 7-1 的版本号都应为最低版本号。

2）对候选业务实体及其候选业务属性进行分析、整理

对表 7-1 中的候选业务实体的候选业务属性的取值情况进行分析，以确定其是否应作为业务属性。

（1）**候选业务属性是否可以有多个发生值**。当候选业务属性只能有一个发生值时，不能将其作为业务属性。例如，"中央银行"这个候选业务属性，在我国只有"中国人民银行"这一个发生值，不可能有其他的发生值，因此"中央银行"不能作为业务属性。

（2）**候选业务属性的发生值是否有限**。当候选业务属性的发生值是无限个时，不能将其作为业务属性。例如，"时间"候选业务属性在没有任何限定条件的前提下可以有无限个取值，而其值没有实质性的业务含义，因此不适合作为业务属性。

（3）**候选业务实体是否有多个业务属性**。当候选业务实体除了具有标识性业务属性，只有一个业务属性时，不建议将其作为独立的业务实体。例如，"员工"候选业务实体有"姓名""性别""出生年月""最高学历""最高学位"等业务属性描述，其标识属性为"姓名""性别""出生年月"，因此，"员工"可以作为业务实体。而"姓名"是名词，难以找到对其进行描述的业务属性，因此，"姓名"不能作为预设业务实体，只能作为业务属性归属于相应的业务实体。

检查完成后，应更新表 7-1，形成新的版本，并同步更新表 7-2，也形成新的版本。

2. 从业务使用的表单中收集、整理候选数字资产

业务使用的表单是指合同、协议、凭证、清单等。它们本身就是比较好的业务实体，可以直接用其内容进行整理。表单的名称为候选业务实体，表单上的每一项均可作为候选业务属性。例如，采购合同可以直接作为候选业务实体，而合同中的名词性描述可以整理为业务属性。使用的凭证可以用凭证的名称作为候选业务实体，将凭证中的每一项作为候选业务属性。

按文件式的分类方法对这些业务实体清单按其描述的业务本质进行分类，得到候选业务对象清单。对候选业务实体及其业务属性进行分析，剔除不适合的候选业务属性和候选业务实体，得到新版本的表 7-1 和表 7-2。

3. 从报表中收集详细数字资产需求

企业使用及对外发布的报表内容大部分是衍生数据。在从 IT 系统中收集数字资产需求时，我们剔除了衍生类表，是因为并不是所有的衍生数据都会成为报表，有一部分衍生数据是为了应用系统处理的便利性而设置的。但是报表是一种企业用于管理和展示企业生产经营状况的重要工具，也是企业数字资产中指标类资产的体现，因此，我们需要在这个环节中将这类数字资产找回。

1）整理候选业务对象、候选业务实体及其业务属性

在从报表中收集数字资产需求时，可以将每一个报表作为一个候选业务实体来看。报表收集完成后，需要对报表按其描述的内容进行分类，比如，把所有的企业销售类报表归为一类，将所有与某个生产工艺、环节或产品有关的报表归为一类等。归类完成后，应确保同一类报表是从不同的视角对企业的生产经营情况的体现。将分类

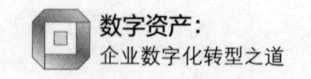

得到的结果视为候选业务对象，将其下所包含的报表视为候选业务实体，报表中的每一项均作为候选业务属性。与文件式材料和从表单中收集数字资产不同的是，在从报表中收集数字资产需求时，需要明确每一个候选业务属性的计算公式、计算数据来源等业务规则，并将相关内容整理到表 7-1 和表 7-2 中，形成基础版本。

报表中的业务规则将用于与指标类资产对接，验证指标类资产的全面性、必要性、准确性和一致性。其计算公式等业务规则将用于验证相应业务属性的完整性。

2）对候选业务实体及其业务属性进行分析、整理

对于基础版本的表 7-1 和表 7-2，先以候选业务实体为单位进行同类候选业务属性整合，再以候选业务对象为单位进行同类候选业务属性整合。在整合时应以候选业务属性的计算公式、数据来源等业务规则为依据。在属性名称相同但相关业务规则不同时，如果企业有相应数据标准的，就按数据标准进行整合；如果没有数据标准但与企业战略目标一致的，就应提出新标准申请，待新标准发布后按新标准进行整合；如果没有数据标准且与企业战略目标无关的，就作为废止项，后续请利益相关者一并进行评审。

在整理后得到的新版本表 7-1 和表 7-2 中，应不存在相同或相近的候选业务属性，不存在同名但业务规则不同的候选业务属性，不存在同名或相近的候选业务实体。

7.2.3　从战略规划中收集详细数字资产需求

在规划高阶数字资产前，收集利益相关者对企业数字资产的需求，或从企业生态环境中收集企业数字资产需求时，都应将企业的战略规划或具有前瞻性的高阶需求融入其中。在本阶段，需要对企业战略规划的相关资料进行更细致的分析，整理出企业战略规划对数字资产的详细需求。

可以使用从文件材料中收集数字资产需求的方法，梳理企业战略规划材料中的名词及其描述，整理出企业对未来业务生产经营所需要的数字资产需求。列出各业务战略目标关注、期望的数字资产，并形成概要性的候选业务实体及其业务属性。如果企业在做前瞻规划，对数字资产有明确的需求的，按其需求形成候选业务对象、候选业务实体及其业务属性。

如果企业的前瞻规划是将数字资产的需求分散在各业务战略目标中进行描述的，就需要在企业各业务的战略目标资料收集完成后，对收集的信息进行深入的分析，形成候选业务实体、候选业务属性。全部梳理完成后，将所有的候选业务实体和候选业务属性按业务本质进行归类，形成候选业务实体及其业务属性。将候选业务实体清单

按其描述对象的业务本质归类形成候选业务对象。

归类完成后,将相关成果一并整理到表 7-1 和表 7-2 中,形成基础版本。按"从文件式材料中收集、整理候选数字资产"中的 2),对候选业务实体及其业务属性进行分析、整理,得到新版本的表 7-1 和表 7-2。

7.3 候选资产完整性的初步验证

如果数字资产需求完整,则说明数字资产能全面满足企业当前生产经营管理的需要,也能满足企业有规划的具有前瞻性的生产经营管理的需要。分析数字资产的完整性最便捷的方法是将数字资产与企业的生产经营管理流程进行对接,当所有流程的输入都有候选业务对象支持,以及所有流程生产的新数字资产都有候选业务对象承接时,可以说候选业务对象是完整的。

在这个分析过程中,不能仅关注对现状的分析,还要关注企业战略目标对数字资产的使用期望的分析。例如,在企业的前瞻规划中有关于"对客户提供个性化、针对性的产品和服务"的字句时,表明需要了解客户偏好,即"客户"这个候选业务对象中需要有足够多的候选业务实体及其业务属性来记录客户的偏好。所谓"足够多的候选业务实体及其业务属性"是指每项业务希望了解的客户具体哪些方面的情况,以及企业当下的每一种产品或即将研发的每一种产品的客户定位等。

在发现分析过程不足时,应及时在相应的候选业务实体中补充业务属性,或者在候选业务对象中补充候选业务实体。不断地完善,直到候选业务对象能全面地满足企业生产经营管理对数字资产的所有需求。此时,收集工作基本完成,可以进入数字资产整理环节。

7.4 候选资产与预设资产的对接整理

为了加快数字资产规划设计的速度,往往会同时自顶向下地收集数字资产的高阶需求和自下而上地收集数字资产的详细需求,并从不同的维度分别推进。从不同的维度、不同的方向分别收集得到的成果汇总,一定不满足 MECE 原则中的不交叉原则。例如,从利益相关者那里收集的数字资产需求与从企业价值链中收集的数字资产需求

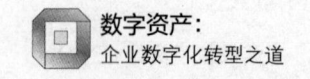

一定存在交叉的情况，与从企业环境圈中收集的数字资产需求会有重叠。这些交叉中可能会有重复的业务实体及其业务属性，也可能会有不同的业务实体、业务属性。我们需要对收集的需求进行整理，以满足 MECE 原则。

7.4.1 整合业务对象

业务对象是一些高内聚的业务实体的聚合物。在业务对象模型里，通过一系列的业务实体模型来说明某类数字资产的主要特征、描述性特征、关联关系、约束条件、生命周期等。因此，在整理业务实体前需要先整合业务对象。

1. 业务对象对接调整

自顶向下地从企业生态环境、价值链、利益相关者、企业内部资料中收集信息，形成预设业务对象清单。通过自下而上地从企业生态环境、生产经营、文档资料、战略规划中收集信息，形成候选业务对象清单。在对接时需要特别注意候选业务对象与预设业务对象同名不同义、同义不同名的情况。在进行整合时不能只关注名称，更应关注它们的目标、定义和范围。

对比候选业务对象与预设业务对象，对两者得到成果的完整性进行校验。如果预设业务对象与候选业务对象存在差异，需要分以下情况进行处理。

在预设业务对象多、候选业务对象少，且预设业务对象满足新业务需求时，根据预设时记录的来源，从相关资料中自下而上地完成详细数字资产需求的分析、收集。

在预设业务对象多、候选业务对象少，且预设业务对象是现有业务需求时，按预设时记录的来源对该价值链涉及的生产经营活动所使用的应用系统、业务文档进行有针对性的分析。如果自下而上地收集的资料有遗漏，就需要补充收集详细数字资产；如果不是资料有遗漏，就需要先分析相关资产归属候选业务对象的情况，再分析、确定业务对象的调整方案。

在预设业务对象少、候选业务对象多时，对照分析预设业务对象的概念和范围是否包括候选业务对象，若不包括，则以候选业务对象为准，并进行备注；若包括，则分析、确定业务对象的调整方案，并进行备注。

2. 业务对象调整原则

应当按企业数字资产高阶规划标准对是否调整业务对象进行决策。

拆分业务对象的原则为：业务对象过于复杂，且其包含的业务实体分别围绕不同的业务实体聚合为多个相对独立的群组时，最好按聚合情况将其拆分为多个业务对象。

3. 抽象业务对象

业务对象是某类事物的描述，具有一定的抽象性。作为承载企业数字资产的模型，具有抽象性很重要。因为越具体越不灵活，所以抽象能使其具有灵活性，也就是使模型具有稳定性。当业务模型具备一定的稳定性时，企业就不需要为满足某项新业务而不得不去修改业务模型。业务模型的修改往往会产生较大的影响，比如，业务实体模型因为不具备灵活性，变更某类业务属性时需要业务对象模型进行较大幅度的调整，可能需要同步修改其对外提供的数据服务。

因此，我们需要对业务对象做一定程度的抽象。抽象是为了更好地体现本质，形成更灵活、可扩展、松耦合的业务模型。进行抽象需要剔除一些细节，提升业务实体更广泛的适用性。例如，企业同时有"员工"业务对象和"客户"业务对象，这两个业务对象比较具象。当企业需要挖掘更多的客户，让一些潜在的客户转换为真实的客户时，需要再建一个"潜在客户"业务对象来满足需要。"员工"业务对象、"客户"业务对象和"潜在客户"业务对象之间存在较多的共性，如果将"员工"业务对象和"客户"业务对象整合为"参与者"业务对象，"参与者"业务对象的抽象度更高。对于挖掘潜在客户的需求，可以直接在"参与者"业务对象中的负责描述类别的业务属性中增加"潜在客户"这个域，而不必新增一个业务对象。可见，过于具体会让业务实体的使用受局限而不够灵活，适度抽象则提供了一定的可扩展性。

4. 记录成果

通过预设业务对象与候选业务对象的对接整理，将得到的业务对象清单整理到新建的表 7-2 中，此时应将该表中所有的"候选"字眼删除，作为正式业务对象进行版本管理。该清单中的每个业务对象的名称、目的、定义、范围等均按最后确定的标准进行记录，并在该表及预设业务对象和候选业务对象清单中分别标注对应的关系及调整说明，以便追溯。

7.4.2 整合业务实体

在自顶向下地规划数字资产的过程中，在规划设计业务对象时已完成业务对象结构的规划，即完成对预设业务对象中的核心实体、附属实体、生命周期实体、约束实体、关系实体的设计，并设计预设业务对象间的关联实体。

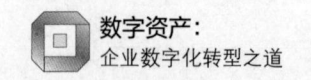

通过自下而上地收集数字资产需求并完成详细数字资产的整理，形成了候选业务实体，丰富了每个候选业务实体的候选业务属性、域、业务规则等内容，让业务实体变得更具体。

通过候选业务对象与预设业务对象的对接得到了准业务对象。接下来，需要在业务实体层面开展对接工作，即将候选业务实体与预设业务实体进行对接校验，得到准业务实体，并分析准业务实体间的业务逻辑和基数关系，形成准业务对象模型。

7.4.2.1 整合资产类业务实体

1. 业务实体对接

在预设业务对象与候选业务对象中的业务实体进行对接时，应先从核心实体入手，再逐步扩展到其他同类附属业务实体。在进行对接分析时，主要从名称、目的、定义、范围入手。

当预设业务实体比候选业务实体多时，应补充收集、整理相应的业务属性。

当候选业务实体比预设业务实体多时，应从企业战略目标出发分析候选业务实体的必要性。有必要的，将候选业务实体补充到业务对象中，没有必要的，将候选业务实体剔除，并在原清单中注明原因以做备查。

对接后得到业务对象下全量的业务实体清单，将其名称、目的、定义、范围等填写到新建的表 7-1 中，此时应将该表中所有的"候选"字眼删除，作为正式业务实体进行版本管理。

2. 同一业务对象内业务实体的整理

在整合得到的新业务对象清单中，每个业务对象包含了一系列的业务实体。我们在整合业务对象时主要关注业务对象的定义和范围是否一致，将相近的业务对象整合为一个，同时将相近的业务对象所包含的业务实体清单简单地合并在一起。这个过程并未关注其所包括的业务实体是否重复。接下来，我们要对这些简单合并得到的业务实体进行分析、整理。

1）对新业务对象中的业务实体清单进行分类

对整理得到的新预设业务对象清单中的业务实体清单名称进行分析，将同名的业务实体，业务实体名称相近或业务实体名称为同义词的业务实体分类存放。

对同一类业务实体中的每个业务实体，分别从表 7-1 和表 7-2 中查找对应的定义，判断同一类业务实体的含义是否相同。如果相同或相近，则分类完成；如果不相同或不相近，则应根据业务实体的定义调整分类，直至同一类业务实体的定义相同或相近。

2）重命名业务实体

业务实体是对事物某方面特征的业务描述，所以其名称应体现业务本质。分类完成后，应按企业数字资产标准进行命名检查。

在对业务实体进行命名时，应遵循以下原则。

一是体现业务本质原则。业务实体描述的是现实世界中的具体事物，因此，业务实体的命名应与该事物有直接关联，其名称能体现业务实体的内容。对业务实体有相应的业务术语来表达的，尽量使用业务术语。

二是唯一性原则。同一个业务实体在企业数字资产中只有一个，这样才能保证数字资产符合不交叉原则。因此，在对所有的业务实体进行重命名后，需要检查新的业务实体清单（企业的全量业务实体，并非某一个业务对象下的业务实体清单）是否存在同名不同义、同义不同名的情况。如果存在这类情况，则对同名不同义、同义不同名的业务实体重新进行分类、命名。

三是标准化原则。对业务实体的命名应符合企业数字资产标准要求。如果企业的数字资产标准中对命名没有相关规范，则应遵循与现实世界中的业务实体一致的原则，力求使用业务术语、常识性词语，并确保准确。

四是简明原则。对业务实体的命名应简明，用尽量少的字、词来准确描述现实世界的信息。

3）对新业务实体进行定义

对于整合形成的新业务实体，应用简明、准确的语言进行定义，以便于利益相关者之间沟通。在对业务实体进行定义时应遵循以下原则。

一是准确性原则。为了准确地定义业务实体，我们需要从其目的、定义和范围等维度进行说明。目的是指为什么要有这个业务实体，定义是指这个业务实体是什么，范围是指这个业务实体的边界，特别是当一个业务实体被多个业务部门共同使用或生产时，对业务实体的定义可以帮助业务部门正确地理解和有效地使用业务实体。

二是不重复原则。不重复原则是指在对业务实体进行定义时不用名称进行解释、说明。例如，对"客户"业务实体的定义就不能用"企业的客户"来解释，可以定义为"使用企业提供的产品或服务的法人或自然人"。

三是优先使用标准用语原则。如果该业务实体的名称为业务术语，且在企业的数

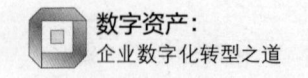

字资产标准中对该名词有专业定义的，建议直接引用标准化的定义，并进行标注。如果该业务实体名称并非业务术语，而为通用性的词语，应尽量使用通用的定义。如果该业务实体名称并非业务术语，也不是通用性的词语，应从其业务本质出发进行定义。当每个业务对象内的业务实体都完成整合时，将形成的业务实体名称及定义应用整理到表7-1中。

3. 跨业务对象的业务实体整理

不同业务对象间的业务实体整理主要是检查是否存在同名不同义、同义不同名的情况。如果发现问题，则按企业数字资产标准进行调整，直到企业所有的业务实体不存在同名不同义、同义不同名的情况。

4. 记录成果

通过预设业务实体与候选业务实体的对接整理，将得到的业务实体清单整理到表7-1中，此时应将该表中所有的"候选"字眼删除，作为正式业务实体进行版本管理。该清单中每个业务实体的名称、目的、定义、范围等均按最后确定的标准记录，并在该表及预设业务对象清单和候选业务对象清单中分别标注对应的关系及调整说明，以便追溯。

7.4.2.2　报表类业务实体的整理

我们在收集详细数字资产需求时，将每张报表作为一个候选业务实体来看，将报表里的栏目作为候选业务属性来看。在整理该类业务实体时，不局限于业务实体内部，而是将所有的报表类业务实体作为一个整体来分析、整理。一方面剔除无效的数字资产，确保所有的数字资产对企业生产经营管理都有价值；另一方面统一各指标数据的计算口径和逻辑，提升数字资产反映企业生产经营管理水平的真实性。

1）剔除无效的候选业务实体

企业在长期的生产经营管理过程中会形成大量的报表。随着企业生产经营的变更，有些报表其实已经不再使用，可以直接将其对应的候选业务实体剔除。

例如，企业在向市场投放新的产品或服务时，为了更准确地了解市场对该产品或服务的反应而增设了一些专项报表。随着这些产品或服务的成熟，部分报表已经不被使用，这些报表就是需要剔除的无效业务报表，其对应的业务实体就是无效业务实体。

2）剔除无效业务属性

有些业务报表可能存在部分指标不具有价值，而其他指标仍有存在必要性的情况，可以保留该候选业务实体但应剔除无价值的指标。当不同的候选业务实体中存在较多候选业务属性时，应分析它们的同质性并按企业数字资产标准进行调整，剔除无效的业务属性。

每次技术的进步都会对业务的发展带来一定的影响。在全面推广技术前，业务部门会关注因技术而产生新型业务的情况。当该技术在行业中得到全面推广后，相关的业务属性就失去了存在的必要性，成为可剔除的业务属性。例如，20世纪末，得益于数据集中和网络通信技术的成熟应用，客户可以到其开户银行所在城市的任何一个网点存、取款。银行特别关注这类业务的开展情况，因此增设了"同城通存通兑"业务属性。随着银行数据的集中，客户可以在全国任何一个网点办理业务，"同城通存通兑"业务属性不再有存在的必要性，应当剔除。

3）有用业务属性转移

如果某个候选业务实体中的所有业务属性基本上能在其他业务实体中被找到，应考虑将该候选业务实体剔除，将其独有的候选业务属性按其特性归入相应的候选业务实体中。通过一系列的整理，得到不重复的业务实体。除了按监管要求必须报送或披露的报表，对其他报表信息进行整合，形成度量性指标。

4）统一候选业务属性的取数逻辑和计算规则

对于每一个候选业务属性，都按企业数字资产标准对其数据源、计算的业务规则等进行标准化的定义和设计，确保业务指标具有一致性，避免同一个指标因为专业的不同而不同，或因为在不同场所使用而不同。例如，企业销售渠道多种多样，企业需要了解每个渠道对企业销售的贡献度，从而根据不同渠道的经营情况进行产品投放。这时，各渠道的销售增量、销售收入变化率、销售成本率及其在企业的整体情况中的占比将成为比较重要的指标。这些指标往往因为统计口径的不同而得到不同的结果，甚至出现各渠道占比之和大于1的情况。通过采用企业数字资产标准对计算数据源、计算的业务规则进行标准化，能客观地体现各渠道的成本、效益情况，以及变化情况等。

5）记录成果

将整合形成的业务实体名称及定义应用整理到新版本的表7-1和表7-2中。新版本的表7-1中每个业务实体的名称、目的、定义、域等均按最后确定的标准进行记录，并在该表及候选业务对象清单中分别标注对应的关系及调整说明，以便追溯。新版本的表7-1中的候选业务属性为相应的指标，对相应的业务规则等进行详细描述。

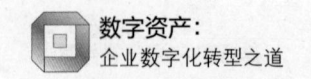

7.4.3 整合业务属性

业务属性是指业务需要的一些具体特征，如员工的姓名、性别、出生日期等。通过多种渠道收集的业务属性可能会重复，可能存在同名不同义、同义不同名，或者同名业务属性的类型、域及业务规则不一致的情况，因此需要通过整合、修正操作，统一业务属性的定义、描述和度量。

在调整业务实体时，将候选业务实体中包括的候选业务属性一并纳入业务实体内。在本阶段对业务属性进行分析、整理时，不局限于在某个业务实体内部进行。考虑到业务属性的数量非常巨大，在整理时可以采用先小范围再逐步扩大范围的方法推进，即先完成业务实体内部的整理，再扩展为在业务对象范围内的整理和概念范围内的整理，最后是在所有数字资产范围内的整理。

在整合业务属性时需要关注业务属性的名称、描述、域、业务规则等内容，对其进行综合分析、判断，整合同义业务属性，并按企业数字资产设计实施标准规范设计。不同范围的整合方法都相同，在使用时不会说明具体的范围。

在整合业务属性时需要注意分析业务属性对业务创新的影响，有些业务属性有比较丰富的业务需求，应结合企业数字资产标准考虑将其调整为业务实体。

1. 对候选业务属性进行分类整理

1）按候选业务属性名称初步分类

按候选业务属性名称进行初步分类，用候选业务属性描述调整分类。以表 7-1 中的业务属性描述为基础进行业务属性的整合。对于新业务实体，按对照关系找到候选业务实体在表 7-1 中相应的业务属性并归集到一起。

先按候选业务属性名称进行初步分类。对于同名候选业务属性，查看其描述是否相似或一致，若相似或一致，则将其归为同一个类别；若不相似或不一致，则将其分为不同的类别，同时在候选业务属性的名称后添加标注以进行区别。例如，有两个名称为"借款金额"的候选业务属性，它们的候选业务属性描述存在相似性，更新它们的名称，一个叫"借款金额（长期借入）"，一个叫"借款金额（短期借入）"，并归为同一个类别。如果它们的候选业务属性描述不存在相似性，就更新它们的名称，一个叫"借款金额（借入）"，一个叫"借款金额（借出）"，并将其分为两个类别。

2）按描述调整分类

在用候选业务属性的名称完成初步的分类后，对同名的候选业务属性因描述不同而分为不同类别的情况，需要根据信息源回溯该候选业务属性及其描述的内涵，对它的名称或业务属性描述进行调整，分析其分类的正确性，并按新业务属性的名称及描述调整分类。例如，上面提到的两个"借款金额"候选业务属性，通过信息源的回溯和信息源的语境分析后确定调整方案为：变更候选业务属性名称，将"借款金额（借入）"更名为"借入资金"，将"借款金额（借出）"更名为"借出资金"。完成变更后分析更名后的业务属性与原有的分类结果是否一致，若不一致，则进行调整，直至业务属性的分类正确。

3）根据域的实例调整分类

按候选业务属性的描述完成所有业务属性的分类调整后，需要分析与域的实例相同或相近的业务属性分类是否正确，并根据业务属性的域来调整分类。

2. 定义业务属性的名称及其描述

完成业务属性的分类后，可能存在同一类业务属性有多个业务属性名称或多种业务属性描述。现在需要对这些业务属性进行整合，得到更准确的业务属性名称及其描述，确保业务属性不存在同名不同义、同义不同名的情况。

1）业务属性命名

对照业务属性描述对同类业务属性进行分析，整合业务属性描述，结合企业数字资产标准确定业务属性的名称。当该业务属性有对应的数字资产标准时，应使用数字资产标准里的名称和定义。如果该业务属性在数字资产标准里没有相应的标准，则应提出新设数字资产标准申请。在新标准未发布前，可以结合资料先对该业务属性及其描述、域、业务规划、使用范围等进行说明。待新标准发布后，按新标准进行更新。

在对业务属性进行命名时，应尽可能使用业务术语或用语，以使业务属性清晰且易理解。在对业务属性进行命名及描述时，一定要遵从业务逻辑而不是从 IT 系统实施的角度进行思考。在业务实体建模的过程中，不需要考虑 IT 如何实施。如果业务属性的命名没有业务含义，就很难成为业务间的、业务与 IT 间的公共语言。

2）业务属性描述

对业务属性进行描述，就是对业务属性进行定义的过程。与业务实体的定义一样，业务属性的描述应从为什么、是什么、怎么样等维度分别进行。"为什么"说明设置该业务属性的目的，以及通过该业务属性可以体现业务实体怎样的特征。"是什么"是对该业务属性进行描述，也就是对该业务属性下定义。通过"为什么""是什么"的说明，让企业对该业务属性达成共识，避免存在同名不同义、同义不同名的业务属性，也可以更直观地体现业务属性与业务实体关系的正确性。"怎么样"是对业务属性的域进行限定或说明，形成企业级的统一认识。

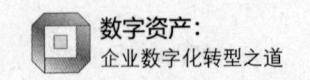

3. 确定业务属性域的类型

在定义业务属性名称时，与其对应的域有紧密的关联关系，在命名形式上其实体出现"业务属性名.域名"，即将域名作为后缀，将有意义的业务属性名作为前缀，这样就容易让使用人理解。

通过域来限制业务属性的取值范围。业务属性的名称及描述对该业务属性的内容进行了很好的限定，业务属性的其他说明，如类型、域、实例、业务规则等，是对业务属性的具象化、标准化的过程。在企业的数字资产设计实施标准中，会有业务属性的域的有效取值范围及分类结构。因此，在整合候选业务属性说明的过程中，应当对照企业数字资产标准，贯彻已发布的企业数字资产标准。

业务属性的域的类型是对使用该业务属性的基础性的限制。业务属性的类型是企业数字资产标准化的基础。业务属性的域有以下几种类型。

1）字符型业务属性

字符型业务属性表示这个业务属性既可以用汉字，也可以用数字来记录或表达，比如我国的第二代身份证号码就是由数字和字母组成的，属于字符型。企业的名称一般是汉字，也属于字符型。

2）数值型业务属性

数值型业务属性表示这个业务属性只能用数字来记录或表达，比如金额、年龄等只能用数字来记录和表达，不允许使用其他字符表示。

不同的币种有不同的符号，需要将数字和符号组合在一起才能表达金额。对于这种情况，为了让业务实体更灵活和可扩展，我们一般将币种和金额分为两个业务属性，"币种"业务属性只能用字符来记录和表达，而"金额"业务属性只能用数字来记录和表达。在实际使用时，我们往往将两者组合起来。这也是我们在进行业务属性整合时需要关注的内容之一，即业务属性的整合不仅是将多个业务属性整合在一起，还可能需要将一个业务属性拆分为多个业务属性，以及需要考虑不同业务属性间的相关性。

例如，我们习惯将联系地址作为一个业务属性来记录，在国内，规定联系地址的表达方式为由大到小进行记录，即以省/市/区/街道的方式记录。在使用英语的国家，联系地址的书写顺序正好与我们国家的书写顺序相反。这样的数字资产会增加后续进行智能化分析和应用的难度，在智能化分析前需要先将其拆分为最小粒度的部分再处理。企业跨出国界后，在进行智能化分析时需要先针对这些联系地址进行国别及习惯的分析，再调整顺序等。为了加大数字资产对智能化的支持力度，为数字化转型提供更多的便利，我们需要将其拆分为最小粒度的要素，形成多个业务属性。按此规则，联系地址就变成"国家或地区""省""市""区""街道""门牌号码"六个业务属性，并可以对其进行标准化，为企业数字资产后续的灵活应用提供更多的便利。

3）范围型业务属性

范围型业务属性表示这个域的值只能在某个最大值或最小值以内，或者在最大值与最小值间的范围内才是有效值。例如，我们一般把日期按组成单位进行拆分，形成"年""月""日""时""分""秒""毫秒""纳秒"等业务属性。"年"业务属性里只能输入与年相符的数字，不能输入"10000"这样的数字。"月"业务属性里只能输入1~12中的数字，不能输入"15"这样的数字。"日"业务属性一般会受"月"业务属性的制约，如当"月"业务属性为"2"时，"日"业务属性里就不能有"30"这样的数字。"时"即小时，其业务属性里只能输入0~24中的数字。

4）列表型业务属性

列表型业务属性表示这个业务属性只能从给定的业务实体中进行选择，即使录入的内容可能与选择的结果一致，也只能选择。在定义这类业务属性时必须列举其所有实例，确保用户可以找到恰当的选项。列表型业务属性一般有企业数字资产标准，若没有则应申请补充。列表型业务属性就是常见的从几个选项中进行选择的业务属性。例如，"最高学历"这个业务属性有"大学本科""硕士研究生""博士研究生"三个选项，这样的业务属性就是列表型业务属性。

列表型业务属性是为了标准化而限定可选择的内容，因此需要控制可选项的数量，以提升易用性。那么，当遇到有很多选项的业务属性时，应该怎么处理？对于这种情况，可以用对可选项进行抽象归纳、分类的方法来提升选择的便利性。此时要注意分类结果的直观性，避免分类结果过于模糊而增加选择的难度。如果可选项非常多，可以通过多次抽象进行分析，如将第一层抽象得到的分类作为小类，再以小类为基础进行第二层抽象，得到的分类作为大类。通过大类和小类的分类方法来减少每一层级的可选项，提升易操作性。

考虑到每一次抽象分类都需要用户进行选择性思考，因此不建议抽象太多层次，一般不超过两个层次的抽象，即选项的层次不超过三层。

5）根据业务属性的域来整合业务属性

对拥有相同的域类型的业务属性，尤其在列表型业务属性的域有相同的列表选项时，应分析对其进行整合的必要性。特别是在跨业务实体、跨业务对象、跨概念的业务属性的域的定义一致时，应提高关注度并进行分析。

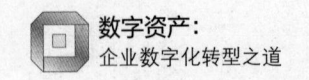

4. 业务属性的业务规则

业务规则是企业内部对业务定义和约束的描述，是用于指导和控制业务行为的标准或声明。企业在企业生产经营管理过程中会遵循很多业务规则，企业的业务规则以结构化或非结构化的方式存在。业务规则内嵌且结构化，能对业务实体的质量提供有力的保障。尤其是在 IT 实施过程中，业务规则内嵌且结构化后，很容易将结构化的自然语言翻译成程序语言，可以大幅提升系统研发的效率。因此，企业数字资产设计可以通过对业务规则进行标准化、结构化处理来提升业务规则的灵活性，让业务流程可配置。

在整理业务规则时应关注以下方面的内容。

1）业务规则存在的方式

业务规则分散在流程和数字资产中。在流程中，什么时候应当做什么样的处理是业务规则。当出现多种可选择的情况时，不同的选择应遵循或将执行的流程是业务规则。在某个生产过程中，步骤的先后顺序是业务规则，执行每个步骤应遵守的规范是业务规则。流程中计算所使用的计算公式是业务规则，什么样的角色拥有什么样的权限，对什么负责等都是业务规则的具体体现。

数字资产模型本身就是业务规则的目录，用模型的方式来展示就形成了业务规则的结构化目录。概念模型中包含哪些业务对象就体现了哪些业务规则，业务对象间的关联关系所形成的数字元模型就是按业务规则形成的。每个业务实体有多少实例是业务规则，标识属性代表了业务规则，说明了分类的模式是什么、顺序如何。在实体模型里样本取值、关系等都是结构化的业务规则。实体关联关系是业务规则，基数关系也是业务规则，更多的业务规则其实存储在业务实体中，以专门形式的"业务规则"来体现。

2）分离业务规则

通过业务规则存在的方式我们可以看到，业务规则是企业持续生产经营不可或缺的原则。在流程中存在的业务规则对流程进行了约束和限定，当业务规则发生变化时，流程必须随之调整，可见业务规则的重要程度。但是，业务规则与业务流程如此高度地耦合、嵌入业务流程中，让流程失去了灵活性，响应业务变化的能力降低。因此，我们需要分析从业务流程中分离出业务规则的可行性。

如果一个业务规则可以独立存在，那么当这个业务规则发生变化，可以通过调整或配置一些参数，而不必修改程序就能实现预期目标时，这个业务规则就是可以从流程中剥离的。在购买汽车时，同样的一款汽车可以根据个人的喜好进行个性化定制，比如，喜欢在汽车里听音乐的人会要求配置最好的音响设备，对于汽车厂家而言，只需要升级音响、扬声器，车内使用吸音材料即可，而不用重新设计、生产一辆汽车。那么，我们说的这些可以根据需要更换设备的做法就体现了业务规则与流程的可分离性。

通过分析，我们可以把从流程中分离出来的业务规则记录、存储在某个业务实体里，让这个业务规则资产化，具备可随时升级、更换的灵活性。

3）业务规则的结构化、标准化处理

一般情况下，企业偏爱用自然语言描述业务规则，比如，各种规章制度、操作手册等都是用自然语言描述业务规则的方式。不同的人在对同样的业务规则进行描述时极大可能得到不同的表述，有人喜欢用主动句式，有人喜欢用被动句式，有人喜欢用肯定句式，有人喜欢用否定句式。即使是同样的句式，也有很多同义词可以使用。这既是自然语言的魅力也是自然语言的难点。我们称用自然语言描述的业务规则为非结构化的业务规则。

对于数字世界而言，非结构化的业务规则处理起来的效率远远低于结构化、标准化的业务规则。结构化、标准化的业务规则会让计算机更容易识别和使用。例如，银行告知储户在银行存钱是可以收到利息的，利息使用这个公式来计算：存款利息=本金×存款时间×利率。如果我们把这个公式放到某个属性的业务规则里，只能说该属性的业务规则描述得非常简明，但是计算公式不是结构化的格式，知道了这个公式仍然不能指挥程序去执行某个指定的动作。

将其结构化、标准化后，该业务规则就比较容易落地实施了。如果你使用过 Excel，那么你就知道为了让这个公式结构化，可以把本金单独放在一列、存款时间单独放在一列、利率单独放在一列，还有一列放存款利息。将这个计算公式存储在存款利息栏里，就可以算出相应的本金、存款时间、利率的乘积，从而得出存款利息。同样地，我们把 Excel 里的各列换成业务实体的属性，也能实现预期的目标。这就是业务规则的结构化、标准化。

4）业务规则整合

在完成业务规则的整理后，应当结合业务属性名称、域等对与业务规则相近的规则进行分析，以企业数字资产设计实施标准为依据做出调整业务属性的决策。

5. 根据业务属性域来调整业务属性

我们虽然对业务属性按业务属性名称和描述进行了整合，但为了避免出现同义不同名的业务属性，在完成前述整合后，需要根据业务属性域进行再次分析、整理。

业务属性是对某个具体特征的描述，不应存在重复或有交叉的业务属性域实例。如果业务属性域实例重复了，就说明其对某一特征进行了反复的描述，形成了不必要的冗余，应当考虑对相关的业务属性进行整合。如果出现重复的业务属性域实例而无法整合，应考虑将其拆分为不同的业务属性。如果业务属性域实例有交叉，就说明因某一个具体特征的边界不清晰而导致不必要的冗余，会影响数字资产的质量，应当考虑对相关的业务属性进行拆分，将交叉的部分拆分出来形成新的业务属性。

例如，企业的销售部门对合作方有"合作方类型"业务属性，其域实例为"1-教育""2-医疗卫生""3-食品制造业""4-生态保护和环境治理"等，而"医疗卫生""生态保护和环境治理"实例在企业的采购部门中的"物资供应企业所属行业"业务属性中也出现过。

在按业务属性名称及其描述进行整合时，"合作方类型"业务属性名称与"物资供应企业所属行业"业务属性名称差异明显，两个业务属性的描述没有交叉。将相关业务属性对比分析，通过信息源回溯后确认，这两个业务属性是对供应商、合作方的分类。因此，应以企业数字资产设计实施标准将两个业务属性整合为"行业类型"。举一反三，客户、竞争者等都会有这样的分类，所以应将企业生态环境圈中的行业所属的类别一并进行整合。

6. 业务属性的标准化检查

在业务属性分类、整理的过程中，我们已经引入了企业数字资产标准。在完成上面的步骤后，理论上将不存在同名不同义、同义不同名的业务属性。接下来需要按企业数字资产标准对业务属性做最后的标准化检查。

1）用范式原则做业务属性的标准化检查

规范化的规则可以用不同的规范层次来描述，每一个层次的规范化都可以独立存在。为了便于理解和应用，我们借鉴数据库设计的范式原则演化形成从业务角度对业务属性进行标准化检查的规则。

（1）第一范式（1NF）：业务实体中的每个业务属性都有原子性（不可再分），且对于标识性业务，每个业务属性的取值都是唯一的。这个范式里包含了以下两层含义。

一是每个业务属性都不可拆分，或者被拆分后不再具有业务含义。如果某个业务属性包含多个业务含义的信息，可以将其拆分为最小单位的业务属性。例如，"联系地址"作为一个业务属性，里面隐含着"国家或地区""省""市""区（县）""街道""楼牌号码"等信息，而把"联系地址"业务属性拆分成"国家或地区""省""市""区（县）""街道""楼牌号码"几个业务属性后仍有明确的业务含义，但是继续拆分后就不具备业务含义了。因此，"联系地址"业务属性应拆分为"国家或地区""省""市""区（县）""街道""楼牌号码"这几个业务属性。

二是在用标识性业务属性或标识性业务属性组合中的一条记录定位该业务实体中的记录时，其他每个业务属性都只有唯一的值。如果某些业务属性可能出现多种情况，那么应当把这些业务属性分离出来并创建一个新的业务实体。例如，在登记客户的联系方式时，当"联系方式"作为一个业务属性时，可以有"联系电话""联系地址""邮箱"等业务属性，对于某个确定的客户而言，每一个业务属性都可能有多个取值。"联系方式"业务属性不符合第一范式"每个业务属性的取值都是唯一的"规则，需要把它分离出来，单独形成一个"联系方式"业务实体，将该业务实体作为"客户"业务实体的附属实体。

（2）**第二范式（2NF）**：确保业务实体的标识性业务属性组合尽可能少，且业务实体中的每个业务属性完全依赖于该业务实体的标识性业务属性。这个范式包含了以下两层含义。

一是用最少的业务属性组合来做业务实体的标识性业务属性。如果为了准确定位一个业务实体中的某条记录而把一个业务实体中的全部或大部分业务属性作为标识性业务属性，就不符合这条原则。标识性业务属性体现了业务分类的思想，将过多的业务属性作为标识性业务属性后，这个分类的标准就变得过于复杂，影响这个业务实体所代表资产的使用。例如，"员工"业务实体的业务属性包括"姓名""性别""出生年""最高学历""最高学位""籍贯""政治面貌"等。当我们将"姓名""性别""出生年"作为"员工"业务实体的标识性业务属性组合，可以准确定位某个员工时，就没必要将其他业务属性添加到标识性业务属性组合中，这个标识性业务属性组合就是最小组合。这个组合体现了企业更关注按"姓名""性别""出生年"分类的方式。

二是在业务实体中，所有业务属性都完全依赖于标识性业务属性组合，不会只与其中的一部分有依赖关系。如果有的业务属性只与标识性业务属性组合中的某些业务属性有依赖关系，应该将它们分离出来形成新的业务实体。例如，"院系学生成绩单"业务实体中包括"学生姓名""院系""专业""课程名""成绩"等业务属性，"学生姓名"和"专业"业务属性是标识性业务属性。"课程名"和"成绩"业务属性与"专业"业务属性没有依赖关系，只与"学生姓名"业务属性有依赖关系，应当将"学生姓名""课程名""成绩"独立出来形成新的业务实体。

（3）**第三范式（3NF）**：确保业务实体里的每个业务属性都仅依赖于标识性业务属性组合，而不依赖于其他的非标识性业务属性。如果在一个业务实体中，有某个业务属性并不完全依赖于标识性业务属性组合，还依赖于其他的非标识性业务属性，需要将这个业务属性拆分形成新的业务实体。例如，如果把"机构""办公室编号""办公地点"作为业务属性加到"员工"业务实体里，你就会发现"机构""办公室编号""办公室地点"与"员工"业务实体的标识性业务属性组合"姓名""性别""出生年"并没有依赖关系，而"办公室编号""办公室地点"依赖于"机构"这个非标识性业务属性，这时，我们应该把"机构""办公室编号""办公室地点"拆分形成单位的业务实体，建立新业务实体与"员工"业务实体的关联实体就可以了。

2）用企业数字资产设计实施标准做业务属性的设计标准符合度检查

借鉴数据库设计的范式原则完成业务属性间关系的标准化检查后，需要对每个业务属性的设计标准符合度进行检查。做这项工作时需要注意以下几个方面。

（1）**业务属性的唯一性**。业务属性是对某个事物、某项特征的描述，该描述应具有唯一性。业务属性的唯一性表现为名称的唯一性、域的唯一性。也就是说，在企业的数字资产中不存在同名不同义的业务属性，域的实例有唯一性，不会存在两个实例取值一样但属于不同业务属性的情况。例如，描述货币种类的实例不会存在该实例分别属于两个不同业务属性的情况。

（2）**业务属性的原子性**。原子性是指拆分后不再有业务含义。例如，"国家代码/地区号/电话号码"可以拆分为"国家代码""地区号""电话号码"三个组成部分，而对每一个组成部分再拆分后不再具有业务含义，则这三个组成部分就具有原子性。

（3）**业务属性不是衍生数据**。业务实体作为现实世界事物的抽象描述，关注的是事物本身的特征。为了突出这个关注点，在进行业务实体建模时制定了衍生数据不能作为业务属性的原则。从业务视角看，当某些衍生数据非常重要，能准确体现业务含义时，该类衍生数据可以用单独的业务实体来描述。例如，账户的当前余额是用余额与当前发生额之和（差）计算得出的衍生数据，对于财务人员而言，账户余额有其业务含义，对业务非常重要，可以单独建立账户余额的业务实体。

（4）**业务属性域应具有业务含义**。业务属性是对事物某个特征的描述，因此必须有业务含义。例如，"性别"业务属性域的取值只能有"男""女"两个实例，"其他"实例属于没有业务含义的值，不应当存在。

（5）**业务属性域的业务含义完整**。业务属性域的取值能完整地体现其业务含义，不存在隐藏的含义。如果发现业务属性域的业务含义不完整，应对该业务属性域的取值要求或标准进行调整。例如，对于"年"业务属性的定义，如果将其定义为数值型业务属性，长度为 2，其域的业务含义就是不完整的，其隐藏了前面的两位数。解决该问题的方法是通过调整该属性域的取值要求将隐藏的部分显现出来，即将长度调整为 4，就能比较完整地表达其业务含义了。

（6）**业务属性域的实例间有排他性**。如果业务属性域的实例间不具备排他性，就必然存在交叉，不符合 MECE 原则。在进行没有企业数字资产标准可用的业务属性域的实例设计时，尤其需要注意实例间的排他性。如果出现业务实体间有交叉的情况，则应将业务实体进行拆分或重建，以确保符合 MECE 原则。

（7）业务属性域为非列表型时，应明确其取值规则。例如，记录姓名的业务属性，是否只能用汉字，能不能用字母或数字，名字的长度是多少等，这些规则都应作为业务规则记录下来。

3）按企业数字资产设计实施标准对业务属性做实施标准符合度检查

完成业务属性的基本检查之后，应对标企业的数字资产设计实施标准对业务属性的方方面面进行检查。在业务实体模型（见图 4-8）中，每个业务属性除了命名规范、描述，还包括域的类型，如果是有限个值的域，那么应给出实例，其他情况需要明确长度、具体的业务规则等。

如果能在已发布的企业数字资产设计实施标准中找到相关的标准，应直接引用相关的标准完成对该业务属性的设计。在企业数字资产设计实施标准中，如果对资产进行标准化定义，则会明确该资产的描述、类型、业务规则。如果确定有限个值，则会给出具体的实例等。企业数字资产设计实施标准基本能够涵盖业务实体的属性内容，因此，业务实体的属性在引用企业数字资产设计实施标准时，可以直接将标准中相应的内容放到业务实体模型中的对应位置。引用企业数字资产设计实施标准的过程就是进行数字贯标的过程。

如果业务实体的属性在企业数字资产设计实施标准中找不到可使用的标准，那么应当提出新建数字资产设计实施标准的申请。在提出新建数字资产设计实施标准的申请里，最好能把业务属性设计的具体内容列出来，让企业数字资产标准管理员可以更快、更好地做出决策。

如果发现企业数字资产设计实施标准不能满足已明确的业务需求，那么应分析其原因。如果确实是企业数字资产设计实施标准过于陈旧而不能满足业务需求的，应提出变更数字资产设计实施标准的申请，陈述原因及目标，让企业数字资产标准管理员可以更快、更好地做出决策。

7.4.4 调整业务实体

通过前面的步骤我们得到了新版本的表 7-1 和表 7-2 记录的候选业务实体和候选业务对象的详细信息。接下来，我们需要利用得到的结果对业务实体的正确性、规范化、标准化等进行进一步的分析，以得到更高质量的业务实体和业务对象。

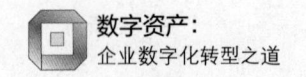

1. 业务实体规范化

业务实体规范化是指按企业数字资产设计实施标准对新版本的表 7-1 中的候选业务属性进行结构化、标准化，以消除业务属性的冗余或因冗余导致的不一致性，尤其是业务属性可能存在的同名不同义、同义不同名等问题。解决问题的方法比较多，比如，对同一个业务实体中各业务属性的问题进行分类，对同义不同名的业务属性进行统一命名，对同名不同义的业务属性进行拆分，形成不同的业务属性，直到业务实体里的业务属性达到以下标准。

（1）**同一业务实体中业务属性取值的唯一性**。对于标识属性定位的记录，每个业务属性都有取值，不会出现不能取值的情况，并且取值都是唯一的，不会存在类似的记录。如果业务属性的取值不是唯一的，则应考虑将其拆分出来形成附属业务实体。例如，对于人的爱好，有的人可能没有爱好，而有的人可能爱好比较多，因此，"爱好"这个业务属性的取值不具备唯一性，可以将其拆分出来形成"爱好"业务实体。人可以有爱好也可以没有爱好，可以有一个爱好也可以有多个爱好。因此"人"这个核心实体与"爱好"这个附属业务实体的基数关系为 1 对 0 或 1 或多。这样，就可以保证业务实体取值的唯一性。

（2）**同一业务实体里的业务属性都只描述某事物的某类特征**。如果将几类事物特征的描述都放在一个业务实体中，那么会大大增加业务实体的复杂度，且容易出现混乱。因此需要根据事物特征的丰富程度确定是否需要进行拆分，确保每一个业务实体专注于某类特征，以提升准确性和便利性。例如，员工的受教育经历、任职经历、取得的职业资格等都是人力资源比较关注的特征。如果把这些特征都放在一个业务实体中，就会使该业务实体变得复杂，增加了数据分析和应用的难度。最好的解决办法就是将这三类特征拆分后分别形成三个附属业务实体，从属于"员工"核心实体。

（3）**多个业务实体中不应当保存相同的非继承业务属性**。当多个业务实体中都有相同的业务属性，且这个业务属性非继承于其他业务实体时，应考虑对其相关的业务属性进行整合。在业务对象模型中，从属性业务实体的标识符往往有一部分继承于其所从属的业务实体。如果非继承的业务属性出现在多个业务实体中，且在每个业务实体中的取值都相同，那么说明该业务属性存在冗余，应考虑将其分离出来作为一个单独的业务实体。例如，企业在有进出口业务时，企业生产经营中的很多地方会出现"币种"这个业务属性，且这个业务属性的域都相同。可以将"币种"单独设置为一个业务实体，把与之相关的业务属性，如"简称""使用国家""货币符号"等拆分出来一并纳入该业务实体中。

2. 检查核心实体

核心实体体现了业务本质的属性，也体现了企业对数字资产的分类思想、管理思路，体现了在数字化转型中如何使用数字资产及业务创新发展的方向等，因此，检查核心实体就需要与企业的战略目标进行对标，这也是数字资产建设中非常重要的一个环节。

1）用自下而上的方法检查

用自下而上的方法检查是比较容易的一种方法。该方法是将整理完成的业务实体及业务实体之间的关联关系绘制成图，检查绘制得到的业务对象结构视图中被从属业务实体围绕的中心业务实体是否与设定的核心实体一致。在用自下而上的方法检查时，不需要检查人员对企业的业务有全面的了解，但是需要针对该业务对象内所有类型的业务实体，按照业务逻辑关系绘制的业务对象结构视图，检查被一些业务实体所包围的、业务实体群体中心的核心实体与准核心实体是否一致。如果绘制的业务对象结构视图的核心实体与前面分析的准核心实体一致，则为检查通过。用得到的业务对象与企业的战略目标进行验证，得到最终的业务对象及其核心实体。反之，如果发现在一个业务对象中出现的业务实体分别向两个或两个以上的业务实体聚集的情况，应将按聚集形成的业务实体群组拆分为多个业务对象。

【示例 7-1】某银行在开始规划企业数字资产时，构建"客户"业务对象。在这个业务对象中，包含了客户的基本信息，客户在银行的账户信息及客户开立的所有存折、银行卡等介质。团队根据预设业务对象清单和预设业务实体清单，分析了业务实体间的业务逻辑关系，并绘制了"客户"业务对象结构视图，最初的"客户"业务对象结构视图如图 7-3 所示。在该业务对象中，"客户"业务实体是众多业务实体围绕的核心，是该业务对象的核心实体。

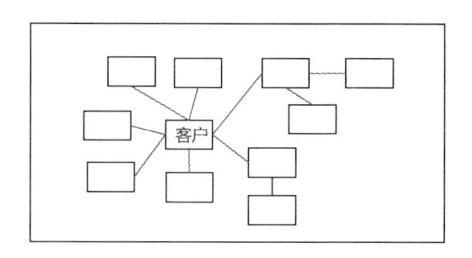

图 7-3 最初的"客户"业务对象结构视图

在自下而上的建模工作中，随着收集的信息越来越多，团队发现银行为客户提供的产品日益增多，尤其是在市场竞争日益激烈的背景下，银行提出应为客户推荐符合其喜好的产品或服务的前瞻性业务规划。这就需要丰富与客户相关的个性化业务属

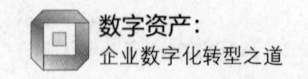

性，这些业务属性围绕"客户"业务实体聚集成高内聚的一些业务实体，"客户"业务实体仍与"账户"业务实体和"介质"业务实体保持着关联关系。

随着新技术的不断涌现、应用和推广，客户希望在使用银行提供的产品或服务时可以不用存折或银行卡，而是用手机号或刷脸、刷指纹等方式来替代。于是与"介质"业务实体相关的业务属性需要增加相应的业务实体来描述新介质的特征，"介质"业务实体发展成一群围绕着它的业务实体的聚集体。

因为银行的产品品类足够多，希望将来客户在购买不同品类的产品或服务时，能根据客户使用本行产品或服务的情况提供不同的手续费折扣。这就需要在客户的账户里分别记录客户消费产品品类的情况及积分或享受的折扣等。因此，与"账户"业务实体相关的业务属性越来越丰富，这些业务属性围绕"账户"业务实体聚集成高内聚的一些业务实体。

完成业务实体及其业务属性的收集整理后，得到准业务对象清单和准业务实体清单。团队决定采用自下而上的方法进行检查，于是根据准业务对象清单和准业务实体清单，分析了业务实体间的业务逻辑关系，并绘制了"客户"业务对象结构视图，丰富后的"客户"业务对象结构视图如图 7-4 所示。

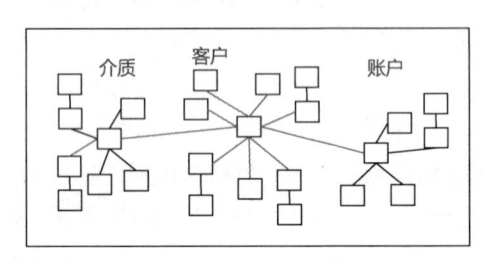

图 7-4　丰富后的"客户"业务对象结构视图

从图 7-4 中可以看到，"客户"业务对象里出现了三个高度聚集的业务实体群，一个围绕着"客户"业务实体，一个围绕着"介质"业务实体，一个围绕着"账户"业务实体，三个聚集体之间仍存在着关联关系。显然，这样的业务对象有三个聚集群及三个核心实体。因此，需要将这三个核心实体分别聚集的业务实体群拆分，形成"客户"业务对象、"介质"业务对象、"账户"业务对象，它们的结构视图如图 7-5 所示。

检查核心实体，对业务对象进行分析，确保每个业务对象都有且仅有一个核心实体，并保证其他的业务实体都是这个核心实体的特征描述，并紧紧围绕着该核心实体。不存在完全独立、与其他业务实体没有业务逻辑关系的业务实体。通过这样的处理，使得业务对象的内聚性更高、业务对象间的耦合度降低。

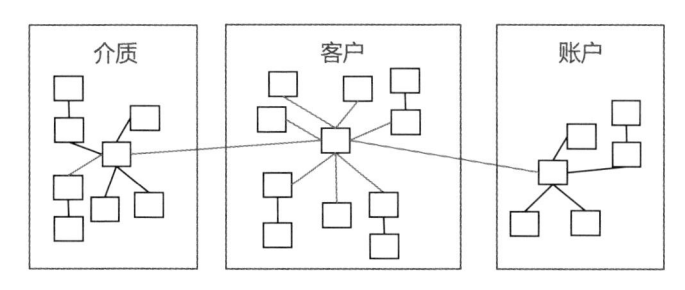

图 7-5 三个业务对象结构视图

2）用自顶向下的方法检查

以企业战略目标为出发点对整理完成后得到的最新的业务对象及其核心实体进行审视，分析新业务对象与企业战略目标的符合度，尤其是支持业务创新的灵活性。这就要求检查人员对企业的所有业务及其使用的资产有比较全面的了解，对新技术的应用及业务创新等有深入的理解、高度的洞察能力。当审视新得到的业务对象及其结构时，才能发现需要拆分或整合的业务对象，指导数字资产规划做出相应的调整。

例如，在检查"客户"业务对象时，看到该业务对象的结构，在与客户相关的附属实体中，除了与客户本身特征相关的"客户"业务实体，还有依附于客户而存在的"介质"业务实体和"账户"业务实体。

检查人员发现随着技术的成熟，以及客户便利性的需求，介质的方式将更加多样化、个性化，因此可以将介质分离出来形成独立的业务对象，以满足业务创新和新技术的应用。在将介质作为业务对象时，可以通过企业战略目标及对新技术的应用、其他行业的使用情况，搭建"介质"业务对象的基础框架，待后续业务有需求时随时增加新的属性。

同样地，可以对"客户"业务对象中的其他附属业务实体的可扩展性、与企业战略目标的符合度、业务创新性等关联进行洞察，确定是否需要分离出其他的业务对象。

3. 检查每个业务实体的标识性业务属性

完成核心实体的确认后，接下来需要对附属实体、关联实体、条件实体、生产周期实体、关系实体等业务实体的标识性业务属性进行检查，以确保标识性业务属性符合企业数字资产设计实施标准。

标识性业务属性是指能找到某个确定业务实体的发生值的业务属性，也就是从业务的视角、业务的本质去识别每个实体的发生值。标识性业务属性一定体现了业务的本质，而不是技术实现，如果是技术人员参与业务实体建模，那么一定注意不要用技术人员的思维方式来分析标识性业务属性。虽然标识性业务属性与数据库中的主键极

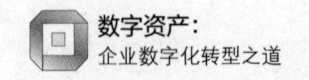

其相似（数据库中的主键是在数据库中定位一条记录的关键字段），但是标识性业务属性与数据库主键又有不同，标识性业务属性体现的是业务的本质，具有明确的业务含义，而数据库主键不需要体现业务属性，只需要满足其在数据库表中的唯一性，保证实体的完整性及数据查询及使用的便利性。标识性业务属性的特征如下。

1）有明确的业务含义

业务实体的标识性业务属性一定具有明确的业务含义。不能将无业务含义的数据作为标识性业务属性，因为标识性业务属性体现了对该业务实体的分类思路，即使无业务含义的标识性业务属性能用于分类，其分类得到的结果也没有明确的业务含义。例如，员工的工牌号虽然可以实现定位一条信息的目的，但是因其不具备业务含义，不能体现对数字资产进行分类的思想，因此不能作为业务实体的标识性业务属性。

2）具有稳定性

业务实体的标识性业务属性一定是比较稳定的业务属性。业务实体的标识性业务属性是该实体模型的关键元素，如果其自身不稳定或消亡，就不能承担关键的责任。如果标识性业务属性具有不稳定性，可能会在不同时期、不同区域、不同状态下发生变化，就不能作为标识性业务属性。例如，我们不能用利率来作为业务实体的标识性业务属性，因为利率会受多种因素的影响而发生变化。再如，在"员工"业务实体中，不能用"年龄"作为标识性业务属性，这是因为年龄每年都会变化，具有不稳定性。而"姓名""性别""籍贯"等业务属性比较稳定，一般情况下不会发生变化，就可以作为标识性业务属性。

3）非加工形成

业务实体的标识性业务属性尽可能不使用加工形成的业务属性。用加工出来的业务属性作为标识性业务属性就失去了分类的标准。例如，在"客户"业务实体中，不宜用手机号码作为标识符，因为按手机号码进行分类没有实质上的业务意义。

经加工形成的业务属性中可能包含了其他的业务含义，与对该业务实体的分类思想不一致。例如，一般不使用"身份证号码"作为"员工"或"客户"等与人有关的业务实体的标识性业务属性。虽然一个人的身份证号码（即"公民身份号码"）终身不变，但是它是通过一定的业务规则拼装形成的，其中包含了太多的业务含义，如持证人第一次登记户口时所在地归属的省、市、区（县）、性别、序号等多种信息。身份证号码终身不变，即使持证人已经迁离原户口所在地，甚至持证人可能没去过原户口所在地，都不会对身份证号码有任何影响。可见，身份证号码对于企业而言并没有特别明确的业务含义，用其作为分类标准时，得到的结果也没有实质上的业务意义，因此，其不适合作为标识性业务属性。

4）最小的业务属性集合

业务实体的标识性业务属性是用于标识该业务实体集合中唯一的业务属性，体现了业务实体对该类事物的一种分类思想。标识性业务属性可以是一个业务属性也可以是多个业务属性的组合。

标识性业务属性一定具有稳定性，如果是多个业务属性的组合，那么一定是尽可能少的业务属性的组合。如果用多个业务属性组合作为标识性业务属性，那么应当使用最小的业务属性组合来实现目标。当标识性业务属性过多时，分类结果的业务用途就会有一定的局限性，与希望以业务实体实现业务创新的灵活性、可扩展性的目标相异。因此，应该挑选最小的业务属性来承担标识性业务属性的职责，确保业务实体中记录的唯一性。

5）初次创建时就有明确的取值

作为业务实体的标识性业务属性，一定是在业务实体创建时就有明确的取值，不能出现作为业务实体的标识性业务属性在发生与该业务实体相关的业务时取值尚不确定的情况。如果在业务发生时标识性业务属性尚不能确定，而其他业务属性都是依赖于标识性业务属性的，那么对于不能确定的标识性业务属性而言，就很难得到与之紧密相关的其他业务属性。因此，在生产一条新记录时标识性业务属性的值一定是明确的。例如，在"员工"业务实体中，如果标识性业务属性中有"姓名"，当姓名不确定时，就不知道应该记录哪个员工的信息，所以一定要在确定标识性业务属性后，才可以得到准确的与之相关的其他业务属性的值。

6）业务实体的关键元素

关键元素是指业务实体的标识性业务属性组合是其他业务属性的关键依赖，不存在业务属性不依赖标识性业务属性的情况。如果有这样的业务属性，则需要找到其依赖的业务属性是什么，并考虑将其与其依赖的业务属性独立出来，形成单独的业务实体。

对于不符合标识性业务属性的业务属性，应将其调整为非标识性业务属性。调整后如果符合以上所有条件，可以标识该业务实体中唯一的关键的业务属性。

4. 检查非标识性业务属性基于标识性业务属性的取值情况

正常情况下，非标识性业务属性有且仅有一个取值。分析业务实体中的每一个业务属性基于某一个标识性业务属性的取值情况，可以判断该业务实体的正确性。如果某个业务属性可能有多个取值，需要分析能否将其独立出来，成为附属实体。例如，"员工"业务实体中有"联系电话""联系地址""邮箱"等非标识性业务属性。而员工

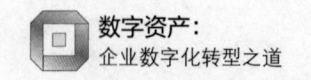

的联系电话有手机、家庭电话、公司电话、联系人电话；联系地址有家庭地址、公司地址、联系人地址；邮箱有公司邮箱、个人邮箱等。对于某个员工而言，基于标识性业务属性（姓名等）可能会有多个取值。此时，可以将"联系电话""联系地址""邮箱"等与联系方式相关的业务属性从"员工"业务实体中分离，形成"联系方式"业务实体，并作为"员工"核心实体的附属实体。

当某个业务属性对某个标识性业务属性有不同时段的取值时，需要分析能否将其独立出来，成为附属实体。例如，员工的受教育经历、工作及任职经历等，由于其不同时段会有不同的取值，可以将这类业务属性独立出来形成业务实体，作为"员工"这个核心实体的附属实体。

5. 检查关联实体和关系实体

当同一个业务属性在同一个业务对象模型中有多个业务实体存在时，需要分析这些业务属性是否都是标识性业务属性。如果是，那么应当考虑通过构建关系实体的方式来去重，即在同一个业务对象内体现相关业务实体间的业务关系的业务实体，以提升业务实体的内聚性及业务实体间的松耦合；如果不是，那么应当考虑对相关业务实体进行拆分的可能性，以降低业务实体间的耦合度，提升业务实体的灵活性。

当同一个业务属性同时在多个业务对象模型中存在时，需要分析这些业务属性是否都是标识性业务属性。如果是，那么分析两个业务对象间的关联关系是否为多对多的基数关系。如果是多对多的基数关系，那么应当考虑通过构建关联实体的方式来简化基数关系，降低业务对象间的耦合度，提升业务对象的灵活性；如果不是，那么应根据其所描述的特征保留最重要的业务实体中的业务属性，而将其他业务实体中的业务属性剔除。

7.4.5　调整业务对象

1. 完善并调整业务对象结构

通过预设业务对象与候选业务对象的对接、整合来得到的业务对象，为新版本的表 7-2 的成果；通过预设业务实体与候选业务实体的对接、整合来得到的业务对象所包括的业务实体为新版本的表 7-1 的成果。按业务对象模型的结构做出每个业务对象的结构视图。

完成业务对象结构视图的绘制后，应审视每个业务对象中的业务实体是否内聚于核心实体。如果业务对象呈现分别内聚的情形，那么应当考虑新增业务对象。

2. 检查业务实体间的关系

检查业务实体间的关系，一是要分析业务实体间的关系是否符合业务逻辑，二是要分析业务实体间的基数关系是否准确。

1）业务实体间的关系是否符合业务逻辑

一个业务对象中的业务实体分为核心实体、附属实体、条件实体、关系实体、生命周期实体、关联实体等类型。绝大多数的业务实体会聚集在核心实体的周围。

可以用业务对象结构视图进行检查，即以核心实体为出发点，通过端到端地逐步分析与之相关的其他业务实体的关系线来检查业务实体间业务逻辑的符合度。

可以将业务实体整理形成关系分析矩阵，矩阵中的"行"为业务实体，"列"也为业务实体，且"行"中的业务实体与"列"中的业务实体一样。这样从不同的角度来分析业务实体间是否存在关联关系。通过这样的分析，业务实体间的关系基本能找出来，可以有效避免业务逻辑关系的遗漏，也可以更好地指导业务流程准确地使用数字资产。

2）分析业务实体间的基数关系是否准确

完成业务实体间的业务逻辑关系分析后，分析业务实体间的基数关系是否准确。业务实体间的基数关系体现了两个业务实体间的业务逻辑，用 0 和 1 表示是否有关系，用 1 和多表示关系的数量，如 1 对 1、1 对多、多对多、多对 0 等基数关系。业务实体间的基数关系是很重要的业务规则，不同的企业会有不同的业务规则。在进行分析时，一定要从企业的业务逻辑来判断，不符合企业业务逻辑的业务实体关系，就算建立也没有意义，反而会对业务流程使用数字资产产生干扰。

当两个业务实体间为多对多的基数关系时，应该分析是否能通过关系实体来解决两个实体间的依赖问题，体现两个实体间的业务规则。如果涉及两个业务对象间的多对多关系，考虑通过增设关联实体来降低两个业务对象间的耦合度。

3. 对接流程检查

企业的数字资产是为企业生产经营管理服务的，能为这些流程提供相应的数字资产支持，并能承载在这些流程中生产的数字资产。因此，将通过前面整理得到的业务对象、业务实体与生产流程进行对接，可以有效发现数字资产的缺失或遗漏。同样地，如果发现数字资产没有流程可用，需要分析其是否存在流程方面的缺失。

前面介绍过数字资产与流程的不同层次的对接检查方法，这里不再赘述。

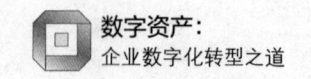

7.4.6　调整高阶模型

用得到的业务对象，同步更新概念模型和数字元模型。

1. 更新概念模型

用最后得到的业务对象与预设业务对象的对应关系找出增加的业务对象，并按其描述及概念模型的相关说明，将其添加到概念模型对应的分类中。

2. 更新数字元模型

业务实体的调整可能影响业务对象的调整，比如，我们前面介绍的，在将"介质"业务实体和"账户"业务实体从"客户"业务对象中分离出来，分别形成新的业务对象后，需要将这两个业务对象融入企业级的业务对象结构视图中，并通过业务逻辑分析这两个业务对象与其他业务对象间的关联关系及基数关系。

在这个环节中，我们需要回头检查业务对象的关系图，分析各业务对象间的基数关系、业务逻辑的正确性。最简单的方法是由有 IT 背景的检查人员分析是否能将业务对象关系图转换为程序流程图。如果不能完成这个转换，则说明业务对象的设计存在问题，可能存在数据质量不高或者程序锁死的问题。对于程序锁死的问题，需要对关联关系进行分析，找出遗漏的关系。

【示例 7-2】某银行的战略目标是提升其数字化服务能力。业务部门制定的具体战略目标为：应用日益成熟的生物智能技术，如人脸识别、声纹识别等，将身份识别的主要技术作为新型介质。

这将导致原来捆绑在账户里的存折、借记卡、信用卡的介质种类增加，介质变得极其庞大且具有高内聚性，而与账户之间反而比较松散。可以将"介质"从"账户"业务对象中独立出来，形成新的业务对象。这将使客户身份识别的方式更加多样化，与提升数字化服务能力的战略目标一致。

从业务逻辑看，客户通过介质建立与账户的关联。在基数关系中，一个客户可以有多种介质，但每种介质只能归属于一个客户。一个介质可能与一个或多个账户有关，如生物特征的介质可以关联其主人的多个账户，但是一张存折只能关联一个账户，而一个账户却可以有多个介质，如一个活动储蓄账户可以用存折、银行卡，也可以用人脸。按业务逻辑及基数关系将介质整合到企业的数字元模型中，增加介质的数字元模型片段，如图 7-6 所示。

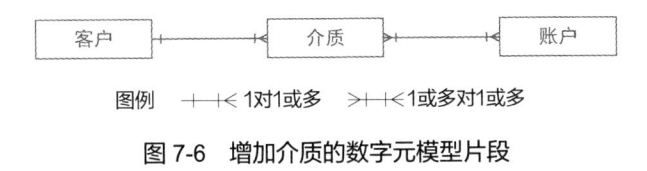

客户 —— 介质 —— 账户

图例 ——⊏ 1对1或多 ⊐——⊏ 1或多对1或多

图 7-6 增加介质的数字元模型片段

7.5 迭代完善数字资产业务规划

完善数字资产业务规划的方式有很多，基本可以分为两种情况，一种是在首次进行业务规划的过程中不断迭代完善，另一种是在数字资产业务规划发布之后，因为宏观、微观环境的变化导致企业的数字资产必须及时响应以应对新环境、新情况、新要求而进行的完善。

7.5.1 数字资产业务规划成果迭代完善

在制定企业数字资产业务规划的过程中，并不能保证每一个环节的考虑都是周全的、具有前瞻性的、完美无瑕的，也没有必要在每一个环节都尽善尽美后才进入下一个环节。实际上，任何企业架构的构建过程都是一个迭代完善的过程。但这并不是说每一个环节可以马虎了事，仍然需要尽最大努力去做到最好。

在构建高阶数字资产时，采用了自顶向下的规划设计方法，在进行详细数字资产规划时用自下而上的方法来避免遗漏。在迭代完善数字资产时，一是通过将自下而上得到的设计结果与自顶向下得到的规划结果进行对接，对两种思路和方法得到的结果进行分析后做出调整方案，来保证两种方法结果的一致性；二是通过数字资产与业务流程对接，通过分析保证所有的流程所需要或生产的数字资产都有相应的业务对象提供支持，所有的业务对象中的内容都有流程使用或将要使用。数字资产迭代完善示意图如图 7-7 所示。

在进行每个层级的模型规划设计时，都需要通过数字资产与业务流程的对接来验证数字资产的完整性、全面性，验证流程模型的完整性。在构建过程有了说明后，我们现在主要讨论自下而上地完善数字资产模型应注意的事项。

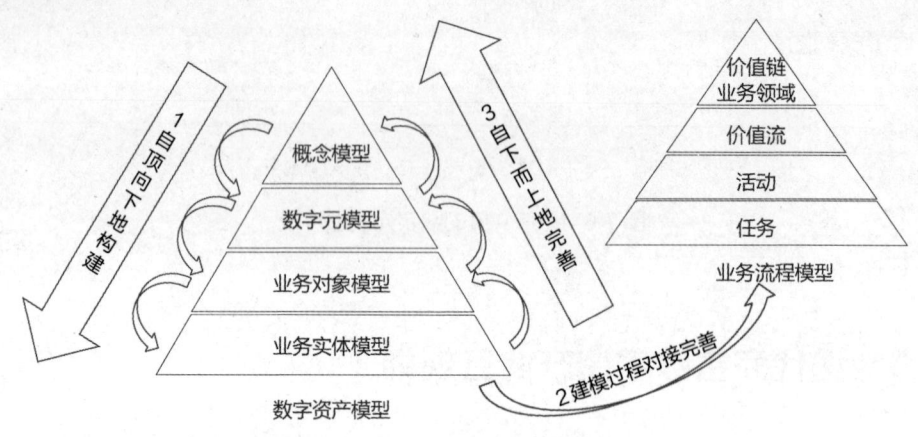

图 7-7　数字资产迭代完善示意图

1. 通过业务属性分析来迭代完善业务实体模型

在对业务属性进行标准化检查时，会对业务实体设计的合理性、正确性进行检查，并根据检查的情况对业务实体进行调整、优化，这个过程就是迭代完善业务实体模型的过程。

从属性之间的依赖关系、业务属性取值的情况等来判断一个业务实体是否需要拆分或整合，就是通过业务属性的分析来迭代完善业务实体模型的过程。这些在"整合业务属性"里做了详细的介绍，这里不再赘述。

2. 用业务实体模型完善业务对象模型

1）用业务实体的亲密度分析方法来完善业务对象

在同一个业务对象里，我们可以通过业务实体聚集的情况得到业务实体间的亲密度，通过其亲密度来分析我们设置的业务对象是否正确、合理。例如，如果我们在一个业务对象中发现存在两个或两个以上的高内聚的业务实体，那么我们应该考虑按其聚合的情况将其拆分成不同的业务对象。

在【示例 7-1】中，某银行在开始规划企业数字资产时构建了"客户"业务对象。在这个业务对象中，包含了客户的基本信息、客户的银行账户信息等。

不是在整理需求时丰富信息，而是在企业生产经营过程中根据业务需求及新技术的应用不断丰富相关的业务属性，"客户"业务对象中的业务实体不断壮大，形成了丰富后的"客户"业务对象结构视图。

此时，对"客户"业务对象进行亲密度审视就会很容易提出拆分该业务对象的策略,将其按三个分别聚集的业务实体群拆分,形成"客户"业务对象、"介质"业务对象、"账户"业务对象三个业务对象结构视图。

2)用业务逻辑关系分析方法来调整业务对象

在一个业务对象模型内没有形成附属实体围绕核心实体聚集的现象时,需要分析业务实体间的关联关系是否正确,该业务对象所包含的业务实体设计是否合理等。如果一个业务对象中的业务实体与本业务对象的其他业务实体间不存在业务逻辑关联,而与另一个业务对象中的业务实体有较强的业务逻辑关联,应当将该业务实体调整到与其有业务逻辑关系的业务对象中。按业务逻辑调整业务实体归属的业务对象的操作如图 7-8 所示。

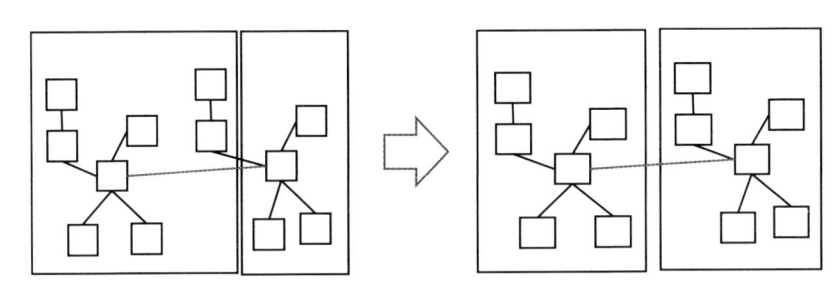

图 7-8 按业务逻辑调整业务实体归属的业务对象的操作

3. 用业务对象模型迭代完善数字元模型

设计业务对象模型是把描述同类事物的一些业务实体聚合在一起。当业务对某些特征的需求不断扩展后,有些业务对象的内容会过于庞大,从业务前瞻性及资产使用和管理的效率等角度出发,需要将其拆分为不同的业务对象,如【示例 7-1】所述。而有些业务实体间的业务逻辑关联过于紧密,将它们整合为新业务对象更符合业务需求。无论是哪一种情况,都需要对业务对象这个资产的粒度进行调整,同时需要对业务对象间的业务逻辑关系进行调整。

对业务对象粒度的调整,必然需要根据该业务对象的生产环节同步更新概念模型里的元素。概念模型的调整主要是将新增的业务对象补充到相应的价值链中。在【示例 7-1】中,在进行业务实体分析时,调整了"客户"业务对象。"客户"业务对象本身没有发生本质的变化,其归属不用调整。"介质"业务对象是在客户与银行签订"产品协议"后才出现的,因此可将"介质"业务对象与"产品协议"业务对象归为同一条价值链,即在该条价值链中增加"介质"业务对象。"账户"业务对象是在客户与银行签订"产品协议"后会立即出现或使用的资源,即在该条价值链下增加"账户"业务对象。这样就完成了对概念模型的调整。

数字元模型的调整主要是将新增的业务对象纳入原模型中，按业务逻辑关系更新数字元模型中的业务对象元素及业务对象间的业务逻辑关系和基数关系，建立与原有业务对象模型的基数关系。数字元模型的调整可以分以下两步走。

（1）先将变更后的业务对象按业务逻辑纳入原数字元数据中。变更后的业务对象可能是新增的业务对象，也可能是整合或删除的原有的业务对象。在新增业务对象时，需要按业务逻辑关系将新业务对象补充到数字元模型中，并按业务逻辑关系建立与其他业务对象间的关联关系。在整合业务对象时，需要用新业务对象替换被整合的业务对象，并建立新业务对象与其他业务对象间的业务逻辑关系。在删除业务对象时，除了移除被删除的业务对象，还需要分析原来与之存在业务逻辑关系的业务对象是否存在与其他业务对象间无业务逻辑关系的情况。如果删除一个业务对象会导致其他业务对象间不存在业务逻辑关系，那么可能会使其他业务对象被剔除，应当慎重分析删除的必要性。

在【示例7-1】中，在实际生产经营过程中，客户是通过介质关联到其账户的，因此"介质"业务对象介于"客户"业务对象与"账户"业务对象之间。而客户通过产品协议与账户建立关系，因此，"客户"业务对象与"产品协议"业务对象也建立了关联关系。

（2）分析新业务逻辑关联关系的基数关系，并更新到数字元模型中。

在【示例7-1】中，如果银行规定一个"客户"至少拥有一个"介质"，可以拥有多个"介质"，但是每一个"介质"都只能归属于一个特定的"客户"，不能出让给他人使用，那么"客户"业务对象与"介质"业务对象之间是1对1或多的基数关系。银行对不同的"账户"分别配备了不同的"介质"，也就是说，"介质"业务对象与"账户"业务对象是1对1的基数关系。但是，随着新技术应用的不断成熟与推广，以后"客户"可以用自己的生物特征作为"介质"，并在可以自由选择使用的"账户"时，"介质"业务对象与"账户"业务对象间就会变为1对多的基数关系。因此"介质"业务对象与"账户"业务对象间是1对1或多的基数关系。

4. 用数字元模型迭代完善概念模型

除了概念模型内部的自身迭代完善，还可以通过数字元模型来迭代完善概念模型。

在正常情况下，企业以业务对象为单位描述的数字资产间一定会存在某种关联，不会出现某个数字资产完全游离在企业数字资产体系之外的情况。因此，在用业务逻辑分析从概念模型中得到的业务对象间的关联关系时，如果发现某个业务对象完全独立，那么意味着这个规划成果可能存在问题，需要重点进行分析。

在业务对象与当前的其他业务对象没有直接关联时，可以分析它们之间是否存在间接关联。例如，当通过某个或某几个业务对象就能与数字资产体系中的业务对象产生联系。但能产生直接业务逻辑关联的业务对象在企业数字资产体系中并不存在时，说明被识别的业务对象存在遗漏，可以顺着业务逻辑找出隐藏的或遗漏的业务对象，并把它们补充到企业数字资产体系中。

5. 概念模型内各层的迭代完善

我们在构建概念模型时介绍过，概念模型其实是一种主观的分类方法，是选择某个分类标准对企业数字资产进行的分类。如果将所有的资产都整理出来，那么分类的结果是否符合 MECE 原则是一目了然的。但是，实际上在进行分类时，很难保证所有的业务对象都被识别，可能存在大量隐藏的资产需求并没有被识别出来，它们就如同海面下的冰山一样。在这样的情况下，任何人都不能保证这个主观的分类一定能符合 MECE 原则。

对于这样的情况，我们可以通过后续的工作成果来反向验证这个分类的完整性、准确性。对于发现的不足之处，可以及时调整和补充，通过持续迭代不断完善。

如果我们在概念模型中以价值链作为第一层的分类，那么这个分类的准确性和完整性一般都能得到保证，除非是一个全新的、完全没有参照物的企业。在进行概念模型的第二层分类时，往往就没有这么容易了，因为企业对数字资产的需求往往与企业的战略目标一致，即使不同企业的战略目标相同，企业的文化、管理方式也会存在差异，这些都会影响对数字资产的需求及设计。因此，到了业务对象这个粒度的数字资产往往更能体现企业的特征，存在非常大的差异。

对于概念模型分类的准确性，可以通过业务对象的生产和使用情况来分析，并调整概念模型的分类结果。例如，在【示例6-4】中，某软件研发公司得到了数据资产概念模型视图。在规划企业价值链时，主要参考业界比较成熟的价值链进行分析与规划。在规划业务对象（也就是图 6-12 中最小方块表示的内容）粒度的资产时发现，因为公司目前主要承包其他企业的软件研发，不提供运营服务，所以"运营"价值链里没有具体的业务对象，这时就可以将"运营"这个价值链删除。同时，对于项目是否符合政策、法规的要求，由外包方负责审核把关，公司只负责根据其提出的需求进行研发，"政策、法规"中的内容是本公司不需要考虑的，因此，可以将"政策、法规"删除。这就是用下一级的分析成果对上一级的成果进行反向优化，得到如图 7-9 所示的调整后的数字资产概念模型视图。

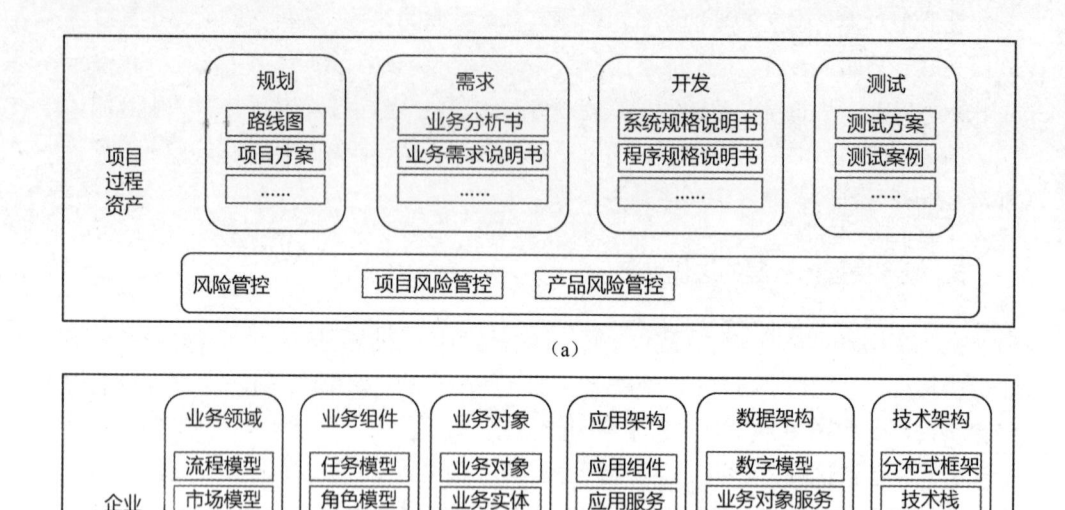

图 7-9　调整后的数字资产概念模型视图

在自下而上地迭代完善数字资产业务规划成果的过程中，不要拘泥于某个定式，或只自下而上地推进。我们在完成每一层级的分析、完善后，都应该对数字资产体系中各个相关的业务模型进行同步分析、更新，以确保一致性。

尤其是业务对象同时在三个层级中出现时，保持它们的一致性非常有必要，这是在做企业级数字资产规划过程中特别需要注意的，也是特别容易出错的地方。如果企业有相应的工具进行管控，能自动地进行联动更新的话，数字资产的业务规划效率将会大幅提升。

7.5.2　结合新情况提升数字资产业务规划的成果

随着业务创新的不断发展，新技术的不断应用，企业的业务一定持续发生着变化。当出现新业务需求时，会带来新的业务属性或业务实体，甚至新的业务对象。当产生新的数字资产时，可以使用自顶向下的结构化统筹规划方法和自下而上的专业化归纳抽象方法进行补充，根据业务实体的抽象与业务对象的对接，不断完善数字资产规划的概念模型、数字元模型、业务对象模型和业务实体模型。当所有的调整完成后，需要分别结合每一个业务对象、业务实体和业务属性与它们的目的、定义、范围进行整合分析、确认。

每一个业务实体及其业务属性都代表业务的观点。整合目的、定义、范围意味着要统一不同的业务对同一个事物的观点，因此需要确保这些观点与企业级的术语和定义的一致性。对于新业态下新增的业务资产，仍然需要通过企业级的数字资产标准进行规范。例如，企业在目前的业务模型中使用的是"客户"这个业务实体，但是企业的战略规划里将服务的对象进行了扩展，不只限于客户，而对于所有的用户都关注。在企业级术语里，之前只有对"客户"的标准化，现在需要增加"用户"的相关定义和标准。在实体的建设过程中，需要与利益相关者探讨究竟是使用"客户"还是"用户"，也许根据企业的战略目标只需要保留"用户"而不是"客户"。

当需要新增数字资产时，业务资产规划设计团队在完成设计团队的整体评审后，务必组织利益相关者进行沟通，邀请利益相关者对团队的建模成果进行评审，以确定建模成果满足业务战略目标和业务生产经营管理的要求。

思考题

1. 自下而上地收集详细数字资产需求是一项艰巨的工作，需要从各方面的材料中找出与业务相关的细节性需求。你认为除了本书介绍的收集详细数字资产需求的数据源，还有其他的数据源吗？如果有，那么请列举出来，看看使用本书的方法是否可以完成详细数字资产需求的收集与整理。

2. 业务对象在企业数字资产中是一个非常奇妙的存在：对于高阶数字资产而言，业务对象是其基本构成元素，从宏观的角度展现了企业所拥有的数字资产细节。业务对象之间的业务逻辑及基数关系指导着企业生产经营正确使用、生产和积累数字资产。对于低阶数字资产而言，业务对象统领着业务实体及其属性。通过业务实体及其属性的表达来厘清业务对象间的边界，通过业务实体的结构化来提升业务对象的灵活性和可扩展性。通过本章的学习，你对业务对象有哪些认识和了解？能举一个例子进行说明吗？

3. 在本章中，对自顶向下规划形成的预设业务对象与通过自下而上抽象形成的候选业务对象，分别从业务对象和业务实体两个层级进行对接、校验，以实现相互之间的查漏补缺。你认为这样的对接是必要的吗？请说明原因。如果不这样对接，你有其

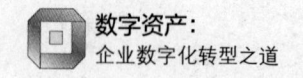

他更好的方法来避免遗漏吗？如果有，请介绍你的方法。

4. 数字资产的建设很难实现一步到位，数字资产的规划是一个逐步迭代完善的过程。每一次的迭代都可以使用自顶向下和自下而上的方法。你能熟练运用这两种方法来完善数字资产业务视角的规划和设计吗？在这个过程中你认为哪些环节最重要，哪些环节最困难？你能从本书中得到哪些帮助，或者需要什么样的帮助？

第 8 章

数字资产 IT 设计

前面我们讲解了如何实现"T"字工作法中一"横"的部分,即通过从业务视角规划得到的数字资产来满足业务生产经营管理对数字资产的需求。所有的规划成果都需要通过 IT 实施后,才能真正得到应用。IT 实施并不是照本宣科地按业务规划去实施,而是从企业级数字资产能够充分生产价值、提升价值创造力的角度,在"T"字工作法中的一"纵"实施前,先进行规划,从架构、设计等方面制定符合企业战略(其中包括 IT 战略)目标的原则、方法、指南等,规范和指导按业务规划成果进行的 IT 实施。IT 架构设计是一门非常复杂的学科,不是本书重点介绍的内容,本章主要介绍数据架构中与数字资产规划成果落地相关的、需要特别注意的内容,具体的原则和指南需要根据每个企业的架构框架设计,这里不再详细介绍。

本章涉及的主要内容有以下两个方面。

第一,数据架构设计、逻辑数据模型设计、物理数据模型设计的方法。

第二,了解数据湖及业务对象服务。

8.1 数据架构设计

TOGAF V9.2 中对数据架构的定义为:描述组织的逻辑和物理数据资产,以及数据管理资源的结构和交互。

也就是说,数据架构是一组规则、策略、标准和模型,用于管理和定义所收集的数字资产,以及如何在企业生产经营管理及其数据库中使用、存储、管理和集成数据。它提供了一种正式的方法来创建和管理数据流,以及如何在企业的 IT 系统和应用程序中处理数据流。因此,数据架构的设计应与技术架构、应用架构相结合,不同的企业会选

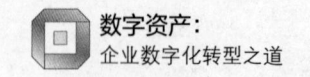

择不同的融合方式，对数据架构的分层设计存在较大差异，其中有较多需要考虑的因素及策略，但这些不是本书要讨论的内容，建议可以参考其他相关图书。本章重点讨论数据架构中与数字资产的使用、存储、管理和集成等相关的内容。

我们在规划企业的数字资产时构建了概念模型，从业务的视角体现了企业所拥有或支配的数字资产的分布情况。现在，我们将结合概念模型、企业的IT架构来规划、设计数据架构中这些数字资产的分布及集成等。在这个框架中，数据架构的设计是指为了全面地满足企业对数字资产的需求而设计的数字资产蓝图，从数字资产的落地模型设计、流转和集成等角度进行描述。在企业架构原则下结合应用系统及数据库的约束条件，补充制定数字资产的技术实现应遵循的规范与标准。

因此，我们这里所说的数据架构的设计不是对数据架构的完整设计，而是主要从数字资产的分布、承接业务规划成果的IT实施模型的视角来讨论数据架构的相关设计工作。

8.1.1 数字资产分布设计

在概念模型中，我们通过分层分类的方式体现了企业所拥有或控制的数字资产在企业的生产经营管理各环节的使用及生产情况，同样地，我们需要将这些数字资产在数据架构视图中体现出来，形成业务数字资产的数据架构分布视图。

企业数字资产是各业务部门都非常关心和关注的内容，为了更好地使用这些数字资产而运行的IT系统会生产大量的IT数据，这些数据对提升IT系统的运营效率极其重要，仍然是我们应当关注的内容，应该对企业IT应用系统运营过程中产生的IT数据在数据架构视图中的分布情况进行设计，并将其体现在数据架构分布视图中。

由此，我们得到，在进行数字资产分布设计时，应该关注两个方面：一是以业务对象为单位的数字资产在数据架构蓝图中的分布情况，二是IT运营产生的数据在数据架构蓝图中的分布情况。

8.1.1.1 数字资产分布设计应参考的基础性资料

为了更好地开展数字资产分布设计，我们需要先收集与数字资产分布设计相关的架构规范、标准及业务资产，包括但不限于如下资料。

1）企业战略目标中的IT战略目标

如果说企业战略目标是数字资产落地实施的方向，那么，IT战略目标则是行动的方向指引。IT架构的目标，尤其是总体架构的目标、应用架构的目标、数据架构的目标、技术架构的目标等都是设计数字资产分布视图的重要指引。在进行数字资产分布设计前，应对这些目标有全面的了解和认识，确保在整个设计过程中时刻围绕相关的目标开展。

2）制度、规范类材料

在企业制定的规章制度、IT架构规范类材料中，与数字资产及其分布相关的部分是在设计数字资产分布视图时的重要依据，比如总体架构的设计原则、应用架构的设计原则、数据架构的设计原则、技术架构的设计原则等。在开展数字资产分布设计前应充分理解这些原则，并确保在整个设计过程中遵循。如果发现某些原则与战略目标不相符，则可以向制定相关原则的部门提出建议。当然，这是具体的工作方式，本书不再展开叙述。

3）业务架构中的数字资产规划成果

企业级数字资产规划成果是数字资产落地实施的重要内容，不仅仅是各层级的数字资产视图，更重要的是对每一项数字资产的目的、定义、范围等的说明，这些信息有助于数据架构设计人员正确地理解数字资产的内涵，确保大家对数字资产的理解一致，让业务流程能正确地使用数字资产，让业务流程生产的数字资产能按既定目标得到有效存储。

4）IT架构规划设计成果

数据架构作为IT架构中的一部分，应当服从于整体框架，并与其他部分有机衔接，融合为一体才能实现预期的目标。因此，在实施数字资产分布设计前，应先充分了解IT架构的规划设计成果。应用架构是对业务处理流程的支撑架构，是通过抽象业务流程形成的业务生产及服务能力，是以共性的流程实现个性化生产与服务。其个性化的过程与数字资产的使用密切相关，其生产出来的新数字资产由数据架构负责存储。因此，在进行数字资产分布设计时，需要特别关注应用架构的分层、分类设计，以及对流程进行定义。

5）IT架构现状

无论企业之前是否对数据架构进行单独规划，只要有应用系统对企业生产经营管理提供支持，该过程中使用和产生的数字资产就一定存在。在企业数字化转型过程中，并不是要对原有的系统进行全面的否定，在更多情况下，会从经济角度出发，对原有的应用系统进行改造升级来达成目标。对于数字资产而言，原有的数字资产可以通过融合到数字资产规划成果中盘活，以新形式重新进入生产经营流程中，产生新的价值。因此，我们需要对IT架构的现状进行全面摸排，梳理IT数据分布的现状，包括业务关注的数字资产及IT运营产生的IT数据资产。

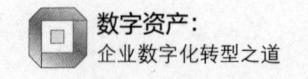

6）项目的架构设计成果

前面提到的资料都是在做整体规划时出现的，整体规划的成果并不是一成不变的，当新的项目中出现了新的数字资产需求，或者是新规划的数字资产通过项目的方式实施时，都可能给数字资产分布视图带来变化。因此，当出现新的项目时，需要先对项目的架构设计进行分析，再评估其对数字资产分布视图的影响，得出是否需要更新数字资产分布视图的结论。

8.1.1.2 制定数字资产分布设计的原则

数字资产是为企业生产经营管理服务的，因此，在制定数字资产分布设计的原则时，需要充分考虑企业的价值链、价值流，确保数字资产的分布合理、高效地为流程提供服务。数字资产存储在数据架构中，同时数据架构不能脱离应用架构和技术架构而存在，数据架构需要依托技术架构与应用架构的有机衔接、融合，才能确保高效地满足流程对数字资产的需求。因此，在进行数字资产分布设计时，需要统筹考虑企业的生产经营流程及 IT 架构的特征。

在设计数字资产分布视图时，至少需要包括对逻辑数据模型和物理数据模型的分布视图设计。在设计数字资产分布视图时至少应考虑以下原则。

1. 遵从 IT 架构分层规划原则

复杂的 IT 系统的管理一定会通过 IT 架构的分层规划来降低其复杂度，并确保各层级架构能各司其职，从整体上协作运行。因此，在设计数字资产分布视图时，应遵循 IT 架构的分层规划原则。

1）遵循应用架构的分层原则

企业在逐步推进应用系统建设的过程中，如果没有统一的规划，就会不可避免地形成一个个相对独立的"应用烟囱"，而分布在这些应用里的数字资产便形成了一个个的数据孤岛。因此，在数字化转型的过程中，有一项使命就是打破这些"烟囱"形成的壁垒，把数据整合起来，形成企业级的数字资产，创造"1+1>2"的价值。但是，这并不意味着在设计数字资产分布视图时不用考虑应用系统的情况，恰恰相反，我们更应该从应用的视角来考虑其对数字资产使用及存储的需求。

遵循应用架构的分层原则，是指在设计数字资产的分层时，需要配合应用架构的分层原则进行统筹考虑，为不同层级的应用系统提供适宜的数字资产，实现准确、标准、高效地进行价值创造的目标。例如，如果企业的应用系统有渠道接入层和业务处理层，那么它们所需要的数字资产必定不同。在渠道接入时，需要对接入的信息进行验证，确保其合规、合法，尤其是身份识别等。在设计数字资产分布视图时，可以把与之相关的数字资产部署在渠道接入层。业务处理层用于对具体的业务进行处理，需要把与之相关的数字资产部署在该层。

2）遵循数据架构分层规划原则

数字资产的部署必须遵循数据架构分层规划原则，这样才可以保证数字资产不仅能满足业务流程的需要，还能满足汇集、分析、再加工等的需要，为企业生产经营各环节及整体经营决策提供支持。

数据架构层的分法较多，每个企业都有自己的设计方法。数据架构中的源数据层一定是存储生产经营过程中生产的原始数字资产的。这些数字资产是最直接、最真实、最丰富的数据，可以从这些数字资产中查询每一笔业务生产、交易的细节。数据集成层里一般是集成后的数据，可以是加工、清洗后的数据，如数据仓库，也可以是原始数据，如数据湖。

数据架构分层有不同的模式。例如，以数据湖为中心的数据架构分层模式可以分为由内而外的主动服务模式、由外而内的被动服务模式、相互独立的联动服务模式。

（1）**由内而外的主动服务模式**以数据湖为核心，企业所有的数字资产存储在数据湖中，当企业对数字资产有使用需求时，由数据湖提供相应的支持，如图8-1所示。企业对数字资产的使用需求包括但不限于企业生产经营过程对数字资产的读取和存储，对企业生产经营的情况进行统计和分析，数据科学和机器学习对企业的生产经营管理的洞察和决策提供支持等。

（2）**由外而内的被动服务模式**是指企业将原始的数字资产存储在不同的数据库中，根据不同的数字资产的使用需求分别对原始数据进行加工、处理后另行存储，将加工处理的结果存储在数据湖中。在这种模式中，数据湖成为汇聚企业各种数字资产的存储器，既包括原始数据，也包括加工、分析的结论。以数据湖为核心的由外而内的被动服务模式如图8-2所示。

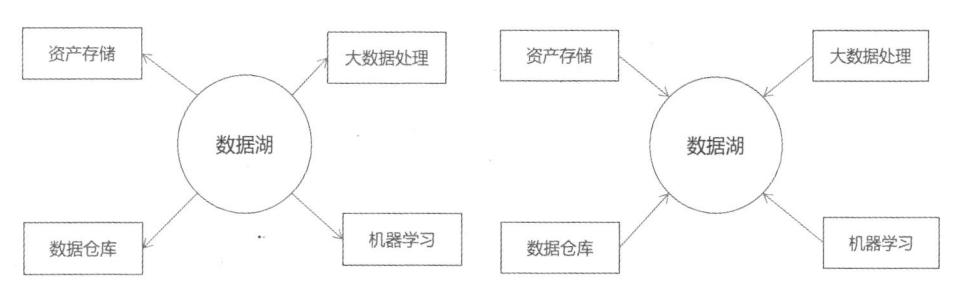

图8-1 以数据湖为核心的由内而外的主动服务模式

图8-2 以数据湖为核心的由外而内的被动服务模式

（3）**相互独立的联动服务模式**是指企业将源数据存储在各个应用系统中，建立一个数据湖用于汇聚各应用系统中的数据，以数据湖为核心的相互独立的联动服务模式如图8-3所示。在企业有数字资产使用需求时，需要分成不同的情况进行处理：企业生产经营管理针对数字资产的生产资料型的数字资产需求，由各个应用系统内的数据库直接提供；对于一些需要通过机器学习或其他算法模型分析得到的结果，可以直接从数据湖中查询。对数字资产进行统计和分析所需要的数据源于数据仓库，而数据仓库从数据湖中读取数据后进行清洗、加工并进行数据存储；对数据仓库中的数据进行统计和分析得出的结论会反馈到数据湖进行存储。企业为实现生产经营的洞察和决策所进行的各种机器学习与所需要的数据科学技术数据也从数据湖中读取，最后形成的结果会存储在数据湖中。

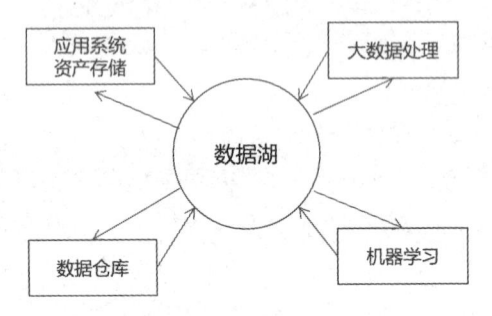

图 8-3 以数据湖为核心的相互独立的联动服务模式

3）满足数据价值创造原则

我们规划数字资产的目标不是为了拥有数字资产，而是为了让企业生产和积累的数字资产能为企业的生产经营管理提供更多的支持，通过资产的数字化推动企业生产经营管理模式的转变，提升企业的价值创造及交付能力。因此，在进行整体部署时，要结合数据架构对数据分析及其结果展示提供更多、更方便的支持，尤其是在进行数据集成设计时，应兼顾企业不同专业业务对企业级数字资产的使用，对数字资产质量及安全性等要求进行统筹考虑，真正实现企业级数字资产的共建、共享、共用。

2. 继承业务规划成果原则

在进行数字资产分布设计时，应遵从继承业务规划成果原则，不能呆板地全面照搬，而是要结合数字资产与业务流程的需要统筹考虑。

1）继承业务对象设计的原则

继承业务对象设计的原则包含两层含义：一是继承以业务对象为单位的业务逻辑表达的数字元模型，二是继承业务对象所规划的业务实体及其业务逻辑、基数关系。

在规划企业的数字资产时，构建的数字元模型就是按业务生产经营逻辑体现企业数字资产的生产、使用、流通情况的。一方面，这些规划成果不能只体现在模型中，更需要通过数字资产分布设计在数字世界里落地，满足企业数字化生产经营管理对数字资产的需求。另一方面，在进行数字资产分布设计时，需要考虑数字资产高效地为业务流程提供支持的需求，数字元模型便提供了非常准确的指导。继承数字元模型提示的业务逻辑及基数关系，可以使为业务流程服务的数字资产分布设计工作事半功倍。

业务对象是从业务视角对数字资产进行的解析及规范化、结构化的表达，体现了企业生产经营管理过程中对数字资产的具体需求。因此，在进行数字资产分布设计时，应继承业务对象的设计，以业务对象为单位映射逻辑数据模型，从逻辑视角为企业生产经营提供数字资产保障。

2）兼顾流程需要原则

在设计数字资产分布视图时，应统筹考虑业务流程对数字资产的具体需求，对于业务处理流程频繁使用的数字资产，可以根据数字资产的使用情况，在保证业务逻辑的情况下，对业务对象模型适当地剪裁后进行轻量部署，以保证数字资产使用的高效性和合理性。对逻辑数据模型进行轻量部署时，要保证轻量逻辑数据模型的粒度适宜。例如，在渠道接入层，业务流程对数字资产的需求主要在于检查用户身份的合法性、提交数据的合法性等，所需要的数字资产集中在相关业务对象中的部分实体，不需要其他大部分的业务实体提供服务支持，因此，在渠道接入层可以进行轻量级的逻辑数据模型部署，将轻量级逻辑数据模型作为其所属逻辑数据模型的辅助数据。这样部署不但能有效地提升业务处理的效率，还能避免过多冗余数据部署带来的数据同步消耗。

3. 明确业务视角的数字资产模型与 IT 视角的数字资产模型的映射原则

设计数字资产分布视图的目的是体现企业级数字资产在 IT 实施后的情况，并用于指导应用系统按业务逻辑和规则来规范使用数字资产，以及便于追溯某一个物理数据模型的源头及业务规则。因此，需要制定业务视角的数字资产模型与 IT 视角的数字资产模型的映射原则，即厘清业务对象模型与逻辑数据模型的映射关系，以指导 IT 设计人员更好地继承、使用业务视角的数字资产规划成果。

1）明确 IT 架构中的逻辑数据模型与业务架构中的业务对象模型的映射原则

我们在前面介绍过，逻辑数据模型应以业务对象为指导进行设计。原则上，在设计逻辑数据模型时，应完整承接业务对象模型及其业务实体模型，但是由于逻辑

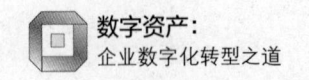

数据模型需要从应用的角度进行考虑，比如会存在引入技术方面的约束等，会对业务对象模型和业务实体模型进行变形。最明显的是，业务实体的标识性业务属性将发生变化，逻辑数据模型不再遵循业务实体标识性业务属性的原则来设置其主键，往往会使用一些加工后没有业务含义的数值做主键，以提升性能等。因此需要定义逻辑数据模型与业务对象模型的映射原则，以便监控业务规划成果的落地及从实施情况回溯设计。

2）综合考虑业务架构中以业务组件的划分来确定逻辑数据模型与业务对象模型的映射原则

我们在第3章中已经有过解析，业务组件是由对特定的业务对象进行处理的任务聚合而成的。业务组件是对IT系统的应用组件的职责边界划分的指导。应用组件需要特定的IT数字资产模型提供支持才能顺利完成相应的处理。由此可见，数据架构中逻辑数据模型的布局需要考虑业务组件的设计，确保业务架构中业务组件所负责处理的业务对象模型的关系，在IT架构中能在逻辑应用组件与逻辑数据模型间得到继承，确保战略目标的业务规则能够有效落地。

3）制定IT架构中的物理数据模型与逻辑数据模型间的映射原则

IT架构中的物理数据模型会考虑具体部署、实施等因素对逻辑数据模型进行变形，甚至会进行拆表、并表等处理，最后形成的物理数据模型与逻辑数据模型间会存在较大差异，因此，急需制定物理数据模型与逻辑数据模型间的映射原则，从而指导物理数据模型的设计与部署，以更好地追踪数字资产的走向、存储及使用等。

4）相关原则能满足从业务架构到IT架构的正向、逆向的跟踪

制定IT架构中的数字模型与业务架构中业务对象模型映射原则的目标是，让企业所有数字资产使用部门能准确了解所使用的数字资产在企业数据架构中的部署情况，以及自己所负责管理的资产从业务架构中的概念模型到数字元模型、业务对象模型、业务实体模型的所有内容，以及与IT架构中数据架构里的逻辑数据模型、物理数据模型的映射关系，能从对某个系统查询获得的数据回溯到业务架构中的具体规划设计。这样才能确保业务部门能管好、用好企业级数字资产。

8.1.1.3 设计数字资产分布视图

数字资产分布视图应当体现两层含义：一是以业务对象为单位的逻辑数据模型在数据架构蓝图中的分布情况，二是IT运营产生的数据，即物理数据模型在数据架构蓝图中的分布情况。

1. 设计数据架构中逻辑数据模型分布视图

正如我们通过概念模型来了解企业所拥有或控制的企业数字资产在企业生产经营中的分布情况一样,我们将通过逻辑数据模型分布视图来了解逻辑数据模型在数据架构中的分布情况。为了让企业中的各业务部门都能了解企业数字资产的落地实施布局,数据架构中的数字资产分布视图需以逻辑数据模型为单位进行设计。在设计逻辑数据模型分布视图时应注意以下事项。

(1)根据数据架构每个层次的定义及其基本特征,确定应部署的数字资产类型。数据架构进行分层规划的目的是提升数字资产的应用和加工效率,因此,应根据数据架构的层次定义及其基本特征部署相应的逻辑数据模型的类型。例如,在数据架构的数据集成层里一般不存储源数据而且不会部署逻辑数据模型,在业务处理层里则会根据应用分层原则配合部署相应的逻辑数据模型。

(2)在同一个数据架构层次里,根据应用架构的层次定义及其基本特征,确定应部署的数字资产。部署数字资产的目标是让应用程序更高效地使用,因此需要结合应用架构的分层定义及其基本特征来部署逻辑数据模型。例如,应用系统的渠道接入层里不会部署与账务处理相关的逻辑数据模型,而会部署与接入的安全检查、权利检查相关的逻辑数据模型。

(3)根据逻辑数据模型与业务对象模型间的映射关系,设计逻辑数据模型分布视图。虽然逻辑数据模型相对于业务对象模型而言,已经发生了变化,但是基本的名称和主要的业务属性均得到了有效的继承,因此,应根据逻辑数据模型与业务对象模型间的映射关系来设计逻辑数据模型分布视图,充分展现企业所规划的业务对象资产在数据架构中的分布情况。

(4)遵循数字资产分布设计原则进行逻辑数据模型分布视图设计。数字资产分布设计原则是数据架构逻辑数据模型分布视图设计必须遵循的基本原则。如果在设计过程中发现原有的设计原则不能满足新诉求,可以提出变更原有的设计原则的申请,对原有的原则进行优化和完善。

(5)数据架构中的逻辑数据模型分布视图应具备一定的灵活性、可扩展性。IT架构、应用架构和数据架构并不是一成不变的,它们往往会因新技术的应用而进行相应的调整。在调整过程中,应尽可能保证原有的数字资产可持续发挥作用,不会因为架构变化而推倒重来。因此,在设计数据架构中逻辑数据模型分布视图时,要考虑其灵活性,要随着架构的调整而调整。同样地,由于业务创新日新月异,不能要求企业的数字资产一成不变,当新的数字资产需求出现时,应及时扩展、补充逻辑数据模型分布视图,让其能准确、全面地展示企业数字资产在数据架构中的分布情况。

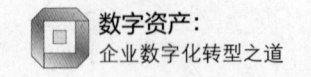

2. 设计数据架构中物理数据模型分布视图

我们在前面介绍过，逻辑数据模型是从 IT 视角对业务对象模型的理解和补充，体现的仍然是逻辑层面的设计。根据逻辑数据模型和 IT 架构而设计的物理数据模型才是 IT 运行过程中实际使用的数据库表，从而存储企业的数字资产。因此，以物理数据模型展示的数字资产在数据架构中的分布视图，体现了 IT 运营产生的数据在整个数据架构中的分布情况。在设计物理数据模型分布视图时应注意以下事项。

（1）遵循数字资产分布设计原则进行物理数据模型分布视图设计。物理数据模型是在逻辑数据模型的基础上考虑部署和实际使用而做的调整，其粒度比逻辑数据模型更小，是对逻辑数据模型的 IT 扩展与实现。对于这些粒度更小的数字资产，其部署上更为灵活、多样。在设计物理数据模型分布视图时，特别需要遵循数字资产分布设计原则，以确保成果的规范性、可用性、指导性。

（2）以逻辑数据模型分布视图为基础进行物理数据模型分布视图设计。物理数据模型分布视图是逻辑数据模型分布视图在 IT 中的具体实现，而在设计逻辑数据模型分布视图时，已经结合企业的 IT 架构原则、业务架构原则等进行了多维度的考虑，因此，在设计物理数据模型分布视图时，应基于已完成的逻辑数据模型分布视图成果，根据物理数据模型的设计情况进行数字资产分布视图设计，这样做一是可以提升物理数据模型分布视图设计的效率和准确性，二是可以确保所有的逻辑数据模型分布得到有效落地。

（3）需要用物理数据模型与逻辑数据模型的映射关系设计物理数据模型分布视图。作为逻辑数据模型的物理实现，物理数据模型的粒度比逻辑数据模型的粒度更小，内容更加丰富。因此，需要建立物理数据模型与逻辑数据模型的映射关系、规划、描述等，以确保所有的逻辑数据模型都能在物理数据模型分布视图上映射，没有缺失和遗漏。同样地，也能让用户可以从物理数据模型分布视图中的某一个物理数据模型回溯到逻辑数据模型分布视图中对应的逻辑数据模型，再回溯到对应的业务对象、业务实体。这为数字资产的规划、使用及管理提供了清晰的路径。

（4）确保全面承接业务对象模型。物理数据模型是企业规划的数字资产的最终落地实施，保证企业生产经营各单位对数字资产的需求，以及负责存储生产或收集的数字资产。因此，在设计物理数据模型分布视图时，必须确保每一个业务对象对应的物理数据模型在数据架构分布视图中都能体现，没有遗漏。

（5）数据架构中的物理数据模型分布视图与实际部署一致。在设计物理数据模型时，我们会考虑实际的部署情况而对逻辑数据模型进行拆分或整合，以保证数字资产可以高效地满足生产流程对数字资产的需求。拆分后的物理数据模型往往会因目标不同而部署在不同的数据架构层次中，这些部署信息应通过物理数据模型分布视图呈现出来，以便于应用架构设计及开发人员有效地使用数字资产。

8.1.2 数字资产的负责部分与应用

在进行数字资产企业级规划和设计时，要为每一个业务对象指定负责管理的业务部门，在IT实施时，也需要指定对物理数据模型进行管控的业务部门。物理数据模型通过应用系统采集和对外提供服务，最简单、有效的管控方法是指定管控的应用系统，由业务部门对该应用系统进行管理，把好数字资产生产、使用和存储的各个关口。

1. 指定管控应用系统可以为数字资产的质量提升提供保障

物理数据模型是业务对象模型实施的结果，为其指定负责管控的应用系统，也就是明确哪个应用系统需要负责哪个物理数据模型的数据采集、传输等方面的优化提升。当职责明确后，在进行数据治理时才能更有针对性地开展工作，物理数据模型的质量和安全才有基本的保障。

2. 指定管控应用系统可以提升数字资产自身的安全性

数字资产作为企业的重要生产资料，由于极其容易被复制、传输、损毁，其安全性成为人们关注的话题，世界各国纷纷通过立法来保护数据的安全和隐私，很多国家为保护本国国民生产的数据信息，会禁止相关的数据离开本国本土。

1）可以强化数字资产的全生命周期安全管控

对于企业数字资产的安全性，我们主要强调数字资产的采集、传输、存储、使用、退出、销毁等全生命周期的安全。对物理数据模型指定负责管控的应用系统，就明确了应用系统间的职责边界。该应用系统对相关的数字资产进行全生命周期管控是指由该应用系统负责制定相应的原则、规范和权限，并对数字资产的采集、传输、使用、退出等进行管控。

2）可以强化并提升某个环节数字资产的安全性

在复杂的IT系统中，往往会根据主要职责进行应用系统的划分。不同的应用系统主要负责对不同类业务进行处理，其对该类业务处理的专业性是其他应用系统难以企及的。例如，在渠道类应用系统中，负责对移动智能设备（手机）提供服务的应用，其主要职责是在法律条件允许的情况下采集信息、传输信息，将后台提供的相关信息推送给用户,并将用户的一些信息送回相关的应用系统中。在信息采集方面,该应用系统往往更关注相关的法律法规,知道采集什么样的信息应该向什么样的监管部门申请、报备或应当征求用户的同意。该应用系统负责向后台应用传输信息,对数据传输的安全性会有比较深刻的认识和理解,能更有效地做好信息安全保护。该应用系统还负责向用户推荐或反馈用户所办业务的处理结果,对于信息的展示,尤其是对敏感信息的保护等会有比较深入的研究和应用。在安全性方面,渠道类应用系统相比提供服务支持的其他应用系统有明显优势。但是后台服务支持类应用系统在数据的权限管理、对外服务提供、数字资产退出及销毁的安全性管理方面是渠道类应用系统所不能及的。可见,不同的应用系统有不同的关注点,也有不同的特长。

不同的应用系统间分工与协作,每个应用系统做好其负责环节的数据安全管控,实现每个方面的安全性提升,都对数字资产的全生命周期的安全性有良好的促进作用。

3. 物理数据模型的主要负责的业务部门应与其承接的业务对象模型的主要负责的业务部门一致

为了保证企业级数字资产的灵活性、适用性及快速迭代,为每一个业务对象指定了主要负责的业务部门。该业务部门除了要管好、用好数字资产,还需要关注相关的标准、规范的发布、修订及退回情况,并根据本企业采用相关标准的情况及时更新。可见,该业务部门对该类业务对象的了解和管控极其深入,为该数字资产的质量提供了基本的保障。IT架构在实施数字资产规划时,对数字资产的所属管理权应遵从业务对象的归属管理权来设定生产、使用、变更、安全等权限。

在进行数字资产分布设计时特别强调,要建立物理数据模型与逻辑数据模型的映射关系,要建立逻辑数据模型与业务对象模型的映射关系,也就是说,物理数据模型是可以通过逻辑数据模型与业务对象模型建立关联关系的。如果物理数据模型的主要负责的业务部门与其所关联的业务对象模型的主要负责的业务部门不一致,那么必然造成职责不清晰,不利于对企业数字资产质量及安全性等多方面的管控。因此,应确保物理数据模型的主要负责的业务部门与其承接的业务对象模型的主要负责的业务部门一致。

8.1.3 数字资产集成设计

企业进行数字化转型的目的是让企业的数字资产能为企业的生产经营提供更多、更精准的价值,数字资产应用便利是提升其价值贡献的一种重要手段,而对数字资产进行分析、洞察等是挖掘数字资产价值贡献的另一种重要手段。在进行数据分析时,往往需要将分布在不同数据架构中不同地方的数据，按照一定的方式进行汇聚、整合，以进行基于数字资产的价值挖掘。

1. 明确数字资产集成原则

业界耳熟能详的数据中台所使用的数据，就是这里所说的集成后的数字资产。数字资产集成的目标是应用新技术，如大数据、人工智能等，对数据进行分析、加工，用数字资产驱动业务模式创新、促进业务发展，将数字资产转化为新生产力，实现数字资产的价值变现和增值。

数字资产集成原则应与 IT 总体架构、应用架构、数据架构的目标和原则一致，并根据数字资产分布设计原则及其规划成果（分布视图）、企业生产经营管理对数字资产提供服务支持的目标等进行统筹考虑，制定数字资产集成原则。

在制定该原则时，除了要考虑数字资产集成，还应考虑对集成后的数字资产的管控原则及策略等，确保集成后的数字资产能满足企业对数字资产的应用目标。在实施时，如果发现数字资产集成原则不能满足业务战略目标需要，应按相关的流程进行优化和完善。

当企业战略目标发生变化时，应同步分析是否需要调整数字资产集成原则或策略。因此，在制定该原则时，应当确保集成后的数字资产具备易读性、易理解性、灵活性、可扩展性，以便数字资产集成原则可以快速随着企业战略目标进行调整和执行。

2. 明确数字资产集成的范围

在数字化时代，企业所关心的不只是对资产的静态描述，更关心动态的变化、用户行为特征等，因此，在集成数字资产时，除了包括从业务视角规划的企业数字资产，还包括在生产经营管理过程中收集的行为属性的数据、衍生数据、扩展数据、日志等所有 IT 系统记录的数据。具体的集成范围，应根据企业对数字资产应用的目标来确定。

全球已经普遍形成了数字资产就是生产资料的共识。我国于 2021 年 11 月 25 日在上海浦东成立了上海数据交易所，以"推动数据资源能以更合规、更高效、更便捷的方式，进入流通环节，为全社会创造价值"为目标。在上海数据交易所成立当天，首批签约商的数量达 100 余家，其中包括国家电网、上海电力、中国东航等数据交易主体，协力、金杜、中伦等律师事务所，普华永道、德勤等会计师事务所，富数科技、优刻得、星环科技等交付类企业。可见，企业在拓展业务时，可以通过数据交易所购

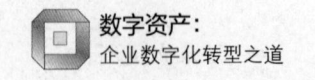

买需要的数据，这些数据应纳入数字资产集成的范围。

3. 保证集成后的数字资产质量

数字资产最原始的数据存储在各种物理数据模型中，在集成数字资产时，仍需要保存数字资产间的业务逻辑和含义，并通过分类集成的方式确保集成后得到的数字资产具有可读性、可理解性、易用性、完整性、可执行性等。只有这样，才能在综合分析和挖掘数字资产时更便捷、效率更高，产生的价值更大。

4. 集成数字资产时要考虑数字资产的时效性

集成数字资产时要考虑数字资产的时效性，至少应考虑两个方面的目标：一是集成数字资产过程的时效性，二是集成数字资产后应用的时效性。

（1）集成数字资产过程的时效性，是指在集成数字资产时，往往会对原始数字资产进行一定的加工、提炼等处理，在数据量较大时，往往需要消耗较多的时间。因此，在规划数字资产集成时，需要结合源数据及目标数据的情况进行综合考虑后再进行设计。

（2）集成数字资产后应用的时效性，是指数字资产驱动业务的价值贡献中有一项是及时发现、及时提示。应用的时效性对数字资产的时效性、对数字资产集成的时效性、对数字资产分析的时效性等提出了比较高的要求，尤其是一些对时效性要求比较高、变动比较大的业务，如对用户的个性化推荐、智能化营销等。因此，在进行数字资产集成时，业务使用数字资产分析结果的时效性需要一并考虑。

5. 数字资产集成应不受技术架构及技术的约束

在数字资产集成时应遵循 IT 架构、应用架构、数据架构的总体原则，但不应受当前所使用的具体架构及相关技术的制约，应确保数字资产集成后形成组件化能力。一方面，要确保在根据需要对某个具体的组件进行变更、替换时，不会影响其他组件的正常使用及联合对外提供服务；另一方面，要确保能够根据企业战略目标随时横向、纵向扩展新组件，且新组件能直接融入整个数字资产集成体系中。

8.2 逻辑数据模型设计

在进行数字资产部署规划时，会用到逻辑数据模型和物理数据模型，如果在部署逻辑数据模型时，只使用了业务对象模型的名称，那么物理数据模型的部署就需要有相应的模型提供支持，尤其是在轻量部署时。接下来，我们介绍在逻辑层面如何进行逻辑数据模型的设计。

8.2.1 为什么要设计逻辑数据模型

既然我们在设计业务对象模型时就已经考虑了企业的战略目标、业务对数字资产的需求，以及企业数字资产标准，而 IT 实施的目的就是让这些思想能有效地落地，那么我们只需要让逻辑数据模型跟业务对象模型一样不就可以了吗？为什么还要再设计呢？

逻辑数据模型作为数据架构里的模型，首先要符合数据架构所制定的规范和逻辑，同时要承接业务对象模型，也就是说，逻辑数据模型需要接受业务对象模型和数据架构的双重指导，同时满足两个方面的要求。可见，逻辑数据模型同时还承担着承上（业务对象）启下（物理数据模型）的作用。设计逻辑数据模型是为了进一步规范物理数据模型设计，更准确地承接体现业务本质的业务对象模型的结构、业务实体模型的属性特征及其业务规则，从而全面地提升物理数据模型的质量，以符合业务规则的数字资产为应用系统提供支持，确保应用系统稳定、高效地运行。

在最理想的情况下，IT 完全按业务对象模型落地，即直接用业务对象模型作为逻辑数据模型、物理数据模型来实施，而不进行更多的考虑、调整，完全支持企业数字资产规划及设计。可是，现实情况总是存在很多的制约因素，如 IT 架构的约束条件、应用系统的限制因素、硬件设备的局限性、成本等，甚至可能受项目迭代实施的影响。因此，对业务对象模型的落地只能分步推进，而不能一次性实施。

业务资产是以业务对象为单位进行设计的，而在进行业务对象设计时一定是从业务本质出发来考虑问题的，需要分析业务本质是什么，哪些内容是企业所关注的，为了让数字资产能更灵活、高效地满足业务创新的需要，还将一些业务属性分离出来形成新的业务实体。但是，逻辑数据模型设计的目的是保障业务流程对数字资产的使用，以及满足业务流程生产的数字资产得以有效存储、复用，这就要从 IT 实施的角度出发，综合考虑业务对系统响应速度的要求、数据的复杂程度、数据的可获得性，以及技术的局限性（包括软件方面的局限性和硬件方面的局限性）等，将业务对象模型转换为与当前的技术架构、应用架构相适应的逻辑数据模型，以满足不同架构下、不同应用程序对数字资产读取和存储的需求。

逻辑数据模型是为应用系统提供数字资产服务的模型，其核心内容源于业务对象中的每个业务实体及其业务属性。在设计逻辑数据模型时，应从实施层面考虑应用架构、数据架构和技术架构的综合情况。

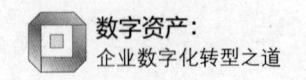

8.2.2 逻辑数据模型

8.2.2.1 逻辑数据模型的组成

1. 理解逻辑数据模型

逻辑数据模型与业务对象模型都是对某类事物的结构化描述，逻辑数据模型的结构继承于业务对象模型，因此，逻辑数据模型（见图 8-4）的结构与业务对象模型的一致。

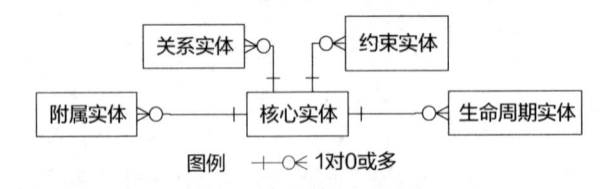

图 8-4 逻辑数据模型

从结构上看，逻辑数据模型与业务对象模型几乎无差别，逻辑数据模型的名称与其承接的业务对象模型名称一致，逻辑数据模型中的实体名称与其承接的业务实体名称一致，甚至实体中的属性名称与业务实体中的业务属性名称也一致。与业务对象模型不同的是，逻辑数据模型中的每个实体的标识符与业务实体不同，实体模型的属性会在业务实体模型的基础上增加。

逻辑数据模型与业务对象模型在结构及外观上极其相似，逻辑数据模型如同业务对象模型在数字世界中的镜像，是数字孪生的具体体现之一。业务对象模型与逻辑数据模型的数字孪生示意图如图 8-5 所示。

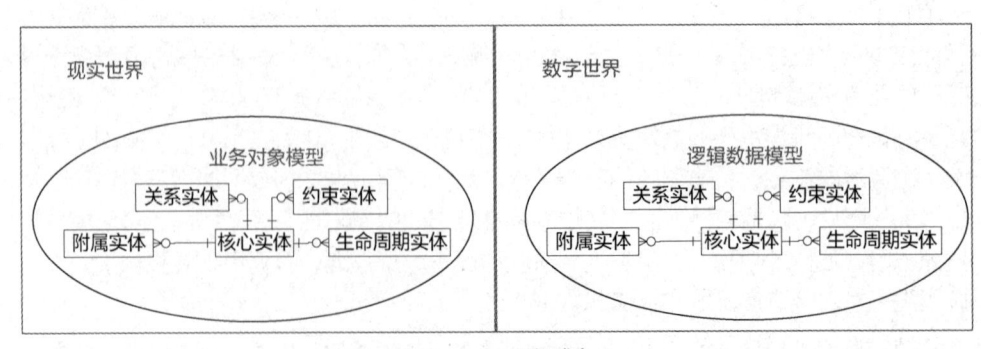

图 8-5 业务对象模型与逻辑数据模型的数字孪生示意图

2. 实体模型

实体模型作为业务实体模型在数字世界中的镜像，却不会与业务实体模型完全一样，其会结合 IT 系统的实际情况，为保证性能及效率而进行适当的变形及调整，但是业务实体模型想要描述的业务本质并不会丢失，业务实体模型与实体模型的数字孪生示意图如图 8-6 所示。

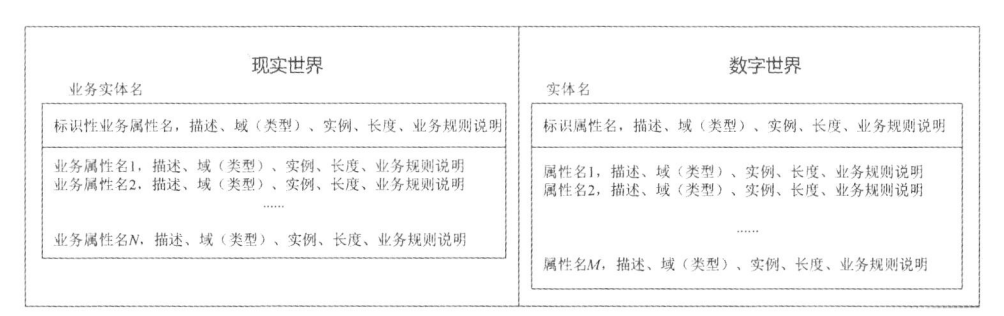

现实世界	数字世界
业务实体名	实体名
标识性业务属性名、描述、域（类型）、实例、长度、业务规则说明	标识属性名、描述、域（类型）、实例、长度、业务规则说明
业务属性名1、描述、域（类型）、实例、长度、业务规则说明 业务属性名2、描述、域（类型）、实例、长度、业务规则说明 ...... 业务属性名N、描述、域（类型）、实例、长度、业务规则说明	属性名1、描述、域（类型）、实例、长度、业务规则说明 属性名2、描述、域（类型）、实例、长度、业务规则说明 ...... 属性名M、描述、域（类型）、实例、长度、业务规则说明

图 8-6　业务实体模型与实体模型的数字孪生示意图

业务实体模型中的业务属性在实体模型中会有相应的属性承担，但是标识性业务属性将成为实体模型中的普通属性，实体模型会有自己独特的标识属性；与业务实体模型里的属性相比，实体模型的属性会有变化。具体的变化将在"8.2.4 设计逻辑数据模型"中详细介绍。

8.2.2.2　逻辑数据模型与业务对象模型的差异

逻辑数据模型是以业务对象模型为基础，从应用角度进行的设计。将业务实体模型中蕴含的业务规则和业务逻辑翻译为 IT 系统视角的规则和逻辑，同时，对业务实体模型的内容进行进一步丰富，以保证数字资产可以准确、高效地对外提供服务。逻辑数据模型与业务对象模型的差异主要表现在以下几个方面。

1. 目的不同

业务对象模型是为了承接企业战略目标对数字资产的需求而设计的，强调要从企业级的视角来分析、整合数字资产，体现业务关注点、业务规则和业务逻辑，从业务创新与发展的角度，让业务对象模型更具有灵活性和可扩展性。

逻辑数据模型是为了满足业务流程及时、高效地使用数字资产而设计的，强调从应用的角度来分析、设计数字资产，更关注技术方面的约束，关注逻辑数据模型的可扩展性及性能等。

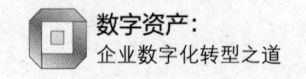

2. 关注点不同

业务对象模型与逻辑数据模型的目的不同，必然导致在设计时，两者的关注点存在差异。

在设计业务对象模型时，需要始终从业务视角去分析业务的本质是什么，生产经营过程中需要关注资源的哪些特征，应当怎样表达和描述这些特征。

逻辑数据模型是在继承业务对象模型对资源特征描述和定义的基础上，关注使用过程中有什么样的技术约束，有什么样的数据设计标准，如何保持数据一致性，以及有什么样的提升性能方面的要求等问题。

3. 视角不同

在设计业务对象模型时，要关注业务本质，就必然要求从业务的视角对企业生产经营过程中使用或所需要的资源进行业务层面的解构，先从不同的维度进行分析、提炼业务特征，再构建蕴含业务逻辑、规则和特征的业务属性组合的业务实体模型，以及一组围绕核心实体共同描述资源特征的业务对象模型。

在设计逻辑数据模型时，应关注如何能高效地满足业务流程的需求，如何在保证数据的规范、标准及安全的基础上提升数据存储与读取的效率等问题。这就要从技术视角进行分析，通过增加什么样的应用属性才能实现既保持业务逻辑、规则和特征的一致性，又满足应用的需要。

4. 设计时遵循的原则不同

在设计业务对象模型时，为了让业务实体更标准化、规范化，需要遵循范式原则。例如，业务实体模型没有冗余的业务属性，业务属性与标识属性间的单纯的依赖关系等。设计业务实体模型时不考虑衍生属性，力求每一个业务属性都是具体业务特征的表达。

逻辑数据模型中的实体模型为了保证应用的读写效率，会用特定的方式对业务实体模型做降范式处理，增加应用实施属性，允许存在一定的冗余数据。逻辑数据模型中的实体往往会在满足技术约束条件的情况下，以实际运行的高效性为目标增加衍生属性。当逻辑数据模型与业务对象模型的场景不完全一致时，会制定辅助原则来保证实体间的数据一致性。

5. 标识属性的含义不同

在设计业务实体模型时，我们会选择本质的业务属性作为该业务实体的标识属性，并强调所有的标识属性一定要具有业务特征。业务实体中的标识属性体现了业务对该实体进行分类的思想，是对业务应用数字资产进行业务分析的指南。

实体模型往往不会使用这些标识属性作为其主键，大多数使用没有业务含义的编号，并以此来提升定位的性能。对于实体模型而言，标识也就是主键，是为了快速定位记录，并没有特别的含义。

无论业务实体模型与实体模型间存在什么样的差异，IT 人员在逻辑数据模型设计完成后，都应该同步分析业务对象模型与逻辑数据模型、业务实体模型与实体模型间的映射关系，从而建立从企业战略目标到 IT 实施的路径，也建立从 IT 追溯到业务的路径。

8.2.3　设计逻辑数据模型应遵循的原则

因为不同企业的 IT 架构不同，使用的技术路线不同，对设计逻辑数据模型的要求也会存在差异，会在架构原则及规范等方面提出适合企业的设计规范。本书不对个性化的情况进行讨论，对于不同的路线，以下原则都应该得到充分考虑及应用，以确保最初的业务规划成果能在数字世界里得到有效映射。

1. 遵循业务对象模型原则

为了准确实现现实世界的数字孪生，对业务对象模型所形成的由一个核心实体、多个附属实体、约束实体、关系实体、关联实体、生命周期实体等业务规则进行结构化表达，以及对每一个业务属性的类型、域、实例等进行标准化说明，逻辑数据模型都应当进行全面的继承和落实。

数据架构师应在充分理解业务对象模型的基础上指导逻辑数据模型的设计。如果数据架构师认为某个业务对象模型太复杂，或认为其存在不足，则可以提出具体的问题及改进建议，但仍然应当按业务对象完成逻辑数据模型设计。

2. 继承业务实体模型原则

遵循业务对象模型原则进行逻辑数据模型设计，包括继承业务视角对数字资产的业务实体划分。在设计逻辑数据模型时，若无特殊要求，则应保证每个业务实体都有实体来对接，业务属性都有属性来继承。

3. 遵循数字资产标准原则

业务实体模型中的业务属性均是按企业数字资产标准进行设计的，逻辑数据模型

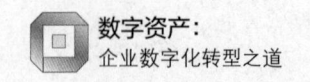

中的属性设计应当遵循相应的标准。如果发现业务属性使用的标准与最新的标准不一致，应按最新的标准进行设计，并告知该资产管理部门，确保从业务到IT使用标准的一致性，以及对企业数字资产标准的遵从。

4. 性能和效率保障原则

在进行业务实体模型设计时，遵循了第一、第二、第三范式，从业务的视角来看更精练、准确。从逻辑数据模型综合对外提供业务对象服务的角度来看，成本可能比较高性能可能达不到业务的要求。因此，在设计逻辑数据模型时，应结合应用需求进行充分考虑，以提升处理性能和效率为目标，对实体中的属性进行增补。

8.2.4 设计逻辑数据模型

逻辑数据模型是企业数字资产在数字世界的逻辑表达，在设计逻辑数据模型时，要不断继承现实世界对资产的属性描述、业务逻辑关系，同时需要考虑数字资产的特征、IT系统架构、数字资产的分布，以及数字资产对企业数字化生产经营业务流程的支持等。因此，在设计逻辑数据模型时需要特别注意以下事项。

1. 理解业务对象模型

为了更好地完成逻辑数据模型设计，在设计逻辑数据模型前，应先了解业务对象模型的目的、定义、结构、范围及与流程的关联关系。

1）了解业务对象模型的目的

从业务对象模型的目的中，我们可以了解为什么会有这个独立的业务对象模型，它将会对业务的战略目标发挥什么样的作用。理解了这一点，对进行物理数据模型的设计及其部署有关键的指导作用。

2）了解业务对象模型的定义

从业务对象模型的定义中，我们可以明白这个业务对象模型是什么，也就是明白这个业务对象是以什么样的方式存在的。理解了这一点，我们可以明白为什么会将某些业务属性定义为标识属性，了解业务对该业务对象模型中记录的分类思想。这对设计物理数据模型时应该考虑哪些因素、应该放弃哪些内容有非常明确的指导作用。

3）了解业务对象模型的结构

从业务对象模型的结构中，我们可以了解业务对于这个业务对象中的哪些属性比较关注，通过附属实体的属性与核心实体的基数关系强化对业务逻辑的理解，可以很好地指导物理数据模型进行拆表或并表处理,在满足 IT 处理需要的同时更好地提升业务的灵活性、可扩展性。

4)了解业务对象模型的范围

从业务对象模型的范围里,我们可以清晰了解这个业务对象模型与其他业务对象的边界,能更好地把握物理数据模型中应该体现的内容,避免出现物理数据模型无意识地扩展某个业务对象范围而影响业务对数字资产使用的情况的出现。例如,假设某个银行的"账户"业务对象中体现的是客户开设的账户,但是"账户"业务对象里没有发生业务的记录,而是将相关的记录存储在了"交易"业务对象中。这说明"账户"业务对象只记录了客户在该行开设的账户的情况,在进行物理数据模型设计时,不能把记录客户发生的交易信息放到承接"账户"业务对象的物理数据模型中。如果在"账户"业务对象中增加了交易信息,就属于扩大了账户的范围。

5)了解业务对象模型与业务流程的关联关系

从业务对象模型与业务流程的关联关系中,我们可以明白在企业的业务流程中是如何使用数字资产的,尤其是业务流程与具体的业务属性间的关联关系,非常准确地说明了业务对象模型中某个业务实体的特定的业务属性参与企业生产经营的具体情况,能非常精确地指导物理数据模型的设计与部署。

2. 检查业务模型的准确性

业务对象模型是对现实世界中某个事物的表达,每个业务实体模型是该事物某个方面特征的体现,表达特征的业务属性会随着企业需求的扩展而日益丰富。每个记录某个事物特征属性的业务实体独立存在的业务意义不足,与核心实体关联后才能体现完整的业务含义。因此,逻辑数据模型应以业务对象模型为单位进行检查。检查业务对象模型就是对业务对象模型的设计成果与企业数字资产设计实施标准进行对标,确保指导逻辑数据模型设计的业务对象模型的正确性。具体有以下几个方面的内容。

1)厘清每个属性的含义,避免存在隐藏的含义

因为每个属性的含义会影响逻辑数据模型的设计,所以它们都会对后续存储和使用数字资产产生影响。例如,人们在说某个事件的发生日期时,习惯用"YYMMDD"的方式,如第二十四届冬季奥林匹克运动会开幕式于 22 年 2 月 4 日在北京举行。这样的表述没有问题,但是不够严谨。奥林匹克运动会是人类长期举办的体育盛会,是能跨世纪出现的。上面的主句中隐藏了 2022 年的含义。对于这样的情况,需要将隐藏的含义显性化,与业务模型设计团队沟通,从业务模型层面进行完善、提升。

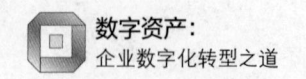

IT 模型设计团队根据完善后的业务对象模型进行逻辑数据模型设计，明确字段的类型及长度等，以确保在企业生产经营过程中产生的新的数字资产按统一的标准、规范进行存储和使用。

2）厘清每个业务属性是否存在多个取值，以确保所有的业务信息能得到准确应用

不同的业务部门对同一个业务实体的业务属性可能会有不同的诉求，这往往会出现一个业务属性存在多个取值的情况。例如，负责企业业务的部门会关注该企业的联系地址。但是，企业负责个人业务的部门更希望保留其他的联系地址，如家庭地址，以便于寄送账单等比较私密的个人信息。如果个人的联系地址只有一个，显然是不能全面满足企业不同业务部门的需求的。对于同一个业务属性，需要保存及使用多个取值的情况，应从业务模型层面进行完善、提升。如果业务模型将客户的联系地址分离出来，形成独立的业务实体，那么逻辑数据模型设计需要新业务实体来承接；如果业务模型通过增加一个业务属性来解决，那么逻辑数据模型同样需要基于业务实体增加新属性来承接。

3）厘清每个属性是否会有动态的信息需要存储，以确保对数据资产的使用

企业生产经营过程并不只是关注资产的当下状态或情况，更多的时候还关注资产及其属性的变化情况。这就需要将这个变化的过程存储下来，而存储资产及其属性的变化情况往往需要用专门的业务实体来承载。如果在原业务对象模型中对这类需求没有设计单独的业务实体，则很难实现预期目标。例如，银行存贷款利率的变动对企业财务核算成本会有影响。而中国人民银行往往不会等一个计算利息的周期或在会计期结束后变更利率，这使得在一个计算利息的周期内，银行需要分段使用利率。显然，在这样的情况下只保存当前利率的业务属性不能满足实际的业务需求，而需要保存利率的变化。此时，需要将利率业务属性拆分出来，形成生命周期业务实体，用利率类型、利率、启用日期、终止日期等业务属性对其进行描述，体现动态变化。当某个业务属性需要保存其动态取值或在不同时间状态下的取值时，应从业务模型的层面进行完善、提升。逻辑数据模型应根据完善后的业务对象模型进行设计。

4）检查每个业务属性是否符合企业数字资产设计实施标准

企业数字资产设计实施标准是从企业级的视角对数字资产进行的标准化、规范化，也是指导企业各专业条线正确理解数字资产的指南。该标准是对各专业条线使用、生产及存储数字资产的约束，需要通过使用业务属性才能实现标准的落地，为数字资产质量提供基础保障，实现数字资产在企业生产经营管理中的流转和使用。在 IT 实施前，务必对业务属性遵从企业数字资产设计实施标准情况进行检查，检查每个业务

属性是否采用了企业数字资产设计实施标准。一般情况下，在定义业务属性时，应引用企业数字资产设计实施标准，基本保证业务属性贯彻标准。但是，企业数字资产设计实施标准难以覆盖企业所需数字资产的方方面面。因此，一定会出现在定义业务属性时没有标准可用的情况。新标准的发布不是一蹴而就的，需要通过调查研究，结合需求进行前瞻性的分析后才能制定，通过一系列的流程后才能正式发布、生效。

在这个过程中，相关的工作仍会按既定的节奏向前推进。在进行逻辑数据模型设计时，对贯彻标准的情况进行再确认，就是为了确保业务属性的定义与企业已发布的数字资产标准一致。投产后才发布、生效的企业数字资产设计实施标准将通过新项目或需求变更方式进行改造。

5）厘清每个业务属性的业务规则是否能够结构化、标准化，能否被流程读取并执行，以提升数字资产对流程自动化处理的贡献度

从业务视角描述业务规则时，可能存在用自然语言进行描述的情况。自然语言描述可以明确如何使用数字资产，却不利于高效使用数字资产。在新技术应用日益成熟的情况下，所有的数字资产都应当考虑如何被智能化地应用于生产经营管理流程中，应用于洞察、分析决策中，以实现企业经营模式的变革，推进企业数字化转型。

业务规则作为执行业务过程中控制事物的约束、标准和声明，在绝大部分情况下，可以进行结构化、标准化处理。之后，可以使业务规则所表达的业务逻辑和原则成为系统可以读取并执行的规则，从而实现自动编排流程，全面提升企业的自动化水平。尤其是当业务规则发生变化后，只需要修改业务实体模型里的业务规则，就可以通过配置实现预期目标而不是开发新流程。

例如，计算存款利息的公式为：

$$存款利息=本金×时间×利率$$

把这个公式作为业务规则没有任何问题，因为其本身是结构化、标准化的，但是它很难被流程自动执行，对流程的自动化没有太多的帮助。计算公式发生变化后，还需要修改计算利息的程序才能满足要求。

对于活期存款，在一个计算利息的周期内，很难保证余额不发生变动。银行如果要严格按这个公式计算一个活期账户的存款利息，就需要在每次发生余额变化时，都按余额不变的天数计算一次利息，但是这样做的效率非常低。

为了实现计算利息这项工作能被流程读取并执行，通过对每一个账户增加"积数"这个衍生属性来解决问题。积数，即存款账户当日余额与前一日积数的累加。即：

$$积数=账户前一日积数+账户当日余额$$

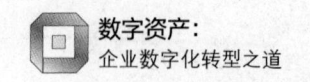

当一个账户的积数被用于计算利息且作为利息入账时，该账户的积数就会自动清零。借助这个衍生属性，我们可以将存款利息的计算公式调整为：

$$存款利息=积数\times 日利率$$

积数可以直接从"积数"衍生属性中获取，而日利率是银行公布或与客户约定的年利率除以一年的天数得到的。

改成这样的业务规则后，可以用于所有账户存款利息计算，而不仅仅用于活期存款利息计算。这样的业务规则能实现应用程序直接根据业务规则去读取相应的数据并自动完成计算的操作。

需要特别强调的是，对业务规则进行结构化、标准化改造后，业务规则的本质并不能发生变化，只是换了一种方式来描述业务规则，提升了业务规则使用的便利性和效率。

3. 结合应用架构与数据架构特征确定设计方案

对业务模型进行理解和分析后，我们对业务生产经营管理过程中使用数字资产的需求有了更明确的认识，接下来，就可以确定如何设计逻辑数据模型了。

设计逻辑数据模型除了要遵循前面介绍的四大原则，还需要结合应用系统和企业当前的数据模型情况统筹考虑。下面简要说明在确定设计方案时，需要特别注意的事项。

1）降范式设计

业务对象模型是一个高度抽象的数字资产模型，用结构化的语言很好地体现了业务本质，但是其抽象性增加了理解的难度。如果不能较好地理解业务对象模型的抽象表达，那么在其实施时就极容易变形，从而失去预期效果。为了避免这样的情况发生，可以通过降范式设计来解决。在降范式设计的处理方法中最常用的是实体整合和实体拆分。

在降范式设计的过程中，需要特别关注两个方面：一是在逻辑数据模型降范式处理后，在对外提供业务对象服务时，仍能按原业务对象模型设计的业务逻辑和方式提供，降范式处理后的设计成果应能还原为原来的结构；二是不对关系实体和关联实体做降范式处理。为满足业务的灵活性和管理需要而设计的关系实体和关联实体，在降范式设计时最好不要将这两类业务实体纳入考虑范围。

2）增加应用属性的关注点

设计逻辑数据模型的目的是让业务实体模型能满足应用程序对数字资产的需要，

因此，在制定增加应用属性设计方案时，需要从应用视角来分析如何符合应用特征，提升处理效率。

增加应用属性是指增加支持应用设计和具体应用实施相关的数据。例如，在对客户进行管理时，客户是一个非常庞大的数据量，要想快速定位某个客户，如果严格按业务实体明确的标识属性去处理，可能存在性能问题。为了提升查找客户的效率，可以通过增加客户编号，并将其定义为主键的方式解决。对业务量非常大的业务进行处理时，往往会用时间戳来区分每一笔业务，这时的时间戳是一种应用属性。类似的做法非常多，有些应用属性是为了提升业务处理的便利性，并不完全是性能方面的原因。

因此，在增加应用属性时，应对应用系统的特征、其所处理的业务特征、运营现状或预估情况等进行综合分析后，提出需要增加的应用属性和备选应用属性。

3）增加衍生数据和冗余数据时的关注点

过多的衍生属性往往会干扰使用者对该业务的理解。为了避免类似的情况发生，在设计业务实体时不考虑衍生属性，以使业务本质更加突出。但是在设计逻辑数据模型时，对于频繁被使用的一些衍生数据，尤其是衍生业务规则比较复杂的数据，如果在使用时才进行计算，就会影响处理效率，因此，对于这样的衍生数据，一般考虑直接将其添加到实体模型中，以此提升响应效率。

对于频繁被检索且对响应时间有较高要求的数据，可将其作为冗余数据添加到实体模型中。冗余数据一般作为辅数据，需要建立与主数据的同步机制，确保冗余数据的一致性。

那么，当下的存储成本非常低廉，对于衍生数据和冗余数据来说是不是就不需要进行束缚或限制了？虽然当下数据存储的成本极大降低了，但是应考虑到在数字经济里，数字资产是以几何级数的方式迅速增加的，因此，在设计时仍应注意要经济地达到目标。

4．设计逻辑数据模型的注意事项

关于在逻辑数据模型名称与业务对象名称一致方面，设计逻辑数据模型时应注意以下事项。

1）遵循业务对象模型的职责边界划分规则

业务对象模型由核心实体及其从属性业务实体组成。我们在介绍企业架构方法论时介绍过，流程模型中的任务负责对业务对象进行处理，将对相同业务对象进行处理的任务归入同一个业务组件中。这表明我们通过聚合形成的业务对象明确了流程模型

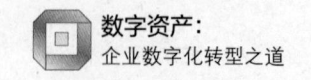

中任务的职责边界，使得业务组件的专业性更突显、复杂度得到有效控制。通过对业务组件的专业化建设，为业务对象的资产质量提供了保障。

当业务组件的职责边界明确后，与业务组件对应的应用架构中的逻辑应用组件就随之确定了职责边界，即明确了逻辑应用组件应主要负责对哪些逻辑数据模型进行管控。通过将逻辑数据模型归属到特定的逻辑应用组件进行处理的方式，推动了逻辑应用组件实现高内聚、松耦合。

可见，在设计逻辑数据模型时，应遵循业务对象模型的职责边界划分规则，再结合逻辑应用组件所归属的应用系统来确定应该增加哪些应用属性。

2）业务实体整合

业务所需的不同事物会用不同的业务对象来描述。因此，在设计业务实体的整合方案时，应在同一个业务对象内整合，最好不要将两个业务对象进行整合，以避免因为跨业务对象的业务实体整合导致业务的灵活性、扩展性受到严重的影响。

当业务实体间存在频繁的连接更新或检索时，可以考虑进行相关实体的整合。在分析整合时，需要考虑业务的灵活性和扩展性是否会因此受到影响。如果受到影响，那么需要分析影响的严重程度，并提供可以减轻影响的策略。如果在当前情况下没有影响，那么应将分析的假设条件、主要思路和结论进行备案，为物理数据模型设计提供充足的参考资料。

当附属实体中业务属性的发生值较少且固定时，可以将附属实体中的业务属性向上整合。在向上整合时，应当考虑是否会影响业务的灵活性。例如，"员工"业务实体有一个"联系电话"附属实体。该附属实体中可以记录各种可能联系到员工的电话号码。随着智能手机的普及、通信费用的降低，人人都使用手机后，"联系电话"中只记录了员工的手机号码及紧急联系人的手机号码时，就可能将该附属实体向上整合，将"员工手机号码"与"紧急联系人手机号码"属性补充到"员工"业务实体中，不再保留"联系电话"附属实体。

一般情况下，不对关系实体和关联实体进行整合，除非在该类实体的发生值较少且不包含标识属性外的其他属性时才会考虑。

在制定业务实体整合方案时，应关注整合后的业务实体的业务属性的量。如果业务实体整合后得到的业务属性较多，且与业务实体模型的设计标准不一致，建议不进行整合。或者待整合业务实体中存在频繁读写的表时，不建议进行整合，以避免产生性能方面的问题。

3）业务实体拆分

业务实体拆分通常是指因为预估该业务实体的数据量较大，为了提升数据的可用性而将一个业务实体拆分为多个实体,以减少单个实体的数据量,从而提升对该实体的数据管理能力。业务实体拆分的方法分为垂直拆分、水平拆分两种。

垂直拆分是指将一个业务实体分成多个实体,但是每个实体的属性并不相同。通常结合流程使用业务属性的频繁程度来形成拆分方案。如果一个业务实体中的业务属性常常同时更新,或者业务属性间的业务关系比较密切,不建议将这些业务属性拆分到不同的实体中,以降低处理的复杂度。例如,对于"客户"业务实体,可以有一个"联系方式"附属实体。在这个附属实体中,最常用的是电话号码、社交账号等业务属性,很少使用客户的其他联系方式。出于性能方面的考虑,在制定垂直拆分方案时,可以把电话号码和社交账号与其他的联系方式拆分成两个实体,一个是常用的联系方式实体,一个是不常用的联系方式实体。

水平拆分是指将一个业务实体复制为多个业务实体,每个业务实体的业务属性都一样,但是每个业务实体里存储的记录不同。在水平拆分时,一般会先选择拆分依据的业务属性,按该业务属性的取值来决定如何拆分。例如,对于"产品协议"这个业务对象,企业的产品很丰富时,由于产品之间存在较大的差异而形成不同的协议。如果所有的产品协议都使用一个逻辑数据模型,可能存在性能或效率方面的问题。因此,可以将"产品协议"业务对象拆分为多种"产品协议"逻辑数据模型。

4)设计实体模型的标识属性

对业务实体模型进行整合或拆分形成实体模型后,应当先确定实体模型的标识属性。与业务实体模型都有自己的标识属性一样,实体模型也需要有标识属性。在理想的情况下,实体模型的标识属性应当与业务实体模型中的标识属性一致。在实际情况下,出于便捷性和高效性考虑,为了实现快速检索与定位,实体模型中不会用多个属性组合形成标识属性,也不会沿用业务实体模型的标识属性,而是会使用系统自动加工形成的属性,将标识属性作为普通的属性。例如,对于"员工"业务实体,会用"员工编号"属性作为标识属性,而员工的编号从起始号开始,每增加一名员工就用"+1"来表示。"员工编号"本身并没有实质上的业务含义,而是按一定的规则计算得到的。

5)增加冗余属性

设计业务实体模型是从该业务资产本质特征出发进行的思考和表达,几乎没有冗余数据。在设计逻辑数据模型考虑增加冗余数据时,应当综合评估增加的冗余属性能够提升数据服务的效率,以确定冗余属性的量。

6)增加衍生属性或衍生实体

如果衍生规则比较复杂,且需要频繁生成,那么应当考虑通过增加衍生属性或衍生实体的方式来提升处理效率。衍生属性的规则一定要与业务规则一致,需要按属性

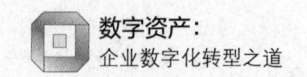

的要求明确衍生属性的目的、定义、范围、业务规则、域、类型等，此外还应明确与衍生属性或衍生实体相关的数据的生成时间、重新衍生的频率等。

逻辑数据模型设计完成后，应检查其正确性、完整性和可追溯性。可追溯性是指逻辑数据模型相比业务对象模型而言，虽然在结构或形式上可能发生了变化，但是仍能将逻辑数据模型映射到业务对象模型，能准确表达业务对象模型的目标。

8.3 物理数据模型设计

1. 理解逻辑数据模型

物理数据模型是切切实实地将数字资产的设计成果进行部署和实施，也就是系统研发人员习惯说的数据库表。逻辑数据模型的设计过程将承接业务规划和遵循 IT 架构规划两个维度的要求进行整合，得到的模型能满足业务架构和 IT 架构的要求，为物理数据模型的设计提供了非常好的基础。物理数据模型只需要根据数据架构的部署规划，根据具体使用的数据库完成相关的数据库表的设计即可。为了确保物理数据模型的质量，在进行设计前，需要充分理解逻辑数据模型。

1）通过增加的应用属性理解应用系统对业务对象模型的使用

在设计逻辑数据模型时，会在业务对象模型的基础上增加具有应用特征的属性，这些属性是在对应用系统的特征、业务的特征、运营的现状或预估情况等进行综合分析后增加的。从应用属性中可以了解应用系统对数字资产的使用需求，这些需求可以更好地指导物理数据模型的设计。

2）通过增加的衍生属性理解性能和效率的目标

在进行逻辑数据模型设计的过程中，会考虑应用系统对数据服务的需求而增加一些冗余属性和衍生属性。通过对衍生属性、冗余属性的理解，对应用系统的需求会有更全面的认识和了解，从而在物理数据模型设计的过程中，更有效地提升数据服务的性能和效率，或者通过物理数据模型的部署来更好地平衡投入与产出，实现更高的数据服务目标质量。

2. 设计物理数据模型应遵循的原则

物理数据模型描述了一种具体的、详细的技术解决方案，由一张张的数据库表组成，与特定技术相关。物理数据模型的设计应以逻辑数据模型为基础，与具体的硬件、软件和网络工具相匹配。在进行物理数据模型设计时，要从实际出发，在数据架构的整理部署规划指导下完成。

在设计逻辑数据模型时已经考虑了应用系统对数字资产的使用需求而增加了应用特性、衍生数据、冗余数据，并新设了标识属性，理论上物理数据模型最好能与逻辑数据模型保持一致。但是，在实际的生产经营中，我们往往会发现现实情况与理想情况总是存在一些差异，物理数据模型既然与特定的技术相关，在设计物理数据模型时仍需要从性能和安全的角度进行分析，结合实际的硬件条件、使用的数据库、网络工具等情况，进行适当的调整。

通过物理数据模型的设计，将实体模型调整为适合特定技术的数据库表，保证企业生产经营对数字资产的需求得到满足。在设计物理数据模型时，至少需要遵循以下原则。

1）提供较高的性能保障原则

高效地满足企业生产经营管理对数字资产的需求是建设数字资产的最基本的要求，因此，在设计物理数据模型时，务必充分考虑性能方面的要求。如果有必要可以基于逻辑数据模型进行相应的调整，以确保用户可以快捷、方便地存储、使用数字资产，从而提升数字资产的业务价值。

通过虚拟表来提升检索或计算性能的效率。可以从多个逻辑数据模型中抽取部分属性组合形成新物理数据模型，以解决需要从多个逻辑数据模型中获取数据并进行运算带来的高成本及低时效问题。物理数据模型对应的数据库表是虚拟表，在预设的时间里运行、清理。虚拟表的数据除了正在运行时，在其他时间内并不会作为企业的数字资产进行存储。虚拟表只是为了业务处理的便利性而生成和使用的临时性的数据库表。例如，企业用"账户"业务对象来记录客户设立账户的情况及账户的基本属性，用"余额"业务对象来记录每一个账户发生的每一笔业务。客户一般会想了解自己的某个账户在某个时间段内发生了多少笔某种类型的业务。但是在业务对象模型和逻辑数据模型中，并没有这样的记录。如果每次遇到这样的查询都要在数据库里进行检查并计算，就会消耗较多的计算资源、花费较长的时间。因此，可以用虚拟表的方式提前从"账户"数据库表和"余额"数据库表中获取相应的信息形成新表，并在运行期内根据业务发生的情况在虚拟表中进行登记或更新。通过构建轻便的辅数据库来降低计算、全表扫描或存储的成本。

2）为提升存储及检索性能而进行分库、分表的原则

在理想情况下，物理数据模型与实体模型是一一对应的关系。但是受诸多现实因

素影响，为实现高效率、低成本的高质量服务，我们会对实体模型进行分库、分表设计。分库、分表的方法有垂直拆分、水平拆分两种。

在设计逻辑数据模型时，对业务对象模型中的业务实体进行过垂直拆分和水平拆分。当时是从应用视角考虑而进行的调整。本阶段的拆分是对逻辑数据模型中的实体模型进行的拆分。拆分的方法基本相同，但是拆分的目的存在差异，设计物理数据模型时的拆分主要是考虑物理部署的需求而进行的拆分。

垂直拆分就是将一个实体模型拆分为多个属性不同的物理数据模型。实体模型的属性不会在拆分的过程中丢失，拆分得到的多个物理数据模型字段的集合为实体模型中的属性。垂直拆分后的物理数据模型的主键应与实体模型的标识属性保持一致。垂直拆分的目的主要是将频繁读写的属性与低频使用的属性分开，从而提升对整个数据库表处理的效率。例如，为提升客户访问网站的效率，也就需要对客户的身份进行快速识别，企业可以将"客户"业务对象中与身份识别紧密相关的属性单独抽离出来，形成新的物理数据模型，作为辅数据部署在网站入口。

水平拆分是将一个实体模型拆分为多个属性相同的物理数据模型，拆分后的物理数据模型在名称上存在差异，但包含的字段都一样。在进行水平拆分时，一般会指定对实体模型的哪个属性值进行拆分，因此在存储或读取数据时，我们会根据指定的属性值选择相应的数据库表。例如，对于"客户"业务实体，其数据量往往会随着企业生产经营的推进而不断增加，尤其是互联网企业、银行等，客户数量非常庞大。如果都存放在一个实体里，这个实体的数据量就会严重影响数据的查找和使用。因此，可以制定把"客户"业务实体按姓氏的首字母分别拆分成不同实体的方案，也可以制定按身份证号码的前两位拆分为不同的实体等方案。

3）物理数据模型降范式设计的处理原则

在物理数据模型中做进一步的降范式处理，一般是为了解决性能问题，或者提升安全性。在进行降范式处理时会改变逻辑结构，引入冗余数据可能产生数据不一致的风险。因此，只有当通过虚拟表设计或分库、分表设计后，仍不能满足性能方面的需求时，才用降范式的方法进行处理。

4）建立从逻辑数据模型到物理数据模型的映射关系原则

在设计物理数据模型时，以实体模型为基础，结合实际技术限制进行的处理，仍然需要建立从逻辑数据模型到物理数据模型的映射关系，确保业务能准确掌握相关的业务对象积累数字资产的情况，才能更好地将数字资产应用于业务洞察和业务决策中，推进企业数字化转型。

5）满足全企业数字资产共享原则

设计企业数字资产的重要目标之一是在企业层面达成一致，让数字资产可以在全企业流通、共享、复用。因此，在进行物理数据模型设计时，应当确保所形成的数据库表中的数字资产能为各应用系统提供相应的数据服务，不会因为深度耦合于某个应用系统而影响其他应用系统的使用。

为每个业务对象指定负责管理的业务部门、负责管理的应用系统，并不意味着该数字资产是某个业务部门或应用系统的私有财产。负责管理的业务部门、负责管理的应用系统只是承担了相应的管理责任，为该数字资产的质量提供相应的保障。管理责任并不排除其他业务部门或应用系统对该数字资产的使用权，甚至是生产、存储权。

6）确保数字资产设计成果的完整性原则

物理数据模型是业务视角数字资产的实施，因此，需要确保数字资产的业务含义和价值，确保业务价值的完整性。

7）可维护性原则

在设计物理数据模型时，需要考虑创建、维护、存储、使用、退出等数据操作的便利性，以及确保相关操作的成本低于该数字资产对企业的价值贡献。

【示例8-1】当客户访问企业的网站时，企业需要进行客户身份的识别。当客户选择办理某项业务时，还会对其进行相应权限的识别。在不同的场景下，企业的系统需要辨别的内容也不相同。

在客户登录网站时，企业的系统首先要识别的是，客户是已经注册的客户还是未注册的访客。如果企业的网站对客户和访客提供的服务不同，就会将他们引导进入不同的页面里，从而使客户和访客享受不同的服务。假设企业会为不同星级的客户提供不同的服务，或享受不同的折扣，当客户在选购企业提供的商品或服务时，企业就需要识别客户的星级，以确定应当给予客户怎样的优惠。

在进行物理数据模型的设计和部署时，需要结合业务流程对数字资产的具体需求进行考虑。在进行物理数据模型设计时，对此考虑采取主辅数据的部署方式提供服务。将所需要的身份识别信息单独拆分出来，作为辅数据部署在网络入口处，提升身份识别效率及提供相关服务的处理效率，在前端部署轻量数据，可以减少对资源（主辅数据同步）的占用。在进行具体的业务交易时，企业会对其喜好及当前的交易内容进行分析，为其推荐更个性化、适合的商品或服务，使用的数字资产会更多，由主数据源提供服务，不再单独部署辅数据。

在渠道接入层里，会部署轻量级的客户物理数据模型，而在业务处理层，会部署全量的客户物理数据模型，因此，需要完成相应的物理数据模型的设计。

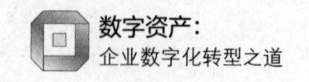

8.4 数据湖

数据湖是近几年来比较热门的概念，尤其是对希望使用人工智能技术的企业来说，数据湖已经成为一种标配。本书不会对数据湖的架构、技术等进行讨论，而是从数字资产的存储、管理的视角来看待企业构建数据湖时，如何与已建成的数字资产融合为一体，然后为企业业务数字化的过程提供支持和驱动。

8.4.1 数据湖的概念

数据湖最早由 Pentaho 的创始人兼 CTO James Dixon 在 2010 年 10 月的纽约 Hadoop World 大会上提出，他对数据湖的解释是：为更好地进行数据分析，需要先将企业分散存储的原始数据汇入以 Hadoop[①]作为技术支持的数据湖中，再根据需求对这些原始数据进行分析后提供服务。

数据湖的理念几乎得到了所有大型软件公司或互联网公司的高度认可，但是每家公司对其定义不同，理解不同。我们通过几家知名大公司对数据湖的定义，分析数据湖与数据仓库的差异来加深对数据湖的理解。

8.4.1.1 亚马逊的观点

亚马逊云科技（Amazon Web Services，AWS）是全球最全面、应用最广泛的云平台，其全球数据中心提供了 200 多项服务，拥有数百万个客户。

AWS 对数据湖的定义是：数据湖是一个可以按原样存储数据（无须先对数据进行结构化处理）的集中式存储库，包括所有的结构化和非结构化数据。运行不同类型的分析——从控制面板、可视化到大数据处理、实时分析和机器学习，为决策提供更多支持。

AWS 认为，企业可以通过数据湖的支持提升创造商业价值方面的能力。Aberdeen 的一项调查表明，建设数据湖的企业通过应用新技术对数据进行更多、更全面的分析，

[①] Hadoop 是 Apache 基金会开发的分布式系统基础架构，利用集群服务器的存储和处理能力进行海量数据的高效存储与计算。

有效地提升了吸引和留住客户的能力、提高了生产力、改进了服务及做出了明智的决策，在收入增长方面比同类企业高 9%。

8.4.1.2　微软公司的观点

微软公司对数据湖的定义是：数据湖是一个以原始形式引入和存储大量数据的集中式存储库，其中的数据可以用于各种各样的数据分析。数据湖可以存储任何形式的原始数据，包括结构化的数据库表、Excel 工作表，半结构化的 XML 文件、网页，以及非结构化的图像、音频文件、推文等。数据湖确保了各种应用程序使用的核心数据一致，也为大数据分析、机器学习、预测分析等提供了支持。

微软公司认为，如果没有数据湖提供的原始数据的整合、集成、安全和可访问性保障，那么高度互联、数据驱动等目标都将难以实现。

8.4.1.3　观点总结

亚马逊和微软公司对数据湖的定义都有一定的代表性，他们都认为数据湖是一个可以集中存储数据的存储库，这个存储库对存储的数据没有任何限制，可以是结构化或非结构化的任何未经加工的原始数据。

数据湖之所以被热捧，是因为数字科学、机器学习等数字技术的日益成熟，人类对数据的加工能力的全面提升，能够从数据中挖掘更多的价值，为企业创造新业务模式提供了基础性的支撑。同时，存储架构的成熟及存储成本的大幅度降低，使更多的企业可以大规模地存储数据。

8.4.2　数据湖与数据仓库的异同

有的读者可能会提出，数据仓库在过去很长的时间里就是在提供大量数据的存储与分析服务，那么数据仓库与数据湖有什么差异呢？

我们通过亚马逊和微软的观点来了解数据湖与数据仓库的差异。

8.4.2.1　亚马逊的观点

对于数据湖与数据仓库的差异，AWS 认为，数据仓库和数据湖虽然都用于存储数据，但是它们是为不同需求和目标提供服务的，因此，企业可以同时拥有数据仓库和数据湖。两者的差异可以归纳为以下几点。

（1）**存储数据的类型不同**。数据仓库是一个优化的数据库，其存储的数据源于各种应用系统中存储的关系数据；数据湖存储非关系数据和关系数据。

（2）**Schema 创建时间不同**。数据仓库需要事先定义数据结构和 Schema 以优化快速 SQL 查询；数据湖在捕获数据时并没有定义数据结构或 Schema，往往在写入时才定义，不需要事先规划需要收集、存储哪些数据。

（3）**数据质量不同**。数据仓库的数据是经过了清理、丰富和转换后才入库的，可以充当用户可信任的"单一信息源"；数据湖里存储的数据没有任何限制。

（4）**服务对象不同**。数据仓库主要是供业务分析师使用的；数据湖主要是供数据科学家、数据开发人员和业务分析师使用的。

（5）**服务目标不同**。数据仓库通常用于形成各种分析报告、商业智能和可视化；数据湖可以广泛地应用于机器学习、预测分析、数据发现和分析。

（6）**可扩展性不同**。数据仓库如果想要实现更快的数据查询，存储成本就会大幅度增加；数据湖实现同等目标的成本较低。

8.4.2.2　微软的观点

微软公司认为虽然数据仓库和数据湖都用于存储和处理数据，但是它们各有特点，各有不同的案例。因此，企业往往会既建设数据仓库又建设数据湖，并通过这两个存储库协同工作，形成一个安全的端到端的系统。微软公司也将数据仓库和数据湖的差异归纳为以下几点。

（1）**存储数据的类型不同**。数据仓库存储的是结构化的数据，源于各种应用系统中的关系型数据；数据湖可以存储所有类型的数据，可以是关系型数据也可以是非关系型数据。

（2）**Schema 创建时间不同**。数据仓库由业务和产品要求建模或预定义数据结构和 Schema，针对 SQL 查询操作进行了规划和优化；数据湖不需要预定义数据结构和 Schema，在读取时才进行定义。

（3）**数据质量不同**。数据仓库存储按特定的目的进行处理和转换的数据；数据湖存储原始的数据。

（4）**服务对象不同**。数据仓库主要是供业务分析师和数据仓库的专业人员使用的；数据湖主要是供数据科学家、数据工程师使用的。

（5）**服务目标不同**。数据仓库非常适合生成更标准化的商业智能分析形式，或者已定义的业务报告；数据湖能为复杂的数据分析提供更多的支持。

（6）可伸缩性不同。数据仓库难以扩展且成本高昂；数据湖易于扩展且成本低。

8.4.2.3 数据湖与数据仓库的差异小结

通过对比分析亚马逊和微软的观点，可以得出它们在细节方面存在一些差异，但是总体的观点一致。其实数据仓库与数据源主要的差异有以下几点。

（1）数据仓库的模式是对原始数据进行加工后，用预先设计好的结构化方式进行存储；数据湖是直接将原始数据存入，不对数据本身进行加工处理。

（2）数据仓库是有意识地收集、清洗、存储数据；数据湖可以无意识地收集数据，没有任何规范和要求。

（3）数据仓库主要支持已定义的各种分析报告的数据分析；数据湖可支持的数据分析需求更广泛。

8.4.3 数据湖的存储设计思路

通过对数据湖的理解，以及对数据湖与数据仓库间的差异进行分析后，我们来讨论数据湖的存储设计思路。

1. 还原数字资产规划设计

（1）从前面数字资产规划设计的过程中可以看到，数字元模型提供了非常明晰的数字资产关系，具有较好的灵活性、可扩展性，能满足企业随时扩充数字资产的需要。

亚马逊和微软在分析数据湖与数据仓库的差异时，专门提出了一条关于 Schema 的差异，说明数据仓库是需要提前进行定义的，而数据湖不需要提前定义，很多时候在存储或读取时才进行定义。从这一点看，似乎数据湖使数据的存储和读取更自由。但是，我们应该看到，任何自由都有度，"没有规矩，不成方圆"，过分的自由会带来灾难性的后果。与数据湖相关的一个词叫"数据沼泽"，是指那些注入了数据湖而不能得到应用，并最终成为垃圾的数据。那些成为垃圾的数据不但不能转化为资产，为企业创造价值，反而增加了企业使用数据的负担，造成了负面影响。

我们通过投入大量的人力、物力、财力和时间，对企业需要的数字资产进行全面的规划，得到了体现业务逻辑及数字资产关系的数字元模型。数字元模型直观地展现了数字资产间的业务关联，能为数据科学和机器学习提供非常大的支持，能简化机器学习的复杂度、提升其结果与业务的符合度。试想一下，在你的桌子上有一大堆各种

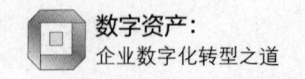

各样的资料，这些资料随意摆放没有任何规律。你现在想找出与企业的某个产品相关的数据，会怎么做？唯一的方法就是先把每一份资料都快速浏览一遍，找到关键词，然后仔细看是不是你所需要的内容。但是，如果你桌子上的资料都分门别类地放置，那么会有什么不同？

当企业有新的数字资产需求时，企业可以将其快速地融入数字元模型中，说明数字元模型有较好的灵活性和可扩展性。当企业的新数字资产按业务逻辑融入原有的数字元模型中时，就能确保所有的数字资产不会成为孤岛。当企业要拓展新的业务领域时，可以根据新的业务领域规划设计所需要的新数字资产，以及分析可以复用的原数字资产。对于每一项数字资产，可以先按概念模型的思路找到其归属，再将其融入企业原有的数字资产中。不过还有这种情况，即企业新的业务领域与原来的业务领域没有任何关系，是一个全新的赛道，原来的数字资产好像完全用不着。其实不然，就算原来的生产经营管理过程中需要的生产资料型的数字资产现在用不上，那么企业原来的员工是不是能用上？企业原来积累的客户是不是能用上？就算新的业务领域客户定位与原来的业务领域的客户定位完全不同，那么原来的客户业务对象模型的设计是不是可以用上，原来的客户中是不是存在潜在客户？通过一系列的分析，只要有一项能回答"是"，就能建立关联，就可以找到新数字资产融入原数字资产的路径。

因此，完全无意识地收集数据的行为，从现阶段的技术应用上看并不值得大力提倡，就如同一个人如果不进行选择地往家里搬东西，到最后虽然会把屋子塞得满满的，但是难以得心应手地使用屋子里的东西。尤其是对准备自己建设和管理数字资产的企业而言，有规划、有步骤地存储、管理数字资产更能发挥数字资产的价值。

（2）业务对象模型的结构具有较大的弹性，能根据企业不同业务的需求随时调整。

企业在设计业务对象模型时，将业务关注较多的描述性业务属性按其类别从核心实体模型中分离出来，形成附属性的业务实体，这样积累起来的数据信息可以满足不同业务的不同诉求，还可以从不同的视角来增加企业对某一个事物的认知。

在业务对象模型的结构中，允许核心实体拥有不同类型的业务实体来对其业务属性进行补充和描述，也允许拥有多个附属实体分别对某类属性进行描述，对附属实体存储的格式并不要求一定是结构化的数据，也支持非结构化的数据。这样的结构方式让业务对象模型形成了一个以核心实体为中心，可以任意扩展附属性的业务实体的模型，附属性的业务实体一旦与核心实体建立关联，该业务实体就成了其归属的业务对象模型中的一部分，该业务实体中的业务属性就能被使用。业务对象模型的弹性如图 8-7 所示。

既然有了这样的结构,而且与数据湖的目标一致,为什么我们要冒着形成"数据沼泽"的风险去建设数据湖呢?为了不让每一项数据成为垃圾,让积累的数据都能转化成数字资产,得到更有效的应用,我们完全可以使数据湖存储资产的方式回归到数字资产规划设计,让所有的使用者都能方便地获取所需要的数据资产。

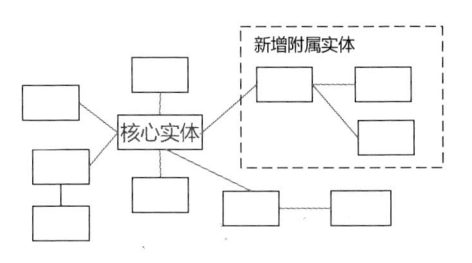

图 8-7 业务对象模型的弹性

尤其在 IT 实施时,基于技术限制而对业务对象模型进行了拆分和融合,在数据湖里进行回归显得非常必要。因为在数据湖里,已经不需要考虑实际的物理部署、应用系统的技术限制等,可以直接将原始的数据回归到其本来的样子。用业务对象模型的设计来存储数字资产,更能体现数字资产间的业务逻辑。无论是数据科学还是机器学习,都有了更好的条件——包含业务规则的数字资产,使学习的过程更轻便,得到的结果更贴合预期。

(3)企业数字资产模型化能避免数据沼泽的出现,提升数字资产的价值贡献。

企业数字化转型要求数字资产在满足企业生产经营的需求的同时,更好地帮助企业进行分析、洞察、决策,从而实现更好的发展。企业一定要让数据成为资产而不仅仅是数据,要为数字技术的应用提供支持。

企业数字资产的整个设计过程始终围绕数字资产的使用开展,用数字元模型来体现数字资产在企业生产经营各环节中的流转,全面展示数字资产间的业务逻辑、业务对象的结构、业务实体及其业务属性等,整体的规划过程要考虑尽可能为数据科学和机器学习提供足够的数据,以开展人力所未能触及的分析和洞察。

既然企业已经有了这样的基础,那么下一步只需要研究如何把已经拥有的数字资产应用起来。无论是在现实世界中还是在数字世界中,资源是无穷无尽的,企业在世界中始终是渺小的。与其把精力放在思考尚未拥有的资产上,不如关注怎样才能把已拥有的资产用得更好,或者为了更好地思考需要做什么、怎么做,提出相应的数字资产需求,让数据不再只是数据,而是成为能够为企业创造价值的资产。

2. 基于业务对象模型增加运营信息

数据湖的存储方式既然被热捧,那么必然有其优势。从亚马逊和微软的观点里可以看到,数据湖存储原始数据,使数据科学和机器学习的结果更准确。数据仓库之所以难以达到这样的效果,最主要的原因是数据已经被加工过,很难还原业务场景,就

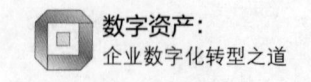

如同从一个根雕作品中很难看到树根本来的样子一样。因此，数据湖最大的竞争优势是"原始数据"。

业务对象模型主要围绕事物本身的业务属性进行思考，缺少交易发生时的一些行为特征的属性，而这些信息在物理数据模型中会有相应的记录，且这些信息能更全面地还原每项数字资产在生产或被使用时的业务场景。对于数据湖的"原始数据"，不应局限于"最初的记录"这个特性，而应当从"原汁原味"的角度来体现。所谓"原汁原味"就是能还原"最初"的场景，比如，一笔交易发生的时间、地点、渠道、当事人、使用的产品、交易的方式、协调的条款、客户关注的内容，以及在某些选择上思考的时间等，还包括当时客户在做选择时的一些操作细节及所占用的时间等。这些信息对于企业进行分析、洞察或决策都非常有用。

因此，应以业务对象模型为基础，把物理数据模型记录的信息按映射关系进行相应的扩充，将运营过程记录的信息融入企业数字资产模型中。数据湖最后形成的数字资产模型内容将更丰富，不仅可以用于业务方面的分析、洞察或决策，还可以非常好地体现 IT 系统的运营情况，对 IT 整体架构的洞察和决策有极大帮助。

3. 对抗数据引力的负面影响

观察近些年的数据发展情况，我们会发现，随着企业的发展壮大，企业所拥有或控制的数字资产会呈几何级数增长。随着企业数字化转型的不断深入，数字资产的量级会更庞大。企业对数字资产的使用和价值挖掘会更频繁和深入，对数字资产的依赖程度也会越来越强。当越来越多的数据聚集后，如何高效地分析和管理数字资产，同时预防出现影响数字资产使用的问题将成为企业数字资产管控的重点内容。

Digital Realty 的副总裁戴夫·麦克罗里在 2010 年首次提出了"数据引力"概念，该概念指出随着数据量或活动量的增加，会创建更多的数据并吸引更多的服务和应用程序，如同万有引力定律一样，数据之间的引力与数据集的"质量"或大小成正比。总之，数据集越大，其引力越大，它可能吸引的应用程序、服务和数据越多。

随着"大质量"数据的增多和应用程序的不断扩展，数据的引力不断增强。这个不断增强的数据引力将使数据的移动变得越来越困难。当数据引力变得足够大，而企业想要变更服务商或数据中心时，数据引力就会成为阻碍。甚至可能出现由于数据量过于庞大而没有相应的技术来快捷地使用、移植数字资产，以致影响企业的创新能力。这就是数据引力的负面影响。

以业务对象模型为单位（包含运营信息）进行设计的数据湖，继承了业务对象模型相对独立又能建立关联的特征，让"数据质量"可以得到有效的控制。即便对于因数据引力而聚集形成的大量数字资产来说，由于有比较明确的业务逻辑，数字资产的检索和存取效率仍然可以得到有效的控制。对于实时性要求较高的数字资产需求，可以通过物理数据模型提供，对于时效性要求不是特别高的数字资产服务，由数据湖完成。因为物理数据模型存储的数字资产结构与数据湖存储的数字资产结构一致，且有相应的数据同步机制可以保证数据的一致性，因为不同的时效性要求由不同存储器分别提供服务，不会因此产生延迟。通过将数字资产化整为零，从而使其对技术的依赖程度得到有效控制，消除相应的阻碍。

按照新技术更新的速度，企业的 IT 架构一般 5 到 10 年就会因为应用新技术而进行较大幅度的调整。企业经过 5 到 10 年的运营必然积累规模庞大的数字资产。企业要进行 IT 架构的升级、数据架构的调整、新型技术的引入时，就会涉及对已有数字资产的迁移。不同数量级的数据迁移，无论是技术、难度，还是速度都有极大的差别。企业现在的数据量的移动与 5 到 10 年后的数据量的迁移相比，如同移植一株小树苗与移植一棵百年树木的差异一样，除了迁移数字资产，还有围绕数字资产提供的一系列服务的迁移。以业务对象为单位进行数据迁移，是化整为零的一种策略，能显著地降低迁移难度，并且迁移的过程不会影响企业对数字资产的使用与管控。

8.5　业务对象服务

当今瞬息万变的技术世界让服务成为一种具有普遍性的通用模式，如 SaaS 就是将软件作为一种服务，用户可以免于开发而直接使用，DaaS 体现了数据即服务的思想。尤其是对于隐私计算的成熟商用，使数据服务可以在确保安全、保护敏感信息的前提下得到更广泛的应用，使数字资产能创造更多、更大的价值。

8.5.1　业务对象服务及其归属

1. 业务对象服务的作用

业务对象服务是以业务对象模型为单位，以物理数据模型为基础，对数据库表新增、删除、修改、查询等进行服务化设计、包装，对应用程序提供服务的一种方式。将数据处理服务化后，应用程序不需要关心数据存储所使用的具体技术，能够有效实现逻辑与物理的隔离。将业务对象服务作为数字资产提供服务的方式，对企业的应用系统建设具有一定的规范和促进作用。

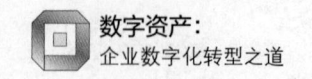

1）业务对象服务对业务组件建设的作用

业务架构由体现某类对外服务能力的业务领域、企业专业能力的业务组件和体现企业数字资产的业务对象组成。业务组件作为对指定业务对象模型进行操作的专业能力的工艺流程的聚合，其划分必然受业务对象的制约。

在理想的情况下，每个业务对象分别形成一个业务组件。但是，在现实情况下，企业需要考虑多种制约因素，如企业选择的技术架构、数据架构的部署方式、应用架构与数据架构的关系及投入产出比、数据处理效率等因素，可能将几个紧密相关的业务对象部署在一起，通过业务对象服务聚合，形成一个完整的专业能力来提供服务。围绕这些业务对象聚合形成的专业能力，影响着业务组件的建设，业务组件的划分反过来影响着业务对象服务的范围。

2）提升应用系统的服务效率

业务对象模型是完整描述某种数字资产的基本单位，在进行物理部署时，可以根据实体需要对其进行拆分或整合，并不要求必须全量部署。因此，对于每个部署单元，如果都由应用系统自行对每张数据库表进行增删、改查，那么应用系统对数据的处理便需要考虑所使用的数据库的技术要求，当数据库表结构发生变化或更换数据库时，所有的应用程序都需要重构，应用服务的效率会受到影响。尤其是在分布式技术的广泛应用中，将业务对象服务与应用服务分离，让应用服务变得更轻巧，能提升应用服务的灵活性。

3）促进应用服务标准化

业务对象服务围绕部署的业务对象，对外统一提供对数据的增删、改查服务，让应用服务专注于对业务对象服务提供的数据进行检验、加工、展现等业务逻辑的处理，更有利于提升应用服务的标准化水平。

4）推进系统解耦

造成应用间的耦合的因素有很多，很多时候是由于需要跨应用系统使用数据服务导致的。如果没有包装独立的业务对象服务而将其嵌入应用系统中，当某个应用需要使用非自身所负责的数据时，只能通过调整该数据的负责应用系统提供的接口服务来实现。由于缺少业务对象服务的规范与标准，因此应用系统间通过接口方式来提供数据服务时，不可避免地存在交叉，比如将一个数据服务接口调用另一个数据服务接口，而将那个被调用的数据服务接口再调用其他的数据服务接口，不断地嵌套，无穷无尽。这样的数据服务调用将导致相关的应用系统间的耦合程度越来越高。

单独地设计业务对象服务，将数据服务从应用系统的服务中分离出来，可以极大降低应用间的耦合。建立业务对象服务间的调用规范与标准，让数据架构在对外服务时更完整、轻便、高效，降低耦合程度。单纯的业务对象服务围绕特定的业务对象设计，组合的业务对象服务可以调用其他的业务对象提供的单纯的业务对象服务，限定调用的层数及方式，业务对象服务间的耦合程度会大大降低。

2. 业务对象服务与数据服务

相信很多人对数据服务的概念并不陌生。数据服务是小型、独立且松耦合的功能的集合，用于增强、组织、共享或计算在数据存储器中存储的信息。

业务对象服务也是小型、独立且松耦合的功能的集合，通过增强、组织、共享或计算在数据存储器中存储的信息。从这一点上来说，业务对象服务与数据服务的概念一样，但是与数据服务不同的是，业务对象服务对外提供的服务并不是从数据的角度提出的，而是从业务视角来增强、组织的，所提供的服务内容符合业务逻辑。

业务对象服务是以企业数字资产规划设计出来的业务对象模型为单位进行的数据增强、组织或计算，其数据更可用、更易于理解，从而能够为用户的使用提供更大的便利性。

以业务对象模型为单位封装的业务对象服务继承了业务对象模型与数字元模型的灵活性和可扩展性，提升了业务对象服务的弹性。

3. 业务对象服务应由数据架构统一提供

很多企业基于 IT 系统研发的惯性思维，往往将数据服务作为应用系统的一部分，将数据作为流程的附属物。在"3.3.2.7 业务架构与业务模型的关系"中解析过，"将业务对象作为一个独立的架构部分，体现出企业需要将所拥有或控制的资源从业务流程中分离出来进行专门的设计和管理，其地位与业务流程（在业务领域中）一样重要，不再是业务流程的附属物。" IT 架构中的数据架构作为业务架构中业务对象的承接部分，应被企业全面考虑，而不仅仅存储数字资产。因此，本书认为对外提供数据服务应该在数据架构范畴内，而不应当将其归属到应用架构中。

将业务对象服务的职责归属到数据架构中，有助于对业务对象模型所管理的数字资产的价值创造能力进行全面的分析和评估，也为数字资产的优化和提升提供了非常重要的基础。由数据架构对业务对象服务进行管理，比由应用架构对业务对象服务进行管理能产生更大价值。

通过对业务对象模型管理的数字资产进行服务化封装，在物理存储和数据请求之间增加了一个软件层，将数字资产存储及使用请求抽象化，实现应用软件与存储器之间的解耦，使得数据库的变更、数据存储的方式和位置变化不会对数字资产服务造成

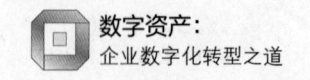

影响，使得物理数据模型的变化不会对应用软件产生影响。

业务对象服务统一由数据架构负责，其职责是由承接业务对象模型的物理数据模型进行服务化封装，能更好地保护业务对象模型结构及数字资产质量。物理数据模型对其所负责的实体模型有更深入、细致的理解，可以围绕业务对象模型分析业务需求，统筹规划业务对象服务，使服务更加标准化、规范化、个性化，全面提升业务对象服务的效率。

数据架构可以根据企业数字资产的需要选择更适合的存储服务硬件，在最大限度地增大现有硬件容量的同时，不影响应用软件对数字资产的使用需求。数据架构可以根据当前的存储容量和性能情况随时进行横向扩展，由于通过服务可以将物理存储与数据应用分离，因此不会影响应用软件。

业务对象服务由数据架构负责，可以推进数据架构与应用架构的解耦，让IT架构在引入新技术时更轻松、便利，极大地提升了IT架构的弹性。

4. 业务对象服务与应用系统的关系

本书在前面讨论过，需要为数据架构中承接的业务对象模型指定负责的应用系统，这与数据服务的独立并不矛盾。为业务对象模型指定负责的应用系统，是从数字资产的采集质量和传输的安全性等方面考虑的。

数字资产不会无中生有，是通过事件触发而产生的，有了负责的应用系统就可以将触发事件的响应交给应用系统负责，并在响应的过程中收集、整理、分析相应的数字资产，比如，判断应用系统在前端为用户提供的联系电话的正确性等，避免在数字资产入库时才发现因存在问题而不能入库，进而影响数字资产的正确性、完整性等。

数字资产从采集、完成生产到入库之间还涉及传输。数据传输的安全性不应当由数据架构负责，而应当由应用系统按相应的标准、规范提供安全性的保障，为IT架构带来更大的扩展性、灵活性，以及将成本降到最低。例如，不同的数据交互方，因为连接的方式不同、使用的技术不同，会要求用不同的加密算法。如果都由数据架构在提供数据服务时进行安全性加密，那么存在同样的数据服务会因为交互对手不同而不得不使用不同的加密机制和算法的情况，会让技术架构变得更复杂。随着企业活跃度的提升，数据服务将会越来越臃肿，直至最终难以管理。将数据传输的安全性交给应用系统处理，应用系统会按交互对手设置相应的加密机制和算法，无论交互的数据发生怎样的变化，都不会增加额外的成本。当交互对手希望更新加密机制和算法时，也能快速响应。

8.5.2 业务对象服务设计

企业使用的硬件、IT 架构、数据库、软件等都会影响业务对象服务的设计。与所选择的技术紧密相关的内容不是本书需要关注和讨论的内容。在这里，我们脱离具体的技术路线，讨论一些共性的、需要特别关注的事宜。

1. 无智能的业务对象服务

无智能的业务对象服务是指响应应用系统对数字资产的直接需求，以满足企业生产经营过程中新增、修改、查询物理数据模型所包含的字段信息需求而提供的业务对象服务。这种业务对象服务是最基础、最直接、最简单的服务类型，是围绕特定物理数据模型设计的业务对象服务。

【示例 8-2】某企业通过网站为客户提供服务。客户的级别不同（与企业网站里的消费总额、频度相关）时，可以享受相应的免费服务。不同级别的客户享受免费服务的次数和金额也不相同。

客户 A 在该网站计划购买部分服务时，网站需要相应的业务对象服务提供该客户的级别、免费享受服务的次数和金额，以及已经享受的免费服务的次数和金额，然后才能确定是否能为该客户提供免费服务，以及能免多少金额。在该服务销售交易完成后，对于享受免费服务的客户，需要将相应交易的免费金额记录下来。

客户级别是客户物理数据模型中的一个字段，客户业务对象服务可以直接读取该信息并提供给应用系统，这属于无智能的业务对象服务。

账户业务对象服务反馈客户已经享受免费服务的次数和免费的金额，需要将发生的每笔免费金额和次数进行累加后计算得出，这属于简单计算的业务对象服务。

该交易完成后，在"账户"业务对象中记录相关的信息，这属于无智能的业务对象服务。

2. 同逻辑数据模型属性加工分析后提供的业务对象服务

虽然在设计逻辑数据模型和物理数据模型时，会根据应用系统的特征、实际部署和运营的需要增加一些冗余数据和衍生数据，但是与生产经营管理流程的需求相比，仍会存在一定的局限性。在企业实际的生产经营管理流程中，往往需要对指定的属性按一定的逻辑计算后才能提供一些个性化需求。

这种以特定逻辑数据模型为核心，通过一定的算法形成结果再对外提供的业务对象服务单独设计，可以避免应用系统进行二次开发。如果这样的业务对象服务由应用系统自行开发，就需要应用系统创建临时表，从相关的物理数据模型中读取相关的数据并加工，则增加了应用系统使用数字资产的复杂度。每个应用系统都独立计算，能力相同而不能被复用，形成资源浪费；每个应用系统都独立开发，很难保证业务逻辑及计算口径的一致性，而得到不一致的结果；每个应用系统独立开发，当业务逻辑发生变化时，需要相关的应用系统都进行修改，投入的资源较多。

可见，由数据架构统一提供这类服务，在各应用系统需要时直接调用，能提升复用率，降低研发成本。直接使用同一个业务对象服务提供的结果，全面提升数据一致性。业务对象服务优化后实现一点投入，多点收获，使数字资产的价值贡献度得到有效提升。

【示例8-3】某企业经营的商品门类非常多，有日用品、电器、服饰、音像、图书、生鲜等。企业的销售部门希望在客户购物时，能为客户推荐符合其喜好的商品。

客户偏好是客户某个方面的属性，因此，相关的属性存储在"客户偏好"业务实体中。但是客户偏好不是一个业务属性能完整描述的，往往需要通过多种类别的业务属性综合分析后才能得出。例如，客户对日用品的偏好就与对服饰、音像、图书的偏好不同，不可能用一个或几个业务属性就能做出准确的判断，往往需要借助复杂算法对已经掌握的"客户"业务属性，以及该客户近期的行动轨迹，结合日常生活常识及其他的业务规则等进行综合分析后得出结论。

所以，当客户购买洗发水时，我们可以通过算法分析其在日常洗浴方面的偏好并推送给销售系统，销售系统通过其偏好特征匹配相应的洗浴产品，分析客户上一次的购买记录后，再进行推荐。

当客户购买书籍时，其偏好显然与对日常用品的偏好不同。客户对书籍的偏好仍然是通过对客户业务对象模型中的业务属性计算得来的。

可见，虽然都是对"客户"业务对象的业务属性进行分析，但是分析的方向不同，得到的结果必然存在差异。分析所需要的业务属性同属于一个业务对象模型，且业务对这样的分析结果的及时性有一定的要求。类似这样的基于同一个业务对象模型不同业务实体中的不同业务属性的分析结论，是业务对象服务可以提供的内容。

3. 跨逻辑数据模型属性加工分析后提供的业务对象服务

企业在为客户提供服务的过程中，想要为客户提供个性化的服务时，往往需要对多个逻辑数据模型中的属性进行分析才能得出结论。在硬件成本极大降低、算法技术比较精进的大环境下，已经能够实现实时提供数据量不是特别庞大的计算结果的业务对象服务。因为这些综合性的业务对象服务需要及时响应业务流程的需求，往往也需要部署在特定的逻辑数据模型的周围，即以特定的物理数据模型为核心进行设计。

因为存在多个逻辑数据模型共同提供业务对象服务的情况，所以企业可以根据该项服务的主要使用场景来确定最佳的部署地，即确定该项服务归属于哪个逻辑数据模型。这个综合性的业务对象服务会跨逻辑数据模型调用业务对象服务，整合加工后对外提供服务。在进行这种业务对象服务时，应限制可调用服务的层级及服务类型，比如，每个业务对象服务在调用其他业务对象服务时，应当避免嵌套调用，避免出现太多调用层级而形成业务对象服务间的强耦合关系以致降低业务对象服务的灵活性与敏捷性的情况。

将这种服务类型纳入跨逻辑数据模型属性加工分析后提供的业务对象服务进行管理，产生的收益与同逻辑数据模型属性加工分析提供的业务对象服务一样，这里不再赘述。

【示例8-4】某酒店为了实现为顾客提供有温度的服务，设计了下面的流程及要求。

当顾客走进酒店的大堂时，如果他是酒店曾经的顾客，大堂服务员应能直接用顾客的姓来称呼他，如"李先生/女士，欢迎下榻本酒店"之类的欢迎语，引导顾客办理入住手续、推荐相关的服务。

为了实现这项业务需求，我们来看看从数字资产的角度可以提供什么样的服务。

场景1：顾客李先生曾经在酒店住宿过，在办理入住手续时，酒店采集了李先生的面部特征。李先生在来酒店前预订好了房间。

当李先生走进酒店大堂时，酒店的人脸识别系统识别出李先生，通过语音向大堂服务员通报，并将李先生的影像展示出来，方便大堂服务员准确识别并提供服务。在这个过程中，人脸识别与"顾客"业务对象有关，属于同一个逻辑数据模型的业务对象服务，只是将定位出来的姓名转换成固定话术，并转为语音方式发送给大堂服务员及前台服务员。大堂服务员通过耳麦接收信息。

在大堂服务员引导李先生办理入住前，人脸识别系统会通过系统向前台服务员提示李先生预订的房间号。这样，前台服务员可以提前做好办理入住的相关准备，迎接顾客李先生的到来。在这个过程中，系统需要检索李先生下的订单及付款情况，以提醒前台服务员需要李先生出示的证件。这里的业务对象服务就包含了订单逻辑数据模型和付款情况逻辑数据模型的内容。订单逻辑数据模型对应的订单物理数据模型需要提供李先生订的房间号及价格的订单逻辑数据服务，付款情况逻辑数据模型对应的物

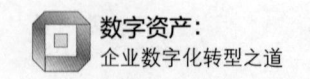

理数据模型需要提供李先生预订房间使用的预付款卡号的预付单据逻辑数据服务。将这两个业务对象服务的内容进行整合，得到需要请李先生出示身份证件及带有相应尾号的预付款卡号的提示，然后提示给前台服务员。

场景 2：顾客李先生曾经在酒店住宿过，在办理入住手续时，酒店采集了李先生的面部特征。李先生在来酒店前没有预订房间。

从李先生走进大堂，到大堂服务员引导他去办理入住手续前，数字资产提供的业务对象服务与场景 1 一致。不同的是，大堂服务员还收到李先生没有预订房间，以及他上次住过的房间或可能喜欢的房间信息。在走向前台的过程中，大堂服务员已经开始询问李先生这次想住哪个房间。可以将李先生可能喜欢的房间的优点进行陈述，并征询李先生的意愿。在这个过程中，系统使用的业务对象服务包括订单物理数据模型提供的订单业务对象服务，入住记录逻辑数据模型中的物理数据模型提供的入住信息业务对象服务及客户使用房间偏好业务对象服务，房间逻辑数据模型中的房间物理数据模型提供的特色业务对象服务等。

4. 通过数据湖为业务提供洞察或决策支持的非即时性业务对象服务

在第 8 章解析 "数据架构设计" 时，介绍过通过数据湖来还原业务对象模型的设计，使数据湖里存储的数字资产成为包含业务逻辑的数据，为使用数字资产进行分析、洞察或决策提供了更大的便利。对于非实时性的业务洞察算法，最好部署在数据湖所在的层级，这样不但能方便算法提取数据，尤其是提取跨业务对象模型的数据，还能基于业务对象模型建立的业务逻辑进行快速追踪、分析，得到更准确的结果。

类似的案例非常多，本书不再一一分析。从数据湖提供服务最广泛的亚马逊和微软公司那里，我们可以看到数据湖的存储只是这些公司提供的最基础的服务，更吸引客户的，或者说更彰显公司竞争力的是它们所提供围绕数据湖的配套的数据分析服务。

如果你对这些公司的情况了解不太多，那么你一定听说过 "数据中台" 的概念。数据中台是基于企业已有的数字资产而开展的一系列的数据分析服务。数据中台就是数据架构的一部分，可以说其是基于数据湖开展的，为业务提供分析、洞察或决策支持的服务。

8.5.3　业务对象服务防腐层设计

进行数字化转型的企业有两种典型的运行模式：一种是完全重新建设 IT 系统，另一种是基于企业已有的 IT 系统进行改造。在第一种情况下，可不考虑业务对象服务的防腐层设计，在第二种情况下，就必须同步建设。当企业对已有的系统进行升级改造时，必然存在新、旧系统在一定的时期内并存，并希望新系统建设完成的部分能与旧系统较好地协同，提供生产经营服务，形成的数字资产能尽快地为企业提供价值的情况。为了确保新数字资产模型既能正常地为旧系统提供业务对象服务，又能保证数字资产底层结构不受旧系统的影响，企业必须进行业务对象服务防腐层的设计。

1. 业务对象服务防腐层

业务对象服务防腐层是在新系统与旧系统间建设的一种隔离层，将新、旧系统进行逻辑上的分离，防止新系统受旧系统的影响而向非预期的方向变化。防腐层一方面保证新数字资产的设计不会受旧系统的影响，或者避免为了满足旧系统的需要而变形；另一方面保证新数字资产设计的成果能为旧系统提供服务，让新数字资产能在全企业范围内得到广泛而有效的应用。

新系统里的数字资产是按新物理数据模型实施的数据库表进行存储和管理的，每个完整的物理数据模型可追溯到某个确定的业务对象模型。物理数据模型是以业务对象服务的方式响应应用系统对数字资产的请求的，也是以业务对象服务的方式独立地进行数字资产的存储及管理的。

企业在推进新系统建设的过程中，难以一次性完成所有数字资产及应用系统的改造，或者说难以在新系统建成后将旧系统一次性地全部迁移到新系统中。更多的情况是，企业完成新系统的一部分建设后，总希望新建成的系统在自身运行的同时兼容旧系统，为旧系统提供相应的服务保障。

在旧系统里，可能并没有实现按业务对象的方式来划分其对数字资产服务的需求，其对数字资产服务的需求可能包含多个逻辑数据模型的内容。这就要求新实施的逻辑数据模型对外能为旧系统提供服务，对内能按新要求进行管理。为此，可以通过业务对象服务防腐层，按新数字资产规划实施的数据库表所提供的业务对象服务与旧系统，对该数字资产需要的数据服务建立关联或进行转换，来确保既能正常地提供业务对象服务，又能保护数字资产按新的物理数据模型的设计进行存储和管理。业务对象服务防腐层示意图如图 8-8 所示。

具体而言，业务对象服务防腐层在对旧系统提供服务时，会根据旧系统的数据服务需求，将新的物理数据模型提供的新业务对象服务进行组合，转换成旧系统所需要的原数据服务后，向旧系统提供服务。对于旧系统存储数字资产的请求，按新的物理数据模型提供的新业务对象服务先进行拆分再存储。由于业务对象服务防腐层完成了新、旧模式数据的转换，因此旧系统不需要配合新系统进行改造，也能照常使用数字

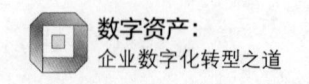

资产。当旧系统可能本身就有优化升级规划时，如果配合其他新系统进行改造，当对其自身进行优化升级时，配合改造的内容可能会被废弃，那么，此时的配合改造将成为不必要的浪费。

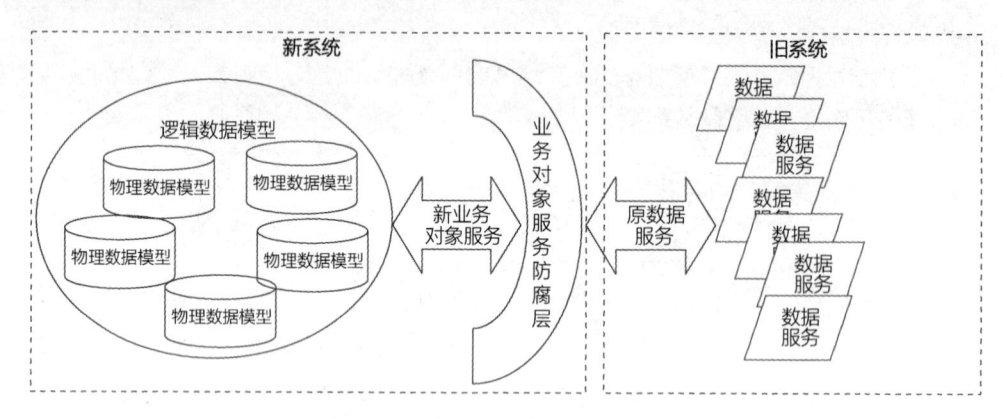

图 8-8 业务对象服务防腐层示意图

通过业务对象服务防腐层建设，可以实现投入成本最低，产生效果最大。从图 8-8 中可以看到，新系统按业务对象提出数据服务请求，业务对象服务可以按规划对外提供服务。对于旧系统而言，应用间的数据服务是通过数据接口的方式提供的，通过业务对象服务防腐层的设计，也就是说，按原接口规范提供数字资产服务，可以避免对所有调用该接口的应用系统进行改造。这是将改造汇集到一个关键点上，从而实现投入成本最小而价值最大化。不同改造方案对比示意图如图 8-9 所示。在图 8-9 中，左图是对各个应用系统分别进行改造的系统，投入的成本是"N"，右图是只改造关键节点的系统，投入的成本是"1"。因为对于关键节点系统改造投入的"1"可以复用，所以其往往比各应用系统分别改造的"1"小，在各应用系统分别改造时，需要分析并解决关联的影响。

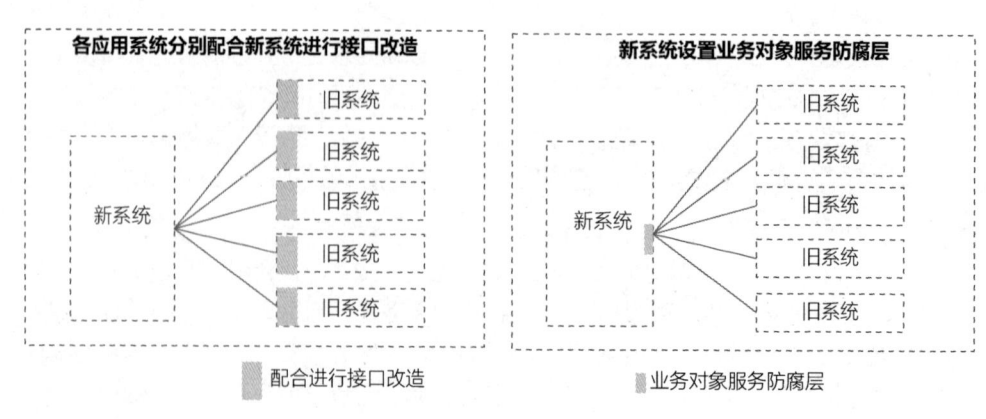

图 8-9 不同改造方案对比示意图

2. 业务对象服务防腐层设计原则

在企业推进新系统建设的过程中，可能出现以下情况：原来存放在一张数据库表里的信息，因为涉及不同的事物而被拆分到多个逻辑数据模型中，这些逻辑数据模型又因部署规划等被拆分为不同的物理数据模型，而这些物理数据模型可能不是同时进行研发实施或完成的，因此，在设计业务对象服务防腐层时，需要分析各种可能发生的情况。

业务对象服务防腐层设计原则如下。

1）设计业务对象服务防腐层的时间

既然业务对象服务防腐层是为了保护逻辑数据模型不因旧系统的数据服务需求而发生变形或妥协，保证能够按照数字资产的规划实现，那么当旧系统的数据服务请求与当前的逻辑数据模型的范围不一致时，就需要考虑设计业务对象服务防腐层。

以下情况不属于业务对象模型的变化，不需要设计业务对象服务防腐层。

（1）对于旧系统提出的衍生属性的需求，应分析其是否会影响业务对象模型的内容，如果不影响，就可以通过业务对象服务直接提供，不需要设计专门的业务对象服务防腐层。

（2）在设计逻辑数据模型时，因为变更了业务对象模型的标准符，或者删除了从其他关联实体中继承的标识符，在增加衍生数据、冗余数据时，不属于业务对象内容变动的范畴，不需要设计业务对象服务防腐层。

（3）在设计物理数据模型时，受特定技术的制约而增加冗余数据或硬件、软件、网络特征等属性时，只要能还原业务对象模型，就不属于业务对象内容变动的范畴，不需要设计业务对象服务防腐层。

（4）在设计物理数据模型时，因为考虑实体部署情况而进行一些业务实体的合并、拆分，或者增加一些虚拟表等，只要能还原业务对象模型，就不属于业务对象内容变动的范畴，不需要设计业务对象服务防腐层。

2）业务对象服务防腐层的归属

业务对象服务防腐层是为了保护既定的逻辑数据模型而设计的，这就意味着，业务对象服务防腐层有其主要的服务范围，即以被保护的逻辑数据模型为核心。前面分析过，如果旧系统不配合新业务对象服务进行数据调用接口改造，就可能出现旧系统提出的原数据服务请求跨越多个新业务对象服务的情况，此时需要分析：业务对象服

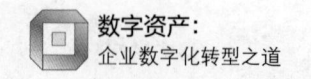

务防腐层应如何满足原数据服务请求？跨越多个业务对象服务的防腐层应该归属到哪个逻辑数据模型中？

对于业务对象服务防腐层如何满足原数据服务请求的问题，需要结合企业整体规划进行设计。如果涉及的逻辑数据模型的实施规划同步推进，就可以由业务对象服务防腐层去调用关联的业务对象服务，按原数据接口规范进行拼装，形成符合标准的对外提供的数据服务。如果涉及逻辑数据模型的实施规划不同步推进，那么可以用以下两种策略进行应对。

一是先按新规划的物理数据模型把数据库表建立起来，并把原数据库里的数据分别移到新数据库表中，原数据库表作废，并按新规划设计相应的业务对象服务。在这种策略下，在业务对象服务的防腐层的设计思路、方法与相关的应用系统建设一致时，由主要的业务对象服务的防腐层去调用其他业务对象，服务获取信息后按原数据接口规范进行拼装，然后对外提供数据服务。

二是仍保留原数据库，只是将已实施的逻辑数据模型包含的数据移到新物理数据模型对应的数据库表里，未实施的其他数据仍保留在原数据库表中。如果使用原数据库表的应用未实施改造且还在运行，那么其提供的所有数据接口服务仍维持不动，但不再对已实施的新物理数据模型的数字资产提供新数据服务接口，这类新数字资产服务需求将按新规划的逻辑数据模型进行拆分，形成不同的数字资产服务请求。对于已实施的逻辑数据模型包含的信息，则由其业务对象服务防腐层负责将原数据库表中的新数据移到新的数据库表中。

对于跨越多个业务对象服务的防腐层应该归属到哪个逻辑数据模型中的问题，可以按核心服务原则来确定责任归属。所谓核心服务原则，就是对数字资产服务请求的主体内容进行分析，根据主体内容归属的逻辑数据模型来确定业务对象服务防腐层的责任。

务必注意，不要将这种情况中的业务对象服务防腐层的责任归属与第一个问题中暂时由先建设的逻辑数据模型代负责的思路混淆。由选择建设的逻辑数据模型代负责是由于新逻辑数据模型还没有建设，没办法承担管理责任，因此由已建设的逻辑数据模型代负责。在代负责的过程中，暂时不考虑数字资产服务请求的主体内容。但是，在关联的核心逻辑数据模型建立后，应当将相应的业务对象服务防腐层一并移交。

3. 业务对象服务防腐层设计的注意事项

通过前面的介绍，读者对业务对象服务防腐层设计有了初步的了解，在进行业务对象服务防腐层设计时，需要注意但不限于以下事项。

1）在业务对象模型的内容发生变化时，业务对象服务防腐层设计的注意事项

业务对象服务防腐层是为了保护业务对象模型的完整性、准确性不会因为响应旧系统的数字资产服务请求而发生变形，防止其向着非预期的方向发展。因此，在设计业务对象服务防腐层前，需要先厘清业务对象服务防腐层涉及的具体内容，才能进行后续的处理。

（1）分析业务对象模型内容的变更范围。我们在前面讲过，在业务对象模型到逻辑数据模型和物理数据模型设计的过程中，会从实际应用的角度出发，结合特定技术的制约对业务对象模型进行降范式处理，增加冗余数据、衍生数据，以及修改业务实体的标识符，删除从其他业务实体继承的标识符，对一些业务实体进行拆分或整合，这些都不属于业务对象模型内容变动的范畴。除了这些正常设计所采取的措施，其他导致业务对象模型内容发生变动的情况都属于业务对象模型内容变动的范畴。

（2）分析涉及调整业务对象模型内容的业务对象服务清单。既然业务对象服务防腐层是为了保护业务对象模型不因旧系统的数字资产服务请求而发生变形，那么就需要了解业务对象服务防腐层涉及哪些服务请求，进而对不同的数字资产服务请求分别进行设计，通过恰当的方式进行服务的组合、拼装，从而实现相应的目标。

（3）在提供业务对象服务的过程中，还原业务对象模型。我们在规划设计企业的数字资产的过程中，对每一个业务对象模型的结构，对其包含的每一个业务实体及其业务属性都进行了细致的分析，并与企业的生产经营管理流程进行了全面的对接，因此，对于企业的生产经营管理而言，物理数据模型是透明的，对业务不可见。企业的业务只需要将从业务视角设计的业务对象所包含的内容与实际的生产经营管理流程衔接起来即可。因此，对于应用系统而言，只需要发出明确的数字资产服务请求，由业务对象服务负责将物理数据模型中以不同形式存储的数字资产还原为业务对象模型中的内容，按需求提供数字资产。

2）在存量数字资产迁移、重构时，业务对象服务防腐层设计的注意事项

企业在推进数字资产规划成果落地的过程中，可能涉及存量数字资产的迁移或重构等。存量数字资产的迁移或重构，是指将原来的一张数据库表中的信息拆分到多张数据库表中，或是将原来的多张数据库表中的部分信息整合到一张数据库表中。在讨论业务对象服务防腐层设计原则时，对存量数字资产迁移时可能采取的策略也进行了讨论，并对不同策略中需要关注的事宜进行了初步说明。现在，存量数字资产迁移后，为满足旧系统对数字资产的服务请求，在设计业务对象服务防腐层时，需要重点关注的事项包括但不限于以下内容。

数字资产：
企业数字化转型之道

（1）分析存量数字资产迁移涉及的业务对象内容范畴。业务对象模型体现了由企业数字资产规划设计得到的数字资产目标。在这个目标中，有部分内容可能源于企业现有的数据库里存储的数字资产，有部分内容可能有待于生产经营流程生产、补充，甚至可能有待于外购数据补充。推进企业数字资产规划成果落地的过程是从现状走向目标的过程。因此，首先，需要分析在新系统中要实施的业务对象模型，以及承接该业务对象模型的逻辑数据模型和物理数据模型；其次，需要了解现状，即旧系统中有哪些存量数字资产会发生迁移，这些数字资产都涉及哪些数据库表；最后，分析并建立新系统中的物理数据模型中的字段与旧系统中的数据库表及其字段间的映射关系，对于通过其他渠道或方式增补数字资产的物理数据模型的字段，应进行相应的说明，为后续进行数据移行和业务对象服务设计提供指引。

（2）分析因存量数字资产迁移涉及的业务对象服务防腐服务清单。在存量数字资产迁移后，原数据库表的数据不再保留时，原数据库表所提供的数据服务需要由新逻辑数据模型的业务对象服务防腐层来提供。因此，首先，分析原数据库表都提供了哪些数据服务接口，这些数据服务接口是否仍有用户；其次，对于仍在提供数据服务的接口，对其数据服务接口的规范进行分析，目的是先确定对于原数据服务接口是设计相应的业务对象防腐服务，还是在不影响请求方的情况下对原数据服务接口进行重新整合或拆分，形成新的数据服务标准，再确定对应的业务对象防腐服务清单；最后，根据业务对象服务防腐层里的业务对象防腐服务清单及数据迁移方案，确定相应的业务对象服务需求清单。

（3）分析主、辅数据同步的业务对象服务清单。当原数据库表仍保留，只是将新物理数据模型中的数据用复制方式迁移时，形成了主、辅数据，需要考虑数据同步。首先，根据需要实施的物理数据模型与业务对象模型的追溯关系，列出作为辅数据的业务实体清单，以及物理数据模型清单；其次，根据物理数据模型与原数据库表的对照关系，分析主、辅数据库需要进行数据同步的范围；最后，根据主、辅数据同步机制及策略，确定需要实施主、辅数据同步的数据服务清单。

3）与企业外部利益相关者间数据交互的业务对象防腐服务处理的注意事项

企业在实施数字资产的规划、改造前，除了需要在内部各生产经营管理单位间使用数字资产，往往还会与合作方、监管方、客户等外部利益相关者有数据服务交互。对于这些利益相关者，需要根据不同的情况分别设计相应的业务对象防腐服务。

（1）分析有数据交互的企业外部利益相关者。充分利用在企业生态环境中收集高阶数据资产需求时梳理出来的与外部利益相关者之间的数据服务交互情况，分析哪些数据服务与企业新规划的业务对象服务一致，哪些是跨业务对象的数据服务。

（2）对于跨业务对象的数据交互，分析是否可协调，配合对数据交互服务实施改造，让数据交互服务与企业规划的业务对象服务一致。对无法协调或协调无果的数据服务，需要识别涉及的业务对象及业务对象服务清单，通过业务对象防腐服务来处理。

（3）与企业内部防腐服务的归属原则不同，对于外部利益相关者之间数据交互的业务对象防腐服务，最好由与外部利益相关者直接对口提供服务的应用系统负责。先由所负责的应用系统发起业务对象服务请求，再根据外部利益相关者之间的数据服务接口规范地进行拼装、整理后提供。对于外部利益相关者提供的数据，由主要负责应用系统通过业务对象防腐服务，按相应的业务对象服务进行拆分、重组后，提供给涉及的业务对象的负责应用系统进行审核、入库。

思考题

1. 数字化转型提出了数字资产是独立的生产要素，并成为企业生产经营管理模式转型的关键要素。基于该理念，IT架构将数据架构从应用架构中分离出来单独规划、设计，以实现数字资产要素更广泛的使用范围。你认为在这个分离的过程中，哪些工作是特别需要注意的？

2. 逻辑数据模型与业务对象模型的视图看上去并没有区别，但是实际上两者在观念上存在非常大的差异。你的企业是使用业务对象模型的概念还是逻辑数据模型的概念呢？从你的理解来看，从业务的视角实践和从技术的视角实践分别会对实际工作产生什么样的影响？

3. 在规划和设计物理数据模型时，从具体数字资产部署的角度对逻辑数据模型中的实体进行了一定的调整。物理数据模型基本是最后实施的数据库表，你能理解本书为什么不直接讲数据库表的设计而一直讲物理数据模型吗？

4. 在大数据及人工智能等计算技术被广泛使用的过程中，数据湖、数据沼泽、数据引力等概念一直相伴相生。除了本书介绍的通过数据湖还原业务对象模型的方案，你还了解到哪些可以解决相关问题的方案或策略？你能说说不同的方案或策略之间的差异主要体现在哪些方面吗？

第 9 章

数字资产规划实施

通过前面几章内容，我们解析了如何从业务视角规划和设计数字资产及相关的业务模型，以及在 IT 架构里如何进行数据架构的规划和设计，以更好地承接从业务视角规划和设计的数字资产。本章将对数字资产如何在业务视角和 IT 架构的规划下实施进行解析。为了使本章的内容更具有通用性，不针对某种技术或产品进行讨论，而是主要从方法论的角度来解读如何将规划的成果转换为可落地、可实施的设计。在实施的过程中会面临多种复杂的情况，需要读者结合具体的情况进行方案的组合使用。

本章涉及的主要内容有以下几个方面。

第一，制定实施方案需要注意的事项。

第二，在实施前，应对业务实体进行完善、提升。

第三，完成 IT 实施的数字模型的设计。

9.1 差距分析

企业的高层与各部门、各个组织机构就企业数字化转型战略目标的分析和规划达成一致后，接下来就需要分析如何实现规划的蓝图。实现规划的蓝图的过程就是从现状走向目标的过程，需要以现状为出发点，找到现状与目标的差距，针对差距制定具体的、更高效的实施路线图。

在进行企业数字资产整体规划时，我们收集了企业数字资产的现状。接下来，我们需要对企业数字资产的现状与目标进行差距分析。

9.1.1 差距分析与差距分析矩阵

1. 差距分析

差距分析是指对两个事物之间存在的差距进行具体的分析。差距分析被广泛应用于企业的各项管理工作中。例如，当企业制定战略目标后，可以通过企业战略目标与企业现状间的差距分析，找到需要提升的方面，从而提出更有针对性的提升方案和措施，避免出现遗漏或无效项目等情况，确保战略目标能够以最高效、经济的方式达成。

差距分析的核心思想是通过对比分析来找到现状与目标之间的差异，并将这些差异落实到具体的行动方案或项目中，通过实施项目以消除确定的差距。因此，差距分析技术在企业架构和项目管理中被广泛使用。

差距分析的视角多种多样，可以从业务或技术，从战略或实施等视角来进行差距分析，无论从什么视角来进行，都需要用同一个维度的视角去确定、记录当前的状况与目标之间的差异，并找到可以改进现状、实现目标的路径，不可用不同维度的现状与目标进行比对。

2. 差距分析矩阵

差距分析的工具非常多，只要能将两个待比较对象的同维度的差异找出来即可。本书重点介绍一个非常简便、易用的分析工具——差距分析矩阵。

差距分析矩阵是一个用矩阵的形式来分析现状与目标之间差距的工具。在使用差距分析矩阵前，必须先收集相关的信息和数据。在使用差距分析矩阵进行数据分析后，应当采取一系列的行动来解决或弥补得出的差距。在行动的过程中，可以用差距分析矩阵跟踪和监控里程碑完成情况，并根据实施的情况不断调整，以确保最终达成预期目标。

差距分析矩阵的首行一般填写"目标要素"，目标要素的内容则要按列列出，最后一列填写"消失要素"。首列一般填写"现状要素"，现状要素的内容则按行列出，最后一行填写"新增要素"。首行和首列所填写的要素应为同一个维度，且行或列所列出的要素内容应满足 MECE 原则，如表 9-1 所示的差距分析矩阵。在同一个矩阵中，要素的性质应当保持一致，如果可以，分类标准也应当尽量一致。例如，如果想用差距分析矩阵来分析产品的销售情况，那么应先列出与产品销售相关的要素，再按现状或目标将这些要素填写在差距分析矩阵中。这些要素的分类标准应该保持一致，这样才

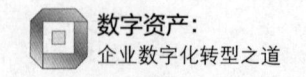

能更清晰地体现差距，从而使分析成果得到较好的应用。如果想用差距分析矩阵来分析企业战略目标与现状的差距，可以将实现企业战略目标所需要的能力作为"目标能力"填在首行顶部，将企业现状所拥有的能力作为"现状能力"填在首列顶部。企业能力的划分标准应尽可能保持一致，确实需要使用不同的标准时，对现状能力和目标能力的划分应分别遵循相同的分类标准，且均满足 MECE 原则。

表 9-1 差距分析矩阵

现状要素	目标要素					
	目标要素 1	目标要素 2	目标要素 3	目标要素 4	……	消失要素
现状要素 1						
现状要素 2						
现状要素 3						
⋮						
新增要素						

差距分析矩阵既是分析工具也是检查工具。差距分析矩阵作为分析工具时，企业可以通过现状要素与目标要素之间的差异找出差距，并制定弥补这些差距的方案或措施，可以很好地指导实施工作的开展。差距分析矩阵作为检查工具时，企业可以对现状要素在目标要素里的情况进行检查，检查现状要素的内容是否在目标要素中得到很好的承接，未承接的部分是否确实是企业确定要舍弃的。通过差距分析矩阵对目标要素的全面性和完整性做一次大检查，可以避免出现因有意识或无意识而造成的遗漏。

9.1.2 如何使用差距分析矩阵

在使用差距分析矩阵时，需要按照以下步骤逐步进行，以确保分析结果的正确性、可用性。

1. 明确分析对象及分析的目的，确定分析要素的分类标准

（1）差距分析需要指明对什么进行分析，以及想要达到的目的。从差距分析矩阵的样式可以看出，差距分析的目标是体现现状与目标的差异。在分析的对象不同时，分析的要素也会存在差异。对于同一个分析对象来说，如果分析的目的不同，分析的要素也会不同。因此，在使用差距分析矩阵前，应明确对什么进行分析，以及期望通过分析达到什么样的目的。

例如，如果是对企业的数字资产规划成果与现状的差距进行分析，以确定数字资

产规划成果的实施路线图,那么分析要素可以是业务对象模型。如果企业以前并没有构建业务对象模型,可以用数据库表作为现状要素;如果企业正在从传统企业向数字化企业转型,没有相应的应用系统及数据库,可以用企业的实体资产作为现状要素进行分析。如果再对企业数字资产规划成果与现状的差距进行分析,以分析企业数字资产部署的变化及其对流程使用数字资产的影响,那么分析要素需要先体现数字资产在数据架构中的位置,以及为流程提供数字资产服务的性能方面的变化,再进一步细分需要关注的要素。

（2）差距分析是通过对比现状与目标的差异而得到差距,因此,现状要素与目标要素的分类标准应尽可能保持一致,在确实不能保持一致时,应保持紧密的相关性,并确保分类得到的成果满足 MECE 原则。如果现状要素与目标要素的分类标准差异较大,那么可能导致对比分析没办法进行,或对比分析的结果难以实现预期目的。例如,为了提升某种产品的销售而进行产品销售现状与目标的差距分析时,如果现状要素按成本进行分类,目标要素按营销进行分类,那么现状与目标之间很难进行有针对性的、全面的对比分析,难以达到预期目的。

（3）差距分析应注意分类标准和成果的继承性,应尽可能选择企业已建立、已使用、已熟悉的分类标准和成果,应尽可能地避免提出全新的分类标准或概念而导致增加在企业范围内形成共识的成本。例如,在对企业数字资产规划成果与现状进行差距分析时,企业已经规划出数字资产模型并在企业范围内达成一致,应继承该成果,使用相关的概念,也就是使用业务对象模型为粒度进行对比分析,而不是提出一个新的概念及分类标准来进行对比分析。

2. 按分析要素及其分类标准对现状进行整理

有了需要分析的要素及其分类标准后,就明确了关注点是什么,从而很好地了解现状。

首先,根据差距分析的目的、分析对象及其分类标准,划分需要分析的现状要素。在差距分析的目的及其分析对象确定后,按分类标准对分析对象进行划分,形成符合标准的、具体的分析要素。在分类过程中,应当确保划分出来的现状要素符合 MECE 原则。

其次,围绕差距分析的目的,根据确定的具体的现状要素收集信息,整理成用于与目标要素进行对比的因子。

最后,在差距分析矩阵中的"现状要素"后增加一列,用于记录各具体分析要素中需要进行对比的因子的具体情况。

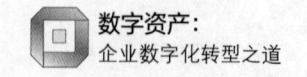

需要说明的是，差距分析矩阵并不限定对比要素是定性的或定量的因子，所有的信息都可以用来进行对比分析，包括行为、计算后得到的结果等。正如前面所说，要素的选择是围绕目的进行的，同时要保证要素的全面性和相互独立性。收集的信息越多，对现状的描述越清晰，对比得到的结果越精确，对后续工作的指导作用越强。

收集、整理信息是一个非常艰巨的工作，所以企业应在规划工作开始前，先预设进行差距分析的分析对象和分析目的，并确定分析要素的分类标准，提出信息整理的要求，以便于在规划过程中进行有意识的收集、整理工作，减少重复的工作，从而提升工作效率。

3. 按分析要素及其分类标准对目标进行整理

目标是企业数字化转型的方向。清晰、明确的目标可以让企业少走弯路，合理地规避风险，避免产生不必要的浪费。

首先，根据差距分析的分析目的、分析对象及分析要素的分类标准，划分目标状态下的分析要素。在差距分析的目的及分析对象确定后，应按分类标准对分析对象进行划分，形成符合标准的、具体的目标要素。应当确保划分出来的目标要素符合 MECE 原则。

其次，围绕差距分析的目的，根据确定的目标要素收集信息，整理成用于与现状要素进行对比的因子。

最后，在差距分析矩阵中的"目标要素"下增加一行，用于记录各具体目标要素中需要进行对比的因子的具体情况。

4. 分析现状与目标的差距

在完成前面的操作后，现状和目标就变得具体了。接下来，需要分析现状与目标之间的差异具体表现在哪些地方，以清晰地制定从现状走向目标的路线。现状与目标之间的差异描述越具体，行动越具有针对性，达成目标的概率越大，进行的效率越高。因此，现状和目标的差距要用要素的因子来说明。

（1）以现状要素为基础，与目标要素进行逐个对比，当现状要素的因子（"现状要素"后增加的一列）与目标要素的因子（"目标要素"下增加的一行）一致时，将该因子填写在现状要素与目标要素交叉的空格中。直至现状要素所有的因子都能在目标要素中找到对应的因子。

如果现状要素的因子没有相应的目标要素承接，将该因子填写在最后一列的"消失要素"中。在所有现状要素的因子对接完毕后，分析"消失要素"列里出现的所有因子的原因。

① 分析确认为目标要素不再关注的因子，将其保留在"消失要素"列里不进行处理。

② 分析确定为遗漏的因子，按相应的业务规则补充在对应的目标要素中，并将其从"消失要素"列里删除。

③ 分析确定为对现有因子进行拆分或整合的因子，按拆分或整合后的因子进行对接，并进行备注、说明，并将其从"消失要素"列里删除。

（2）以目标要素整理出来的完整的因子为基础，与在现状要素与目标要素交叉的空格中填写的因子逐个进行对比，如果有未出现在各行里的因子，则将其填写在最后一行"新增要素"中。直至目标要素中的所有因子都在现状要素（含新增要素）与目标要素交叉的空格中出现。

对比完成后，对"新增要素"行里的因子进行再确认，直至"新增要素"行中所有的因子都分析完毕。

① 分析"新增要素"行中的因子是否在其他现状要素中出现过，如果能找到相同的因子，则将该因子补充到该目标要素与出现该因子的现状要素交叉的空格中，并将其从"新增要素"行中删除。

② 分析"新增要素"行中的因子是否为现状要素中的因子拆分或整合后得到的，如果是，则按拆分或整合后的因子进行对接，并进行备注、说明，将其从"新增要素"行里删除。

（3）根据差距分析的目的，分析差距产生的原因或弥补差距的措施。

如果差距分析是找原因，就需要深入地分析差距分析矩阵中的"新增要素"行和"消失要素"列里的因子发生的原因。使用根因分析法，结合具体的业务及场景，对每个因子提出具体的问题，并不断探寻为什么，直至找到根本的原因。找到根本的原因之时，就是得到的答案已经是客观事实、公理之时。

例如，在假设分析产品销售未能达到预期目标的原因时，其中，有一个因子为产品易用性不佳。可以问："为什么产品的易用性不佳？"原因是："产品的操作流程长"。问："为什么产品的操作流程长？"原因是："每次在使用产品时，都需要设置一些参数。"问："为什么每次在使用产品时，都需要设置一些参数？"一直这样追问下去，直到找到根本的原因。从理论上来说，只要解决产品问题的根本的原因，就不会再出现该问题。

如果差距分析是为了实现目标的路线图，就可以对"新增要素"行中的因子实施

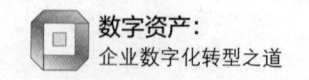

的措施进行补充。例如，在上面的案例中，假设分析的目的是提升产品的易用性。通过对"易用性不佳"的根本原因进行分析后，必须寻找解决问题的方案，比如通过项目研发减少不必要的用户操作来提升易用性。将根本原因备注在后面，为后续实施项目提供支持和指导。

需要特别注意的是，所有的解决方案都必须针对已识别的产生差距的根本原因。对于解决方案，需要进行可行性评估，确保有足够的资源在预期的时间范围内实现。也就是说，企业应当具备或即将具备实现该解决方案的能力，如果解决方案所需要的能力是企业不具备的，就没有可行性，也就没有意义。

5. 将差距分析矩阵流转到项目研发管理工作中

完成现状与目标的差距分析后，得到的一系列的解决方案将成为企业制定路线图规划及实施阶段的关键性输入。所有的差距弥补措施进入实施阶段后，应当将差距分析矩阵移交给项目管理团队，将其流转到项目研发管理工作中。

如果差距分析矩阵未能流转到项目研发管理工作中，那么项目研发的过程管理可能会因为缺少抓手而重新进行规划和评估。同时应当注意，弥补差距是一个循序渐进的过程，不要期望一次性完成差距弥补，要全面提升能力。

9.2 制定候选路线图

在完成企业数字资产规划及差距分析后，需要用实施路线图来确定差距分析中提出的解决方案实施的关联性和优先级。在制定企业数字化转型实施候选路线图时，应当将企业数字资产的差距分析成果与企业其他的数字化转型的差距分析成果进行整合，形成一份比较完整、详细的跨领域的实施路线图。

9.2.1 分析差距解决方案依赖关系

在前面的章节里介绍过，在企业数字资产规划成果实施时，应当以业务对象模型为单位进行整体推进。从数字资产的演进过程可以了解到，规划形成的一个业务对象模型中的业务实体可能源于现状系统中的不同的数据库表，或者现状系统中的一张数据库表可能被拆分到多个逻辑数据模型（业务对象模型）中。因此，差距分析形成的解决方案之间可能存在一定的依赖关系，尤其是在将一张现有的数据库表拆分到多个逻辑数据模型（业务对象模型）中时，最经济的做法是并行推进。

同时，从数字元模型中可以了解业务对象模型间的关联关系，结合业务规则的具体要求，能分析出业务对象模型间的依赖关系。例如，企业可能有"机构"业务对象模型和"员工"业务对象模型。在规划的成果中，"机构"业务对象模型描述了企业的各个组织机构及部门。"员工"业务对象模型主要描述员工的基本属性和特征，而对于员工所属的机构或部门，则通过"员工与机构的关联"的关联实体进行描述。如果没有"机构"业务对象模型，"员工与机构的关联"的关联实体就不能建立，从而导致"员工"业务对象模型的这部分内容缺失，因此，"员工"业务对象模型与"机构"业务对象模型存在依赖关系。

这两种依赖关系存在程度上的差异，在资源有限的情况下，这种差异会对优先级选择产生不同的影响，因此，需要将这种差异体现出来，为进行优化级排序及关联性分析提供更丰富的信息支持。为解决这类问题，可以用相关的解决方案依赖矩阵来记录解决方案间的依赖关系及其依赖程度。

【示例 9-1】 某企业完成了企业数字资产的规划及差距分析工作。正在分析差距解决方案间的依赖关系。在分析"客户"业务对象模型的依赖模型时，得到以下两种依赖关系。

（1）通过数字元模型整理出来的强依赖关系："客户"业务对象模型与"员工"业务对象模型间有"员工与 VIP 客户的服务关系"关联实体模型，主要描述为 VIP 客户提供专属服务的客服经理。"员工"业务对象模型与"机构"业务对象模型间也有"员工与机构的关系"关联实体模型，主要描述员工与机构间的关联关系。通过分析后得出，"客户"业务对象模型与"员工"业务对象模型间存在依赖关系，依赖程度为中等；"员工"业务对象模型与"机构"业务对象模型间也存在依赖关系，依赖程度为中等。

（2）通过数字元模型了解到，"客户"业务对象通过"介质"业务对象与"账户"业务对象建立关系，客户只有关联账户后，才能使用企业提供的服务，因此，"客户"业务对象与"介质"业务对象、"账户"业务对象间存在强依赖关系。"介质"业务对象模型单独存在的意义不大，必须同时有"客户"业务对象模型和"账户"业务对象模型时才能发挥作用，因此，"介质"业务对象模型与"客户"业务对象模型、"账户"业务对象模型间存在强依赖关系。"账户"业务对象模型作为客户交易的载体，从企业当前的情况看，可以在没有"介质"业务对象模型或"客户"业务对象模型的前提下，由人工或系统按指定的方式记录，因此，"账户"业务对象模型与"客户"业务对象模型、"介质"业务对象模型间的依赖关系的程度为中等偏低。

将企业现在使用的"客户信息"数据库表的内容拆分为"客户"业务对象、"介质"业务对象和"账户"业务对象。新得到的三个业务对象模型中的业务实体或业务属性

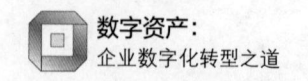

将分别从三个渠道获取。一是从原"客户信息"数据库表中获取；二是通过生产流程自动采集获取；三是从数据市场购买。企业从数据市场购买"客户"业务对象的相关信息的合同已在洽谈中，企业为了提升用户体验，正在采购生物识别新技术以实现为客户提供无介质的服务。

将上面分析的解决方案间的依赖关系整理到差距解决方案依赖矩阵中，制成数字资产差距解决方案依赖矩阵，如表 9-2 所示。

表 9-2 数字资产差距解决方案依赖矩阵

维度	差距	预设解决方案	依赖对象	依赖程度	预估工作量	备注
数字资产	"客户"业务对象	重构模型，数据来源： ××部分数据源于"客户信息"数据库表 ××部分数据通过××生产流程自动采集 ××部分数据源于外购	"员工"业务对象 "介质"业务对象 "账户"业务对象	中高高	×人/天	外购数据已进入合同洽谈阶段
	"介质"业务对象	新建模型，数据来源： ××部分数据源于"客户信息"数据库表 ××部分数据通过××生产流程自动采集	"客户"业务对象 "账户"业务对象	高高	×人/天	正在采购生物识别新技术，用生物特征作为介质
	"账户"业务对象	新建模型，数据来源： ××部分数据源于"客户信息"数据库表 ××部分数据通过××生产流程自动采集	"介质"业务对象 "客户"业务对象	低低	×人/天	—
	"员工"业务对象	优化模型，数据来源： ××部分数据源于员工数据库表 ××部分数据通过××流程采集	"机构"业务对象 "客户"业务对象	中中	×人/天	—

说明：数字资产差距解决方案依赖矩阵中的"××生产流程"名称源于业务实体模型建模时对接的业务流程的名称。

9.2.2 评估数字资产价值贡献度

完成差距解决方案依赖分析后，我们可以得到数字资产规划成果实施的初步的优先级顺序。由于很难根据所有的业务对象模型的依赖关系得到非常清晰的优先级顺序,那么在可能存在两组或多组优先级顺序看似相同的业务对象模型组时,应该先实施哪一组呢?

为了解决这个问题,我们需要回到数字资产的本质来考虑。数字资产作为一种特殊的生产要素,其最基础的目的是作为生产资料参与企业的生产经营流程。因此,可以从不同的视角来评估数字资产的价值贡献度,按其价值贡献度从高到低的顺序作为实施的优先级顺序。

1. 数字资产价值贡献度评估方法

价值贡献度评估方法是指对体现数字资产价值贡献的每个因素给予一个权重,与该因素给出的价值贡献度分值相乘,得到某个因素评估的价值贡献度,将所有的因素评估出来的价值贡献度相加,得到综合的数字资产价值贡献度。计算公式如下:

$$综合的数字资产价值贡献度 = \Sigma 因素权重 \times 该因素下的价值贡献度分值$$

价值贡献度评估方法需要从以下几个步骤实施。

1)分析体现数字资产价值贡献的因素

不同的企业或处于不同行业不同阶段的企业,由于其对数字资产提供的价值预期不同,因此没有固定的价值贡献度体现因素。需要企业根据自身的具体情况进行分析,企业看重的是数字资产能提供哪些方面的价值,并把它们列出来,形成用于评估数字资产价值贡献度的因素。

未列出来的因素并不是不重要,也不是数字资产在那些方面没有价值贡献。相反,可能数字资产在这些方面的价值贡献更大。请注意,这里所需要的是企业更关注的价值贡献,也就是说企业希望数字资产在这些方面贡献更多、更大的价值。

从原则上来说,同一类别的因素最好进行合并,成为一个因素。当然,如果企业希望对该类别中的不同部分分别进行评估,可以分别体现,但不要存在交叉。

由于体现数字资产价值贡献的因素是企业更关注的因素,因此并不要求这些因素在维度上保持一致,也不要求能全面覆盖数字资产的价值贡献。

2)为每一个因素分配一个权重值

确定了体现数字资产价值贡献度的因素后,按企业的关注程度给予每个因素一个权重值。权重值最好在(0,1)的集合中。权重值越高,说明这个因素对企业越重要。

为了后续计算方便,建议权重值只取小数点后一位数。如果因素特别多,可以取小数点后两位数。总之,权重值只是为了体现这些因素的重要程度排序,不用过于纠结具体的分值大小,只需要体现其重要程度即可。

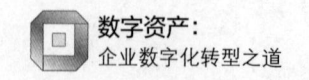

3）确定价值贡献度评估的分值及其标准

在对每一个因素中的数字资产价值贡献度进行评估时，其分值在（0，10）集合中。分值越高，说明数字资产的价值贡献度越高。

应制定从 1 分至 10 分的评估标准，以指导评估人员根据标准评估价值贡献度。

对数字资产的价值贡献度的评估，可能因为不同的因素有不同的评估方法。为了简化这个过程，可以将因素进行归类，使同一类别的因素采用相同的评估标准进行评估。

需要特别说明的是：相关的因素及其标准和权重应得到高级管理层的批准。因为在知道选项之前，制定决策标准很重要，可以让决策更客观、理性，避免由于主观偏好而影响决策。

4）评估并计算数字资产的价值贡献度

在上述准备工作都完成后，企业就可以进行数字资产的价值贡献度评估了。

对每一个业务对象模型，可以按依赖关系进行分组（将强依赖关系的业务对象模型分为一组）后，按评估标准分别对不同的因素进行价值贡献度评估。

在评估业务对象模型组的价值贡献时，最好选择这个组合中最基础的，也就是以其他业务对象模型都依赖的业务对象模型为代表进行评估，而不是对群组中的每个业务对象模型的评估分值的简单相加。如果使用每个业务对象模型的评估分值的和来体现价值贡献度，必然是含有越多业务对象模型的群组的价值贡献度越高，就容易埋没一些价值贡献度高且相对独立的业务对象模型。从实施的角度看，相对独立或包括较少业务对象模型的业务对象模型组的实施成本可能更低一些，投入产出比会更高。在企业数字化转型的初期，特别需要这样的效果来提振数字化转型的信心，鼓励更多的部门加入数字化转型的过程中。

如果出现多个业务对象模型组具有相同的价值贡献度，那么可以按数字资产价值贡献度的公式评估每个业务对象模型的价值贡献，按组中的业务对象模型的重要性分别比较业务对象模型组的价值贡献度，排出价值贡献度的顺序。

2. 数字资产价值贡献度评估因素

数字资产价值贡献度评估因素多种多样，以下因素是从基础的层面对数字资产价值贡献的评估。这些因素可能并不是所有企业或企业在所有阶段重点关注的对象，企业可以根据自身情况选择使用。

（1）对企业战略目标实现的影响程度。

（2）对企业竞争地位的影响程度。

（3）对企业合规经营重要性和紧迫性的影响程度。主要是指对于与监管要求相关的业务对象，在实施前后满足监管要求的变化程度。

（4）实施的难易程度。

（5）对企业生产工艺的影响程度。

（6）受益范围。受益范围是指受益的企业业务条线。

9.2.3　形成数字资产实施候选路线图

数字资产实施候选路线图是指单纯从数字资产的维度进行分析后，结合企业数字化转型的整体目标形成的数字资产实施的候选路线图。之所以称之为候选路线图，是因为这个路线图并不是企业最终要执行的路线图。企业最终要执行的路线图应当是对所有维度整合分析后得到的候选路线图，根据企业投入的资源、时间等要素后调整得到的。我们将在"9.3 制定落地实施路线"中介绍如何进行整合和规划。

形成数字资产实施候选路线图的分析顺序正好与前面的分析顺序相反，先通过评估数字资产价值贡献度进行优先级排序，再通过差距分析及分析差距解决方案依赖关系进行适当调整后得到最佳优先级排序。绘制数字资产实施的候选路线图的具体步骤如下所示。

1）根据数字资产价值贡献度的评估结果进行数字资产优先级初步排序

完成数字资产价值贡献度评估之后，每个业务对象模型或业务对象模型组都有一个贡献度值，按评估得到的价值贡献度分值将业务对象模型或业务对象模型组从高到低进行排序，得到数字资产实施的优先级排序。

2）根据数字资产差距解决方案依赖关系矩阵调整数字资产实施优先级顺序

在对业务对象模型的贡献度进行评估时，将强依赖关系的业务对象模型分为一组，但还存在未考虑中度依赖关系的业务对象模型的情况。根据数字资产差距解决方案依赖关系矩阵调整数字资产实施优先级顺序，就是针对业务对象模型或业务对象模型组之间的中度依赖关系来考虑的，将被依赖的业务对象模型或业务对象模型组尽可能调整到依赖的业务对象模型或业务对象模型组前面，从而为依赖提供更稳固的基础，更充分地发挥数字资产的价值。

3）结合数字资产差距解决方案依赖关系矩阵分析初步评估数字资产实施的工作量，调整数字资产实施的优先级顺序

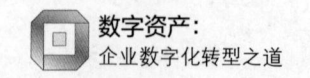

数字资产差距解决方案依赖关系矩阵时，对解决方案的工作量做了大致的评估。该工作量的大小会影响业务对象模型或业务对象模型组的完成时间，从而影响有依赖关系的业务对象模型或业务对象模型组的实施，因此，需要综合考虑该工作量的情况，来调整业务对象模型或业务对象模型组实施的开始时间，从而保证有依赖关系的业务对象模型或业务对象模型组不因被依赖的业务对象模型或业务对象模型组未完成实施而受影响。

4）根据企业数字化转型的总体规划及相关战略目标，综合形成数字资产实施的候选路线图

在业务对象模型或业务对象模型组的实施优先级顺序确定后，结合企业数字化转型的总体规划、企业战略目标、数字资产的战略目标等进行统筹考虑，按时间和空间两个维度制定数字资产每个业务对象模型或业务对象模型组实施的起止时间及实施系统的候选路线图。数字资产实施候选路线图如图9-1所示。

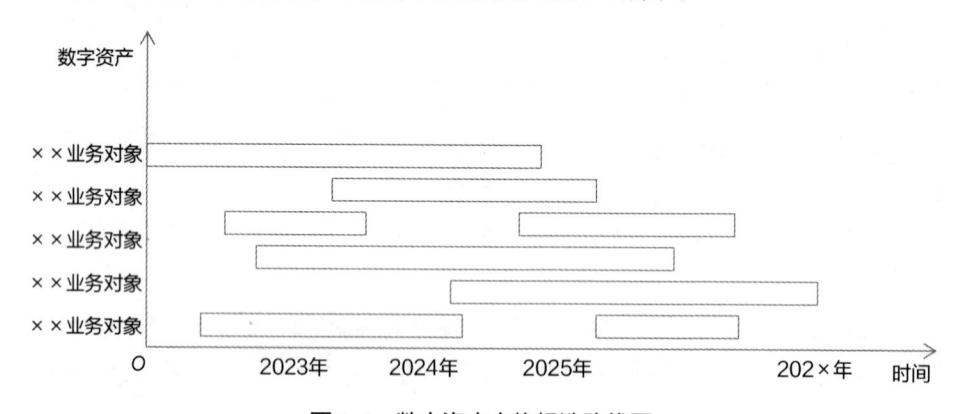

图 9-1　数字资产实施候选路线图

同时，按照数字资产实施候选路线图对数字资产差距解决方案依赖关系矩阵进行如下操作。

（1）按实施优先级重新排序后生成数字资产差距解决方案依赖优先级矩阵。数字资产差距解决方案依赖优先级矩阵模板如表9-3所示。

表9-3　数字资产差距解决方案依赖优先级矩阵

维度	顺序	差距	预设解决方案	依赖对象	依赖程度	预估工作量	开始时间	完成时间	备注

（2）在数字资产差距解决方案依赖优先级矩阵中标注每一个差距解决方案的开始时间及截止时间。

9.3 制定落地实施路线

在"第 5 章 数字资产标准建设"中介绍了如何制定数字资产标准化实施路线图。数字资产标准化实施路线图类似于里程碑式的计划，每一个路线图都需要细化成一个个可执行、可实施的方案，让路线图成为现实。

IT 实施不仅是对数字资产规划成果的实施，还需要考虑数字资产与流程的有机融合，让数字资产能及时、全面、有效地满足企业生产经营管理的需要，能实时、正确地存储企业生产经营管理过程中产生的新数字资产。IT 实施还需要考虑在业务数字化的基础上推进数字业务化的实现，从而实现企业数字化转型的目标。

9.3.1 整合解决方案依赖优先级矩阵

企业的数字化转型不是一蹴而就的，为了更好地进行管控，需要基于企业的生产经营管理对 IT 系统的整体需求进行全面统筹，有计划、有目标地实施。

为了使企业数字化转型的规划阶段更平稳，往往会对转型工作以不同的维度分别进行规划设计，同时会在每个层级进行对接及验证。例如，与进行数字资产规划设计时不断地与流程进行对接一样，不同维度的规划设计成果间每个层级都需要进行对接，从而确保分别推进的工作成果能得到有效衔接。

企业的数字化转型不仅是进行资产的数字化，还包括流程的数字化、决策的数字化等，在规划企业级实施项目时，不能只从某一维度的规划视角考虑，如果只考虑流程或只考虑资产的某个维度，必然造成大量的资源浪费，难以达成预期目标。因此，在进入实施阶段后，为了确保实施的效果和投入产出比等，不能分别推进，而是要对所有维度的规划设计成果进行全面整合后，统筹安排。

1. 整合数字资产差距解决方案依赖矩阵时应重点关注的内容

整合各维度的差距解决方案依赖优先级矩阵是实施阶段统筹规划的重要工作之一。将数字资产差距解决方案依赖矩阵与其他维度的差距解决方案依赖矩阵进行整合时需要从两个方面进行思考。

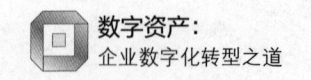

1）将数字资产作为生产要素与其他差距解决方案进行整合

将数字资产作为生产要素与其他差距解决方案进行整合时，将数字资产作为一项企业生产要素融入生产经营流程中，共同参与价值创造。

通过进行数字资产规划设计时不断地与流程对接，能准确地掌握每一项数字资产与生产经营管理流程的关系，可以准确无误地将数字资产规划设计的差距解决方案与其他维度规划设计的差距解决方案的流程关联起来。分析其他差距解决方案的流程对数字资产使用的具体需求，就能与数字资产规划设计的差距解决方案整合起来进行综合分析，将数字资产规划设计的差距解决方案与其他规划设计的差距解决方案融为一体，实现数字资产作为一种生产要素为企业生产经营提供资产服务支持的基本目标。

如果数字资产规划设计解决方案的范围比融入解决方案对数字资产需求的范围大，则只要不影响融入项目的实施，仍可以全量融入，一并推进落地实施；如果数字资产规划设计解决方案的范围比融入解决方案对数字资产需求的范围小，应以融入解决方案对数字资产的需求为标准，将与之关联的业务对象模型的解决方案规划内容一并融入。这样整合后，可能会对数字资产落地实施的整体规划造成影响，需要从数字资产规划设计层面分析具体的影响，并制定相应的应对策略，或调整数字资产的实施规划。例如，关联的业务对象模型 B 随着数字资产规划设计解决方案甲融入指定解决方案乙后，需要分析业务对象模型 B 原来所属的规划设计解决方案丙是否会因为业务对象模型 B 的调整而受影响，或者说丙与业务对象模型 B 是否存在强依赖关系，如果存在则应当将其依赖的业务对象模型一并实施，再分析相应的调整是否对其他业务对象模型的实施方案有影响。如果有影响，则应当考虑这个影响的范围有多大、程度有多深，可以通过什么样的措施来补救，或者数字资产的解决方案需要进行怎样的调整等。

2）将数字资产作为数字化转型驱动因素与其他差距解决方案进行整合

数字资产除了是一种生产要素，还是一种企业数字化转型驱动因素。我们在"4.3 数字资产落地方法"里介绍了"T"字工作法。在"T"字工作法中，每一次 IT 实施时都通过五个工作环节来推进落地：完善业务实体属性、智能化应用设计、设计逻辑数据模型、设计物理数据模型、设计业务对象服务。

从 IT 实施的五个工作环节中可以看出，数字资产实施的过程不仅要将数字资产规划成果转换为一张张的数据库表（物理数据模型）以承接流程数字化生产的数字资产，还要将数字资产与数字技术相结合（智能化应用设计），向数字资产业务化的方向推进。

在完成数字资产差距解决方案与其他差距解决方案整合之后，应当从数字业务化的维度来审视整合后的解决方案的合理性、高效性。对相关的规划成果进行调整，目的就是在快速迭代的基础上避免浪费。

2. 形成企业级差距解决方案依赖优先级矩阵

将各维度的差距解决方案依赖优先级矩阵整合后，企业可以将紧密相关的各维度差距整合在一起，对各维度中预设解决方案间的依赖关系进行综合评估，给出新的组合及依赖关系。企业级差距解决方案依赖优先级矩阵如表9-4所示。

表9-4 企业级差距解决方案依赖优先级矩阵

顺序	维度	差距	原顺序	预设解决方案	依赖对象	依赖程度	预估工作量	开始时间	完成时间	备注

在企业数字化转型中，资产数字化是非常重要的基础，数字资产的智能化应用是企业业务模式创造的核心要素，是企业转型成功与否的关键要素，因此，在设定企业级差距解决方案依赖优先级矩阵时，应主要以数字资产差距解决方案优先级为基础进行预设。最后将得到的优先级排序填入企业级差距解决方案依赖优先级矩阵的第一列"顺序"中。

9.3.2 规划项目

完成企业级差距解决方案依赖优先级矩阵之后，可以将需要同步实施的差距解决方案作为项目进行规划。项目将成为差距解决方案落地实施的抓手，企业通过跟踪规划项目落地实施的情况来掌握差距解决方案的推进情况。

1. 项目的概念

项目是企业创造价值和效益的主要方式。《项目管理知识体系指南（PMBOK 指南）第六版》是美国项目管理协会（PMI）的经典著作，已经成为美国项目管理的国家标准之一，也是当今项目管理知识与实践领域的国际标准。其中对项目的定义为：项目是指为创造独特的产品、服务或成果而进行的临时性工作。

创造独特的产品、服务或成果是指开展项目的目的是通过可交付成果达成目标。目标是指工作指向的结果，要达到的战略地位、目的，要取得的成果，要生产的产品，

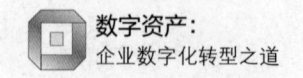

或者准备提供的服务。

可交付成果是指在某一过程、阶段或项目完成时，必须具备的任何独特并可核实的产品、成果或服务能力。可交付成果可能是有形的，也可能是无形的。某些项目的可交付成果和活动中可能存在重复的元素，但是这种重复并不会改变项目工作本质上的独特性。

临时性工作是指项目有明确的起点和终点。临时性并不意味着项目持续的时间短，而是指项目必然有其开始和终止的时间。临时性并不代表其成果具有临时性，恰恰相反，项目成果会在项目终止后依然存在。当出现以下情况时，项目终止：项目目标达成或已明确不可能达成目标，不能再提供项目所需资金，项目需求不复存在（如战略目标调整而不再需要），无法获得人力或物力资源，出于法律的原因而终止等。

2. 规划项目

根据企业级差距解决方案依赖优先级矩阵对有强依赖关系的差距解决方案进行整合，分析、规划推进差距解决方案的实施项目。在规划项目时，推荐使用芭芭拉·明托提出的 MECE 原则。项目涵盖的范围的全集是企业级差距解决方案依赖优先级矩阵中的每一个差距解决方案。不交叉，即要求将企业级的差距解决方案规划为不同的项目后，各项目之间不存在交叉或重叠；不遗漏，即要求规划出来的项目成果的总和可以全面弥补企业级差距解决方案依赖优先级矩阵中所有的差距，不会出现遗漏或不足。

根据企业级差距解决方案依赖优先级矩阵规划项目时应同步分析以下影响项目实施的因素，并形成企业级差距解决方案实施影响因素及其风险评估表，如表 9-5 所示。

表 9-5　企业级差距解决方案实施影响因素及其风险评估表

顺序	维度	差距	预设解决方案	影响因素	影响因素描述	可能的风险描述	风险类型	风险应对措施	备注

（1）企业是否具备了实施特定差距解决方案的能力，如获得开办相关业务的许可、掌握相应的技术、取得相应的业务资质、具备可以开办相关业务的人员等。

（2）某个特定的差距解决方案在实施过程中会受哪些因素制约，这些制约因素可能带来的影响和风险是什么，相互之间的关系如何，以及如何降低风险发生的概率，如何减少风险的影响。这里的制约因素不包括上一条所述的能力因素。

（3）评估特定差距解决方案的业务价值的大小、风险的总体情况。

（4）特定差距解决方案的工程量大小，资源（人力、物力、财力、时间）的占用情况，以及市场和业务的急迫性等。

（5）用敏捷迭代的方式规划项目时应注意避免浪费，不要因为目前需要解决某个问题，就先进行一个临时项目，之后用另一个项目来取代临时项目，临时项目完全退出。在分步走的同时，要考虑到每一步的成果都能得到很好的应用。

在规划项目时，如果具有强依赖性的差距解决方案较多，可以整合为一个项目，但应尽可能采用迭代方式推进，让每次迭代都能实现交付独立的产品、服务或成果，且每次迭代的周期尽可能短，即总体体现小步快跑的原则。在企业数字化转型的漫长时间里，快速迭代并不断呈现效果，能让企业感受到数字化转型的可行性及必要性，从而在企业全局范围内形成数字化认同及意识，对于持续推进相关工作极其重要。

在规划迭代项目时务必注意避免浪费。不要为了满足某一方面的效果临时地做一些建设，而在相关规划成果完成时全面废止临时建设的做法。资源浪费必然带来高昂的成本，对于本身具有高成本的企业数字化转型而言，增加了成本压力，还延长了建设时间。稳扎稳打才是最有效的。

对于每个项目涉及的数字资产及其标准，需要明确以下内容，以帮助对企业数字资产实施情况进行整体跟进及管理。

（1）目标概述。对数字资产及其标准所要实现的目标进行简明介绍，并对标具体的差距解决方案。

（2）现状及问题说明。在对企业业务系统的现状及存在的问题进行说明时，需要对数字资产的现状及问题进行专题说明，以便后续进行开发时制定恰当的 IT 实施及部署方案。

（3）项目主要内容说明。在项目主要内容说明中，增加数字资产及其标准的说明，比如项目涉及的业务对象范围，项目可交付成果使用的数字资产及其标准是目标业务对象还是原有数字资产及其标准。对于使用原数字资产及其标准的，应说明使用的原因并进行风险分析。

（4）项目风险说明。需要针对数字资产及其标准的使用情况进行风险分析，包括使用新数字资产及其标准的前提条件（如涉及外部标准的，相关标准是否已发布；响应监管要求的，监管要求实施的起点时间等），项目实施过程的影响因素及其风险。

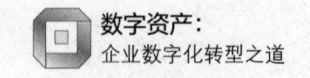

需要说明的是，并不是所有的项目都需要通过 IT 系统来推进实施，有些目标，如人才队伍的建设等，与 IT 系统无关。每个差距解决方案都完成实施项目的规划后，统筹考虑项目间的依赖关系及影响，就可以制订项目的实施计划了。项目实施计划是差距解决方案的具体细化，某个差距解决方案对应的项目完成落地，就意味着该差距得到解决。

9.3.3　制定项目实施优先级顺序

企业数字化转型总体规划出来的项目都是需要尽早实施的，可是企业的资源有限，不可能全面同时推进，更多的时候必须做出选择，确定先做什么、后做什么，即制定项目实施优先级顺序。在制定项目实施优先级顺序时，应当围绕企业战略目标开展，需要考虑以下因素。

1. 配合最迫切的业务需求

迫切是指紧急、急迫。企业可以根据生产经营的特征制定一系列评估迫切的指标和评分标准，来标识项目的迫切程度。

之所以要制定指标和评估标准来标识项目的迫切程度，是因为所有的业务部门都会从本部门的利益出发进行考虑，认为与自己部门相关的项目最紧急。如果企业有足够的资源，可以分别满足不同业务部门的需求，由各业务部门自行评估与本部门相关的项目的迫切性，并从高到低进行排序，再按此顺序制订研发计划，推进实施。

在现实情况中，企业很难保证有充足的资源，尤其是企业数字化转型要求全企业一盘棋的情况下，不允许这样做。但是，可以由各业务部门按统一的标准先对每个项目的急迫性进行说明、评分（可以在规划项目时进行），再由总体规划部门进行复审，并确定其最后的迫切性得分，并按迫切性得出优先级。

具有迫切性的项目一般是与客户、市场相关，与监管或法律法规相关的项目。因为一旦失去客户、失去市场，或不满足监管或法律法规时，企业的生存必然受到威胁。对于企业而言，没有比生存更重要的事，只有先生存下来，才能谈发展。因此，迫切性高的项目应优先实施。

2. 价值贡献度最大

有时候具有迫切性的项目的价值贡献度并不一定大。既然企业数字化转型的目标之一是创造更多的价值，那么，对于一个项目的优先级而言，可以用价值贡献度来衡量。

项目的价值贡献度分析因素及其标准可以使用评估数字资产价值贡献度时的标准及成果。在此基础上，价值贡献度至少需要考虑两个方面的价值：一是预估项目能为企业创造收益或节省开支而贡献的价值；二是项目为社会创造的价值或社会贡献度。

从企业自身的经济利益出发，企业作为一种以营利为目标的组织，需要创造价值才能给员工支付薪水，才能给股东分派红利，才能投入新的研发创造更多价值，这是企业生存、发展的根本。从社会贡献度出发，企业存在于社会中，需要考虑回馈社会、保护环境、尊重消费者、保护员工的正常权益等，承担社会责任是企业可持续发展的基石，对社会的贡献度体现了社会对企业的预期，是企业可持续发展的重要途径。

企业可以根据自身所处行业的具体情况对这两个方面的价值贡献度设计相应的评估指标、评价方法和评价标准。这些评估指标、评估方法和评估标准应报企业高级管理层批准后才能应用。经审批后的评估指标、评价方法和评价标准将用于指导相关人员对实施项目的价值贡献度进行评估和评分（可以在规划项目时进行）。经总体规划部门复审，确定其最后的价值贡献度得分，并按价值贡献度得出优先级。从原则上来讲，价值贡献度高的项目应优先实施。

3．最快见到效果

企业数字化转型是具有长期性的工程，但这并不意味着短期内见不到效果，当然也不可能在短期内看到非常显著的效果。在规划项目时，我们就知道转型效果是对企业进行数字化转型最好的强心剂，也是企业在漫长的数字化转型过程中需要不断增强的信心，因此，最好用"小步快跑"的迭代方式来推进项目实施。

除了考虑项目间的强业务逻辑关系，见效快应该成为主要的选择目标。试想，如果企业每个月都能见到数字化转型的效果，则通过一年、三年的积累，哪怕每次都只体现一个小小的效果，聚沙成塔、集腋成裘，累积起来就是惊人的成果。例如，微信刚推出时只有简简单单的几个功能，如收、发信息、发红包等，可是几年下来，微信提供的社交手段越来越丰富，使用户越来越离不开。

最快见到的可能是比较小的效果，但是它的存在对整个企业而言如同明珠一般耀眼、重要。

4．实现的价值最显著

在推进实施企业数字化转型的相关规划时，不能只考虑数字资产标准，而是要将企业总体转型规划一并统筹，既要让企业尽快见到效果，提振企业对数字化转型的信心，又要避免不必要的浪费，尽可能降低数字化转型的成本。通过全盘考虑后统筹规划形成的项目实施路线，应当能够产生最显著的成效。

要实现的价值最显著，一般需要综合考虑前面提及的各项因素，综合分析企业面对的情况、竞争对手情况，以及行业的"护城河"等。如果通过项目实施为企业的数字化转型带来了显著的价值贡献或提升企业的竞争力，一定会提振企业对数字化转型的信心，有利于企业持续推进数字化转型。

在实现显著成效的过程中，应当避免浪费。即在实现价值的同时需要兼顾成本。企业数字化转型是一个浩大的工程，需要企业投入大量的资金，开展大量的建设、整合工作。在规划推进项目时，应尽可能地避免浪费，力求所有的投入都能在后期持续发挥作用。如果临时的建设不可避免，也要尽可能地减少重复投入或通过将粒度细化，让成果可以持续发挥作用。

5. 受益范围最广

企业数字化转型最基本的一点是"攥指成拳"，通过集合全企业的力量，各部门齐心协力地开展工作，相互配合做好协同，才能彰显企业的长处，才能让更多的部门体会到协同带来的竞争力，才更有利于让更多的部门在后续的数字化转型过程中主动配合，共同推进。

受益范围最广的项目一般具有一定的基础性。对于企业各个部门而言，可能有不同的产品，不同的服务对象，或者不同的对客户的关注点。例如，对个人服务的部门会关注个人客户的特征，对企业服务的部门会关注企业的特征。企业的特征与个人的特征之间存在非常大的差异，看上去几乎没有关联。但是，企业是由"人"来经营的，企业中的一个个"人"可以成为对个人服务的部门的客户；个人客户中的某些客户会在某个企业里工作，他们对企业的生产经营决策发挥着重要的作用，他们服务的企业可以成为对企业服务的部门的客户。所以，与"客户"相关的项目进行企业级整合后，必然影响企业绝大多数部门。

6. 实施影响风险应对措施

在规划项目时进行企业级差距解决方案实施影响因素及其风险评估，对存在的风险及其应对措施进行全面的分析。如果实施影响因素所造成的风险未能在规划项目优先级时得到有效解决，且可能在预设的实施期间仍得不到有效控制时，就会影响项目的实施或项目实施效果的呈现，需要调整该解决方案实施的时间。

9.3.4 确定项目实施路线图

企业级差距解决方案实施影响因素及其风险评估中可能影响项目实施的因素、风险及其应对措施是制订项目实施计划时必须考虑的行动或约束。因此，在确定项目实施路线图时，应以项目实施优先级为基础，对比分析企业级差距解决方案实施影响因素及其风险评估的具体情况，对项目实施的优先级进行调整。

初步的项目实施优先级排出来之后，需要用业务逻辑对项目间的逻辑关系进行分析，对不符合业务逻辑关系的优先级顺序进行适当的调整，形成最终的项目实施优先级顺序。

在项目实施的优先级顺序确定之后，结合项目的工作量、难度、约束条件等进行统筹考虑，确定企业数字化转型规划项目实施的起止时间，绘制企业级项目实施路线图。数字资产实施的候选路线图是用甘特图绘制的一种实施路线图，可以比照相同的方法绘制企业级项目实施路线图，具体过程不再赘述。

9.4 项目实施

9.4.1 业务需求分析

企业数字化转型的业务需求涉及内容的方方面面，本节以需要 IT 实施的业务需求分析为对象进行说明，未提及的内容并非不重要，只是相关的内容不属于数字资产及其标准建设的范畴，不进行特别介绍。受数字资产是流程附属物思想的影响，使得数字资产及其标准方面的业务需求分析极易被忽视。在数字化转型下，数字资产除了满足流程的需要，更是推进数字业务化、业务模式创新的核心要素，因此，需要在业务需求分析中重点关注数字资产及其标准的需求分析。

1. 业务需求的重要性

企业战略目标必须由业务部门通过生产经营实现，因此，业务部门根据项目实施路线图提出的业务需求是战略目标落地的具体体现，是指导 IT 实施的重要依据。为什么将业务需求的重要性提到这么高的地位呢？以斯坦迪什咨询集团的"混乱研究"

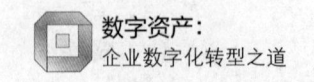

为例，该研究通过观察 3.4 万个软件项目（每年停止跟踪 3400 个 10 年前开始的项目，同时开始跟踪 3400 个新项目）并通过不同的指标评估其成功与否。其研究的结论性数据为以下几个方面。

软件项目成功是指按时、按预算、按既定范围完成了项目目标。1994 年有 16%的软件项目成功，2004 年有 29%的项目成功，2012 年有 39%的软件项目成功。

软件项目遇到困难是指项目严重超过时间或预算限制、不符合客户预期的数量。1994 年有 53%的软件项目遇到困难，2004 年有 53%的软件项目遇到困难，2012 年有 43%的软件项目遇到困难。

软件项目失败是指项目未完成就已经被取消。1994 年有 31%的软件项目失败，2004 年有 18%的软件项目失败，2012 年有 18%的软件项目失败。

从这组数据可以看出，软件项目的成功率虽然有了较大的提升，但是依然只有三分之一，导致这个结果的主要因素是需求沟通不足。因此，在业界已经形成了处理好业务需求是项目成功的关键因素的观点。对于规划、实施的项目，尤其是其中需要 IT 实施的项目，仍然很有必要进行细致的业务需求分析。

2. 业务需求及其分类

IEEE 610.12—1990 对需求有以下定义。

（1）需求是用户解决某个问题或达到某个目标所需要的条件或能力。

（2）需求是一个系统或系统组件为了实现某个契约、标准、规格说明（规约）或其他需要遵循的文件而必须满足的条件或拥有的能力。

（3）需求是对于前两个方面所描述的条件和能力的文档化表示。

也就是说，为了确保规划出来的项目得以有效落地，需要系统地详细说明企业期望 IT 系统实现什么样的服务或具有怎样的功能。为了能准确表述业务需求，需要进行业务需求分析。

项目实施方案对于为什么要推进项目及要实现的目标有了明确的指向，业务需求分析是要明确具体怎么做。在进行业务需求分析前，需要了解业务需求应该包含哪些方面的内容，以有针对性地进行分析。

业务需求的分类方式有很多，我们采用国际需求工程委员会对业务需求的分类标准将业务需求分为以下三类。

（1）**功能性需求**。功能性需求定义的是待开发系统所提供的功能。这些需求通常分为功能性需求、行为性需求和数据类需求。

（2）质量需求。质量需求定义的是待开发系统的质量要求，质量需求对系统架构的影响往往比功能性需求大。质量需求是非功能性需求，一般是指系统的性能，即安全性、可用性、可靠性、可伸缩、可移植性等。

（3）约束性需求。约束性需求定义的是限制系统本身或开发过程，本身不会被系统执行，但限制了解决方案的可用空间的需求，如系统应该由谁执行，应该在什么时候投产运行，谁负责管理等。

3. 分析业务需求

1）分析项目的范围

在进行业务需求分析、获取业务需求的过程中，首先要分析项目的范围。项目的范围包括：项目目标；与实现该项目目标相关的系统环境，以及该环境与项目目标的边界，也称为系统上下文；与实现该项目目标无关，但与该项目相关的系统环境，以及两者的边界，也称为无关环境。项目范围示意图如图9-2所示。

图9-2 项目范围示意图

系统上下文包括利益相关者、文档、与待开发系统有交互的其他系统。

通过分析确定系统与系统的上下文边界，以及系统上下文与无关环境的边界，就明确了系统的范围。这个范围是业务需求说明书需要说明的内容，是IT进行系统开发需要考虑的范围。在进行系统上下文分析时，从数字资产及其标准的角度看，需要分析项目涉及的业务对象，明确项目需要落地的业务对象，以及对不改造的数字资产的使用目标及要求等。通过这些分析可以验证业务对象中各实体设计的全面性、准确性。

2）获取业务需求

数字资产及其标准是为了更好地满足企业生产经营管理的需要，可以在获取业务

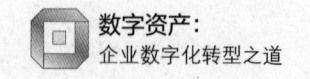

需求的过程中更充分地了解业务对数字资产及其标准的具体期望，从而对已完成的业务实体进行完善，并与生产经营管理流程更好地融合。

在进行数字资产规划时，通过访谈、调查、文档收集等技术获取了业务部门对数字资产及其标准的期望，在需求分析阶段应尽可能使用其他需求获取技术来获取利益相关者的有意识、无意识和潜意识的需求。例如，使用访谈、调研等调查技术，头脑风暴、六顶思考帽等创新型技术，系统考古、基于视角阅读、复用等以文档为中心的技术，实地观察、成为学徒等观察技术，思维导图、专题讨论、原型法等支持技术去发现和细化数字资产及其标准需求。

在获取质量需求时，建议特别关注以下与数字资产及其标准相关的内容分析。

（1）在分析系统的性能需求时，用户的响应时间、资源利用要求会影响数字资产的部署，因此需要特别关注利益相关者的期望目标。

（2）在分析系统的安全性需求时，应就如何保证数字资产的可靠性、真实性、机密性、完整性等与利益相关者进行沟通，了解业务的期望，可能会因此需要流程配合实施某些改造，如增加一些权限的控制、数据传输时使用密钥加密、展示或提供数字资产时进行敏感信息的变形处理等。

（3）在分析系统的可用性需求时，应就数字资产及其标准的可用性与利益相关者进行充分的讨论，如需要对某些具有选择性的数据标准的可用性进行分析和评估，数据标准是否过多、定义是否明确、选择是否容易、操作是否便利等，引导利益相关者进行更深入的思考，提出更具体的想法，挖掘潜在需求。

（4）在分析系统的可靠性需求时，应考虑数字资产及其标准的可用性、可恢复性等，可以就相关的目标与利益相关者进行沟通，了解他们的期望。尤其是跨部门管理的数字资产的使用需求，与其他专业的联动协同等方面的具体需求；与业务创新或服务创新相关的数字资产支持的具体需求；与业务决策相关的数据整合与分析的具体需求。

在根据项目实施方案与利益相关者进行充分沟通后，充分挖掘出与数字资产相关需求的细节部分，从企业价值链、企业生态环境等多维度进行全面的业务需求分析。对最终形成的业务需求分析成果，应组织利益相关者进行评审，达成共识后业务需求分析工作才能结束，从而进入下一阶段的工作。

9.4.2 撰写业务需求说明书

当利益相关者对系统实现的内容（业务需求分析）达成共识后，就需要按企业规定的标准来记录与需求相关的意愿，也就是撰写业务需求说明书。

业务需求说明书只是用标准化的语言对业务需求分析得到的成果进行更全面、详细的描述。不同的企业的业务需求说明书使用的语言、标准、要求及文档的命名等都会存在较大差异，但这些只是手段不是目标，因此本书不再对其进行详细的介绍。业务需求说明书作为业务人员与技术人员沟通的文档，其详细描述项目的范围、目标及要求的目的是一致的。因此，本书重点就业务需求说明书中需要体现的与数字资产及其标准相关的内容进行说明。

鉴于企业已完成了数字资产及其标准的规划、建模工作，与用自然语言描述相比，模型语言能更好地表述业务需求，能更有效地实现业务人员与技术人员之间的沟通，所以在业务需求说明书中用模型语言来描述与数字资产及其标准相关的需求是最佳选择。

1. 数字资产及其标准的引用

在业务需求说明书中应按评审通过的业务需求分析及最新发布的企业数字资产设计实施标准，撰写与数字资产及其标准的内容。为便于数字资产及其标准的实施，最好使用业务实体模型的方式来描述数字资产及其标准部分的业务需求，最简便的方式是直接引用企业已发布的业务对象模型。在实际工作中，可能出现很多意外情况，比如企业发布新的数字资产设计实施标准，或所需要标准还未发布等，所以需要对不同情况分别进行分析处理。

1）直接引用数字资产

在企业构建数字资产时，结合企业战略目标及企业数字资产高阶规划标准进行规划，按企业数字资产设计实施标准完成设计，形成标准化的业务对象模型和业务实体模型。这些规划、设计成果需要通过项目实施来落地。因此，在按项目实施路线图实施时，一般情况下可以直接引用已经发布的业务对象模型及其所包含的业务实体模型。

在撰写业务需求说明书时，可以将引用的业务对象模型与相应的流程模型进行对接分析，确定业务对象模型能全面满足流程模型的需求。如果发现不能满足时，可以同步对已发布的数字资产提出变更申请。

2）引用数字资产时变更数字资产标准

在进行企业数字资产规划时，虽然结合企业战略目标及当时的生态环境进行了全面统筹，但是从规划到实施需要一定的时间，尤其是对企业数字资产进行全面的重新规划，受企业研发资源等诸多客观条件的制约，会存在数字资产规划时使用的企业数

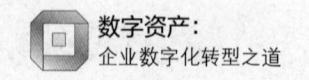

字资产标准与实施时应遵循的数字资产标准不一致的情况，比如有新的国际标准、国家标准、行业标准等外部新标准发布，或者新的法律法规、监管要求等对某些数字资产的标准进行了调整，而企业数据资产标准还未调整时，应在撰写业务需求说明书时采用新的数字资产标准，并提出变更数字资产标准的申请，以实现同步更新企业数字资产标准。

3）引用数字资产时变更数字资产及其标准

在项目的业务需求分析阶段，会通过对项目的数字资产设计成果进行功能性分析，尤其是对业务实体及其业务属性的全面性、完整性、正确性等进行分析。如果发现设计的业务实体及其业务属性不能满足当前实施目标的需求，那么应结合实际需要对相应的业务实体及其属性进行优化提升。涉及业务属性变更的，应当按企业数字资产设计实施标准进行设计。

优化提升后的业务实体模型应当报企业负责管理数字资产及其标准的部门审核。在数字资产及其标准未完成审批前，实施项目不应因此停滞。待相关审批结果确定后，根据最终结论进行调整。

4）涉及非项目推进落地的数字资产

数字资产及其标准的静态描述为 IT 实施时设计数据库表及其部署提供信息，也是在 IT 实施时必须遵循的原则。

对于某个项目而言，可能涉及使用多个业务对象中的数字资产，也可能生产多个业务对象的数字资产。在撰写业务需求说明书时，应根据数字资产规划的实施路线图及项目目标明确涉及的业务对象模型来撰写。对实施路线图中非由本项目推进落地，但是是本项目所使用的业务对象模型，应当直接引用已发布的业务对象模型，更好地指导 IT 设计，满足业务需求。

【示例 9-2】按某银行的战略规划，有一个实施路线图的项目是研发对本行的优质客户提供大额优惠存款产品，以增强客户的黏性，提高其存款的市场占有率。该项目的目标是，对已在该行开立了个人活期账户，购买过某些产品的优质客户，当其一次性存入存款项达到某个金额以上或进行指定期限的定期存款时，给予优惠。有两种优惠方式可以选择：一是给予存款利率上浮 3% 的优惠，但不能提前支取；二是客户可以随时取款，支取部分享受与之相应的定期存款利率。客户可以通过本银行的所有渠道购买该项产品。

在编写业务需求说明书时，对输入输出项直接引用数字资产及其标准。对该业务需求进行输入输出的分析、引用或新增、变更业务实体具体分析及处理过程如下。

第 9 章
数字资产规划实施

（1）需要在系统中维护新产品协议，即申请购买该产品的约束条件，该产品的基本要求及优惠政策等。

新产品协议输入项分析。如果有"产品协议"业务对象模型，那么可以先对该业务对象模型中的各业务实体及其业务属性是否满足本项目新增产品协议的需求进行分析。如果发现相关业务属性均满足，则直接引用"产品协议"业务对象模型及与本协议相关的业务实体及其业务属性，形成该存款产品的协议。

（2）客户申请购买该存款产品时，系统会验证客户身份的真实性、客户的账户是否满足购买该存款产品的条件，是否办理过指定的产品。业务部门希望可以通过客户提交的身份证、存款账户的借记卡，或以刷脸、指纹等方式进行客户认证，确定是否有购买该产品的资格。

身份识别输入项分析。**客户"身份证件类型""身份证件号码"可直接引用"客户"业务对象模型中已有业务属性及其标准**。在企业已完成的数字资产设计成果里，"客户"业务对象模型中的"客户基本信息"业务实体中有客户的"身份证件类型"和"身份证件号码"业务属性，可直接引用"身份证件类型"和"身份证件号码"业务属性的标准作为相关输入域的控制标准。

存款账户的借记卡直接引用"介质"业务对象模型中的"卡号"业务属性及其标准。在企业已完成的数字资产设计成果里，"介质"业务对象模型里的"银行卡"业务实体中有"卡号"业务属性，可直接引用"卡号"业务属性的标准作为相关输入域的控制标准。

刷脸、指纹在已设计的"介质"业务对象模型中没有相应的业务属性。在企业已完成的"介质"业务对象模型中没有客户脸、指纹等相关的业务实体及业务属性。客户在刷脸或使用指纹作为客户身份识别时，与身份证的效果等同，可以将其作为"客户"业务对象模型中的业务属性。如果将客户刷脸或使用指纹作为账户定位，则与存款账户的借记卡的效果等同，可以将其作为"介质"业务对象模型中的业务属性。具体归属哪个业务对象，一是充分考虑这些信息的本质特征是什么，二是分析业务如何使用这些信息。

无论是刷脸，还是使用指纹，都是对人的生物特征的提取及识别，其本质上是为了识别客户。如果将生物特征作为客户身份识别的一种手段，那么同时满足客户可以任意选择其下的账户来办理业务。这时，人的生物特征的效用更宽泛，客户可以在不带任何证件（如身份证、各种银行卡、各种银行文件）的情况下，享受银行提供的各种服务。

如果将刷脸和使用指纹作为定位客户在本行的某个具体账户，那么其与银行卡的

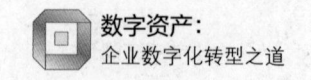

功能一样。这时，人的生物特征仅与某个具体的账户关联，客户办理业务时可选择的范围会有局限。

通过上面的分析，从可扩展性、前瞻性上，选择将生物特征识别作为客户身份识别的一种手段。这里需要在"客户基本信息"业务实体中增加人脸和指纹的业务属性。

同时需要分析，本项目中提出了使用刷脸和使用指纹两种生物特征的方法，以后是否还有其他的生物特征可以使用呢？如果可以，都将其增加到"客户基本信息"业务实体中，这个业务实体会变得异常复杂，可能存在不是所有的客户都会全面使用这些生物特征的情况。如果将身份识别信息的"生物特征"作为"客户基本信息"业务实体的附属实体，"客户基本信息"业务实体比较稳定，而识别客户的方式多种多样，可以根据客户的不同需求进行存储和使用。因此，可以申请调整"客户"业务对象，新增"生物特征"附属实体及与生物特征相关的企业数字资产设计实施标准。

（3）在签订产品协议时，直接引用已维护的该产品的协议。该产品协议中的各个业务属性已经使用了相应的标准，不需要引用其他业务对象中某业务实体的业务属性。需要客户选择具体的优惠方式，选择存款利率上浮 3%但不能提前支取，或选择可以随时取款且支取的部分享受相应的定期存款利率。客户确定存入的金额，该金额必须大于最低起存金额。客户确定存入的期限，该期限必须长于最短起存期限。涉及的输入项分析如下。

选择产品优惠的输出与输入方式。产品的优惠方式是产品协议里已确定的，显示屏以下拉框的方式直接将协议内容显示，由客户直接选择使用。不涉及对新的数字资产引用。

确定存入的金额。输入存入的金额时，需要满足与金额相关的标准。可直接引用企业数字资产设计实施标准中对金额制定的标准。

确定存入的期限。存入的期限是产品协议里已经确定的，显示屏以下拉框的方式直接将协议内容显示，由客户直接选择使用。不涉及对新的数字资产引用。

新协议存储。完成相关的输入后，在该存款产品协议中新增一条记录，该"产品协议"业务对象中的业务实体及其业务属性应满足本项目的所有需求，直接引用相关业务实体、业务属性及其标准。

（4）客户按协议存入款项后，银行应向客户提供产品协议生效并执行的证据。存入款项完成后，客户用于签订该产品协议的账户将增加一笔购入该产品的记录，该产品里增加一笔该客户购买的记录，客户账户的余额同步更新。

账户中增加一笔购入该产品的记录。"账户"业务对象模型中的业务实体及其业务属性满足本项目的所有需求，直接引用相关的业务实体、业务属性即可。

该产品中增加一条该客户购买的记录。"产品协议"业务对象中的业务实体及其业务属性满足本项目的所有需求，直接引用相关业务实体、业务属性即可。

（5）按项目实施路线图的规划，该项目应主要完成"产品协议"、"产品"和"账户"三个业务对象模型设计成果的实施。因此，在业务需求说明书中应全面引用这三个业务对象模型设计的成果。该项目实施过程中涉及的"客户"和"介质"业务对象模型，不是该项目负责推进实施的，但该项目会使用或对其进行调整，应当在业务需求说明书中一并引用。

2. 通过数字资产与业务流程对接描述业务需求

数字资产要参与生产经营管理流程才能实现价值创造的目标，因此，仅有静态的业务实体是不够的，还需要通过业务实体与流程模型的对接体现数字资产如何被使用。通过对接分析，厘清功能性需求所需的数字资产，或者厘清希望通过技术手段应用数字资产实现的生产经营管理及决策的目标。

1）数字资产如何为流程提供支持

可以用业务流程与业务实体对接矩阵来体现数字资产与业务流程的关联，如表 9-6 所示。矩阵的横表头为"流程模型"，填写业务流程的名称，矩阵的竖表头为"实体模型"，填写业务对象和业务实体的名称。请注意，这里填写的最小单位是业务实体而不是业务对象。之所以是业务实体，是考虑到业务对象的内容比较丰富，不是每个业务流程都会使用所有的业务实体，这样的分析更具体。

表 9-6 业务流程与业务实体对接矩阵

实体模型		流程模型		
		业务流程 1	业务流程 2	业务流程 3
业务对象 A	业务实体 1			
	业务实体 2			
	业务实体 3			
业务对象 B	业务实体 4			
	业务实体 5			

矩阵中的交叉部分，应填写业务流程对业务实体的具体操作，如新增、修改、查询。如果企业允许删除数据，则操作中可以加上删除；如果企业不允许删除数据，则只有上述三种操作。

因为所有积累的数据都会成为数字资产，有些记录当前可能没有用了，但是在进行经营分析时或许会发挥意想不到的作用，所以建议尽可能不删除原始记录。当不需要某

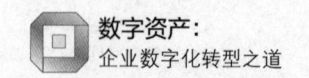

条记录时，可以通过该业务实体的生命周期实体进行注销，或者通过状态进行标注。

新增是指在业务实体中增加一条记录。新增的是业务流程生产的新的数字资产记录。新增的信息可能来源于用户输入、技术采集的信息，但都是由某个业务流程产出的。在新增一条记录时并不要求对该业务对象模型里所有的业务属性都赋值，有些业务属性可能并不会有相应的值。

修改是指对原业务实体中的某些业务属性进行修改。修改包括两层含义：一是对在新增时没有值的业务属性的值进行补充，二是对原有的某个属性进行更新。

如果业务人员认为需要保留该条记录修改前后的具体情况，可以对该实体增加一个生命周期实体。当发生业务属性变更时，只需要对原来的记录进行注释并新增一条记录即可。这样可以看到该项资产的变更情况，将静态的信息描绘出动态的变化。例如，中国人民银行会根据经济情况调整人民币的存款利率。调整之后，原来的存款利率在当前计息周之后就不被流程直接使用了。商业银行可以将其删除，也可以用生命周期实体将其注释并启用新利率实现对当前使用利率的管控。将原来的存款利率保留下来，可以在分析银行经营情况时作为一项影响因素进行分析。如果直接将已停止使用的利率删除，就容易导致该因素的影响力被忽略，不利于对其他经济情况的分析。

查询是指从业务实体中查找满足条件的记录。数字资产进入生产流程往往是从查询数字资产信息开始的。

被查询出来的数字资产参与流程实现价值创造后一定会形成新的数字资产，新的数字资产通过新增的方式被记录到相应的业务实体中。查询出来的数字资产被流程使用后可能并不会得到新的数字资产，只是为客户提供了某种服务，创造了价值。

通过将业务实体与业务流程对接，厘清每个业务流程涉及的具体输入及输出，分析这些输入和输出分别对应的业务对象、业务实体及其业务属性，对照业务实体模型里的业务属性及其标准，确认已有的业务属性是否满足业务流程的需要。如果业务实体中缺少相应的业务属性，应整理出业务属性清单，如表9-7所示，业务属性清单作为业务对象模型待补充的业务实体及业务属性需求体现在业务需求说明书中，一方面用于指导IT研发实施，另一方面用于申请完善业务实体、业务属性及相关的企业数字资产设计实施的标准。

表9-7 业务属性清单

业务对象	业务实体	业务属性	业务属性描述	类型	域	业务规则	使用标准	…

2）技术和数字资产如何驱动流程变革

用技术手段将数字资产应用于企业的生产经营管理及决策流程中，即在恰当的时间将恰当的资产推送给恰当的流程或用户，从而驱动企业相关流程模式变革，实现以数字资产为基础的数字思维方式。

原始的数字资产作为一种生产资料参与企业的生产经营管理流程中，以满足企业在相关流程执行过程中对数字资产的需要为目标。在这个场景里，企业设计的数字资产不再直接应用于流程中，而是通过对数字资产的加工分析后，将得到的结果作用于流程、改变或拓展流程的目标，提升流程的效果。

例如，在企业的销售流程中，客户购买某产品时，销售人员向客户介绍该产品不同型号的特征，帮助客户根据其目标或个性化需求进行选择。在线下的销售流程中，系统为销售人员提供该产品不同型号的特征，以及根据客户的个性化需求选择方案，就属于将原始的数字资产作为一种生产资料参与到企业的销售流程中。在客户决定购买该产品后，系统根据客户的个性化目标将与该产品相关的系列产品进行组合后形成产品使用方案。在这样的情况下，企业为客户提供的不仅是当前的产品，还包括了与该产品配套或关联的其他产品，甚至为客户提供的配套产品并不是企业自己的产品而是合作方的产品。在销售方案中会对这些产品组合带来的益处进行说明，引导客户合理消费，获得更好的客户体验。当系统将这样的销售方案提供给销售人员时，数字资产就成为驱动流程变革的一种因素在销售流程中发挥作用。

再如，企业在非数字化环境中进行经营决策时，一般由决策者根据其主观意识和经验对市场需求和趋势进行分析判断后得出结论。而在数字化环境中，企业将通过数据分析模型对数字资产进行计算后得出相应的结论，为决策者进行有效决策提供支持。当企业依据数据分析模型的结论进行决策时，就是数字资产驱动流程变革的一种体现。

在【示例9-2】的案例中，关于对老客户提供大额优惠存款的产品，我们对存入业务的业务处理流程与业务实体对接的内容进行举例说明。在支取时的内容原则上一致，不再详述。

（1）客户申请购买该优惠存款产品时，银行会进行相应的资格审核。

首先，银行会查询客户信息，以验证客户身份的真实性，以及客户是否为本行的优质客户。其次，银行会查询关联的产品协议，以确认该客户是否与本行签订过指定的产品协议。再次，银行会查询该客户关联账户的余额，以确认是否按相关产品协议有效执行。最后，银行会查询客户指定的账户是否可以办理该类业务（按中国人民银行的监管要求，某些类型的账户是不能办理大额存款业务的）。

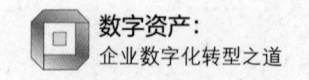

为完成识别客户所做的一系列查询动作，涉及四个业务对象：客户、账户、产品协议、产品。虽然这些查询动作由系统自动完成，但是由谁负责都不会影响到具体的业务流程与业务实体间的对应关系。将分析的结果填写到如表 9-8 所示的业务流程与业务实体对接分析矩阵中的"识别客户"列中。通过这一系列的审核，可以判断客户是否满足购买新产品的资格。

表 9-8　业务流程与业务实体对接分析矩阵

业务对象	业务实体	识别客户	签订产品协议	存入资金
客户	客户	查询：客户类别	—	—
账户	账户	查询：账户类型	—	更新：余额
产品协议	存款协议	查询：产品协议	创建：新协议	—
产品	某类产品	—	—	—
产品	大额优惠存款	—	查询：产品信息	—

（2）客户与银行签订产品协议。

在银行与客户签订产品协议前，银行系统需要先调出该产品的各项说明供客户了解，这时银行需要查询该存款产品协议。

客户选择具体的优惠方式，一是存款利率上浮 3%的优惠，但不能提前支取；二是客户可以随时取款，支取的部分享受与之相应的定期的存款利率。客户从两种优惠方式中选一种优惠方式，并选择具体的存款期限，确定具体的存款金额等，银行与客户签订新产品协议。将这些信息存入产品协议中，即创建了新产品协议。

（3）客户购买产品。

客户按协议存入相应额度的款项，银行提供购买产品成功的信息，客户指定的账户上就新增了一条申请购买该产品的记录，同时相关账户的余额更新。这些工作涉及产品协议、产品、账户等业务对象。将分析的结果填写到业务流程与业务实体对接分析矩阵中的"签订产品协议"和"存入资金"两列中。

通过上面三个环节的分析，最后得到业务流程与业务实体对接结果。

如果业务需求增加了大量的业务属性，且将这些业务属性添加到现有的业务对象中导致该业务对象特别复杂时，可以从业务的灵活性、可扩展性及前瞻规划等方面进行分析，确认是否有新增业务对象或附属业务属性、附属业务实体的必要性。

3. 数字资产的质量需求

完成功能性需求分析及整理后，需要开展非功能性的质量需求分析。质量需求除了数字资产的需求，还包括其他系统性能等方面的需求，本部分仅对涉及数字资产的相关内容进行说明。

与数字资产相关的质量需求较多，可以对标企业数字安全战略目标及相关要求进行分析。有些数字资产的安全性是基础属性，比如说明与项目相关的监管政策及其要求；明确哪些业务属性是高风险、敏感数据，当客户通过自助渠道办理相关业务时，需要加密传输；在业务处理过程中对什么样的数据给予什么角色、什么样的权限，来保证数字资产的安全；在查询或对外提供数据时，对于敏感信息如何进行变形处理以防止敏感信息泄露；如何防止数字资产被滥用；如何实施反欺诈等。

在【示例 9-2】的案例中，客户可以通过银行的所有渠道购买该产品。我们对购买产品的质量需求内容举例说明。后面支取时的内容在原则上一致，不再详述。

1）监管要求

中国人民银行 2016 年发布的《中国人民银行关于落实个人银行账户分类管理制度的通知》（银发〔2016〕302 号）中明确指出，个人可以凭有效身份证件在银行开立 I 类户、II 类户、III 类户，并对这三类账户的使用有明确的要求。

II 类户可以办理存款、购买投资理财产品等金融产品、限额消费和缴费、限额向非绑定账户转出资金业务。II 类户非绑定账户转入资金、存入现金日累计限额合计为 1 万元，年累计限额合计为 20 万元；消费和缴费、向非绑定账户转出资金、取出现金日累计限额合计为 1 万元，年累计限额合计为 20 万元。

III 类户可以办理一定限额内的消费和缴费、限额向非绑定账户转出资金业务。III 类户账户余额不得超过 1000 元；非绑定账户资金转入日累计限额为 5000 元，年累计限额为 10 万元；消费和缴费支付、向非绑定账户转出资金日累计限额合计为 5000 元，年累计限额合计为 10 万元。

本项目需求是一种优惠型定期存款，显然不能用 III 类户购买。如果客户指定用 II 类户购买，因定期存款的起存金额大于 1 万元，且要求转入资金账户必须是其绑定的账户。因此，形成如下质量需求。

用于购买该优惠定期存款的账户可以是 I 类户、II 类户。客户用 II 类户购买该产品时，转出资金账户必须是该 II 类户的绑定账户。

当客户使用 III 类户购买时，系统会提示：指定账户为 III 类户，不能购买本产品，请更换为在我行开立的 I 类户、II 类户。

当客户使用 II 类户购买时，系统会给出即时提示：指定账户为 II 类户，按中国人民银行的监管要求，转出资金账户必须是该 II 类户的绑定账户。若转出资金账户不是

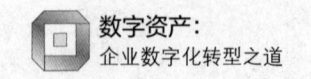

该Ⅱ类户的绑定账户，请更换为在我行开的Ⅰ类户。

2）高风险数据

将该产品的交易信息作为高风险数据进行处理，为防止在传输过程中被恶意篡改，导致银行或客户的资金损失，在数据传输过程中必须进行加密传输。因此，形成如下质量需求。

将客户签订产品协议、购买产品的相关数据作为高风险数据进行加密传输。

3）权限控制

根据企业的数据安全要求，明确查询、使用与该产品相关的信息权限。因此，形成如下质量需求。

为了保证数字资产安全，客户购买本产品时的资质审核均由系统自动完成，并反馈客户是否具备资格，不反馈客户具体购买过的产品等信息。当客户不具备购买该产品的资格时，系统会给出具体的原因，比如客户没有购买过哪些产品，因此不具有购买本产品的资格。可以引导客户购买本产品的约束产品。

客户账户及其购买的产品信息可以提供给客户查询、下载。监管或法律规定的人员出示相关证明后，由主管授权后可以查询指定客户购买本产品的信息。在其余情况下，不能对客户账户及其购买产品的信息进行查询或下载。

4）敏感信息防泄露

在本产品的显示、下载、打印等过程中，敏感信息只涉及客户姓名。为防止敏感信息泄露，在查询或对外提供时，应对客户姓名进行变形处理。因此，形成如下质量需求。

在查询、展示、下载、打印与本产品相关的信息时，只显示客户的姓，用"**"代替客户的名字。

9.4.3　项目风险应对措施

在项目实施过程中会发生很多风险，做好风险管理是项目成功的关键。除了企业级差距解决方案实施影响因素及其风险评估中已评估的风险，还有项目实施过程中可能出现的风险。为了做好项目风险管理应当根据企业的具体情况进行评估并采取相应的应对措施。风险的应对措施一般有规避、减轻、转移、接受等。

规避风险是指通过采取行动排除产生风险的条件来避免风险的产生或消除威胁，使项目避免受到风险影响的应对措施。规避风险往往意味着放弃一些收益或机会。规避风险的应对措施有很多，比如通过厘清需求、获取更全面的信息、改善沟通、提升技能等。

减轻风险是指通过事先消除或降低风险事件的发生概率、影响或损失而采取的预防措施。减轻风险的预防措施有很多，比如本书所述的建模方法，每完成一个层级的数字资产模型都会跟流程模型进行对接，就是通过相互对接进行交叉检查，以消除或降低遗漏数字资产的概率，从而实现减轻遗漏数字资产风险的目标。

转移风险是指将风险的影响及责任一起转移到第三方的风险应对策略。转移风险并不是排除风险，风险仍有可能产生，只是由第三方来承担风险损失，比如购买保险、担保、外包等都属于转移风险所使用的应对策略。转移风险时需要向风险承担者支付风险费用，如保险费、担保保证金等。

接受风险是指接受可能发生的风险而不提前采取任何应对措施。在项目实施过程中不可能消除所有的风险，尤其是当风险发生的概率或风险造成的影响较小，而规避、减轻或转换风险的成本较高时，往往会选择接受风险。或者在难以找到有效的应对措施时也会选择接受风险。接受风险并不意味着放任风险发生，在接受风险时一般会根据风险情况制定事后应急方案，影响特别小时就不会提前制定应急方案，而是由团队人员视情况自行处置。

9.5 数字资产的 IT 设计

企业数字化转型的目标是让业务数字化的成果推动企业实现数字业务化。要实现数字业务化必然要应用新技术，让数字化后形成的资产及能力能够共享、复用，甚至能改变生产、经营、管理及决策的流程和业务模式。在撰写业务需求说明书时，往往只明确希望实现的目标及规则，对于如何实现既定的目标，一般不会指定技术路线，会留给技术部门更多的实施空间。

9.5.1 完善业务实体的属性

在 IT 实施的设计阶段，技术人员需要对业务需求说明书中涉及的业务实体进行确认，以确保业务实体属性的完整性、准确性。

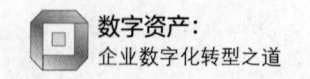

1. 分析业务实体及其业务属性的全面性和准确性

由于数字资产从完成规划设计到实施会存在一段时间，可能存在等待实施期间内业务的流程发生了变化、企业数字资产设计实施标准发生了变化、企业引进新技术而要求变更业务实体属性等情况，在提出业务需求说明书的同时客观上提出了变更数字资产的申请，但是，为了及时响应市场或客户需求，企业不会等到新数字资产设计实施标准发布后再推进实施，往往一边用业务需求说明书推进相关需求的实施，一边提出变更业务实体或业务实体属性的申请。在具体实施时，需要分析业务需求说明书中的业务实体及其业务属性与企业发布的业务对象模型及其标准的一致性，以及不一致时相关申请的进展情况。如果此时相关申请已有结论，就按结论执行；如果没有结论，就按业务需求执行。

2. 数字资产标准遵循情况的再确认

一般情况下，企业的数字资产标准建设会比数字资产的规划、设计提前完成及发布，以更好指导数字资产的规划、设计及建设。尽管企业在规划数字资产时会对照企业数字资产标准进行，但是仍会出现数字资产在实施时可能与企业数字资产标准不一致的情况，比如，在完成数字资产规划设计后，在实施前，出现由于外部标准发生变化而导致企业数字资产标准随之变更的情况，此时必然出现数字资产的设计与企业最新的数字资产标准不一致的情况。因此，需要在进行 IT 设计前对数字资产遵循企业数字资产标准的情况进行再确认，确保数字资产按最新的企业数字资产标准实施。

在实施时难以保证原数字资产标准能全面满足企业生产经营过程中对所有数字资产进行标准化的需求，尤其是在市场和客户的需求变化如此迅速、新技术应用场景快速增长、竞争如此激烈的环境中，新的业务属性随时出现并要求及时满足时，会导致相关业务属性没有可遵循的企业数字资产标准的情况发生。如果所有的业务属性都必须等企业数字资产标准发布后使用，则可能给企业带来不可估量的损失。为兼顾快速响应市场及客户需求与企业数字资产标准建设的要求，不得不将新需求落地与新数字资产标准建设并行，甚至实施新需求先行的策略。

在 IT 设计前对业务实体及其业务属性遵循企业数字资产标准的情况进行再确认，一是结合流程分析企业数字资产设计实施标准的适用性，如果当前的企业数字资产设计实施标准不能满足业务需求，可以及时发现并更新；二是确认并行推进甚至提前推进的业务实体及其业务属性在需求阶段提出的新增数字资产标准申请的发布情况，以按最新标准进行IT实施设计和实施，降低后续变更数字资产标准而不得不投入的成本。

9.5.2 业务智能化应用设计

业务智能化是企业实现数字化转型目标的有效手段之一。企业在推进业务智能化的过程中面临这样的困境：业务部门由于对智能化技术难以有深入的了解，不可能在业务需求说明书中考虑到实现业务智能化需要在业务实体上增加什么样的业务属性，甚至难以明确为了实现某个业务的智能化应当如何推进。企业IT部门的人员对新技术有较深入的了解，但是由于其对业务的了解不够深入，很难为业务在需求分析阶段完成业务智能化设计提供全面的支持。

当业务部门完成业务需求说明书后，业务的需求显得更明确、具体。可以在IT实施前由业务需求人员与IT技术人员一起对业务的目标进行充分的讨论，在厘清业务需求的同时探讨智能化的目标及可行性。在这个过程中，技术人员会根据业务智能化的目标与业务人员一起先对智能化的目标进行分析，对影响实现该目标的要素进行分析，对一些细节进行澄清，制定业务智能化应用实施方案。再结合实施方案中的技术选择、所需要的数字资产等，对需要增加的业务属性要素进行明确的定义，将其补充到相应的业务实体中。

需要说明的是，这些业务属性并不一定都在业务实体中体现，为了提升业务智能化而增加的内容，在很多情况下可能只有衍生性的、冗余性的属性，这可能与业务智能化应用为提升系统的性能而增加的衍生属性、冗余属性存在差异，此时，增加的衍生属性应在备注中说明，以便于进行追溯管理。

有时，为了提升业务智能化应用的效果，可能需要增加一些属性来记录、存储用户行为的埋点数据。例如，一些平台为了分析用户的喜好以实现向客户个性化地推荐符合其喜好的信息，可以根据用户的点击行为来分析用户的喜好等。这些信息在企业做数字资产规划时一般不会考虑到，但是从业务智能化的角度看是很有必要存在的，也需要把这些属性补充到逻辑数据模型和物理数据模型设计考虑的范围中。

9.5.3 识别业务对象服务

业务对象服务是物理数据模型对外提供数字资产服务和规范存储新数字资产的标准化处理流程。业务对象服务的粒度、标准化受应用服务标准化程度的影响，受企业数据架构及其对数字资产部署规划的制约。同时，业务对象服务的粒度和标准化又

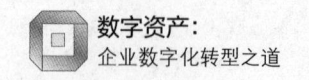

会影响应用服务的设计，会对企业应用系统的整体运行产生不可忽视的影响。

物理数据模型既负责为应用服务提供数字资产支持，也负责存储应用服务生产的数字资产。由此可见，业务对象服务作为数字模型对外提供的数据服务必须服务于应用服务。因此，在 IT 实施的过程中需要综合应用服务的具体需求，按数据架构的相关原则、规范形成标准化、规范化的业务对象服务设计方案。

我们在"逻辑数据模型设计"的小节中介绍过，设计逻辑数据模型时需要增加具有应用性的一些属性，如衍生属性、冗余属性，以确保在性能方面满足业务需求。分析应用属性时应该结合应用架构的原则、规范，以及该数字资产特征统筹考虑。

1）收集所有业务对象的服务需求

通过对业务对象的服务需求的分析可以得到某项目 IT 实施所需要的全部应用服务。对这些应用服务进行分析，尤其是对业务流程中涉及新增、修改、删除、查询业务属性的部分进行分析，识别所需要的所有业务对象服务。

在这些业务对象服务需求中，有的可能只需要某个逻辑数据模型中的物理数据模型直接提供其存储的数字资产，有的可能需要整合多个逻辑数据模型中的数字资产，有的可能需要对某个逻辑数据模型中的数字资产进行加工分析，有的可能需要对多个逻辑数据模型中的数字资产进行整合、加工、计算后才能提供。

在收集整理业务对象服务需求时，应当注意全面、完整。

2）分类整理业务对象服务

分类整理业务对象服务就是对应用服务所需的业务对象服务按涉及逻辑数据模型情况，以及处理的流程特征进行分类。

按涉及逻辑数据模型的情况划分，业务对象服务分为由单个逻辑数据模型就可以满足的业务对象服务和由多个逻辑数据模型共同提供支持才能满足的业务对象服务。

按处理流程特征分类，即按业务对象服务的类型，如按创建、修改、查询、计算、推荐、风险识别等进行分类，得到某个业务对象服务类型中的各种需求。

通过两次分类后可以得到某个逻辑数据模型中需要提供的业务对象服务的具体需求。涉及多个逻辑数据模型的业务对象服务，应当从目的出发确定负责的逻辑数据模型。

3）标准化业务对象服务

使用自下而上的抽象整理方法对同一类型业务对象服务，按业务对象服务的相关规范对业务对象服务需求进行整合，形成标准化的业务对象服务。通过对相近业务对象服务的整合和标准化，避免业务对象服务的重复建设，提升业务对象服务的应用效率，保障业务对象服务的高效与稳定。在标准化业务对象服务时应当对逻辑数据模型中所有的业务对象服务进行综合考虑。

若已有的业务对象服务能完全满足或提供的业务范围大于当前所需要的业务对象服务范围，应直接使用已有业务对象服务而不是再提供一种业务对象服务。

若已有的业务对象服务提供的业务范围小于当前所需要的业务对象服务范围，需要分别对不同情况进行分析。

（1）如果都是单个逻辑数据模型能直接提供业务对象服务，就需要综合分析两类业务对象服务需求的差异，考虑是否需要整合成一个标准的业务对象服务。

（2）如果是由多个逻辑数据模型中的资产直接提供业务对象服务，那么需要分析涉及的业务对象服务是否一致，一致时，综合分析两类业务对象服务需求目标的差异及效率，考虑是否需要整合成一个标准的业务对象服务；不一致时，可以直接作为新业务对象服务。

（3）如果是需要对逻辑数据模型里的数字资产按一定的计算后才能提供服务，就分析所使用的算法是否相同，相同时应进行整合，不同时可以作为新业务对象服务。

9.5.4 设计业务对象服务

通过识别业务对象服务并对其进行标准化后，就可以根据标准化方案进行业务对象服务设计，实现逻辑数据模型为应用系统提供数字资产服务，同时存储应用系统生产的数字资产。

1）直接操作类业务对象服务的设计

一个逻辑数据模型的内容非常丰富，一个逻辑数据模型由多个物理数据模型承接，设计业务对象服务是将同一逻辑数据模型中的多个物理数据模型整合后对外提供服务。物理数据模型其实就是数据库表，因此，业务对象服务是通过对多张数据库表的新增、修改、删除和查询等服务来实现的。

直接操作类业务对象服务是指根据应用服务的数字资产请求对逻辑数据模型中相关物理数据模型映射的数据库表直接进行读、写操作，实现使用或存储数字资产的目的，如创建、修改、查询等。

创建是指将应用服务流程生产或采集的信息作为一条全新的记录存储到相关物

理数据模型映射的数据库表中的行为。创建一条新记录，说明相关的物理数据模型的标识符第一次出现；如果逻辑数据模型中已有该标识符，但相关的信息第一次采集，可作为该标识符及其关联的记录，或是补充的信息存储到物理数据模型所属的对应数据库表中。例如，客户开账户时，企业收集了与之相关的必要信息，在"客户"逻辑数据模型中"客户"物理数据模型对应的数据库表中创建了一条记录，将收集的信息记录下来。随着客户使用企业产品或服务的深入，企业会收集到其他信息，如客户使用的手机品牌及型号等之前没有的信息。将这些信息存储到"客户"逻辑数据模型中相应的从属物理数据模型对应的数据库表中时，仍是创建。总之，创建的是第一次出现并记录的信息。当企业发现客户更换手机时，会在该数据库表中创新一条新记录，同时更新原记录的状态。

　　修改是指对物理数据模型对应的数据库表中满足特定条件的记录中指定的字段进行变更的行为。变更物理数据模型记录的方式有两种：一是直接对数据库表中存储的信息进行物理更新，二是通过在该物理数据模型的生命周期实体模型中增加一条新记录进行标注。第二种方式对于该生命周期实体而言其实是创建行为。因此，对物理数据模型进行修改，实质上是指第一种变更方式，即直接修改数据库表中的记录。例如，客户更换手机通过移动互联网使用企业提供的服务时，企业会收集到客户的新手机品牌及型号。在修改客户的手机品牌及型号时，要注销原使用手机品牌及型号，将原来的手机品牌及型号的那条记录的状态标识由"正常"修改为"已停用"就是修改。数据库表中原来的记录仍然存在，只是"状态"字段的内容发生了变化。

　　查询是指通过给定的条件在指定的逻辑数据模型中检索满足该条件的记录中特定信息的行为。给定的条件是指定的逻辑数据模型中包含的属性；满足该条件的记录中的特定信息由查询需求提出，是业务对象服务需要提供的具体内容。作为直接操作类下的查询服务，主要通过给定的查询条件从相应的数据库表中直接检索并读取满足条件的记录，通过服务的方式对外提供。查询服务与创建、修改服务不同，它不会对物理数据模型所存储的记录内容有任何影响。

　　这里不提删除服务，是因为考虑到所有的数字资产即使当下不再为流程服务提供支持，也仍然具有可以为经营、分析、决策等算法模型服务的特殊性。不使用删除服务是为了保留具有历史性的数字资产。为了满足当下流程服务使用的便利性，对于需要删除的数字资产，可以通过"状态"属性或"生命周期"实体的方式进行标注。例如，对于操作不细致导致的差错记录，可以用状态或生命周期进行"软"删除。如果这样的差错是极少数人才会发生的，那么通过算法模型分析这些记录，可以得出该用户的一些性格特征，可以用于制定相应的服务方案；如果是大部分人会出现的问题，那么可能是设计方面存在缺陷，企业需要对相关的服务进行优化。

2）算法模型类业务对象服务的设计

企业数字化转型最大的目标是让数字资产能为业务智能化提供支持，让数字业务化。在这个过程中需要使用各种各样的算法模型，并将得到的结果适时地体现出来，推动流程的进化、业务的创新。算法模型类的业务对象服务非常多，如查询、推荐、分析、风险识别等。

算法模型类的查询与直接操作类的查询不同，往往需要对现有的数字资产进行一定的加工后才能得到满足查询需求的结果。例如，企业的销售人员查询适合某类产品的客户时，在企业的数字资产里并没有可以直接查到的信息，需要通过相应的算法从该类产品的特征中找到与之匹配的客户，或是对该类产品有偏好的客户，再将客户清单提供给销售人员。算法模型提供的查询服务是通过算法处理得出的结论。

算法模型类的推荐是指为用户或客户推荐与之相关的产品或服务的行为。为了提升推荐的精确性，往往需要使用专门的算法对多个逻辑数据模型里的记录进行综合分析、计算。推荐算法会因为使用不同的业务逻辑而得到不同的结果。例如，客户购买了一台冰箱，接下来向客户推荐什么最合适呢？很多电商会在客户购买了一台冰箱后不断地向其推荐各种品牌的冰箱，这样的推荐行为的业务逻辑是"推荐同类产品的纵向策略"。如果将推荐的业务逻辑替换为"推荐其他配套电器的横向策略"，客户将收到同品牌或同性价比的厨房电器、卫浴电器等推荐消息。

算法模型类的分析是指通过一系列统计分析方法及算法，给出某个事物的变化或发展趋势，为企业的生产经营决策提供支持的行为。例如，企业有一系列新产品要投放市场，在企业的总生产能力确定的情况下，不确定每个新品的计划生产量应该如何安排。这时，可以先生产同样数量的样品投入市场，通过实时收集并分析每个型号的销售情况，预测不同型号的市场接受程度。企业可以根据这个分析结果安排各型号产品的大规模生产计划。

算法模型类的风险识别是指通过对一系列行为数据或结果的分析，发现可能存在的风险的行为。风险识别在很多时候是指通过分析引发风险的事件与风险实际发生的概率来建立事件与风险的关系，从而在事件发生时，甚至在事件发生前进行预警。风险识别是一个比较复杂的过程，除了对多业务对象模型中业务属性的关系分析，还包括事件分析、行为分析，往往通过复杂的模型来完成。例如，天气对于农业生产影响极大，古代通过经验总结来预测天气。现在，通过广泛地建立地面气象站收集气温、气压、风向、风速、湿度等数据，以及通过气象雷达发射及回收电波分析、判断与雨

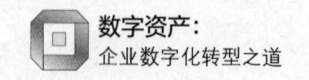

雪云层的距离、降水强度及其变化等进行天气预测。目前短时间的天气预测通过事件条件分析已经非常精准，大大提升了应对近期风险的能力。

通过将算法模型分析的结果作为业务对象服务的内容对外提供时，应关注需要该业务对象服务的具体业务场景，确保算法使用的业务逻辑、业务规则与该业务场景、目标的一致性。

思考题

1. 数字资产规划成果落地是指从企业现状出发到实现战略目标的过程。从企业现状出发到实现战略目标的路径非常多。本书介绍的是通过对现状与目标的差距分析，找到需要提升的具体内容和方向，形成差距解决方案。最后在落地实施时将差距解决方案以项目的形式推进。你认为在这个过程中，哪个环节是你的企业目前做得比较好的，好在哪里？哪个环节是你的企业做得不够好的，你认为可以在哪些具体的工作中进行提升，有什么好的提升思路和方法？

2. 在规划项目实施优先级时，本书列出的参考因素有：配合最迫切的业务需求、价值贡献度最大、最快见到效果、实现的价值最显著、受益范围最广、实施影响风险应对措施。根据你的工作经验分析你的企业在分析项目实施优先级时会考虑哪些因素，以及这些因素的影响及作用是什么？

3. 本书在 IT 实施阶段里特别增加了业务智能化应用设计环节，其目标是推进技术与业务融合，让企业在业务数字化的过程中推进数字业务化，让数字化转型工作能更快见效。业务智能化是一个比较难的过程，涉及业务创新及技术，尤其是对新技术的应用。但是，只要有成功的案例就能总结出方法来指导工作的开展。你的企业在业务智能化方面的推进情况是怎样的，是有方法、有规划地推进吗？关于业务智能化的方法，你有什么样的思考和想法呢？

第 10 章

数据治理

通过前面各章节的学习，我们了解了什么是数字资产，数字资产有什么特征，企业如何构建或完善数字资产及从业务视角规划的数字资产如何指导 IT 实施。在实际运行过程中，我们会发现构建数字资产不难，只要投入足够的时间和资源，就能在比较有限的时间内完成。而数字资产的运营才是企业数字资产管理中最困难且复杂的课题：如何保证构建起来的数字资产能实现预期的目标并得到高效应用？如何保证数字资产的质量始终符合要求？如何控制数字资产管控的成本？我们需要平衡战略与运营的机制、方法和策略。本章将从数据治理的角度展开讨论，所有的方法和关键点最好能用系统来提供支持。

本章涉及的主要内容有以下几个方面。

第一，几个经典的数据治理组织及其观点。

第二，数据治理的组织架构、治理规范、实施流程等。

第三，数据治理应特别关注的一些事项。

10.1 数据治理概述

有的企业仍然在使用比较传统的资产积累和管理办法。所有的规章制度、生产经营成果在用纸质的文件或凭证保存。当企业准备进行技术升级换代，向数字经济进军时便会感到无所适从。

有的企业有较好的数字基因，通过长期的系统建设，在生产经营过程中积累了丰富的数据。可是，当数字经济时代来临时，才发现几十年积累的数据存在着这样或那样的问题，总之，就是没办法使用这些数据。

有的企业有比较好的起点，一开始就做了数字资产的规划与设计，并规范地推进了落地实施。可是，如果未建立数据资产质量的管控机制、缺少相关的系统或工具提供支持，一年甚至半年后发现，要么不同专业通过借用数字资产模型中的某些属性存储自己关注的属性，要么数字资产模型未及时更新或数据标准未能与时俱进，数字资产变得可有可无。

可见，数字资产不是一劳永逸的，只要被生产和使用就存在无限变化的可能。因此，在日常工作中，除了需要建立相应的机制、以相应的系统或工具来提供支持，还需要通过一系列的数据治理活动来确保数字资产不变形，推进数字资产质量符合业务需求，促进数字资产价值的释放。

10.1.1　企业为什么需要数据治理

有的读者会认为，我的企业比较小，应该用不上数据治理。那么，数据治理是不是大企业才需要考虑的？

在讨论这个问题前，我们先来了解一组词"熵""熵增""熵减"。

德国物理学家鲁道夫·克劳修斯首次提出熵的概念。他将熵用于描述热量从高温物体流向低温物体的不可逆的"能量退化"的过程。随着一系列领域理论的不断研究，熵的本质得到逐步澄清，即熵的本质是一个系统"内在的混乱程度"。阿尔伯特·爱因斯坦曾把熵理论在科学中的地位概述为"熵理论对于整个科学来说是第一法则"。

熵增，在物理学里是这样描述的：熵增过程是一个自发的由有序向无序发展的过程。其在热力学中是这样描述的：熵增加，系统的总能量不变，但其中可用部分减少。其在统计学中的定义为：熵衡量系统的无序性。

在孤立的系统中，由于与环境没有能量交换，总是自发地向混乱程度增大的方向变化。因此，孤立系统总是趋向于熵增，最终达到熵的最大状态，也就是系统最为混乱无序的状态。

熵减就是熵增的逆形势，是与熵增的对抗。埃尔温·薛定谔在《生命是什么》中说道："人活着就是在对抗熵增定律，生命以负熵为生。"

熵增之所以被如此关注，只因为其揭示了宇宙演进的规律——世界终会走向无序状态。因此，无论你的系统设计得如何精妙，只要是一个孤立的系统、封闭的体系，熵增的结果必然是无序和混乱的。就如同你早上出门时，无论把耳机线多么整齐地放进包里，中午拿出来时都会是一团乱麻状的。这就是熵增，无所不在，不可避免。

对于数字资产而言,混乱不堪、质量良莠不齐的熵增结果显然不是我们想要的,因此,我们需要做熵减来对抗熵增。既然熵增是孤立的系统、没有与外界做能量交换,那么我们只需要反其道而行之,就能实现熵减,如开放系统,把无用的熵排除;通过外力的注入,为系统提供能量,这种能量要足以对抗熵增。本书把这个对抗数字资产熵增的过程称为数据治理。

10.1.2 数据治理的概念

那么,究竟什么是数据治理呢?

1992 年,28 位国际知名人士发起成立了联合国全球治理委员会。该委员会在 1995 年的报告中阐述了"治理"的概念,认为治理是公共或私人的个体与组织处理其公共事务的多种方式的总和。

之后,数据治理成为发展最快的学科之一。尽管国际上很多数据治理研究机构都认为需要用规范的方式来管理企业的数字资产,以确保数据管理的各项职能得到有效的履行,但是由于观点存在差异,导致切入点不同、侧重点不同,至今仍没有形成对数据治理的统一定义。

国际数据治理研究所(Data Governance Institute,DGI) 认为,数据治理指的是对数据相关事宜的决策制定与权力控制。具体来说,数据治理是处理信息和实施决策的一个系统,即根据约定模型实施决策,包括实施者、实施步骤、实施时间、实施情境、实施途径与方法。

国际数据管理协会(Data Management Association,DAMA) 对数据治理的定义为:数据治理是在管理数据资产过程中行使权力和管控,包括计划、监控和实施。在所有的组织中,无论是否有正式的数据治理职能,都需要对数据进行决策。制定和建立了有正式的数据治理规程及有意向性地行使权力、管控的组织,能够增加从数据资产中获得的收益。数据治理职能是指导所有其他数据管理领域的活动。数据治理的目的是确保根据数据管理制度和最佳实践正确地管理数据。其表明数据治理与 IT 治理不同,需要有专门的方法开展数据治理。

国际商业机器公司(International Business Machines Corporation,IBM,又称"万国商业机器公司") 对数据治理的定义为:数据治理是对数据进行组织管理和反馈的能力,对数据系统进行全面、系统的数据收集、数据处理、数据应用,为决策者提供运营和决策支持。IBM 认为数据治理是一种质量控制规程,用于在管理、使用、改进和保护组织信息的过程中添加新的严谨性和纪律性。其表明数据治理与 IT 治理存在差异。

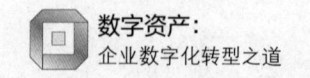

Gartner Group 对数据治理的定义为：数据治理是一种技术支持的学科，其中业务和 IT 协同工作，以确保企业共享的主数据资产的一致性、准确性、管理性、语义一致性和问责制。其表明数据治理是 IT 治理的一部分，同时属于公司治理的范畴，企业应该建立一个数据治理的规范流程。

中国电子技术标准化研究院于 2020 年 9 月发布的《数据治理发展情况调研分析报告》一文中的"关键发现"指出，超过 92% 的受访企事业单位已认识到数据价值的重要性，数据治理已受到广泛的关注。但企事业单位对数据治理的理解比较模糊，相对缺乏数据战略意识，只有 38% 的企事业单位制定了数据治理的相关规划来指导数据治理工作。由于组织体系不够完整，数据治理工作管理分散，缺少对数据治理成效的考核和评估，治理效率低下、效果不明显，数据治理能力和水平难以得到持续提升。

鉴于此，本书认为，数字资产既然作为企业最重要的生产要素之一，就一定要从企业的战略层面进行数据治理的统筹规划与考虑。本书比较认同 DGI 和 DAMA 的观点，把这两家机构的观点融合后形成的定义如下。

数据治理是指在数据战略的指导下，通过制定具有体系性的数据治理机制、标准和策略，由高管层指导专门的机构或部门在管理数字资产的过程中按既定的职责行使权力和进行管理控制，以确保企业数字资产持续满足企业价值创造的需要。

这个定义里包含了以下几层含义。

（1）数据治理是在企业的数字战略指导下开展工作的，必须服从于、服务于企业的数据战略，与企业数据战略无关的内容不是数据治理工作涉及的范畴。这一点明确了目标及范围，让所有的活动更有针对性。

（2）数据治理工作必须有明确的依据，即如何开展数据治理工作、按什么样的标准实施数据治理、推进数据治理过程中面对什么样的情况及如何解决等，都应该有可实施的标准或原则，避免因主导工作的人不同而得到不同结果的情况的出现。

（3）数据治理工作应该有组织、有计划地推进，强调从企业层面，由高管层来组织、推动，不同专业的人员分别履行不同的职责，协同推进实现预期目标，提升治理工作的质效。

（4）从价值创造视角对数据治理成效进行评估，即以目标为导向指导数据治理工作有效开展，推动数据治理能力和水平提升，以满足企业生产经营的需要。

10.2 经典的数据治理框架

10.2.1 DGI 的数据治理框架

DGI 创立于 2003 年，是研究数据治理的专业机构。DGI 作为知名的深入研究数据治理的机构之一，提供的 DGI 数据治理框架和支持材料被世界各地的组织广泛使用。

DGI 于 2004 年推出的 DGI 数据治理框架如图 10-1 所示，让数据治理以一种能够从数字资产中实现价值、降低管理成本和复杂性及确保合规性的方式呈现。该框架能够使数据战略家、数据治理专业人员、业务利益相关者和 IT 领导者通力合作，就如何管理数据、从中实现价值、最大限度地降低成本和复杂性、管理风险，确保遵守不断更新的法律、法规和其他要求并做出决策。

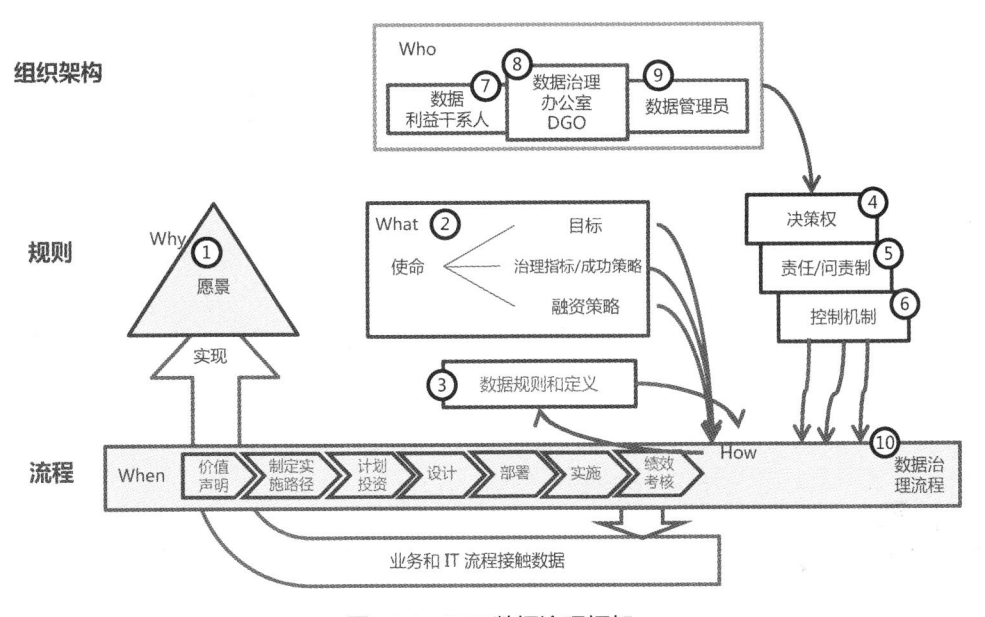

图 10-1 DGI 数据治理框架

DGI 认为，不同的人对数据治理的理解存在较大的差异，而这种差异导致了数据治理的复杂性。数据治理框架可以帮助企业对这个复杂又模棱两可的概念进行澄清，可以更轻松地清晰化目标和思路。

DGI 数据治理框架是一种逻辑结构。从数据治理的组织结构、规则、流程三个维度提出了关于数据治理活动的十个关键要素，并在这些要素的基础上构建了数据治理框架。框架按照职能划分为三组：人员与组织机构、规则与协同工作规范、过程。

（1）愿景。其强调数据治理一定要有清晰的愿景。通过成熟的数据治理计划，组织会是什么样子？如果没有会怎么样？愿景需要引起参与者和利益相关者的共鸣，能够激励他们，帮助他们设想可能性，鼓励他们设定与数据相关的目标。

（2）目标、治理指标/成功策略、融资策略。预测治理工作对四个"P"的影响：计划、项目、专业学科和人（作为个人）。通过数据治理计划可以解决关键人物的哪些痛点或希望获得怎样的收益。

治理指标/成功策略是指参与数据治理的每个人都应该知道成功是什么样子的，以及用什么样的指标来衡量治理的效果。

融资策略是指开展数据治理活动所需要资金的融资策略。

（3）数据规则和定义。此组件引用与数据相关的策略、标准、合规性要求、业务规则和数据定义。

（4）决策权。在创建任何规则或做出任何与数据相关的决策之前，必须先确定谁可以做出决策，何时及使用什么流程来进行决策的问题。数据治理计划负责促进（记录和存储）对决策权的收集。

（5）责任/问责制。创建规则或做出与数据相关的决策后，应准备采取行动。对于跨职能团队或部门职责的活动，数据治理计划可能需要定义可以融入日常流程和组织的软件开发生命周期（SDLC）[①]的问责制。

（6）控制机制。数据治理计划推荐的与数据相关的风险管控策略的控件，这些控件可以应用于控件堆栈的多个级别（网络/操作系统、数据库、应用程序、用户进程），以支持治理目标。数据治理还可能修改现有的常规控制（变更管理、策略、培训、SDLC和项目管理等），以支持治理目标或企业目标的方法。

（7）数据利益相关者。数据利益相关者是可能影响或受所讨论数据影响的个人或群体。需要弄清楚数据利益相关者想要什么。

（8）数据治理办公室（DGO）。数据治理办公室是负责促进和管理数据治理及数据管理活动的机构或部门。

[①] 软件开发生命周期（SDLC）是指从规划到运行维护的全过程。软件开发生命周期一般可以分为七个阶段：规划阶段、需求分析阶段、设计阶段、软件开发阶段、软件测试阶段、实施和集成阶段、运行维护阶段。

（9）数据管理员。数据管理员按照既定的目标、使用标准检查数据，并酌情进行更正。

（10）数据治理流程。数据治理流程是标准化、有记录和可重复的。这个组件描述了 How，即如何开展数据治理。

10.2.2 DAMA 的数据管理框架

国际数据管理协会（DAMA）于 1980 年成立，是一个非营利性的专业协会组织，由来自全球的数据管理技术和业务专业人士组成，致力于数据管理的研究、实践和相关知识的建设。目前，其在世界范围内拥有 50 多个按地域分布的分会，万余名数据管理专业会员。

DAMA 发布的《DAMA-DMBOK2（DAMA 数据管理知识体系指南）》从数据治理、数据框架构、数据质量、数据安全、主数据管理、参考数据管理、元数据管理、商务智能和数据参考管理、数据建模设计、数据存储及操作、数据集成和互操作、文档和内容管理、大数据、数据管理人员的道德要求等方面全面介绍了数据管理的知识体系。它是对数据管理知识领域最全面的展示。它将数据治理作为数据管理活动的中心，体现了数据治理是实现数据管理功能内部一致性和功能之间平衡的保障。围绕在数据治理周围的数据管理功能是成熟的数据管理的必要组成，其会根据企业需要在不同的时间实现。DAMA 数据管理框架车轮图如图 10-2 所示。

图 10-2 DAMA 数据管理框架车轮图

DAMA认为数据治理除了确保企业等组织对相关法规或规章制度的遵从，还能显著地解决组织问题，如减少风险或改进流程。数据治理仅聚焦于管理数据资产和作为资产的数据。数据治理项目一般应包括数据治理的战略、制度、标准和质量、监督、合规、问题管理六个方面的内容，并强调以下几个方面。

（1）数据治理实质上是将监督与执行的职责进行分离，由数据治理专家制定规则，其他领域执行规则。

（2）数据治理不是一次性的行为。治理数据是一个具有持续性的项目集，确保企业可以从数据中获得价值、降低有关数据的风险。

（3）需要建立可良好运转的运营框架，确保数据治理活动得以高效开展。

（4）与IT治理要分开，两者的目标不同、对象不同。

数据治理的活动包括以下内容。

（1）规划数据治理，以业务战略为目标进行规划，明确治理什么、怎么治理、由谁负责。

（2）制定数据治理战略，以明确数据治理的范围和方法。

（3）实施数据治理，数据治理的过程包含许多复杂的具有协调性的工作，可以通过实施路线图对各项活动及其相互关联关系进行说明、推进。

（4）嵌入数据治理，数据治理不是一个附加的管理流程，而是将数据治理活动嵌入以数据作为资产管理的相关的一系列流程中。

10.2.3　IBM的数据治理统一流程

国际商业机器公司（IBM）在长期深耕管理咨询与IT咨询的过程中积累了丰富经验，结合其大数据平台研发提出了数据治理统一流程。在这个流程中，IBM将数据治理流程分为14个步骤：定义业务问题、获得执行资金、评估成熟度、建立路线图、构建组织蓝图、建立数据字典、了解数据、创建元数据存储库、定义指标、掌握数据治理、管理分析、管理安全和隐私、管理信息的生命周期、测量结果，IBM的数据治理统一流程，如图10-3所示。

数据治理统一流程体现了DGI从愿景、使命出发的理念，体现了DAMA数据立法和伦理体系的理念，体现了以项目方法来推动数据治理的思路。在IBM的数据治理统一流程推进过程中，需要使用其提供的专业工具才能完成分析，如步骤6到步骤8需要使用IBM InfoSphere Business Glossary与IBM InfoSphere Discovery等工具。

第 10 章
数据治理

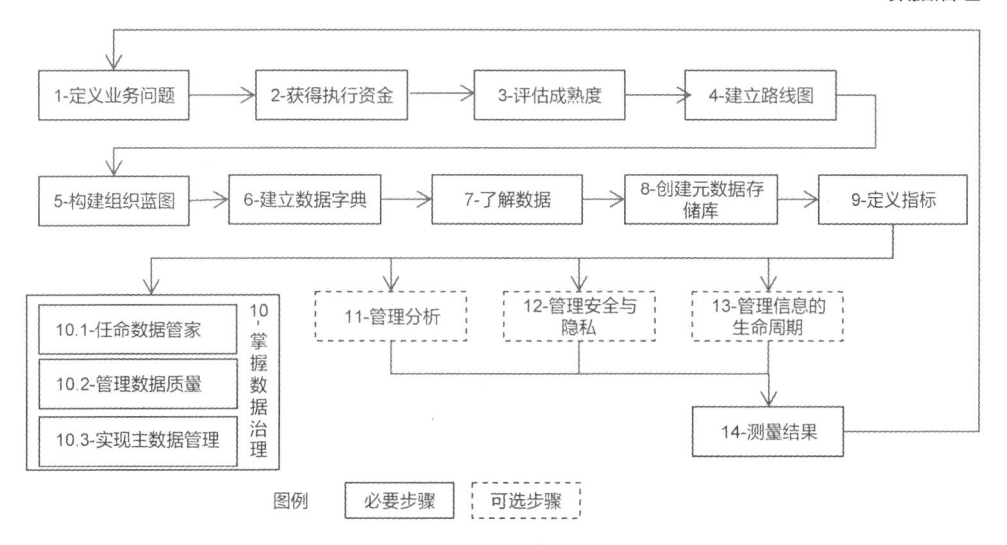

图 10-3　IBM 的数据治理统一流程

　　IBM 表明大多数数据治理计划失败的原因是企业等组织未能识别切实的业务问题，因此，数据治理统一流程的起点是从定义业务问题入手，找到问题并解决问题是数据治理的核心。在该流程中，另一个关键步骤是评估成熟度，通过评估成熟度才能准确地了解企业目前所处的位置，这对于企业构建路线图以弥合当前状态和期望状态之间的差距非常重要。在这 14 个操作步骤中，步骤 11、12、13 三个步骤是可选的，企业可以根据自己的情况进行筛选，其他 11 个步骤不能省略。

10.2.4　Gartner 数据治理的关键基础

　　Gartner Group（简称 Gartner）公司于 1979 年成立，是一家技术研究和咨询公司，主要提供洞察、建议和工具来帮助企业实现目标。其主张在数据化时代里，企业重要的不是拥有多少数据，而是掌握正确的数据。对于首席数据官而言，最重要的事是营造数据驱动型文化，制定数据分析战略，保证有效的数据治理。

　　Gartner 数据治理的七个关键基础如图 10-4 所示。

1. 数据治理工作要能为业务提供价值，形成业务成果

　　强调数据治理工作应围绕业务开展，应与业务战略紧密相关。

　　为了更好地支持业务成果，应将治理政策和标准与业务最关注的事项、业务流程指标、数据和分析指标对齐。应将业务价值和成果作为数据治理章程的核心并制定明确的业务指标。

341

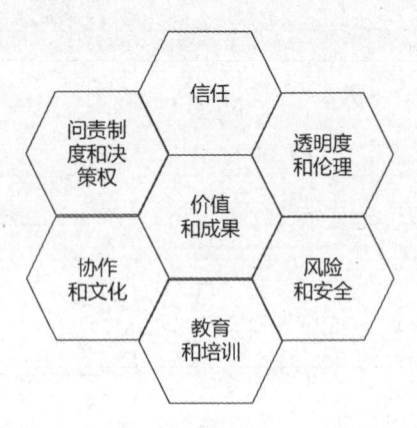

图 10-4　Gartner 数据治理的七个关键基础

2. 建立问责制度和决策权模式

问责制度和决策权模式对数据治理的成功至关重要，明确职责可以提振利益相关者的信心。

3. 实施基于信任的数据治理

企业的所有数字资产都需要进行治理，但是不同的资产治理方式不同。基于信任的数据治理模式包括承认不同的资产沿袭和监管，协助企业领导者更加自信地根据背景做出决策。

4. 重视数字伦理和透明度

数据治理必须建立在透明度和数字伦理原则的基础上，在数据治理操作中应该有一条清晰的审计线索来突出显示所做的决策、采取的行动、相关的投资和支出、数字伦理遵守情况。

5. 考虑风险管理和信息安全

在处理风险的同时应把握数据治理创造的机会。主张建立能够对机会、风险和安全进行平衡的数据治理团队。评估指标应能够指出业务价值，未来的风险、机会及信息安全方面的不足。

6. 落实治理培训和教育

数据治理行动计划要求治理人员根据政策和标准所确定的期望做出相应的行为。

可以通过培训的方式来提升数据治理人员的技能，根据企业数据治理需要更新培训材料，确保数据治理人员的能力满足企业数据治理的需求。

7. 鼓励文化变革和协作

数据治理工作不是几个人的事而是全企业应当关注的事项，需要通过高层推动，让企业机构对数据的看法达成共识，形成相应的文化。

10.2.5　数据管理能力成熟度评估模型

《数据管理能力成熟度评估模型》（DCMM）将组织内部数据能力划分为八个重要的组成部分，描述了每个组成部分的定义、功能、目标和标准。该模型适用于信息系统的建设单位、应用单位等进行数据管理时的规划、设计和评估，也可以作为针对信息系统建设状况的指导、监督和检查的依据。数据管理能力成熟度评估模型如图 10-5 所示。

图 10-5　数据管理能力成熟度评估模型

DCMM 国家标准结合数据生命周期管理各个阶段的特征，按照组织、制度、流程、技术对数据管理能力进行了分析、总结，提炼出组织数据管理的八个过程域，并对每项过程域进行了二级过程项（28 个过程项）、发展等级的划分（5 个等级）和相关功能介绍与评定指标（441 项指标）的制定。

（1）数据战略：数据战略规划、数据战略实施、数据战略评估。

（2）数据治理：数据治理组织、数据制度建设、数据治理沟通。

（3）数据架构：数据模型、数据分布、数据集成与共享、元数据管理。

（4）数据应用：数据分析、数据开放共享、数据服务。

（5）数据安全：数据安全策略、数据安全管理、数据安全审计。

（6）数据质量：数据质量需求、数据质量检查、数据质量分析、数据质量提升。

（7）数据标准：业务数据、参考数据和主数据、数据元、指标数据。

（8）数据生存周期：数据需求、数据设计和开放、数据运维、数据退役。

10.3　本书提出的数据治理模型

数字资产模型建立起来后需要在企业的生产经营过程中使用才能积累企业自身的数字资产。而熵增定律告诉我们，在一个封闭的系统中积累、应用数字资产的过程必然使数字资产走向混乱、不可用的状态。因此，数据治理工作不能等到发现数字资产完全不能满足业务的需要时才启动。也就是说，为了确保数字资产的质量，确保企业数字化转型过程顺利推进，将数字资产转化为新生产力，数据治理就需要成为一项日常性的工作。

日常性的工作有很多开展的方式，本书基于介绍的数字资产的构建及其使用的相关说明和注意事项，吸取经典数据治理框架的优势，提出了以数据战略为指导，由相应的组织架构组织数据治理工作的开展，将数据治理嵌入日常工作流程中，同时通过专项数据治理活动进行有针对性治理的数据治理模型。基于数字资产战略的数据治理模型如图 10-6 所示。

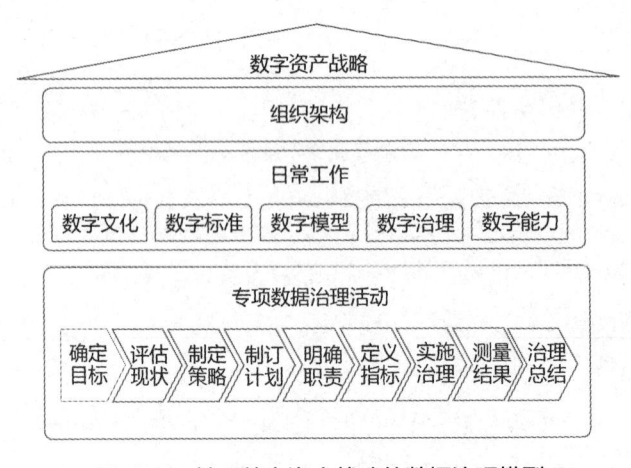

图 10-6　基于数字资产战略的数据治理模型

基于数字资产战略的数据治理模型强调以数字资产战略为目标开展数据治理工作。作为负责数据治理的组织架构，它需要负责企业数据治理的日常工作研究、人才培训等工作，同时应结合企业的实际情况开展不同的专项数据治理活动，并组织推动实施，以确保企业的数字资产质量能始终满足业务的需要，实现数字业务化的目标。

10.4 数字资产战略

企业的数字资产战略集中体现了企业未来某个时期对数字资产的要求。该战略一定是服从、服务于企业战略的。

企业在制定数字资产战略时应特别注意以下事项。

1）获取和使用资产的合法、合规性是制定数字资产战略首先要考虑的重要事项

现在世界各国都意识到数字资产这个生产要素的强大和重要性，纷纷出台与之相关的法律法规。合法、合规地收集、使用数字资产，可以让企业持续经营。例如，欧盟将 2018 年 5 月生效的《通用数据保护条例》作为欧盟个人数据保护普遍适用的法律，对数据主体的知情权、访问权、更正权、可携带权、删除权、限制处理权等做了明确的规定，且既支持属地管辖[1]、也支持属人管辖[2]，具有域外管辖[3]效力。对违法企业的罚金最高可达 2000 万欧元或达到其全球营业额的 4%。因此，在收集、使用与之相关的数字资产时需要特别注意合法、合规性。

2）数字资产战略以业务战略为基准，但不拘泥于跟随业务战略，应有符合其自身特征的前瞻性、灵活性

数字资产是为企业战略服务的，但数字资产不是业务流程的附属物，而是业务的驱动器。不能简单地将业务战略规划时分析出来的对数字资产的需求作为企业数字资产战略，这样的战略应对风险的能力很差，很难跟随业务战略的变化及时调整。因此，在制定数字资产战略时需要充分考虑业务的发展方向、行业特征等，进行数字资产的前瞻规划，结合业务发展变化的趋势提升自身的前瞻性和灵活性，领先于其他业务战

---

[1] 属地管辖是指在领土范围内行使的管辖权，即对一个国家的领土、船舶、航空器等范围内的一切人、事、物享有的完全的和排他的管辖权。
[2] 属人管辖是指一个国家有权对拥有该国国籍的人行使管辖权，无论该人在国内还是在国外，对其从事的行为都适用。
[3] 域外管辖指的是一个国家将其法律的适用范围扩展至该国领土以外。

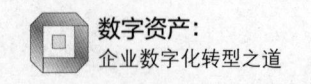

略目标对数字资产的需求。

这些前瞻规划里除了需要包括数字资产的内容、获取渠道及方式，还需要包括技术的选择、储备等，能确保技术层面的变化不会对提供数字资产服务造成影响，也不会影响新技术应用对数字资产需求的支持等。

3）数字资产战略应包含与数字资产紧密相关的数字能力建设规划

数字资产战略不应局限于资产数字化，想要管好和用好数字资产需要在企业内部进行相应的数字资产能力建设规划。如果没有进行能力建设的规划，再美好的战略都难以落地实施。数字资产的能力建设应包括多个方面，如数字资产的质量、数字资产的广度与深度、数字资产的管理与应用能力、数字资产业务化的意识与能力等都需要进行全面的分析与规划。

各种能力的建设与人才紧密相关，不可能所有的能力都能通过系统实施，人才是战略目标能够落地的关键要素。"十年树木，百年树人"说明人才培养是一个长期的过程，如何获取人才、培养人才、发挥人才的潜力等，都是企业重要的战略目标。"留得青山在，不怕没柴烧"就把人才的重要性表现得淋漓尽致。在数字资产战略里，需要围绕数字资产的建设与运用开展数字人才培养工作，尤其是对数字化所需要的复合型人才开展的培养，只有这样才能形成强大的数字应用能力。

4）数字资产的战略规划需要考虑灵活性，能因时因事因势及时调整以满足企业战略目标对数字资产的需求

很多人会认为战略作为企业的最高目标，一旦制定就不应该变更。其实不然。我们正面临百年未有之大变局，国际国内的形势时刻发生着变化，谁也不能预料明天会发生怎样的变化，那又怎么能要求一个更长远的具体目标一定不变化呢？在只有变化是确定的环境里，企业为了生存、发展得更好，就需要因时因事因势地调整战略目标，而且需要快速、及时地调整战略目标。

因此，在制定数字资产战略时需要考虑当企业战略发生较大调整时，业务如何快速获得可用的数字资产，数字资产能力如何快速为新战略高质量地提供服务？

5）数字资产战略除了制定战略，还需要考虑战略的执行

一个好的战略如果得不到有效的执行，或者是在执行战略的战术上存在不足，都会让战略的目标打折扣。因此，企业不仅要制定数字资产战略，还需要对基于该战略的战术进行分析，确保战略的可执行性、可实施性。

数据治理模型里的数字资产战略至少应包括数字资产战略目标及实施战术，实施战术则是对实现战略目标的详细分析，比如，如何实现该战略目标，从现状到目标分

为几个阶段，每个阶段的目标是什么，需要投入多少资源、需要什么样的人才，通过什么样的方式来推进等，形成详细的实施规划路线图。

10.5 建立数据治理组织架构

企业数字资产作为企业的重要生产要素，与现实中的资产存在较大的差异，这就决定了对数字资产的管理必然与对现实中资产的管理不同，需要从企业层面建立与企业数字资产应用相适应的数据治理组织架构。

10.5.1 数据治理的牵头部门

很多企业会将数据治理交给 IT 部门来推进，这种做法很难实现预期目标。为什么这么说呢？从前面构建数字资产的过程中我们可以清楚地认识到，数字资产体现的是业务的逻辑、业务的含义，技术人员很难对业务的理解如此深入。有人曾经这样比较业务和技术的关系：如果用管道系统来比喻业务和技术的关系，管道和泵属于技术，而管道里流动的水属于业务。如果管道里的水质有问题，那么我们会找修建管道的人去处理呢，还是找供水的人或检测水质的人来处理呢？我想，没有人因为管道里的水质有问题而找负责铺装管道的工程队去解决这个问题。同样地，技术人员负责解决的是数字资产的存储和读取、按业务规则进行加工的问题，数字资产质量的好坏，应该存储什么或不应该存储什么、对数据进行加工的业务逻辑，则应该由业务人员去考虑、确定。因此，由技术人员牵头进行数据治理来确保数字资产质量，无异于由管道工程队负责解决水质的问题，极难达到预期目标。

10.5.2 数据治理的组织架构

企业级数字资产涉及企业的方方面面，从数字化转型失败的很多案例中可以看到，企业高层参与的程度对数字化转型的成功起着决定性作用。同样地，要想使数字资产在企业的各条业务线都能得到有效共享，就需要有企业高管，甚至是企业的一把手高度关注，并通过强有力的组织架构来组织企业的业务人员和技术人员协作推进。

很多企业会成立数字资产治理委员会，由企业一把手任委员长，以每年听取一次

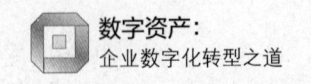

或几次汇报的方式来开展数据治理工作。这样的方式很难跟上数字资产熵增的节奏。更好的应对措施是建立与企业数字化转型、数字资产及组织架构相匹配的数据治理组织架构。

本书推荐 DGI 提出的三个层次的数据治理组织架构方式。根据 DGI 的思路，可以将企业的数据治理组织架构分为三层，如图 10-7 所示，最高层是数字资产治理决策层，负责对数字资产治理的重大事项进行决策；中间层为数字资产治理管理层，负责根据决策层的决策制定管理措施和方法；底层是数字资产治理执行层，负责制定相关的规章制度，并组织开展数据治理工作。

数字资产治理决策层	负责对数字资产治理的重大事项进行决策；由企业高管组成。
数字资产治理管理层	负责根据决策层的决策制定管理措施和方法；由专门的管理部门负责。
数字资产治理执行层	负责制定相关的规章制度，并组织开展数据治理工作；由企业的各个专业人员组成。

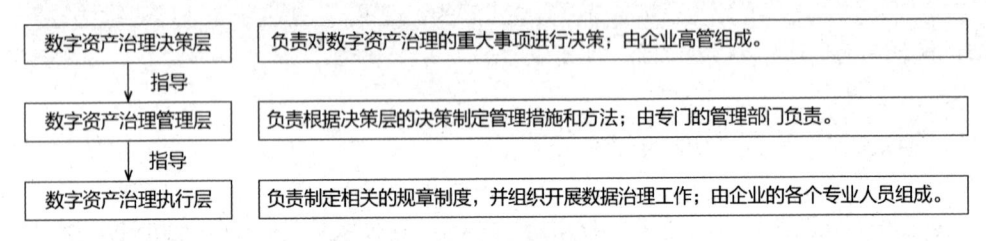

图 10-7　数据治理组织架构示意图

【示例 10-1】某企业正在推进全面的数字化转型，为了巩固企业数字化转型的成果，并且能高效、持续地推进数字化转型，该企业成立了数字资产治理委员会，专门负责推进企业的数字资产治理工作。某企业的数字资产治理委员会组织架构示意图如图 10-8 所示。

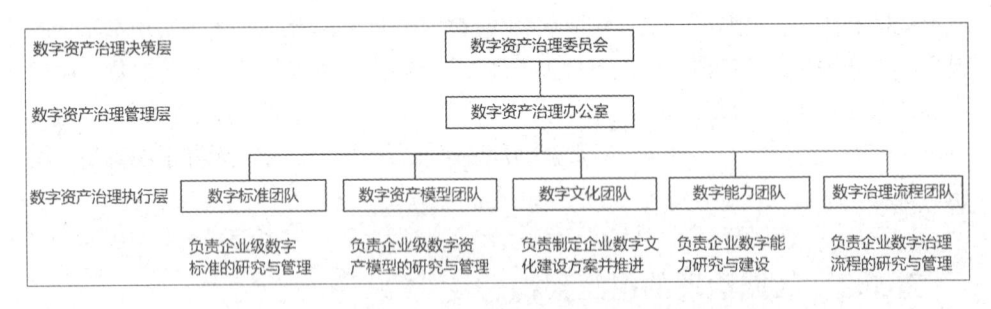

图 10-8　某企业的数字资产治理委员会组织架构示意图

（1）数字资产治理委员会是企业数字资产的决策机构，负责对数字资产的相关重大事项进行审议，并做出决策。

该委员会由企业的董事长任委员长，负责数字资产整体管理的董事任副委员长，公司的其他董事任委员。

该委员会除了定期召开会议审议企业数字资产的建设及应用事宜，还根据需要临时召开专题会议，对数字资产的重大事项进行审议、决策。

（2）数字资产治理办公室是企业数据治理的管理部门，负责组织数据治理的日常工作，并收集整理需要委员会决策的事宜，沟通协调委员会决策会议的相关事宜。

办公室设一名常任主任，设四名轮值副主任。由数字资产管理部门总经理任常任主任，由各业务部门分管数字资产的副总经理任轮值副主任。在数字资产治理委员会定期会议召开后进行轮值，一般由下一阶段重点攻关领域对口的业务部门当值。

该办公室定期对数据治理的相关工作进行沟通，对非重大问题进行审议、决策，推进数据治理工作顺利开展。

（3）数字资产治理办公室下属的各个团队是企业数据治理的执行部门，负责根据数字资产治理委员会的决策及管理层的要求开展数字资产的治理工作。

各个团队的成员为不同业务部门负责数据管理和实施的相关人员，总体工作的牵头、推进由企业数字资产治理的管理部门负责，其他专业人员根据制度或要求开展相关工作。

10.6 数据治理的日常工作

数据治理的日常工作与数字资产战略紧密相关，相关工作应该围绕数字资产战略目标开展。对于企业而言，要想让数字资产的质量得到保障，能将数字资产转换为企业的数字化能力，为企业数字化转型或数字经济做出更多、更大的贡献，就需要在企业范围内形成数字文化，让企业员工建立数字意识、数字资产标准，用模型语言进行沟通，让数字化成为习惯。

10.6.1 建设数字文化

企业文化与企业的基因相关，更与企业的人员相关。企业文化是对抗熵增的重要手段之一，企业可以通过这种强大的力量来对抗、减缓封闭系统走向无序的趋势。从企业数据治理的角度来看，建设数字文化至少应考虑以下几个方面的内容。

1. 高阶文化的建设

企业要形成一种新的文化，需要从愿景、使命、价值观入手。愿景是企业发展的蓝图，可以描绘出企业将来成功时的样子，是企业奋斗的目标。使命阐述了企业为什

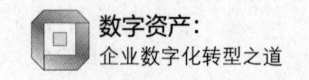

么存在，是企业存在的意义和目的。价值观体现了企业的行为准则。企业用使命和价值观来凝聚员工，吸引相应的人才；用愿景作为行动的目标，指引员工前行。

这并不是说企业原来的文化不合适，而是要在原有的企业文化的基础上增加数字特征、数字内容，形成数字观念。如果在愿景、使命、价值观上没有数字化的内涵，那么数字化转型会产生一定的阻碍，这对于数字资产战略而言是致命的。因为数字资产如果没有数字化思维就难以有效地沉淀、应用——如果没有数字化思维就难以将业务数字化，没有经过业务数字化，就不可能积累数字资产。而没有数字化的基础，数字资产就不能发挥其应有的价值，更难以实现数字业务化。

我们在定义数字资产时强调过，只有能为企业带来收益的数字化信息才能成为资产。如果企业只是沉淀了若干数据却不能为企业带来收益，那么这些数据就只是数据，而不可能成为数字资产。因此，在愿景、使命、价值观中体现数字化的特征非常有必要。

2. 建立数字化激励机制和文化

文化不是一天能形成的，文化的形成一定是一个长期的过程。在日新月异的市场变化、数字经济突飞猛进的背景下，企业培育数字文化的时间并不富裕。企业可以通过广泛地宣传，建立一系列的激励机制、采取一系列的措施来鼓励员工进行数字化思维的转变。一旦在企业内部形成数字化的思潮和风气，文化的形成和巩固时间将会大大缩短。要形成一种文化，宣传和激励两手都要抓，两手都要硬。

3. 数字人才培养

无论是文化还是创造价值，人才都是最核心、最关键的要素。因此才有"得人才者得天下"的至理名言。很多企业意识到人才的重要性，却不愿意自己培养人才，而是高薪外聘人才。企业依靠高薪外聘人才主要存在三个方面的不足：一是数字化人才是当下最紧缺的人才，可选择的范围有限，期待有限的人才来解决企业对人才的无限需求是一个悖论；二是外聘人才可以帮助企业解决当下最关键的问题，但是如果企业不自己培养人才仍会后劲不足，难以形成可持续发展的良性局面；三是可能削弱企业内优秀员工的成长机会，大多数选择离开了，反而加重了企业人才不足的困境。因此，从长远发展来看，企业要有培养人才的规划，建立数字人才的培养体系，通过持续的人才培养机制形成人才梯队储备，丰富企业各方面的专才，培养通才。

虽然本书是以数字资产建设作为核心内容展开的，但是数字人才一定不能只熟知企业数字资产，至少还应具备如下特质。

1）数字化思维

数字化思维是用数字逻辑和方式对业务进行分析和思考的一种思维模式。数字化思维模式与传统的思维模式存在较大的差异，数字化思维就是将数字思维自然而然地应用于工作中，而不是在应用时特别强调地进行。在传统的思维模式中，称一个人为专家是因为其在某个领域有非常丰富的经验，能通过事物的表象直接触及实质，对问题的处理往往能直指关键点并给出解决方案或意见。数字化思维的本质是基于已有的"经验"来分析、判断，找到关键点，给出更确切的方案或意见，但是与传统思维模式不同的是，数字化思维是以架构为基础、以数据为依据，借助分析模型分析后得出结论。在传统思维模式中，专家解决某个问题只是解决了该问题；在数字化思维模式中，解决某个问题是解决与之相近、相关、相似的所有问题。在传统思维模式中，解决问题的能力只有专家才具备，其经验难以复制；在数字化思维模式中，是将专家的经验转换为企业的资产（数据分析模型），通过部署模型全面解决问题，经验可复制，效率得到全面提升。

例如，某制鞋公司刚开始做数字化转型，在讨论下一季度生产计划的会议上，有两个小组分别提出了不同的意见：一组是负责跟进前沿时尚的小组，提出用某时尚杂志分析的流行趋势作为主打产品的设计方向，理由是以往跟进潮流都取得了不错的成绩；另一组是做数据分析的小组，提出了另一个非潮流的 A 系列，理由是他们把新设计款式做成样品在所有店中陈列，并嵌入可读取试穿数据的设备进行数据收集，而非潮流的 A 系列的试穿量最大。公司再三权衡后，决定将潮流款的量调低，部分用于生产非潮流的 A 系列。投产后，非潮流的 A 系列果然一鸣惊人，很快就销售一空。领导层决定将其作为下一季度的主打款。事实证明，非潮流的 A 系列不但成为下一季度为公司贡献利益最大的款式，该风尚还延续了一个季节，创造了该公司同一系列盈利最高的纪录。这就是数字思维，用数据思考、用数据说话、根据数据做决策。

数字化思维要用数字的逻辑来思考，首先要建立业务数字化思维，其次是建立数字业务化思维。

业务数字化思维是基于对业务的深入理解，用架构思维解构业务，用架构模型重构业务的思维方式。用架构思维解构业务，就是从业务的本质出发，找出业务的关键要素并进行分离，分析这些要素间的业务逻辑关系。用架构模型重构业务，是指能对业务解构的结果进行抽象、演绎，用模型表达业务的这些关键要素的相互影响及制约关系。每个模型的关注点不同，发挥的作用也不同；不同的关注点模型之间能按业务逻辑很好地相互关联，全面、完整地展现业务，再用这些模型指导业务的数字化实施，从而实现业务的数字孪生。

数字业务化思维是指基于对业务的熟知、对架构的了解，能用实际积累的数字重

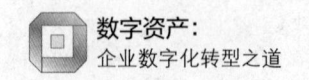

新定义业务模式的思维方式。在业务数字化后形成了企业级宝贵的数字资产、数字流程、数字产品及服务、数字业务规则、数字运营等。企业数字化转型的目的不是业务的数字化，而是要将数字业务化。要运用数字化思维，围绕企业战略目标、业务的经营与发展，基于数据分析的结论来重构业务模式、拓展业务领域、进行关键决策。

2）业务全局观

业务全局观是指具有宏观视野，能从企业级的视角来全面分析企业，具有全局的统筹能力。从企业数字资产的角度出发来看企业时，不应局限于数字资产本身，而应该用数字资产将企业的各项要素串联起来，从更广阔的视角来看数字资产能为企业带来什么、创造什么，以及如何从数字资产中挖掘更多、更大的价值贡献。

业务全局观要求人才抛弃原有的观念、规避所属部门的限制，要求人才对企业的业务有全面的了解而不是对某个专业或某个领域的熟悉，能从企业级的视角对业务逻辑、业务关系有清晰的理解和认识。只有对企业的业务有全面、深入的了解，才可能更好地进行全局思考。很难设想一个人能对自己全然不了解的领域的业务发展进行专业的分析、规划。

3）前瞻规划能力

前瞻规划能力是指不局限于当前情况去思考，能够结合当前的各种信息、各项数据分析结果进行思考，能够分析未来可能的变化趋势而进行相应规划的能力。

在现实工作中很多人能把确定的事务做得非常好，但对于不确定的事务，即使拥有再多的信息也会表现得束手无策，或做事过于"匠气"，沉稳有余，灵性不足。这就属于前瞻规划能力不足。在数字经济时代，市场是瞬息万变的，如果缺乏前瞻性人才，企业很难在竞争中快速调整以应对变化。所以，前瞻规划能力是一项非常重要的能力，它能帮助企业从一些看似平常的信号中抓取商机，甚至探寻第二增长曲线，帮助企业完善、转型。

4）掌握数字化技术

在拥有了大量的数字资产后，还需要能将这些数字资产中隐藏的价值挖掘出来的人员，即掌握数字化技术的人才。掌握数字化技术的人才是企业数字化转型过程中用好数字资产的关键，也是企业开展人才培养工作的重点。

大家耳熟能详的人工智能、大数据分析等词语其实就是数字化技术应用的典型结果。数字化技术可以使企业为客户提供个性化服务的能力大幅提升且成本大幅降低。例如，在传统模式中，企业要为客户提供个性化的服务往往需要由专门的人员实施。一个员工能提供一对一的个性化服务的客户数据有限，人力成本会成为个性化服务的主要成本。而数字化技术可以将个性化的部分服务交由系统实施，尤其是在更多的年轻人喜欢以自定义方式参与定制服务设计、自助式服务的大趋势下，企业可以通过数字技术来为客户提供更多个性化的、高质量的服务，从而大大降低个性化服务的成本，把原本高端客户才能享受的部分个性化服务普及到大众客户。

在企业数字化转型过程中最需要的是兼具业务能力、业务全局观、数字化思维和数字化技术的全能型人才。正如罗马不是一天建成的，人才的培养不是短时间内可以完成的。人才的培养最好与企业的实际生产经营联系起来，在工作中培养，在工作中实践。这样的培养方式更快捷、更扎实，使人才对企业的认知更深刻，更能满足企业在长期发展中对人才的需求。

10.6.2　建设数字资产标准

为了让企业的各条专业条线积累的数字资产能够在企业内部得到全面的共享、复用，企业需要制定数字资产标准以对数字资产进行标准化管理。只有实施标准化后的数字资产才有可能保持相对好的质量，数字资产标准是对抗熵增的一种比较有效的手段。建设数字资产标准至少应考虑以下几方面。

1. 数字资产标准体系

本书中的数字资产标准是广义的数字资产标准，包括高阶数字资产的规划标准和详细的数字资产设计实施标准。

高阶数字资产的规划标准是指在构建数字资产的概念模型、数字元模型和业务对象模型时应遵循的标准。该标准既包括采用的方法和逻辑，也包括具体使用的标准和规范。数字资产虽然作为生产要素独立存在，但是不能脱离企业生产经营管理流程，应在企业整体数字化规划的框架内选择恰当的方法，并保证资产数字化与流程数字化间的业务逻辑融合、贯通。此部分标准与企业的核心竞争力相关，体现企业的特征，一般没有外部标准可直接使用。

详细的数字资产设计实施标准是指每一个业务实体及其属性在设计和实施过程中应遵循的标准。该标准包括方法和逻辑，以及具体的规范。其中，方法和逻辑应与高阶数字资产的规划标准的方法和逻辑一脉相承，是纵向的承接和贯通。具体规范是对每一个要素的具体规定和约束，通常有外部标准可直接使用或借鉴。

2. 数字资产设计实施标准

数字资产可以通过数字市场进行交易，企业可能会购入，也可能会售出数字资产，这就会与外界的数字资产有直接的关联关系，因此，企业数字资产设计实施标准需要

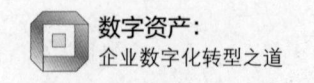

参考国际标准、国家标准、行业标准、地方标准等。当企业的数字资产没有这些标准可遵循时，可以定义企业自己的标准。

对于外购数字资产，尤其是该资产是企业所没有的时，最好在外购前先了解相关的标准，结合企业的个性化需要制定企业的数字资产标准，以便在外购时对数字资产的质量进行相应的分析和判断。

企业自己的数字资产设计实施标准一定是企业内各条专业条线积累和使用数字资产时必须遵循的准则。

3. 数字资产标准管控

除了制定数字资产标准，还应制定与数字资产标准建设相关的制度规范，对数字资产标准的新增、使用、变更、退出等进行全面管理，确保数字资产标准的准确性及有效实施。

本书对数字资产标准建设进行了详细的讨论，在介绍数字资产规划及 IT 实施时都提到了不同场景贯彻落实数字资产标准的策略或措施，这里主要从数据治理的角度来讨论数字资产标准建设与数据治理工作相融合的规划、推进方法。这一过程中应考虑但不限于以下事宜。

1）制定企业级数字资产标准的管控流程及核心关注点

首先，要明确企业级数字资产管控的对象。你可能会说，管控的对象当然就是数字资产的标准了。这么说没有错，可是，数字资产标准具体包含哪些内容呢？哪些是必须严格管控的，哪些是只需要遵循原则的呢？需要结合企业数字资产战略规划统筹考虑管什么，控什么，把管控的核心抓住了，后面的工作就有目标了，开展起来效率也会更高。

其次，要明确如何进行管控。明确了管控对象后，就需要回答怎么管、怎么控的问题。试想一下，如果要管好某个实物资产，企业会怎么做，或者应该怎么做？需不需要给它指定存储的地方，能检测到其变化，有相应的登记簿记录其变化等。可以看出，对实物资产有一系列的流程、规范来进行管理。数字资产是数字世界里存储的信息，看不见、摸不着，对其进行管理和控制需要通过相关的流程来实现。对数字资产进行管控的流程要么是独立的，要么融入使用数字资产的流程中，不同的企业会根据企业文化或目标选择不同的策略。企业数字资产管理部门需要做出决策，选择更适合企业的管控策略。

数字资产标准的管控流程至少需要考虑数字资产标准的新增、变更、使用、退出等,对每一种变化都应制定相应的流程及规范。例如,新增数字资产标准的方式至少包括引入新数字资产而新增,已有数字资产但标准不统一而新增,拟新增数字资产而新增等。不同场景中的新增将对企业数字资产产生不同的影响,管理部门需要对新增标准及其影响进行全面分析,而不仅仅局限于数字资产标准本身。当企业引入新的数字资产,而企业数字资产标准中正好缺少相关的标准时,可以由该资产管理部门负责人确认是否存在相应的外部标准,如果存在就可以直接使用相应的外部标准形成企业标准。如果企业没有相关的标准,可以参考已有的外部标准及企业战略规划自行制定企业标准,也可以直接使用引入资产的特征形成企业标准。形成企业标准后,需要对照企业标准对引入的数字资产进行标准化检查或改造,并将其纳入企业的数字资产体系中。如果是已有数字资产但标准不统一而新增的情况,需要对利益相关者的意见进行整合,借鉴国际标准、国家标准、行业标准等形成新的企业标准,并与所有的利益相关者进行沟通,达成共识后,才能对原数字资产进行标准化改造。还需要特别注意的是,改造并不局限于数字资产本身及其存储的数据库表,还涉及使用该数字资产的应用系统及业务对象服务。当然,所有的改造不用同时完成,可以借助防腐层逐步推进。

2)明确各部门在数字资产管控中的职责

无论选择什么样的管控策略,都需要为每一种数字资产(以业务对象为单位)指定一个明确的业务部门作为管理部门。我们都听过三个和尚没水吃的故事,企业应对每一种数字资产指定管理者,并明确管理者的职责边界。在明确数字资产管理者应负责管理什么之前,需要先明确数字资产管理都有哪些职责。在分析涉及的职责时,需要根据企业文化、企业能力等综合确定。不同的企业可能形成不同的职责,维护、发布是最基本的职责,更多的职责还包括申请新增、申请整合、审核、审批等。这些职责应该都在管控流程中出现过。如果存在某项职责从未在任何管控流程中出现过的情况,那么这个职责可能是不必要的。如果这个流程非常必要,那么说明流程不完整,应当优化。如果管控流程中的某项处理在职责中没有出现,那么说明职责梳理上存在遗漏,应添加进来。

▶ **特别提示:** *企业数字资产标准是整个企业必须遵循的标准,不应该将其作为某个数字资产标准管理部门的事情,而应当作为全企业都需要关注的事情。除了数字文化建设,还应将业务部门作为数字资产标准管理的成员,参与到推进数字资产标准的建设工作中。*

将数字资产标准与数字资产使用过程融合,在资产使用过程中保证贯彻数字资产标准是数字资产管理职责中应当明确的内容。当所有的职责都明确到具体的业务部门后,数字资产的管控才算有了基本保障。

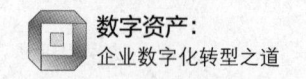

3）数字资产标准的管控需要系统提供支持

企业数字资产规模庞大，要建好、用好、管好数字资产就必须借助系统对数字资产标准管理提供支持，使构建和使用数字资产实现标准化，并确保数字资产的质量良好。

企业数字资产标准也是一种数字资产。与企业的其他数字资产需要进行生命周期管理一样，企业数字资产标准也需要进行生命周期管理。并不能简单地删除退出的数字资产标准，相关标准对数字资产治理过程中发现的问题进行回溯有非常重要的指引作用。显然，如果大量的数字资产标准没有系统提供专项支持，那么将很难实现预期的管理目标。

专门的系统支持并不是说管控系统要独立于其他应用系统之外，恰恰相反，作为数字资产标准的管控系统，应与数字资产管控系统融合，为企业的其他应用系统使用标准提供支持和服务。同时，可以通过数字化能力建设，智能化地检测数字资产标准的贯彻落实情况，为开展数据治理工作提供决策依据。

10.6.3 建设数字资产模型

企业最初规划设计所形成的数字资产模型，其承接的是当时制定的企业战略目标，受制于企业当时的业务能力。随着企业业务能力的提升，对数字化的理解更深刻，实施数字化改革后，企业的数字资产模型应进行相应调整，才能保证数字资产持续地为企业提供价值贡献。因此，企业数字资产模型并不是一成不变的，会随着企业战略目标的调整而变化，会因为业务能力的提升而调整，会因为新理论、新方法、新技术的出现而优化。建设数字资产模型至少需要兼顾以下三个方面的优化目标。

1. 数字资产模型的维护：按照企业战略变更数字资产模型

完成企业数字资产模型的规划设计后，需要持续地进行维护。维护的工作至少包括新增、变更、退出。

1）新增数字资产模型

新增数字资产模型是指当企业提出新的业务战略目标时所需要的新数字资产模型。此时，需要自顶向下地，从概念模型开始逐层分析新数字资产模型的归属及与其他数字资产模型间的业务逻辑关系，要让新数字资产模型融入企业已有的数字资产蓝图中。

如果是企业开拓的一个新业务领域，那么可以通过价值链为介入点与已有的数字资产建立关系。对于企业而言，如果不能将新的数字资产模型与原有的数字资产模型建立关系，就意味着新业务完全用不上企业的已有资源，不利于企业存量资源的价值发挥，也不利于企业开拓新业务。

2）变更数字资产模型

变更数字资产模型的场景非常多，需要针对不同的情况进行相应的设计，完善企业的数字资产模型。

（1）**业务实体的业务属性发生变化**。当某项业务规则、数字资产标准等发生变化时，对应的业务实体的业务属性需要随之调整。此时的变化只在业务实体内部发生，不会影响数字资产模型的结构。

（2）**新业务实体出现**。企业的某项业务需要对某个业务实体的某些业务属性进行丰富、细化，可能会形成对该业务属性所在业务实体的标识性业务属性的非完全依赖。按业务实体建模的原则，应该将这类业务属性及其完全依赖的标识性业务属性拆分出来形成新的附属性实体。这必然导致业务对象模型发生变化。

（3）**新业务对象出现**。新理论、新技术的出现和应用可能导致原来某个业务对象里的附属性业务实体极大丰富，其结构也变得复杂，慢慢围绕着它聚集起一些附属性实体时，就应当将其拆分出来形成新的业务对象。新业务对象出现后，需要通过业务规则向上归纳到相应的概念模型和数字元模型中，引起高阶数字资产的变更。

（4）**IT 数据模型变更**。企业的 IT 架构发生较大变化时，虽然业务架构没有变化，但是由于应用关注点发生变化，可能导致逻辑数据模型和物理数据模型发生变化，就需要重新设计逻辑数据模型和物理数据模型，以及变更 IT 数据模型与业务数字模型的对接关系。

3）数字资产模型退出

当企业的战略重心发生转移，退出原来的部分业务领域时，可能导致部分数字资产不能再为企业生产经营创造新价值，此时应该将其从企业在用的数字资产蓝图中退出。请注意，我们说的是退出，不是删除。

从企业在用的数字资产蓝图中退出，只表示这些数字资产已经不再参与企业当下的生产经营管理流程，但不表明它们不再有价值。在数字资产作为生产要素存在的环境里，企业可以按照相关的法律法规对其进行脱密处理后到要素市场上进行交易，继续给企业带来利益。

如何管理、维护和经营退出后的数字资产模型，是企业需要关注和研究的课题。

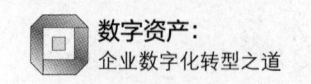

对于退出后的数字资产模型，最好能另行存储，与在用资产分离，以免影响企业的正常生产经营对数字资产的使用。

2. 数字资产模型的横向扩展：外购数字资产适用的资产模型

正如企业可以外购生产资料一样，企业也可以外购数字资产。不同的企业对数字资产质量的要求不一样，其与企业自身沉淀形成的数字资产质量相比存在较大的差异。因此，如何管理购入的数字资产，如何将其与企业的生产经营流程对接以创造相应的价值，是企业数字资产模型建设需要重点关注的内容之一。企业需要制定相应的策略进行处理。

1）融入企业自有数字资产模型

对于外购的数字资产，如果质量较高能达到企业的质量要求，可以考虑将其融入自有的数字资产模型中。融入的方式较多，以下方式可供借鉴。如果企业需要跟进外购资产的使用情况，可以对外购资产进行专门标注，并要求使用时进行记录。

一是作为独立的业务对象模型融入概念模型和数字元模型中。当外购的数字资产内容比较独立，企业将其作为生产要素的重要补充时，可以按照数字资产建模的思路和方法将其设计为新的业务对象模型，并作为扩展的数字资产补充到企业数字资产模型中。IT根据业务规划设计形成逻辑数据模型和物理数据模型，将外购的数字资产按模型和规则进行移行，形成可直接使用的数字资产。

二是作为独立的业务实体，并融入相应的业务对象中。当外购的数字资产作为企业已有数字资产的补充时，可以将其作为独立的业务实体进行设计，融入相应的业务对象中。同样地，需要IT架构师和设计人员进行全面分析，才能确定是否需要同步调整逻辑数据模型和物理数据模型，以承载新的数字资产。方案确定后，再按物理数据模型的设计进行数据移行，与企业的自有数字资产融合。

三是作为属性补充到业务实体中。当外购的数字资产只是为了弥补企业自有的数字资产中某些属性方面的不足时，可以将外购的数字资产作为业务实体的属性进行设计，融合到现有的业务实体中。与之相应的逻辑数据模型和物理数据模型应当增加相应的属性。

2）另行构建数字资产模型

很多时候，企业可能并不能确定外购数字资产的质量，从而不能大胆地将其直接与本企业的数字资产融合使用。而外购的数字资产是在企业急需时，无论外购数字资产与本企业已沉淀形成的数字资产是否存在相似性（如作为某业务对象的补充、某业务实体的补充等），都可以另行设计数字资产模型来承载，并提供服务的。

虽然外购数字资产与企业自有数字资产在逻辑上进行了区别，但是并不意味着外购数字资产可以直接被使用。对于外购数字资产，应尽可能地按企业的数字资产标准进行质量提升后移行。对于确实不能进行质量提升的，可以进行适当调整后移行，以确保企业应用系统不需要因为外购数字资产而进行相应的改造。可以采用防腐层设计的思路来整合外购数字资产，以使其独立存储、独立提供业务对象服务。

除了对数字资产模型、存储进行分离，还需要对其使用情况进行高度关注。外购数字资产可以单独形成业务对象，单独设计逻辑数据模型和物理数据模型，以及可跟踪的业务对象服务，以便于对其服务效果进行跟踪，确保相关服务结果合规、有效。我们能根据相关数字资产的使用结果对其质量进行评估，以便于确定其是融入企业自有数字资产，还是退出企业在用的数字资产蓝图。

总之，对外购数字资产的管理和评估都应比自有数字资产更严格，甚至需要更高频度地进行跟踪、分析、评估，以便于及时发现风险、控制风险。

3. 数字资产模型的纵向延伸：新数字资产模型的研究与应用

新技术不断涌现，新理念层出不穷，新业态不断形成，在这个高速变化的世界里，需要不断创新、不断研究。数字资产模型同样会受新理论、新方法、新技术的影响，当出现新事物后，企业应及时进行分析、研究优化提升现有数字资产模型的方法、路径，形成更适合企业、更适应市场需求的新数字资产模型。

无论面对怎样的情况，有一点是不变的——那就是关注业务的本质、事物的本质。模型只是对事物的一种描述方式，只要抓住了本质，就能以不变应万变地及时响应各种变化。

在对数字资产模型进行研究时应该注意到一点，那就是，数字资产一定不是孤立的，数字资产需要被使用才能产生价值，只要被使用就会同使用它的流程有关系，这是分析事物本质的重要原因。当我们抓住了事物的本质，就能对流程对数字资产的需要有更深入、细致的理解。

将数字资产应用于流程的过程与技术密不可分。或者说，数字资产能为企业提供什么样的价值，或者能够为企业提供什么程度的价值创造能力，与技术的应用紧密相关。因此，在研究数字资产模型时还应兼顾新技术的应用，重点关注新技术的应用与发展。

数字资产是对事物的描述，即万物皆可被描述。而我们描述事物的方式总是多种多样的，什么样的描述才是企业所需要的，这与企业的战略目标相关，与企业文化相关。因此，数字资产模型没有特别明确的好坏之分，只是适合的程度不同，如对企业

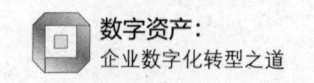

生产经营管理的契合程度，与企业能力的符合程度等。当企业的战略目标、能力等发生变化时，应研究如何调整企业的数字资产模型来推动这种变化的价值体现。

10.6.4　建设数据治理

1. 数据治理制度建设

既然数字资产对企业数字化转型如此重要，而数据治理是监测和确保数字资产质量是否符合企业生产经营需要的重要抓手，那么，数据治理工作不是临时性或阶段性地完成就结束的，而应该作为企业进行数字资产质量管理的日常工作。作为日常工作，就需要规范地用制度指导相关工作的开展。

在制定数据治理制度时，需要考虑数据治理全方位、多层次的特点。数据治理不能孤立地开展，不能为了数据治理而进行数据治理，数据治理一定是为企业的数字战略服务的，也应该和数字战略一样，与其他的业务关联起来，将数据治理工作与业务的日常工作有机融合，通过制度来推进数据治理。因此，数据治理的相关制度不能只是数据治理管理部门的工作，一定要借助数据治理组织架构形成的全企业业务的关联关系与业务部门形成良性互动，甚至将部分内容写入相关业务的规章制度中，通过各业务部门的协同配合，推动业务与数据治理工作更好地结合并确保实施见效。

对于与具体业务处理无关的数据治理职责，需要数据治理管理部门体系性地制定专门的规章制度，尤其对于定期或不定期开展的专项数据治理活动，要明确开展工作的原则、规范、流程和方法，以及各相关方的职责等，组织、推进数字资产的统一管理、高效运行。

2. 数据治理原则

数据治理工作分为日常数据治理与专项数据治理。日常数据治理主要通过融入业务生产经营管理的日常工作流程中开展。专项数据治理是针对某些类型的问题而开展的数据治理活动。数据治理原则如下。

1）全覆盖原则

全覆盖原则包括两层含义：一是横向的业务类型全覆盖，二是纵向的数字资产生命周期全覆盖。

业务类型全覆盖是指企业生产经营、风险管理和内部管理流程中使用数字资产的所有场景都有相应的数据治理环节或手段，覆盖企业自有的数字资产及外购的数字资产，覆盖企业内部经营数据和对外披露、报送的数据，覆盖企业所有分支机构和附属机构所生产、使用的所有数字资产。

数字资产生命周期全覆盖是指不仅要关注数字资产的生产、收集、使用，还要关注数字资产的存储、传输及退出等。一般情况下，企业在开展数据治理工作时很容易想到对生产、收集、使用数字资产的情况进行治理，但往往容易忽略数字资产的存储、传输，以及退出的数字资产情况是否符合预期目标。

在数字化经济中，业务不再是单纯的业务，技术也不再是单纯的技术，业务与技术的关系是"你中有我，我中有你"。因此，企业在开展数据治理工作的过程中，需要结合数字资产模型从战略到业务再到 IT 实施的整条链路来开展工作，考虑各方面，分析所有环节，避免出现遗漏而为熵增提供可乘之机。

2) 持续性原则

持续性原则包括两层含义：一是在企业的日常工作流程中开展日常数据治理工作，二是持续性地针对一些突出的、影响企业数字资产质量的现象开展专项数据治理工作。

在企业的日常工作流程中开展日常数据治理工作，意味着需要业务主导数据治理。既然业务是数字资产的创造者、使用者和受益者，对数字资产的质量更敏感，也更有发言权，因此，通过业务部门牵头开展数据治理工作往往能收到事半功倍的效果。当然，在日常的数据治理工作中，技术人员作为所有规划设计成果的实施方，应作为业务部门的成员之一参与其中，除了提供技术上的支持，还包括对 IT 落实规划的情况进行全面的检验、治理。

专项数据治理既然是针对影响企业数字资产质量的现象或问题而开展的具有针对性的数据治理工作，就不能"头痛医头，脚痛医脚"。要彻底解决问题就需要进行更深入的分析，需要各位专业人员（包括业务和技术）共同"会诊"，追根溯源，找到导致结果与目标之间产生差异的根本原因，并通过制度规范或项目实施从根本上解决问题。

专项数据治理需要结合企业的数字战略进行规划，有计划、有目标地推进。可以根据发现的新问题临时进行专项治理活动，但是总体目标一定是为实现数字战略服务的。在专题选择上，要从对企业价值贡献的角度进行思考，优先解决对业务影响较大的问题，优先解决与多业务紧密相关的影响面广的问题。解决了相关问题，其价值得到业务的广泛认同，数据治理工作才能得到更多的资源支持，才能更有效地、持续地开展。

3) 匹配性原则

数据治理工作需要与企业的管理模式、业务规模、风险状况等相匹配，与企业文化相匹配。

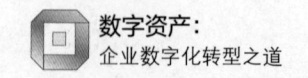

数据治理工作并不是越严格越好，也不是频度越高越好，只有适合的才是最好的。凡事都有两面性，数据治理工作是一把双刃剑，用得好可以帮助企业得到并保持高质量的数字资产，用不好则可能影响企业生产经营管理使用数字资产的效果。所以需要把握好数据治理工作的度，要让数字资产既能保持活力，又能保持质量的稳定。

在数据治理的过程中，企业可以借助技术手段来实现这组看似矛盾的目标。借助技术手段智能化地进行数据治理工作，减少人工参与环节，从而使看似矛盾的目标得到调和。对于嵌入企业生产经营管理流程中的数字治理工作，对数字资产的入口和出口做严格把控，通过系统控制实现规范应用和实施而不需要人工参与，在确保正常使用的前提下提升对数字资产质量的保护。对于专项数据治理活动，通过数据分析模型查找问题，形成专项工作需要攻克的难题；基于专项数据治理活动的分析结论形成相应的管控措施，提升数字资产的质量保障。

数据治理工作需要与企业文化相匹配。数据治理工作需要通过人来推进和执行，数据治理的成果更多时候需要人来巩固。人作为其中的核心要素，所思所行会受企业文化的影响，因此，我们强调要与企业文化相匹配。适合其他企业的不一定适合自己，在其他企业里寸步难行的政策，在这里可能推进得很顺利，这就是企业文化的力量。对于业界形成的先进经验，只能用来借鉴和学习，而不能照搬照办。

4）目标性原则

目标性是指围绕数据战略制定可度量、可测算、价值显性的数据治理目标。

人们可能会疑惑，数据治理的目标不就是保证数字资产符合数字战略的要求吗？这是一个长远的目标、总的目标。如同跑马拉松需要将赛程划分为不同的小段、制定不同的目标一样，数据治理工作也需要将长远的、总的目标进行分解，形成一个个的小目标，当这些小目标实现时，总的目标也就实现了。因此，我们这里提出的目标性原则是指一个个的小目标。

3. 数据治理流程

数据治理流程包括数据治理工作的启动、开展、评估、测量等的流程。企业应当有一套标准来指导数据治理工作的开展，在制定数据治理流程时应考虑但不限于以下内容。

1）标准化数据治理流程

制定并发布企业级数据治理的标准化流程所包括的环节，以及每一个环节应遵循的业务规则、实现的目标、输出物等，并说明如何开展数据治理工作。

2）明确组建数据治理团队的基本要求

不同的数据治理目标、不同的数据治理对象对数据治理团队成员的组成要求不同。因此，应当明确不同类型的数据治理活动参与者的业务背景及特长，以及是否所有的数据治理工作都需要有企业数据治理办公室的人员参加。

3）明确数据治理职责

数据治理职责包括提出数据治理需求、制定数据治理愿景及目标、组织数据治理、与数据相关的决策、执行检查、数据更正等。明确数据治理职责就明确了承担不同职责的数据治理人员应当具备的资质，可以的话，应该提出专业背景要求。

还应确定，在数据治理过程中不能完整履行职责的人员，应当承担什么样的责任。对于履行职责较好的人员，应当给予什么样的鼓励等。通过建立奖罚分明的激励机制，确保每次数据治理，尤其是跨专业、跨机构的数据治理工作能得到足够的支持，确保数据治理工作顺利推进，实现预期目标。

4）裁剪数据治理流程的相关规范

标准化的数据治理流程是开展数据治理工作的最全面的规范。但是，企业数字化转型过程中往往会出现一些特殊情况，应当允许不同情况下有不同的流程或处理规则，也就是允许根据不同的条件、具体的治理对象、企业面临的特殊情况等对标准化流程进行适当的裁剪，以实现用更轻便的步骤实现预期目标。

企业应当对裁剪数据治理流程的条件提出明确的要求及标准，并制定相应的流程对其合理性进行评估。对于数据治理活动中的必要且不能裁剪的环节，应当加以说明；对于可以裁剪环节的重要输出，应当提出具体的要求，使被裁剪环节的目标可以融入其他环节中，确保数据治理工作的完整性、有效性。

无论是标准的数据治理流程还是个性化的数据治理流程，都需要做到参与数据治理各方的职责分明，确保相关工作能协同、高效开展。尤其是对做了流程裁剪的个性化数据治理工作，需要有相关制度来指导职责落实。

随着企业数字化转型的不断深入，数据治理流程应与时俱进，配合企业数字资产战略目标进行及时调整，结合新技术的引入不断迭代优化，不应因循守旧，过于僵化。

4. 数据治理技术

随着数字经济的快速发展，企业数字资产的增长速度越来越快。在这样一个数字信息爆炸的时代，开展数据治理工作需要借助技术手段来全面提升工作效率及质量。同时，随着新技术的不断成熟、应用范围的不断扩展、新的IT架构对数字资产存储和

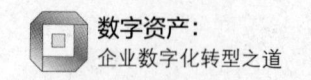

使用带来的影响等，对数据治理提出了更高的要求，很有必要研究一系列的数据治理方法、技术和工具来提升数据治理质效。

其他书籍中会看到很多关于数据治理技术的内容，本书与其他书籍在这方面可能存在不同。因为，很多数据治理技术是为了解决我们在企业数字资产规划设计中已经解决的问题，比如有的技术是为了产出企业的资产目录，让企业知道自己有哪些资产；有的技术是为了找出资产间的关联关系，进行血缘分析；有的技术用于分析业务属性同名不同定义等。这些技术在我们构建企业数字资产及建设数字资产管控系统时就已经实现，理论上不需要进行额外部署。

有些数据治理咨询公司有一些针对性地发现问题、快速更新数据的工具，对企业开展数据治理工作有较大的帮助。本书不会对相关的技术进行介绍，而是提出企业应该根据自己的特点有针对性地进行分析，研发或购买一些工具来辅助数据治理工作更有效地开展。

企业可以按照架构资产规划设计的业务逻辑、业务规则、数字资产标准等研发配套的数据检查工具，对存储的数据进行全面检查、输出发现的问题，作为数据治理的对象。

企业可以针对数据治理过程中发现的典型问题研究相应的解决方案，从源头解决问题，避免类似问题在不同的地方以不同形式出现。或者研究相应的技术手段实施控制或纠偏，让变形的数据回到其原有的样子。对于一些日常数据治理工作，可以通过研发相应的工具实施检查和纠偏，尤其是在将外购的数字资产本地化过程中，工具将发挥非常大的作用。

10.6.5　建设数字能力

企业规划、构建数字资产的目标是使用数字资产，而如何使用、怎么才能更好地使用数字资产是数字能力需要解答的问题。

在工业化时代，企业需要通过自己特有的能力来提升自身的竞争力，而在数字化时代，企业都面临着新局面，一个企业独自面对挑战很难很好地生存与发展。在数字化时代里，"生态""共赢"之类的词会更高频地出现，企业的竞争力往往不再局限于自己，还可以借助合作伙伴的能力，或者为合作伙伴提供支持而实现双赢。因此，数字能力的建设可以通过多种途径实现，哪些应该自己具备，哪些需要寻求合作，都需要结合企业愿景、战略目标等进行统筹考虑，从而规划数字能力建设的优先顺序。

以下具有基础性的数字能力是企业在数字化转型过程中需要关注的最基础的能力。

1. 数字资产能力

数字资产是企业数字化转型的基础性生产要素，是数字经济时代不可或缺的生产要素。数字资产不会因为使用而消耗，反而具有会随着使用而增值的特性，说明企业在数字资产上的投资回报将是持续不断的，能为企业源源不断地提供价值创造能力。数字资产能力包括但不限于以下几个方面。

1）数字资产规划与建设能力

本书重点介绍了数字资产的规划与建设，用企业架构的思想来讨论如何建设企业的数字资产。但是，数字资产的规划与建设并不是一次性的工作，企业的生产经营管理不断地发展变化，企业所处的环境在不断地变化，如同企业会有一个负责采购的部门来分析并采购企业生产经营管理所需要的原材料一样，企业也需要有相应的人员对企业生产经营管理所需要的数字资产进行分析，通过应用需求促进规划与建设能力不断丰富、完善。

2）数字资产治理能力

有了数字资产后，还需要有相应的能力来保证其质量。因为只有高质量的数字资产才能贡献更多、更大的价值。低质量的数字资产不但不能产生价值，甚至还会形成干扰，造成负担。数字资产的治理能力如同企业的质检能力，都是在为企业的产品质量保驾护航。

3）数字资产使用能力

数字资产只有参与生产经营管理流程才能贡献价值，这说明数字资产要被使用才能产生价值。而数字资产与其他的生产要素不同，使用数字资产有相应的技术要求。数字资产的使用能力其实是将技术、数字资产与生产经营管理流程的有机融合，不是单纯掌握某项技术，更重要的是能利用掌握的技术在恰当的时间里将数字资产恰好地应用于对的流程中。错误配置的数字资产往往成为垃圾，让产品成为废品，因此，恰当地使用技术来准确地实现预期目标非常重要。

数字资产的使用能力不应局限于为某个业务处理流程提供数字资产，企业应该更多地从数据中洞察用户、市场、趋势等，为提升用户体验、进行业务创新和业务决策提供支持。这些都与业务、技术紧密相关，需要将业务、技术与数字资产有机融合形成新能力。

正如罗马不是一天建成的，企业应该意识到目标不可能一次就达到。应当给予技

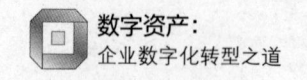

术应用数字资产适当的成长时间。

4）数字资产的管控能力

数字资产的管控能力是指对数字资产及其变更、影响分析等进行全面管理和有效控制的能力。比如对数字资产实施大小版本基线的管控措施，就是一种对数字资产的管理能力，能确保准确地使用数字资产，使影响分析更全面。

对于数字资产从规划到落地实施的全流程，给予什么样的角色、什么样的权力，对于不同事件应当有什么样的流程进行响应等，都属于对企业数字资产质量提供保障的管控能力。

2. 保障数据安全的能力

在数字化转型的过程中，随着新技术的广泛应用，数据泄露、安全漏洞、勒索病毒对数据安全的威胁日益严重，对企业造成的经济损失日益增多。因此，保障企业的数据安全已经成为企业必须具备的一项重要能力。

关于数据安全话题，联合国指出："随着更多人上网，出现了新的弱点。""据估计，到2024年，全球数据泄露的潜在成本将超过5万亿美元。""数据保护跟不上黑客和间谍活动的发展。2019年发生了逾7000次数据泄露，暴露了逾150亿条记录。""全球数据泄露给国家和公司造成了数万亿美元的损失，与此同时，恶意软件攻击对关键经济和社会功能所必需的计算机系统造成了数十亿美元的损失。"

3. 关联系统建设能力

企业应构建能满足企业生产经营管理所需要的数字资产存储、管控的系统，并通过该系统提供全面的技术支持。有些企业可能认为构建系统投入的资金较多，而一些大企业提供的云服务，看上去更经济实惠。这取决于企业对数字战略的定位及对数字资产的定位。如果企业计划自己管理、存储企业架构资产，需要关联以下最基础的系统建设能力。

1）构建企业架构资产管控系统

企业在数字化转型过程中必然会推进业务的数字化。数字化后的资产需要有相应的系统进行承接、管控，这样才能保证这些数字化后的资产能随着企业生产经营管理的变化而不断升级换代，并为企业的业务创新提供支持。本书想传达的思想是借助企业架构来帮助企业更快速地推进数字化转型工作，因此，提出了建设企业架构资产管控系统的建议。

企业的架构资产包括很多内容，要想构建能全面助力企业进行数字化转型的企业架构资产管控系统，首先要构建企业架构的元模型，用企业架构的元模型来指导企业架构工作有序开展。企业架构元模型包括业务架构、IT架构、业务模型、IT模型。企业架构元模型是对企业架构的组成部分抽象后得到的结果。企业架构元模型阐述了对企业架构的各个主要组成部分及其相互间的业务逻辑、基数关系。用这样的企业架构元模型指导企业架构资产管控系统的建设能少走弯路，企业架构资产间的关联及制约都会成为进行管控的业务逻辑和规则。

鉴于企业架构资产间关联关系、制约关系的复杂性，企业架构资产管控系统中最好用图形的方式对其进行展现，以提高可读性、易读性。目前业界用得较多的企业架构资产管控系统是TOGAF提供的ARCHI。中国工商银行的企业架构资产管控系统就是自行研发的，其能结合自身特点较好地对企业架构资产进行管控和应用。

2）建设以企业架构资产管控系统为核心的数据集群

企业架构资产管控系统里存储的是架构资产的定义、关联关系等信息，而企业生产、购入的数字资产未融入企业数字资产体系前并不存储在企业架构资产管控系统中，而是根据企业数据架构的规划存储在其他系统中，或存储在单独构建的企业数据架构存储库里。无论存储在哪里，都需要以企业架构资产管控系统为核心，遵循数字资产规划设计确定的规则，通过技术手段为数字资产管控提供全方位的保障。

4. 数字技术能力

一提到数字技术，大多数人会想到ABCDG（Artificial Intelligence、Block Chain、Cloud Computing、Big Data、5G），即人工智能、区块链、云计算、大数据、5G。或者会想到ABCDEG（Artificial Intelligence、Block Chain、Cloud Computing、Data Tech、Edge Computing，5G），即人工智能、区块链、云计算、数据科技、边缘计算、5G。这些名称在不同的地方可能会存在一些细微的差异，但不影响我们去了解数字技术。那么，什么是数字技术呢？

本书认为，数字技术是指结合场景使用恰当的技术，在企业价值链的各个环节收集、处理、存储、分析和共享数字资产，为企业洞察、创新和决策提供重要支持的所有技术。通过这个较宽泛的概念，本书想传达一种思想，那就是，只要是在企业生产经营管理过程中与数字资产相关的技术的掌握和应用都是企业需要具备的数字技术能力。企业可以根据自身所处的阶段、企业业务的特征、企业战略目标的需要，引进或培养相关的技术人才来快速提升数字技术能力。

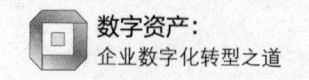

5. 数字资产的价值核算能力

数字资产作为一项重要的生产要素，能为企业的生产经营管理提供价值、创造价值。因此，应当对数字资产的生产、使用建立相应的核算体系。在这个核算体系中，需要明确对数字资产的价值如何进行核算，比如生产部门生产的数字资产被其他部门使用且产生了价值贡献，如何进行价值核算及分配；数字资产管理部门的价值贡献如何计算；数据治理活动的价值贡献如何计算等，都是数字资产的价值核算需要解决的问题。当然，数字资产的价值核算能力不能只考虑价值贡献而忽略建设成本，相关内容我们在第 9 章讨论过，此处不再赘述。

传统的对生产资料进行核算的会计方法可能不再适用于数字资产，这就需要企业根据自身的特征建立一套数字资产的责权利分配机制，激励数字资产生产部门生产高质量的数字资产，鼓励各专业条线通过数字资产的流转与共享建立企业级的协作，从而更充分地挖掘数字资产的使用价值。

在数字资产的规划设计阶段，本书反复将数字资产与企业的生产经营流程进行对接，并对每个流程使用数字资产的方式进行了定义和说明（详见"6.7.4 预设业务对象建模成果审核注意事项"），从而能够便利地制定生产（新增或修改）数字资产的流程，快捷地制定使用（读取）数字资产的流程。这就为准确地进行数字资产价值核算提供了保障。

10.7　专项数据治理流程

专项数据治理是指针对某些特定类型的问题开展的数据治理活动。一般情况下选择较典型的问题形成专题，通过专项治理纠偏、更正，并进一步完善相关的规章制度、流程规范及系统管控等，从而避免类似问题的发生。

对于专项数据治理流程，以戴明环（PDCA）的思路开展，可以从以下几个步骤推进。

1. 确定专项数据治理目标

可以从以下几个方面确定数据治理目标。

1）提升数字资产的价值贡献度

数字资产的价值贡献度与数字资产遵从企业总数字资产规划设计的程度相关，与数字资产符合企业数字资产标准的程度相关，与数字资产满足业务生产经营需求的程度相关。

2）降低数字资产运营的成本

其体现在数字资产通过 IT 规划落地实施后，所积累的数字资产与企业规划设计的符合程度，数字资产对业务使用的响应效率及洞察成果的准确性，为实现预期目标开展的数字资产运营的成本与价值贡献的比率等。

3）提升数字资产运营的合规性

其包括外部监管的合规性和企业内部要求的合规性。外部监管的合规性主要是指数字资产的管理和使用符合监控要求的程度，以及对外报送的准确性等；企业内部要求的合规性是指数字资产的管理、使用与企业制定的相关制度规范的符合程度。

4）降低数字资产的风险

数字资产面临的风险非常多，需要结合企业的具体情况进行排查、解决。包括但不限于法律风险、资产使用伦理风险、安全风险等。

2. 评估专项数据治理对象的现状

有了明确的目标，在实施数据治理前应先评估需要治理的数字资产现状。对于大型企业而言，数字资产需要为所有企业的生产经营管理服务，这就必然形成了数字资产同时为多个应用系统提供服务的情况，而由多个应用系统组合而成的庞大的应用系统组合体之间也存在千丝万缕的关联关系。只有先了解了这些复杂的逻辑现状，才能更好地制定专项数据治理方案。

在评估数字资产现状时，可以先从企业数字资产的规划设计情况、数字资产标准、相关的制度，以及具体实施情况入手进行评估。只有全面了解了现状，才能更好地发现存在的问题及明确改进的方向，才能开展有针对性的数据治理，并为从根本上解决问题奠定基础。

企业开展专项数据治理可能是为了进一步提升数字资产管理的成熟度。如果是为了这个目标，可以对照数据管理领域的国家标准《数据管理能力成熟度评估模型》开展企业数字资产管理的成熟度评估工作。该评估模型能全面地指导企业了解本企业的具体情况，发现存在的问题，明确改进的方向。

3. 为专项数据治理制定适用的策略

有了企业数据治理的具体目标，同时，对企业的数字资产及其管理现状有了全面、

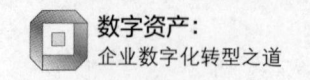

清晰的认识后，就可以制定数据治理的具体实施策略了。

数据治理策略需要以已发布的数字资产标准、相关的制度、业务规则为依据来制定。对于在数据治理过程中可能出现的问题或风险，应该事先明确相应的应对策略。

在制定数据治理策略时应当选择适用于该次专项数据治理的方法、工具及技术，以提升数据治理工作的标准化、规范化程度，提升数据治理的工作效率。

4. 制订专项数据治理实施计划

数据治理实施计划需要在既定策略的指导下，围绕数据治理的目标，结合标准化的数据治理流程制订详细的、可实施的工作计划。

数据治理实施计划中应明确参与数据治理的人员的构成。专项数据治理与日常的数据治理不同，可能涉及的业务范围比较广，而不同的业务部门对同一个问题影响的感受程度可能存在差异，因此，应尽可能由相关的专业人员共同组成专项数据治理团队，以便于充分体现不同的专业意见，相关诉求能得到有效满足。数据治理管理部门的人员需要对如何实施数据治理活动提供必要的支持。

5. 明确专项数据治理团队成员的具体职责

在数据治理工作开始前应根据数据治理的流程及具体工作内容来明确每个治理团队成员的职责，确保所有的工作具体到人，并明确工作启动的触发事件。

在数据治理中，与企业生产经营相关的事项最好由相关的业务部门人员负责并达成一致；与 IT 实施紧密相关的事项最好由业务与技术人员协商一致。如果数据治理团队不能达成一致意见而企业没有相应的规章制度可参照，应明确具体的处理流程及方式，并指定某个成员负责协调、跟进。

未能完成既定任务的成员应该承担相应的责任，以确保数据治理工作能按计划有序推进。

6. 定义专项数据治理的评价指标

专项数据治理的每个目标应该与解决企业面临的数字资产方面的重大痛点相关，并能够通过治理获得收益。专项数据治理目标应能从定量或定性的角度解释，完成数据治理后企业的数字资产将在什么方面取得怎样的进展，具体到可以用什么样的指标来进行衡量。定义的所有指标都将成为数据治理活动后期评估数据治理成功与否的重要依据。

当专项数据治理定义了衡量数据治理工作成效的指标后，数据治理团队的工作效率会得到大幅提升。这些具有目标性的指标会指引数据治理团队的成员向同一个方向前行，指导团队成员重点关注与目标一致的内容。因为评价指标有这样强大的力量，所以在定义专项数据治理的评价指标时应选择关键的绩效指标，而不是泛泛地进行选择。

7. 实施专项数据治理

实施专项数据治理是专项数据治理团队按既定的数据治理策略、计划和方法开展数据治理工作、履行职责的过程。

在开展专项数据治理的过程中，所有的团队成员应根据自己的职责做好相应的记录，为后续的测量及总结提供必要的证据支持。

8. 对专项数据治理的结果进行测量、评价

在专项数据治理的收尾阶段，应有专门的人员负责按既定的原则和方法衡量数据治理的成效，并与该专项数据治理的评价指标进行比对，给出是否达到预期目标的初步意见。

9. 专项数据治理工作总结与回顾

无论专项数据治理是否达成预期目标，都应该在该专项数据治理活动结束时进行总结与回顾。总结达成预期目标的专项数据治理工作有什么可借鉴的经验，怎么解决遇到的问题或困难，最后的结果对企业的生产经营管理提供了什么样的价值贡献等。对于未能达成预期目标的专项数据治理工作，需要对数据治理工作进行更深入、全面的分析，找到导致数据治理不成功的原因，提出更翔实的建议或意见。

数据治理管理部门应仔细分析每次专项数据治理的总结报告，分析、评估数据治理活动的有效性，相关的数据标准、数字资产规划设计的合理性、有效性、灵活性等，找到企业级数字资产管控提升的方向、空间或一些具体的点。通过专项数据治理活动，一方面解决企业数字资产存在的重点问题，提升数字资产的价值创造能力和水平；另一方面把在专项数据治理活动中发现的问题、提出的建议等反作用于企业的数字资产规划、设计、实施、使用与管控等，形成一个良性循环，促进企业数字资产不断迭代优化提升。

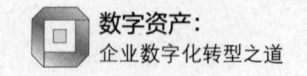

思考题

1. 数据治理是企业数字资产对抗熵增的简单、直接、有效的一种方法。虽然全球都意识到数据治理的重要性，但是数据治理往往很难得到高层的认同。你的企业是否存在这样的现象？如果存在，你认为主要的原因是什么？有什么样的策略可以改变这一局面？

2. 数据治理模型通过将数据治理工作的要素进行分离再重组，让复杂的数据治理工作变得简洁明了。你的企业有自己的数据治理模型吗？与本书所介绍的相关模型相比，它有什么特点？好处是什么？

3. 数据治理与日常工作融合后仍然需要开展专项治理活动。从你的理解来看，你认为这样分类有必要吗？是否有更好的数据治理策略和方法？